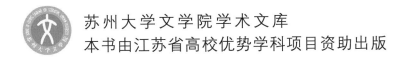
苏州大学文学院学术文库
本书由江苏省高校优势学科项目资助出版

生活数字化与网络民俗

徐国源　等著

苏州大学出版社
Soochow University Press

图书在版编目（CIP）数据

生活数字化与网络民俗/徐国源等著.—苏州：苏州大学出版社，2022.11
（苏州大学文学院学术文库）
ISBN 978-7-5672-4108-4

Ⅰ.①生… Ⅱ.①徐… Ⅲ.①互联网络—应用—风俗习惯—研究—中国 Ⅳ.①K892-39

中国版本图书馆CIP数据核字（2022）第211284号

书　　名：	生活数字化与网络民俗
	SHENGHUO SHUZIHUA YU WANGLUO MINSU
著　　者：	徐国源　等
责任编辑：	欧阳雪芹
装帧设计：	刘　俊
出版发行：	苏州大学出版社（Soochow University Press）
社　　址：	苏州市十梓街1号
邮　　编：	215006
网　　址：	http://www.sudapress.com
邮　　箱：	sdcbs@suda.edu.cn
印　　装：	苏州工业园区美柯乐制版印务有限责任公司
邮购热线：	0512-67480030　销售热线：0512-67481020
网店网址：	https://szdxcbs.tmall.com（天猫旗舰店）
开　　本：	700 mm×1 000 mm　1/16　印张：21.5　字数：330千
版　　次：	2022年11月第1版
印　　次：	2022年11月第1次印刷
书　　号：	ISBN 978-7-5672-4108-4
定　　价：	78.00元

凡购本社图书发现印装错误，请与本社联系调换。服务热线：0512-67481020

目 录

导　言　网络民俗研究的理论逻辑和研究框架 / 001

第一章　生活数字化与民俗衍变 / 017

　　第一节　从"俗民"到"网民" / 019
　　第二节　空间重构与民俗新语境 / 026
　　第三节　网络时代的民俗传承与生成 / 035

第二章　网络栖居与俗民关系重建 / 047

　　第一节　网络栖居与社会惯习革新 / 049
　　第二节　虚拟、链接与俗民关系重建 / 063
　　第三节　网络社交与"群体性"衍变 / 073
　　第四节　网络空间社群化 / 079

第三章　网络空间的"再习俗化" / 087

　　第一节　"习俗化"与"再习俗化" / 089
　　第二节　"再习俗化"：网络民俗的生成逻辑 / 097
　　第三节　网络赋形与民俗新形态 / 109

第四章　传统民俗的互联网传播 / 125

　　第一节　传统民俗网络版 / 127
　　第二节　民俗事象的图文再现 / 130
　　第三节　民俗活动的网络直播 / 135

第四节　民俗知识的互联网传播与交流 / 138

第五节　民俗文化的互联网消费 / 141

第六节　互联网时代民俗文化传播的审视 / 156

第五章　习俗场景转移与"转生型"民俗 / 161

第一节　"转生型"网络民俗的概念及特征 / 163

第二节　"转生型"生活习俗 / 173

第三节　"转生型"节庆民俗 / 190

第四节　"转生型"民间信仰 / 202

第五节　"转生型"游戏娱乐 / 219

第六节　"转生型"网络民俗的生成机制 / 229

第七节　关于"转生型"网络民俗的几点思考 / 241

第六章　网民衍生创造与"再生型"网络新民俗 / 253

第一节　"再生型"网络新民俗的概念及特征 / 255

第二节　"再生型"网络民间信仰 / 262

第三节　"再生型"网络民间文学 / 270

第四节　"再生型"网络民间艺术 / 284

第五节　"再生型"网络语言民俗 / 291

第六节　"再生型"网络新民俗：民俗新生或重构？ / 299

第七章　互联网时代民俗文化活态传承与保护 / 315

第一节　民俗文化的价值确证 / 317

第二节　民俗文化的传承保护与新生 / 319

第三节　互联网时代民俗文化的利用 / 323

主要参考文献 / 333

后记 / 336

导　言

网络民俗研究的理论逻辑和研究框架

数字化时代，人们的日常生活、习俗环境被互联网影响和重塑，社会正经历着一场深刻的"再习俗化"变革。传统的民俗文化如节庆、祭祀、表演等，除在当下的社会生活中传承外，还转移到了互联网空间，且生成了大量带有网络专属特征的民俗新形式，如网络民间艺术、网络民间文学、网络节庆与祭祀、网络崇拜与信仰等。

网络民俗，也可称为"在线民俗"。它依托数字化传播平台不断产生并迅速传播，使传统民俗真正处于"活"的状态，同时也为人们提供了虚拟空间民俗文化实践、体验和消费的新路径。基于数字化时代民俗文化传承、生产和传播出现的新变化，民俗学者需要拓展数字化时代民俗学的研究视域，调整民俗学研究的范式和方向，关注数字化时代民俗学产生的新议题，分析探讨网络民俗的新特征、新形态和新机制。

一、拓展数字化时代的民俗学研究领域

依托互联网生成的大量新型民俗事象，目前一般被称为网络民俗。这类在网上生产、传播的新民俗，虽保留了传统民俗的"种"的基因，但也反映出因社会生活内容更新、数字化传播所带来的诸多衍变，且已蜕变为栖居网络空间的新民俗。基于数字化时代民俗出现的变化，当代民俗学研究理应有所回应，将网络民俗作为重要研究内容。

国外民俗学、文化人类学界已然形成关于网络民俗的系统性讨论。20世纪中后期，美国民俗学家阿兰·邓迪斯注意到，21世纪是

互联网统治的时代，人们将纷纷从现实空间"奔向"网络世界，断言"任何一种文化艺术倘若不与网络联系在一起，都会逐渐走向衰败"。他还清楚地表明"工业化事实创造了新民俗"，例如计算机民俗。[1] 邓迪斯的这一观点对民俗学研究有着重要的启示，也引发了西方民俗学者开始转向对网络民俗的研究。美国学者特雷弗·布兰克于2009年出版的《民俗与互联网》及2014年出版的《民俗学和互联网研究的概念性框架》，就专门针对新兴数字技术时代的互联网民俗进行了理论化阐释，旨在"将网络确立为民间研究的合法领域"[2]。布兰克于2012年出版的《数字时代的民俗文化》，明确将互联网视作民俗学家重要的分析领域，并为数字化的民俗研究设定了相关研究议程。2010年以后，美国、英国、俄罗斯等国家的许多民俗学者开始转向互联网民俗研究，将研究视角从传统的民间故事、传说、风俗习惯等延伸到了与当下人们生活息息相关的网络虚拟世界，步入了数字时代的"后民俗学"研究。

国内对于网络民俗虽尚未形成系统性的讨论，但一些前辈民俗学者在其民俗学论著中的一些观点对认识网络民俗多有启示。如钟敬文认为："民俗学的研究是现代学，它研究的资料主要是从现代社会中采集来的。"[3] 他提出民俗学的性质是"现代的"，要尽可能建立"现代式科学"，指明了民俗研究与现代社会发展的关联性。民俗学者乌丙安则在《民俗学原理》一书中提出："全社会变革带动了整个习俗环境的变革……俗民个体不得不在不同程度上接受这种改变了的习俗形式，从而导致了一场大范围的俗民再习俗化。"他明确指出这种"再习俗化"过程将会产生新的民俗。[4] 钟敬文等前辈学者虽没有专门讨论互联网时代的网络民俗问题，但有关民俗的"变动性"和民俗研究的"现代性"已得到揭示。另一位民俗学研究者高丙中在其《民俗文化与民俗生活》一书中，通过对"民"和"俗"的意

---

[1] Dundes, A. Folkloristics in the twenty-first century. *Journal of American Folklore US*, 2005(470), pp. 385-408.

[2] Blank, T. J. *Toward a Conceptual Framework for the Study of Folklore and the Internet*. Logan: Utah State University Press, 2014, pp. 9.

[3] 杨哲. 钟敬文生平·思想及著作 [M]. 石家庄：河北教育出版社，1991：547.

[4] 乌丙安. 民俗学原理 [M]. 沈阳：辽宁教育出版社，2001：110.

义溯源提出：随着新生活、新群体、新媒介的出现，一方面，过去以"农民"为主体的传统民俗观要有所改写，农民其实只是一种类型的"民"，还有城市市民之"民"以及都市化时代的"新市民"，后者已极大地扩展了"民"的范畴；另一方面，"俗"的内容也在变化，民俗之"俗"的外延"已经扩展到全部的社会生活、文化领域了"[1]，且已从旧时代以农村为主的旧风俗形态转变为新都市、新工业化时代的"新民俗"（西方一般称之为"后民俗"）。据此，高丙中提出：工业化事实创造了新民俗……例如，我们现在就增加了冲浪的民俗、摩托车骑手的民俗和计算机设计者的民俗（计算机民俗）。[2] 上述国内学者都敏锐地注意到了现代社会生活更新所带来的"民俗"衍变，并做出了颇具前瞻性的学术提示，对今天的网络民俗研究都有着十分重要的启示。

进入21世纪以后，特别是随着数字化传播平台的不断发展，网上以"民俗""民间文化""新民俗""非遗"等冠名的民俗现象大量涌现，基于此，一些学者也开始将网络民俗纳入研究视野，倡导开展网络（数字）民俗、"后民俗学"研究。代表性的论文如黄永林、韩成艳的《民俗学的当代性建构》和李向振的《拓展互联网时代民俗学研究视域》，两者都指明互联网是民俗学家开展民俗志研究的新领域，网络民俗研究有助于民俗学成为"现代学"的学科特点。孙文刚的《网络民俗：民俗学科的新生长点》更清晰地阐明：网络民俗作为愈来愈多的当代人（尤其是广大网民）的一种模式化的民俗生活，如从昔日面对面的游戏、聊天到今天网络虚拟空间中的网游、网聊等娱乐方式的改变，从古时的"烽火传讯""鸿雁传书""鱼传尺素"到现代的寄书信、发短信、打电话、E-mail、QQ聊天、飞信、微博、微信等日常通信方式的改变，实质性地反映出传统的民俗生活在现代社会语境中的演变，反映出网络时代人们民俗生活的一种变化。[3] 自2010年以来，越来越多的民俗学研究者转而关注和研究网络新民俗事象，一些其他学科的研究者也有意识地向网络民俗聚焦，

---

[1] 高丙中. 民俗文化与民俗生活 [M]. 北京：中国社会科学出版社，1994：73.
[2] 高丙中. 民俗文化与民俗生活 [M]. 北京：中国社会科学出版社，1994：26.
[3] 孙文刚. 网络民俗：民俗学科的新生长点 [J]. 民间文化论坛，2013（5）：95-102.

杨秀芝的《"互联网+"视野下的民俗文化活态化研究》、程名的《网络传播的社群化特征与网络民俗的建立》、彭小琴的《民俗艺术的新媒体传播路径》等，就分别从不同学科背景、理论视角关注传统民俗的传播语境转换和历史承变，揭示出网络民俗研究的多元认知维度和新的研究路径。

国内学者对网络民俗的研究虽取得了一些初步成果，但总体而言我国的网络民俗研究还是一个尚待开发的学术领域，不仅真正涉足此研究的民俗学专家不多，而且深耕此方面研究的代表性成果较少。更有意味的是，"网络民俗"一词其实也并非由民俗学者提出，而是由从事传播研究、文化研究的学者首倡并加以命名的。从民俗学发展角度看，此种相对"冷寂"的研究状况，与西方国家"后民俗"研究日趋主流、煌煌勃兴的状况形成鲜明比照，确实引人深思。

国内有影响的民俗学者较为疏离网络民俗研究，其中原因大概有三：首先，从学术范式看，历来从事传统民俗学研究的学者较多致力于民俗学科的原生问题研究（是什么、为什么、能什么），主观上较为轻视"当下""活态"的传承和传播问题；其次，从学术观念上看，他们一向较为关注传统民俗学领域内的学术命题，对"旧"民俗有眷恋，与"新"民俗则保持距离，因而对现代生活中、网络空间上传播的"异质"的新民俗现象保持着警惕，或将"脱范"的网络民俗归为"大众文化"现象，而不归为"民俗"；最后，乃学术趣味使然，一些民俗学者对网络新媒介不太留意，甚至对网络传播还不太熟悉，更罔顾其中已勃然而兴的民俗现象。

由于上述种种原因，至少到目前为止，国内最优秀的民俗学者较少加入网络民俗研究阵营中，反而是一些传播学者、文化研究学者"跨界"进入了新民俗研究领域。但这种"跨界研究"也带来了相当大的问题。第一，网络民俗首先还是"民俗"，"网络"只是传播媒介问题，如果缺少对民俗"元问题"的精深耕耘，就无法从根本上探讨网络民俗的基本属性，一些学科性的问题也很难得到回答；第二，其他学科学者的"跨界研究"由于对传统民俗存在一定隔膜，难免从民俗"表象"看问题，以致出现误读、误解之缺憾；第三，从更深的方面看，"跨界"的研究往往从外视角看问题，缺少内视角的民俗学科意识，难以在民俗学科发展的层面上建构更科学、系统的民俗研究的理论体系。总体而言，到目前为止的网络民俗研究并不令人乐观，真正有价值、高质量的研究成果也不突出，更遑论具有原创性、体系化的理论专著力作了。

在"网络栖居"已经成为人们日常生活方式的今天，网络民俗以其充满活力的实践重构了传统民俗学的版图。新的问题域与风俗场要求民俗学进行理论建构与创新，以实现民俗研究与民俗实践的同频共振。网络民俗是民俗在数字媒介时代的新形态，一定程度上重构和改造了传统民俗。确立网络民俗研究路径，为理解和把握网络民俗与传统民俗的关系提供了一个切入点，也为我们更加深入地走进数字传播时代的民俗学领域提供了契机。

网络民俗的研究无疑具有多方面的价值。从学科建设方面看，一方面，由于互联网已成为民俗生产的重要因素，许多新的、创造性的混合文化表达已具有了"民俗"性质，也扩展了民俗学本身的内涵，因此民俗学需要拓展原有的研究方向、范式和内容，研究互联网时代民俗学产生的新议题。另一方面，互联网以其充满活力的传播实践重构了传统民俗学的版图，学术研究需要聚焦网络民俗的"元问题"并做出整体性观照，形成网络民俗研究的问题域，展开网络民俗的多学科、系统性研究；同时，新的文化场和问题域要求学科之间破除壁垒，对网络民俗展开跨界交叉的多学科综合研究，为数字化时代的民俗学理论建设、学科发展提供新思路、新方案。

从学术研究与现实互动的角度看，网络民俗研究将加深人们对互联网时代民俗文化的认知，其衍生的思想观点将回应民俗文化适应社会发展的时代诉求，拓展民俗文化的现实服务功能，所论述的问题也将推动民俗文化资源观的形成，直接或间接地助力现实的非物质文化遗产（简称"非遗"）保护，为政府制定文化政策和文化传承创新提供理论指导。

二、网络民俗研究的"概念性框架"

数字化传播时代，网上栖居已生成新的社会关系和生活模式，也使各种民俗现象依托网络平台不断产生并迅速传播。毋庸置疑，网络空间正经历着"再习俗化"的过程。从宏观的视角进行考察，传统社会中人之"习俗化"与三个方面的因素紧密相关：第一，"习俗化"与人的本能有关；第二，"习俗化"与人的自然成长有关；第三，"习俗化"与人的社会化有关。而在以网络空间为代表的多元传播环境下的"再习俗化"，则是在"习俗化"基础上的社会性延伸或者补充，也可以说是一种继续并扩大习俗养成的活动。特别是在新的生活数字化环境下，人们所经历的网络空间的"再习俗化"还具体表现出三个特征：第一，习俗环境变革中的"再习俗化"；第二，异文化环境中的"再习俗化"；第三，个人自觉的"再习俗化"。如此来看网络民俗，也许它已经是经过多次延伸、补充、再造的"再习俗化"的民俗了。

当代民俗学研究应注意到网络空间的"再习俗化"进程，以及建基于数字传播时代人们的民俗生活经验的衍变。这些新的因素不仅更新了"乡土""俗民""习俗"等原有意义，而且生成了许多与传统民俗文化不同的"异质性"及表征。2014年5月，美国犹他州立大学出版社出版了该校波茨坦分校英语与传播系助理教授特雷弗·布兰克的新书《民俗学和互联网研究的概念性框架》。布兰克在书中表示：传统主义者总是认为民俗学领域的田野调查只能在田间地头进行，因此常常忽略数字化，认为数字化仅存在于技术和大众媒体领域，无法在网络空间开展田野调查；但实际上，互联网不只是言论和观点的传播平台，而已发展成为民间文化、风俗习惯不断演变和创新的平台。[1] 该书试图构建一个互联网民俗研究的理论框架，被评价为开拓了民俗学研究的新领域。

网络民俗，包含了网络民间文学、网络崇拜与信仰、网络祝福与祭祀、网络游戏娱乐等诸多复杂事象，是一种新型民俗文化。作为广大网民传承、享用、创造的一种生活文化，它既属于广义民俗的一部分，又是民俗发展中出现的一种新的民俗形态。作为学术的回应，网络民俗研究既要分析考察网络民俗"是什么""变了什么""传了什么"等民俗学学科问题，还需探讨这种新的民俗形态何以可能、网

---

[1] Blank, T. J. *Toward a Conceptual Framework for the Study of Folklore and the Internet*. Logan: Utah State University Press, 2014, pp. 20.

络空间如何"再习俗化"、其产生有着怎样的文化背景和现实依据、如何评估网络民俗价值等问题。

鉴于数字化时代民俗文化出现的新变化，民俗学需要调整既有的研究范式和研究方向，不断跟踪研究数字化传播时代网络中的新民俗现象，同时，也要重视网络环境下日常生活方式衍变所生成的新民俗特征，以便更好地研究数字化时代民俗学产生的新议题。例如，作为"新知识"的网络民俗所包含的三个关键因素，即新的生产（传播）主体——网民、新的传播媒介——网络、新的民俗内容——新民俗[1]。同时，还要探究数字化传播时代"民俗"范畴的要素到底发生了哪些变化。具体包括：从"俗民"到"网民"身份如何演化？习俗的生产传播环境究竟发生了哪些更替？从生活媒介到数字媒介的衍变又带来了怎样的社会惯习革新？这些问题都需要深入到社会学逻辑、借助多学科理论加以探讨和回答。

近20年来，国内外网络民俗相关研究取得了较多成果，为网络民俗的深层认知、理论建构和新研究领域拓展提供了一定的基础。譬如，在"认识论"方面，学界对网络民俗已初步形成了共识：首先，网络民俗不只是字面上"网络"和"民俗"的简单累加，还关涉对民俗学和网络传媒的复杂关系的认识；新的民俗"现象"，反映出数字化时代网民对传统民俗现代、后现代的"改造"。其次，网络民俗是一个不断变化、扩容的新型民俗文化，是传统民俗形式的"更新换代"。再次，民俗学需建构"现代学"的学科特点，同时介入到当代网络社会文化建设的现实需要之中，等等。

由此"认识论"，我们大致可形成网络民俗研究的总体学术思路，即通过对互联网传播结构的分析，描绘出技术嵌入社会系统的过程，将民俗实践活动放置回社会文化的整体性语境中予以观照，考察网络民俗之于民俗研究领域的影响和意义。同时，还需带着鲜明的问题意识，透过对大量网络民俗事象的深度分析，生成网络民俗研究的问题域和理论话语，形成多维度的学术思考，如：如何解释数字空间的社群化、"再习俗化"？民俗的地方性、空间性如何改变？怎么看

---

[1] 孙文刚. 网络民俗：民俗学科的新生长点[J]. 民间文化论坛, 2013 (5)：95-102.

互联网带来的民俗生态与社会生活转型？传统的礼俗互动还存在吗？如何建立民俗文化与社会发展议题之间的学理联系？等等。在此众多问题的引导下，我们大致可形成数字化时代网络民俗研究的"概念性框架"。

1. 网络空间的社群化

互联网技术改变了人们的日常生活方式，越来越多的人开始栖居于网络，形成网络俗民社群，他们的社会惯习也随之更新。在网络构建的空间里，俗民摆脱了千百年来地缘的束缚、权力制度的支配与习俗惯制的约束，参与空间也从露天舞台转向了电脑、手机。这种网络空间的社群化涉及诸多需讨论的问题，如虚拟、链接与俗民人际关系如何重构？匿名、即时的链接传播生成了怎样的俗民群体的聚合？网络社群化如何带来新民俗生产？等等。

2. 网络空间的"再习俗化"

正如詹姆斯·凯瑞所指出的那样，网络媒介传播已经成为将人们以共同体或共同体的形式聚集到一起的神圣典礼，它的最高境界是建构并维系一个有秩序、有意义，能够用来支配和容纳人类行为的文化世界。[1] 如此，网络媒介之于民俗意义的建构，就不再局限于民俗文化元素的高度仿真和再现，而已置换为网络虚拟空间的"再习俗化"，在人媒融合的新环境下，网民们可以在"围观"与"参与"之间灵活转换，完成了民俗的转生和衍生，创造出许多新的民俗模式、民俗形态和符号。因此就有必要追问："习俗"的形成条件为何？网络空间如何"再习俗化"？网络民俗的生成逻辑是什么？等等。

3. 网络传播与民俗的传承、变异及重构

进入21世纪，随着互联网日渐融入人们的日常生活，发生在网络虚拟空间中的民俗传承和传播有了很大变化，以至如何解释和界定"民"和"俗"也成了新的问题。不过历史地看，每一时代的民俗其实都有过因为传统生产生活方式变化，而随之形成新的民俗传统的情形。如此来看，网络民俗的出现，既显示出"传统"之于新技术环境的适应性，同时也反映出民俗与时代偕行、生生不息的生命力。网

---

[1] [美]詹姆斯·W. 凯瑞. 作为文化的传播[M]. 丁未，译. 北京：华夏出版社，2005：7.

络民俗作为被广大网民创造、享用、传承的一种生活文化,既属于广义民俗的一部分,也是民俗发展中出现的一种新的形态。当代民俗学者应以动态的视角去看待和研究这一新技术时代的网络新民俗,深入探究在数字化传播环境酵化作用下逐渐生根的网络民俗与传统民俗的关系,包括对如下问题的讨论:媒介技术的赋形如何生成网络新民俗?传统民俗在网络传播中如何传承、变异和重构?网络民俗的特征、功能及意义为何?等等。

4. 传统民俗触网与"互联网+型"民俗

农耕时代,民俗文化主要以口耳相传的方式在相应族群内部传播。这种地域性、封闭性较为明显的民俗特征,在如今5G技术主导的新媒体时代已被改变,越来越多的民俗文化已借助高速发展的传播技术,冲破了地域界限,突破了族群内部传播束缚,异常鲜活地呈现于大众视野。这种"互联网+民俗"的传播形态不仅拓展了传播途径,更重要的是它更新了民俗生产传播机制,民俗文化因此出现了供传播共享的"互联网+型"民俗。其中也有许多传播问题值得探讨,如:传统民俗如何实现网络"活态"传播?"互联网+民俗"的传播形态为何?如何评估"互联网+民俗"与民俗文化资源观?等等。

5. 习俗场景转移与"转生型"民俗

网络民俗实践活动是整体性社会文化语境演化的伴生物,它对传统民俗事象既有传承,也因媒介、传播、语境等新"变量"而出现了变异和重构。如此,就需要讨论为适应现代生活习尚,由社会生活空间向虚拟空间转移的"转生型"新民俗,重点需要探讨的问题包括:"转生型"网络民俗事象的类型、特征为何?"转生型"网络民俗的生产机制是什么?网络如何展示新民俗生活?等等。

6. 网民衍生创造与"再生型"新民俗

民俗与生活关系紧密,既有历史渊源,又有现实基础,人类社会任何一个时期都在萌生形成新的习俗。网络媒介不仅塑造传统民俗事象,同时也在"仿真"性的民俗活动参与中通过移植、复制、延展、创新等方式,在传统民俗的"模因"中融入现代生活元素,运用民俗性象征符号予以民俗文化重构,进而成为当代生活消费文化。需要讨论的问题包括:"再生型"网络新民俗及其特征、"再生型"新民俗与原有民俗比较分析、"再生型"网络民俗的生产机制、网络新民俗与民俗重构议题等。

7. "邓迪斯之问"与网络民俗的理论框架建构

互联网是民俗学者开展民俗志研究的独特领域，也是传统民俗学在"后民俗"时代研究范式、学科概念和理论创新发展的新空间。如此，就需从民俗学发展角度回应"邓迪斯之问"：网络能否扮演民俗传承和社会传承的角色？民俗学发展该往何处走？网络民俗学研究方法为何？在回应、阐释"邓迪斯之问"的基础上，同时建构出互联网民俗研究的理论框架。

8. 互联网传播与民俗文化传承、保护和利用

网络改变了当代民俗文化传承、衍变的轨迹，也带来了民俗理论范畴的新变，呼唤着当代中国民俗研究方向和范式的调整和改变。这需要我们在更宏阔的视野上重新审视数字化时代民俗文化的传承、保护问题，积极展开如何推动民俗文化适应社会发展的理论思考，例如，民俗的现实意义与应用价值为何？民俗文化资源与文化创新如何再认识？如何阐释新民俗的意义与做好价值引导？等等。

上述"概念性框架"特别强调了网络民俗之于传统民俗在生产传播主体、空间、机制模式上的传承和重构，同时也内含着网络民俗研究的学理逻辑和问题意识。民俗学者应该认识到，网络民俗研究的重要性其实并不亚于传统意义上的民俗志研究，它面向人类所置身的现代与后现代，植根于当下社会的民俗生活和经验，是一个大有可为的研究领域。

三、建立"现代式科学"的网络民俗研究

20世纪90年代，民俗学家钟敬文先生就提出了"民俗学研究的目的，要尽可能建立现代式科学"的观点。钟先生的论见，既包含着对民俗研究向"现代式科学"迈进的深切关注，也提示了传统民俗研究亟待在理论、内容、方法上拓展更新，推动学科向"现代性""科学性"方向发展。

网络民俗以其充满活力的生产传播实践重构了时下的文化传播版图，新的文化场与问题域要求学科之间破除壁垒，进行跨界交叉的综

合研究和理论建构创新。

首先，需要建立网络民俗研究的问题域和话语体系，拓展传统民俗学理论维度。在这方面，国外网络民俗研究似已形成了较为明确的问题域和研究方向。例如，一些西方学者就注意到，虚拟环境不仅适合一般文化生产，也特别适合民俗生产，互联网已经成为民俗学生产的主要因素，许多新的、创造性的和混合的文化表达具有明确的民俗学性质，且已出现在生成的事实语境和文本之中。因此，网络民俗研究不仅要根据特定的参数讨论虚拟环境的民俗化，而不是民俗的虚拟化，还应揭示通过数字通信技术产生的文化环境和背景是如何变成一个经验领域的，随着时间的推移，又如何几乎等同于口头环境的。[1]国外的民俗学研究提示我们，民俗学研究既要深耕民俗学科原生问题，也应重视"当下""活态"的传播问题，从而在民俗学科发展的层面上建构更科学的民俗研究理论体系。

其次，也应建构全新的网络民俗志的学科理论和方法。网络民俗研究属于综合性的学术研究，除了运用一般网络民俗事象（文本）的分析阐释、多学科的理论方法外，还特别强调民俗学者须转变研究思路，结合数字化时代的网络民俗研究的特点，在方法论上有所突破和创新。

第一，用好网络民俗志研究方法。民俗学家钟敬文先生很早就提及"民俗志"的概念，认为"民俗志是关于民俗事象的记录"。网络民俗志则把城乡地域空间转移到网络世界，扩展了传统民俗志研究的视域，试图建立切合互联网时代的民俗田野调查和研究方法。具体而言，网络民俗志拥有三个基本面向："一是作为文本类型，即基于网络田野调查所获取的资料对某种特定民俗文化事象的文字记录；二是作为研究方法，即研究者在具体研究中应充分认识网络田野的独特价值和学术意义，转变传统民俗志中只是依靠田野实地调查的研究倾向；三是作为研究理念，即研究者通过关注互联网对传统民俗文化传承时空及文化分层等影响的分析，重新认识网络时代民俗事象的存在样态，同时对新出现的网络民俗事象进行体

---

[1] Erol, G. Virtual enviroment as a digital communication technologies-mediated folkloric experience sphere. *Milli Folklor*, 2018, pp.127-139.

裁学方面的研究。"[1] 这一研究思路，为网络民俗志式研究提供了理念和方法论的指导。

第二，更加重视网络空间的"田野作业"。俄罗斯学者马蒙诺娃·娜塔莉娅·瓦西里耶夫娜指出，与传统民俗学相比，虚拟民俗学在保留传统民俗学文本的所有基本特征的同时，也获得了以新的数字格式传播的前所未有的新形式，即作者集体性、匿名性、变异性。在虚拟世界中，民间艺术以迷你视频、笔记、赠品、帖子、散列标签、生活黑客、城市传奇、故事、笑话、捕捉短语、歌曲、轶事、谚语、格言、行话等形式存在，具有自己独特的社会和信息环境、使命和目标受众。[2] 显见的是，网络中传播的民俗事象、文本类型已出现了很大更新，亟须建立一套适应互联网场域的"振木铎徇于路"调查方法。例如，通过网络"走访"、访谈进行"网络田野作业"，借助互联网直接与民俗文化传承者进行交流和对话，采集真正有价值的原始资料，进而探究互联网带来的民俗文化与社会生活转型等问题。在此方面，如何通过海量数字文本发掘具有典型性的网络民俗是其中的一个难点，同时也对学者专业技术和治学态度提出了更高的要求。

第三，熟练运用"现代技术"展开研究。网络民俗的基本特征是非线性、超文本性和多元性，即中介的网络传播实践。除了传统民俗学中所知的语言体裁外，还形成了复合化的符号文本。土耳其学者古鲁姆·厄洛在《虚拟环境作为数字通信技术中介的民俗体验领域》一文中指出：虚拟环境是一个能够为民俗生产提供充分条件的因素。在这种背景下，驯化的虚拟环境已经进化出一个新的民俗体验领域，使原始甚至真实的民俗表演和制作的出现成为可能。这种情况下，直接引起民俗学研究兴趣的方面是沟通和互动技术。[3] 基于网络民俗本身具有的"新技术"特征，民俗学研究自然也应结合这一特点，

---

[1] 李向振. 拓展互联网时代民俗学研究视域 [N]. 中国社会科学报，2017-08-31.

[2] Vasilyevna, M. N., Alexandrovna, Y. E. Instagram network folklore in the light of the linguosynergetics. *European Proceedings of Social and Behavioural Sciences*, 2018(4), pp.146-152.

[3] Erol, G. Virtual enviroment as a digital communication technologies-mediated folkloric experience sphere. *Milli Folklor*, 2018, pp.127-139.

调整研究的技术路线、分析方法。例如学者对网络传说的研究，如今就有专门的城市传说网站和数据库，专家和非专家都可以访问。互联网已经成了一个大型的档案馆，一个民俗保管员，这为研究网络传说开辟了新的途径。因此，我们可以得出结论，现代技术不是民俗学的敌人，而是传播民俗学的关键因素。

第一章

生活数字化与民俗衍变

民俗起源于生活，是民众在长期社会生活实践中创造、传承和共享的文化事象。民俗的发展演变，与社会群体日常生活的需要、社会生活方式的变化密切相关。《第49次中国互联网络发展状况统计报告》指出：截至2021年12月，中国互联网普及率达到73%，网民规模为10.32亿，其中手机网民比例高达99.7%；在此约10亿规模的移动互联群体所构成的庞大数字社会里，即时通信、网络视频、短视频用户使用率分别为97.5%、94.5%和90.5%，可以说，短视频、直播已经成为数字化时代人们的新生活方式。[1]而这种数字化、虚拟化的全新社会生活方式的出现，对传统民俗在当代传承和发展都产生了重要的影响。

第一节 从"俗民"到"网民"

新的社会生活方式的出现通常会带来民俗活动的变化，同时也会带来民俗观念范式的更新。在数字技术迅速发展，线上、线下生活日趋融合的今天，人们对于传统"俗民"的认知也悄然发生着新变化。

---

[1] 中国互联网络信息中心. 第49次中国互联网络发展状况统计报告[R/OL].(2022-02-25)[2022-07-08]. http://www.cnnic.net.cn/NMediaFile/old.attach/P020220721404263787858.pdf.

一、民俗之"民"的考察

任何民俗事象的发生和传承，都离不开生活在特定社会、历史情境中的民俗主体——俗民。即使在传统民俗学研究视域内，俗民也是民俗学研究的基础范畴。纵观欧洲民俗研究一个半世纪的历史可以发现，绝大多数时候，民俗学研究理论与方法的创新都根源于民俗和俗民内涵、外延边界的变更。甚至可以毫不夸张地说，俗民的界定往往成为民俗学研究范式转换或者变革的内在依据。而俗民的外延、内涵在不同历史时代的伸缩变化，又常常与民俗事象所处时代社会生活方式和思想文化的变化密切相关。正是俗民界定与时代社会变化的强相关性，及其在民俗学科发展中的特殊地位，使它成了民俗学理论发展中的"关键词"。不过，这个关键词的核心内涵虽然相对稳定，但外延和边界却常常处于变动不居的状态。也正因为如此，关于俗民的界定学界一直很难达成共识，比如，中外学术史上关于俗民的定义竟达上百种，即是明证。

在西方民俗学史上，民俗（folklore）作为具有学科建制意义的研究对象出现，可以追溯到1846年。这一年，威廉·汤姆斯基于古物研究的兴趣，以安布罗斯·默顿为笔名向《雅典娜神庙》杂志社写了一封信，在信中他建议用盎格鲁·撒克逊语合成词"folklore"（民俗）代替"popular antiquities（通行旧习）"或"popular literature（通俗文学）"，以此表述古代风俗习惯、典礼仪式、民间信仰、歌谣、寓言等文化传统。[1] 后来，19世纪民俗学家霍尔德·考尔夫等人也开始以"folklore"来指称特定的学科研究对象。此后，"folklore"便成为久远传统生活中通行旧习、生活礼仪等民间惯习的常用表达。正因为"folklore"从词语起源开始就与古物研究关系密切，因此，在后来很长一段时期内国际上通行表达中的民俗都包含"古物"的意思，更多地指向时间久远、并不常见的地方知识或事物。所以后来有学者说，"因此很难想象民俗事象永远是鲜活的（即，被表演的）"[2]。当然，与之相应，当时欧洲民俗学者对于古

---

[1] [美]威廉·汤姆斯.民俗[C]//阿兰·邓迪斯.世界民俗学.陈建宪，彭海斌，译.上海：上海文艺出版社，1990：5-6.

[2] [美]阿兰·邓迪斯.21世纪的民俗学[J].王曼利，译.民间文化论坛.2007（3）：81-95.

物民俗的兴趣、迷恋和探究，也从未跳脱对于民俗的实际生产者——俗民的关注和阐释。

正是因为欧洲民俗学者对于民俗和俗民的关注起源于古物研究，因此，在早期民俗研究中对于俗民的界定，更多地与传统、文化遗留语境中的乡民联系在一起，这从泰勒·斯威夫特以及被理查德·多尔森称为"大梯队"的民俗学家们的论述中，都可以得到确证。不过，欧洲民俗学研究初兴之时，也正是现代民族国家兴起之时。在这一时代语境下，人们对于俗民的认知、界定，几乎很难脱离个人的自我认知与当时的共同体文化，以及个体公民与民族国家关系建构的影响。因此，俗民虽然在时间上常用来指称古老传统、地方遗俗之"民"，但在价值层面则被赋予了与"现代工业文明"相对立的意义。与个体在国家共同体内作为公民存在所指向的同质性价值追求不同，俗民更被强调了共同体内个体的民族性格、地方知识和独特情感。之后，随着人们对现代工业文明"同质化"反思的不断深入，俗民在精英文化的代言下成了文化话语博弈中的一种新兴的代表性力量。俗民更多地被当成"民族文化基因"和个性化"文化密码"的携带者，用来对抗经济全球化过程中现代文明"同质化"取向的不断扩张。此时的俗民，实际上已经被贴上了"现代前""前现代"的标签，被甄别、划出了现代文明体系。故而，美国人类学者罗伯特·雷德菲尔德在其《乡民社会》中认为，"folk（民间的）"并没有绝对固定的边界，它只是一种相对比较，是人们为了理想中的当代社会的存在而提出的一种理想建构。雷德菲尔德这一动态民俗概念的界定，也使得俗民群体的界定习惯性地指向欧洲农民，指涉着一种可以用特殊标准衡量的社会性质。

无论后来的学者对雷德菲尔德《乡民社会》关于俗民界定的结论持有何种态度，但以动态的视角表述俗民的方法，的确成了后来大多数研究者的习惯性选择。也正是因为如此，当美国的城市化进程经历了快速发展期，仍沿袭旧例以"乡民"指称俗民时，其实这种称谓已很难适应时代的需要。因此，邓迪斯进一步拓展了雷德菲尔德对于俗民的理解，认为将俗民界定为农民或者乡村群体是错误的，俗民应该可以指任何民众中的某一特定集团。无论这个集团出于何种因素而联结成为一体，是宗教、语言，还是职业行为；无论集团内部的人员是否都彼此熟悉，只要他们维护集团共同的核心传统，就可以称之为俗民。多年以后，邓迪斯面对民俗学家多尔森"城市里有民吗？""工厂里有民吗？"的探索之问，以"谁是民"为题发表论文，对俗民做出了更为清晰的界定。在邓迪斯看来，19世纪以来，欧洲文化以现代文明中的反差对比物、参照体的方式界定俗民，具有明显的"民族中心主义"色彩。他还指明，正是因为界定俗民群体时，绝大多数时候只是将其作为一种非独立性的现代文明的对比参照物，这就使得人们对俗民的理解更多地偏向于"乡民"。但事实上，乡民只是俗民群体众多类型中的一种。在人类社会生活中，每一个民众集团之所以能够存在并被人感知，就是因为每一个集团都有自己的民俗。所以，邓迪斯认为从这一意义上来说，"民"不是一个附属的变量，而是一个独立的变量。我们必须把现代社会的成员看成很多不同民群的成员。[1] 因此，民俗是一种普遍的永恒存在，而俗民同样也是指向当下和未来的永恒存在，只是俗民的边界会随着时代和社会的发展处于不断变化之中。

中国学界对俗民的研究相对西方较晚，与中国民俗研究学科的创建基本同步。19世纪末20世纪初，随着晚清政权的衰败和"旧学"的衰落，以及西方学者在中国社会考察活动的增多，民俗作为现代学术话语才在中国慢慢兴起，杨堃先生在阐释中国民俗学运动分期时曾指出："中国之有民俗学运动，则当自国立北京大学研究所的歌谣研究会及其《歌谣》周刊之出世算起。"[2] 差不多同时，当时新生的民俗学也开始了对俗民的思考。不过，此时中国的大多数地区几乎还未受到现代工业文明的冲击，许多在今天已经成为民俗学意义上遗留物的民俗，诸如节庆典仪、人生仪礼、民间信仰等，在当时更多地仍是作为人们日常生活的形态而存在。人们对于俗民概念的认知和界定，主要借鉴参考欧美和日本学界对于俗民的解释，倾向于现代公民与乡（俗）民对比、参照。在当时欧美旅行者和民俗学者的观察中，

---

[1] [美] 阿伦·邓迪斯. "民"指什么人 [J]. 王克友，侯萍萍，译. 民俗研究，1994（1）：13-24.

[2] 杨堃. 我国民俗学运动史略 [J]. 民族学研究集刊，1948（6）：92-102.

尚未开启现代生活的中国被当成了一个完整、鲜活的异民族标本，"民俗"也作为"异俗"成了被观察的对象。在这种视角下，整个"东方民族"作为俗民群体，成为西方现代性话语和价值观建构的一种参照物，以"对照组"的方式参与了西方现代文明的个体身份认同和合法性建构。许多以其他人文社会学研究为志业的中国学者对"俗民"的思考，也是在这种"现代前"与"现代"的对比模式中展开的。

20世纪30年代，中国的民族危机日趋严峻。当时，邻国日本的民俗学处于初创阶段，在柳田国男等人的推动下，其重点倾向于民俗的"国民性"和"民族性"研究。在时代、学术双重因素的作用下，中国学者不仅接受了自日本引入的民俗和俗民概念，凸显出现代文明参照物和对立面的价值指向，同时也接受了日本俗民概念外延的拓展，强化了俗民的民族性特征，强调了它的传统性、本土性在现代民族、国家文化建构中的意义。因此，当时中国学界对俗民的理解，一方面，与西方学界的"考古"俯察视角相近，指向偏远中国非日常的、少数民族的"文化遗留物"；另一方面，在解决民族危机、实现民族国家独立现实需求的推动下，俗民又因为其与封建正统意识形态的对抗性，被赋予了"革旧迎新"的内涵。后者，正是当时国立北京大学发起"歌谣民间"运动的初衷，精英知识分子们期望在民间歌谣中寻找到重振中国民族文化"活泼泼"的生机。也正是因为这样的原因，中国的俗民概念自引入始，就既囊括了传统与现代、野蛮与文明的二元价值对立，将俗民归为没有经历现代文明洗礼的乡民，又同时包含了民族性、反抗性力量的寓指，将俗民理解为受封建意识形态规训和影响较少的原生态居民，是全新的、现代民族中国建构的重要力量。

此后，随着民族危机的日趋严峻，在学科建制理论层面俗民的研究和界定进展相对缓慢，但在社会行动和实践层面，俗民的内涵和外延明显更多指向原生态的反抗性力量。并且，这一理解的价值指向和边界，与马克思主义理论中占人口绝大多数的无产阶级有高度重合。因此在特定历史时期，俗民实际上被赋予了某种政治性指意。特别是在延安时期，关于俗民内涵的理解甚至为中国革命的思想动员和文化意识形态凝聚力的提升起到了促进作用。中华人民共和国成立后，俗民作为一个专业术语和范畴，在新的时代语境中又凸显出现代与传统的对比参照意蕴，民俗和俗民的意涵也再次投向了边远农村，更多地被理解为"乡民"——并且在数十年中对这两个学科核心概念的阐释并没有多大变化。

与美国民俗学研究转向相似，战后日本在经历了20世纪50年代到70年代的经济高速增长后，传统民俗学的研究对象——乡土村落社会的范围不断缩小。20世纪80年代后，日本学界基于民俗学学科如何应对时代变化的思考，开始把新的都市生活也纳入民俗研究的范围。都市民俗学的兴起，使得俗民的内涵和外延的界定再次发生变化。与此相似，90年代以后随着我国城市化进程的加快，都市生活也同样成了中国社会生活的重要组成部分。基于中国社会形态发生的根本性变化，以及人们对民俗学科发展的反思，高丙中先生首次尝试将胡塞尔的"生活世界"引入民俗学，提出民俗学应该以生活整体作为学科研究基础和路向的学术思想。[1] 这种研究路向和价值旨趣的转向，同样也带来了中国民俗学领域俗民边界的迁移。在高丙中先生看来，"folklore"被引入中国并被定义为"民俗"，成为一种具有学科建制意义的"民俗学"，本身就是中国学界在长期学术实践中的一个协商过程。同样，民俗定义也应被看作是一个学术建构的协商过程，一个包括重新界定和学术批评双重内涵的过程。同时，这种学术建构也决定了其可以在新的学术背景下被重新建构。[2] 因此，在21世纪以来中国学者的研究中，逐渐消隐了俗民作为"现代生活"对应性参照物的主体内涵，转而接受俗民定义的动态视角，彰显了俗民就是现代日常生活的群体和个体本身的旨意。

二、互联网时代俗民身份的再建构

19世纪欧美民俗学家为何对"猎奇古物"具有浓厚的兴趣？意

---

[1] 高丙中. 生活世界：民俗学的领域和学科位置[J]. 社会科学战线，1992（3）：328-335.

[2] 高丙中. 从"一国民俗学"到"世界民俗学"[EB/OL].（2021-03-15）[2022-07-08].https://www.chinesefolklore.org.cn/web/index.php? NewsID=20296.

大利人类学家朱泽佩·科基雅拉认为，欧洲民俗的思想根源产生于文艺复兴时期，而这一时期欧洲科技飞速发展带来的地理大发现，不仅使得欧洲人对远方异族的语言、宗教产生了浓厚的猎奇心理，也激发了他们"回到"历史，在传统民间歌谣、俚语俗谚中发现"自我"，寻找"民族个性"的兴趣。从这段历史的回溯中，可以发现从古物研究中脱胎出来的民俗研究，兴起于工业化大生产和城市社会初兴所引发的复杂反应语境中。当时人们关注"民"与"俗民"，与其说是基于学术的视角，不如说是在现代文明社会到来时自我建构的一种需要。这也使得俗民的界定，更多时候被当作是现代生活、现代文明的一个镜像，或者说作为与现代城市文明或者社会上层、精英文化的一组参照物而存在。这样的理解，不仅使俗民研究被赋予了客体、他者的方法论认知，在价值旨趣上也被赋予了"传统"和"原始"的判断，俗民群体的溯源成了对"文明进化阶梯上""野蛮、古老的前文明"的文化寻根。

也正因为如此，邓迪斯曾批判西方传统文学民俗学家和人类学民俗学家对"俗民"的他者想象和建构。不可否认，相对于传统"乡民"的认知，俗民是"现代"的建构，这种界定的确具有它的时代价值。但同样不容忽视的是，俗民界定的这种主、客二分思维模式，虽然关注到了俗民的主体性，但"民"的边界大多被局限在了社会非主流，或者文化边缘的各种角色上。纵使作为研究者在研究方法上一直强调"融入、体验"的民族志，但在研究双方关系的建构和个体身份认知方面，仍然具有明显的"我"与"他者"二元对立的格局。这种"我""他"独立的研究习惯，不仅常常将俗民排斥在主流外，也难以将俗民与当代社会生活深度关联起来，更毋庸说意识到"俗民"作为此刻社会生活的主体与未来理想社会建设的关联。

虽然世界范围内工业化生产、商品交换和城市化进程的快速发展推动了俗民界定与当下生活的联系，但并未从根本上改变俗民界定理论思维层面"我""他"二元的分立。直到移动互联网时代的到来，开放、共享、协作、交互、参与的互联网关系建构模式在重新定义社会交往和人际关系建构方式的同时，也为俗民身份的"多元"并存提供了可能性。新的数字媒介的参与不仅使俗民物理身体参与同一时间、不同空间民俗事象成为可能，也使其参与不同时间、不同空间民俗事象成为可能。如果说俗民范畴从"乡民"到"市民"的变化仍更多地体现为地域、空间的拓展，那么，从"市民"到"网民"的变化，则已经体现出一种对俗民本质理解的变化。

从俗民身份认知看，移动互联时代俗民群体的相对稳定性被消解，更多的时候，俗民处于一种多重身份随机切换、动态并存的变化中，俗民个体与地方性知识的关联度慢慢被削弱，因此俗民个体所体现出来的民俗文化典型性特征不如传统民俗社会明显。从俗民群体的结构程度看，大容量共享网络平台和便捷的移动终端为社群的短暂、松散的陌生人聚合提供了更多可能，俗民对民俗事象也处于随时参与或者永久退出的高度自由流动状态。这就使得当代俗民群体一方面不再具有传统俗民群体那样严密的组织性和稳定性；另一方面又因为网络的开放性和公共性，呈现出比较明显的工具表意性和符号性。正是因为网络时代，俗民对民俗活动的参与处于随时进入或退出的状态，因此，俗民群体的情感亲密度远不及传统俗民群体，对特定民俗事象和惯习的文化认同度自然也不及传统俗民群体稳定。缺少了相对稳定的民俗文化和身份的认同，虽然使得民俗文化的传承可能面临更大的挑战，但也使得网络时代俗民身份的建构具有了多维并存的可能。

第二节 空间重构与民俗新语境

民俗是人们在长期生活实践中创造、传承的文化事象。自然环境的变迁和社会文化环境的改变都可能引发民俗生产和传播方式的变革。今天，网络不仅是现代社会信息传播和人际交流的主要媒介工具，也成了人们的社会生活方式本身。尽管网络的诞生之于民俗是推动促进还是加速消亡的争议迄今为止仍然没有停止，但不可否认的是，互联网的诞生确实改变了民俗文化的存续状况。

一、民俗地理空间界域的突破

十里不同风，百里不同俗。可见，不管是民俗活动的举办地，还是民俗事象的参与者，抑或是民俗文化的影响力，都有一定的地理界域性。但是，随着现代交通工具的快捷便利和数字化传播技术的飞速发展，不同地域之间的交流日渐频繁，传统民俗地理空间的界域性正呈现出递减的趋势。

（一）民俗文化影响地域有限性的突破

班固在《汉书·地理志》中曾写道：凡民函五常之性，而其刚柔缓急，音声不同，系水土之风气，故谓之风；好恶取舍，动静亡常，随君上之情欲，故谓之俗。从这一表述不难看出，民俗的形成必然会受到自然地理环境和社会文化因素的影响。中国幅员辽阔，地域宽广，平原、山峦、林莽、海岛、湖区、沙漠，东南西北不同地域之间的自然地理环境和经济生产方式都迥然不同。在交通不够发达的传统农耕社会，地域之间的文化交流和人际交流极少，而中国传统民俗的传承又主要以生活方式、口传心授或以简单的文字相传为主。因此，中国传统民俗的地域影响力极为有限，民俗事象自然也具有高度的地方区位属性和时空界限性。

随着数字化传播技术的不断发展，网络传播媒介已经成了民俗文化传承、保护和发展的重要工具，民俗符号表征的网络化、数字化已经成为当代中国民俗事象的常态。在民俗艺术的保护方面，人们选择通过计算机网络、虚拟现实、三维图形图像、计算机建模等各种新媒体技术的运用建立民俗文化专题网站、大数据库、数字化博物馆等，通过保存、展览可复制的民俗文化符号、文字、图像和视频资料的方式，打破民俗事象传播的局限性，提升民俗文化的影响力。

在节庆礼仪、习俗传承等方面，网络媒介更多地发挥它与现代社会生活深度关联的特点，纾解民俗传承"慢""不变"与现代生活"快""新"之间的矛盾，通过大数据分析和精准投放对用户心理、情感分析的增强，提升人们对于民俗文化和民俗活动的认同度，增加民众与民俗事象的黏度。由此，民俗事象借由互联网的链接式传播和裂变式传播，不仅改变了民俗文化地域流动的相对缓慢性，增加了不同地域之间的文化交流的机会，而且突破了民俗文化地域影响的界限，扩大了民俗参与的广度。2019 年，李子柒、滇西小哥等的网络短视频之所以能引起人们的高度情感共鸣，其主要原因就在于他们用现代科技视图技术和审美趣味真实呈现了各地民俗文化。他们制作各种地方民俗视频时，已不再局限于一时一地的特定习俗，而是有了全国乃至全球的传播意识。比如李子柒的视频作品中既有兰州拉面的制作，也有南方织锦的染印技艺。

民俗文化影响地域有限性的突破主要体现在以下两个方面：

1. 民俗活动举办地域空间有限性的突破

民俗活动是一种社会生活实践，而人们的社会生活通常在某一确定的自然地理空间内发生。人类活动对于自然地理空间的依赖性决定了传统民俗活动的举办必然具有某种地域局限性，特别是在交通不太发达的中国古代，某些难以逾越的自然地理屏障基本上成了民俗活动空间的天然边界，大多数民俗活动只是在某一较小区域或者村落族群内部的某个场所举行。

然而，随着数字化媒介传播技术的飞速发展，特别是5G时代的到来，移动网络信息传输效率的高速度发展，不仅使得视图传播的即时性和流畅性大幅度提高，也极大程度地降低了网络传播的准入门槛和信息交流成本。并且，随着数字化技术的不断发展，多感官综合传播和情境共享技术也日益成熟，虚拟化场景的仿真度也不断提高，这使得民俗活动的异地同时、跨地域举办成为可能。当今，越来越多的民俗活动采取线上、线下同时举办的方式进行，民俗活动的空间也不再局限于某一固定的地理范围。

同时，以数字化信息形式存在的网络民俗文化，同样具有网络信息可复制、可保存的特征。这些随时随地可以获取的民俗事象、民俗文化符号，打破了传统习俗在表达和传承时因为人际传播和时间流逝而产生的唯一性。这就使民俗文化的传播和民俗活动的举办不仅在地域空间有限性的突破上几成常态，在时间有限性的突破上也成为可能。在这个网络民俗活动空间内，俗民可以跨越时代、跨越区域同时共在，不同时代、不同地域、不同俗民和民俗文化传承人之间也可以彼此共享、相互对话。

2. 参与者个体时空局限性的突破

民俗本就是一种时间、空间并存的情感体验，十分强调参与个体的情绪感知和知觉体验。没有个体的参与自然也就没有民俗事象的情感体验，所以说，俗民个体的参与是民俗活动开展和民俗传承的必要条件。而在中国传统社会，自然地理空间的距离间隔是离乡或他乡俗民参与民俗传承的主要障碍。即便后来随着现代交通的快速、便捷，人们跨越空间距离所需耗费的时间被大大缩短，俗民参与民俗事象的可能性得到了极大提高，但某一民俗事象参与者的广度仍然保持着某种相对局限性。报纸杂志、广播影视等传统大众媒体的兴起，一定程度上扩大了民俗事象的影响力，但一对多的单向度传播方式，并没有完全打破俗民参与民俗事象的地域局限性，民俗活动在很大程度上仍然是以某一地理空间范围内邻近个体的参与为主。

  网络时代的到来，彻底改变了民俗活动中俗民参与地域性的局限，民俗活动线上、线下同步的实践使得跨时空俗民的参与成为可能。而网络空间信息传播的匿名性、开放性，也暗合了中国传统民俗活动中俗民的群体性特征。网民们不仅可以在传者与受者之间平等、自由地切换身份，也可以通过超链接的方式自由地穿行于不同地域的民俗活动中。并且，随着智媒技术和大数据技术的不断发展，网络媒介对于客户端信息需求个性化的精准分析，使信息套餐的"私人订制"成为可能。网络空间内的民俗文化传播也因此呈现出分众化、个性化、多层次、全方位等特征。在网络媒介分层传播、个性化订制、精准推送等技术手段的推动下，民俗事象成了不同性别、文化层次、年龄、兴趣爱好、审美趣味的多元文化共同体的集合。每一个网民都可能具有多重俗民身份，同时参与不同民俗活动，存在于不同的民俗文化空间。既有可能是"双11"狂欢的消费者，也有可能是手工剪纸、环保生态生活的推介者。在网络民俗事象的参与中，民俗事象的原生地，俗民物理身体的出生地、所在地都成了无关紧要的因素。在某些消费类民俗里，类似于"双11"消费节等，甚至几乎全民皆俗，只要是网络通达的地方的俗民都可以是某一民俗事象的参与者。从理论上而言，俗民对民俗活动的参与已经没有任何边界，只要有手机在手就随时随地可以迅速加入任何自己感兴趣的民俗活动中。

（二）民俗活动空间：从"在场性"到"虚拟性"

任何个体出生伊始，就生活在某一特定的民俗环境之中。个体的成长以及他对社会生活的融入，只有通过不断了解身边社会习俗的变化，调整自我表现和行为习惯才有可能实现。俗民个体往往是在各类民俗活动中通过活动仪式中的角色扮演产生体验式情感，然后通过与其他俗民情感体验的交流、共享产生共鸣，从而实现他者认同和自我认同，由此对自己所身处的社会群体、生活环境，产生"在家"的归属感和"家园"依恋。网络时代，俗民的"在场"依然是民俗事象发生不可或缺的因素，但民俗事象中俗民"在场"的方式已经发生了巨大的改变。

1. 民俗活动中个体的"在场"与"不在场"

从本质意义层面来说，民俗活动、民俗事象是俗民个体情感、信仰的一种象征性表达，是俗民文化表达的一种符号化事件。任何民俗活动的发生都离不开人，无论哪种民俗事象必然都是由人传送，又通过人来接收的，在民俗相关信息的传递和接收之间，民俗文化又作用于人。因此，乌丙安先生说"俗民负载所有民俗文化"[1]。在中国传统民俗事象中，俗民是民俗文化意义表达的主要象征符号，俗民群体中的某些代表性人物（也称为"民俗能人"或"民俗精英"）则体现了民俗文化的典型特征。俗民的"肉身"在场，民俗角色的承担是传统民俗活动得以顺利进行的关键。可见，俗民个体的在场确实是民俗事象和民俗文化存在的基础性要素。

但在网络时代，网民参与民俗事象已然不必"肉身"在场，而是可以通过媒介信息交流互动的方式，以情感、态度在场的方式参与网络民俗活动。在网络媒介对民俗事象的参与中，"围观即参与，分享即表态"成了俗民参与网络民俗活动的新形式。也许，从民俗事象的传播过程来看，还有许多无法直接感知的沉默围观者似乎是民俗事象中的"不在场"者，但从网络经济效益的实现层面看，他们仍然是民俗活动的参与者，因为他们对民俗活动内容的点击、围观而产生的数据流量在现实社会生活中能产生经济效益，最终转化

---

[1] 乌丙安. 民俗学原理[M]. 沈阳：辽宁教育出版社，2001：35.

为在当下不断崛起的"网红经济"。网红现象在吸引投资者注意后获得大量的资本支持,这又反过来会促进民俗的传播,进一步提升民俗事象的社会影响力。2019年李子柒的田园美学风格的短视频于抖音等各大网络平台热播,在海内外引发的极高关注度就是最好的例证。

另外,在网络时代,人与民俗的关系不仅横向跨越了地理空间的距离,而且在纵向轴线的时间意义上,已成了一种超越时间限制的存在。任何民俗事象都可以在物质实体活动举办的同时,通过数据分享、网络链接将分属不同地域、不同时代的个体,以兴趣、特色分群的方式集合起来,共享特有的民俗文化记忆,并在交流、共享中创造新的民俗文化记忆。

2. 网络民俗活动空间的"仿真"与"超真实"

民俗活动空间原本指的是一个时间性和空间性相统一的范畴,是社会生活实践的产物。某些节庆习俗或其他民俗活动的发生一般都依托于现实生活中一个作为物理真实存在的场所,换言之都有一个固定时间、固定场所。然而,当数字化影像技术,诸如AR、3D技术不断完善,互联网之于日常生活场景的参与度也在不断加深,身临其境的网络民俗全息体验不再遥远。网络完全可以通过全景投影、千兆像素图像等视觉技术手段,以真实世界为原型高度还原现实民俗事象,营造一个集视像、图形、声音、文字于一体的高仿真全息民俗场景,并且将这一场景投射到某种大型的身临其境的结构体系中。在这种全息民俗场景刻意营造的氛围里,人们会产生"与民俗同在"的现场感,其身体感官体验也会无限接近物理真实。此时,民俗事象真实与虚幻之间的界限就十分模糊了。在这种网络深度介入的民俗事象里,真实社会场景与媒介化的虚拟场景既可以相互交融、难分彼此,也可以随时随地按需切换。在这种真幻交织的媒介化民俗场景里,人们甚至可能感受到更加强烈的参与感。

如果说作为民俗事象的网络仿真的传播活动可能因人们知识、兴趣等因素的制约,对民俗文化的传承产生十分有限的影响,那么,随着网络媒体在人们生活中的全方位介入,从传统民俗事象中转生、衍生而来的新民俗事象,则可能为当代社会生活创造新的习俗形态。就像朋友圈的点赞礼仪，网络红包习俗，录制自己或者家人拜年的短视频，分享有趣年俗的照片，以 QQ 动态、微博、微信的方式或公开或私信拜年等数字化拜年方式，已然成为网络新民俗。这些网络新民俗根源于传统民俗，但又融合了现代技术手段，似乎更加适应当下生活的快节奏。在这类数字化"微"年俗的参与中，作为信息发布的主体，他一方面是民俗活动虚拟空间内的"传承者"，以俗民的身份通过网络传播的方式弘扬中国传统节日文化；另一方面，他又是春节新民俗——"微"年俗的真实参与者，通过网络信息的共享，减轻了现实世界中某些可能与自己相隔一定时间、空间距离的亲朋好友们之间的隔离感，即使隔着时空距离也让好友亲朋、工作伙伴感受到了祝福和挂念，实现了真实社会关系的"再建构"。

如此看来，网络媒介不仅以"仿真"情境的塑造参与着传统民俗事象，同时在民俗事象的参与中，也有可能超越原有民俗表征的历史真实，通过移植、复制、延展、创新等方式，在传统民俗中融入现代生活元素，将地方性、民族性的文化植入新的社会生活环境，并衍生、创造出大量网络新民俗。

（三）民俗意义空间：从日常生活模式到媒介文化模式

空间不是单纯的物质实体，正如列斐伏尔所说，它是人类主体有意识活动的结果，它产生于一定的社会生产模式，是一个社会过程的结果。同样，民俗空间也是社会实践生产的结果，本身就包含着人类对生活情感的表达和社会意义的建构。民俗事象就是这种意义建构的符号和载体。所有参与民俗事象的俗民，一定程度上都在参与民俗空间的意义建构。他们在民俗事象的程序性活动参与中接受民俗文化本意的规训，也参与民俗文化意义的再创造；他们既是民俗事象符号意义的表达者，也是民俗意义空间的再建构者。

1. 传统民俗意义空间的建构

民俗与生活关系紧密，从发生学层面看，"民俗的形成既有历史渊源，又有现实基础，人类的任何一个时期都在萌发形成新的民俗。原有的民俗在社会发展中流传、演变、消亡、复合，但总是离不开人类生活的主观愿望和客观条件"[1]。可以说，民俗是日常生活的一部分，是俗民表达自己对于生活的理解和精神追求的文化场所，是俗民的日常生活实践的内容。生产、生活习俗，以及诞生、婚丧等人生礼仪习俗的存在，究其根本都是为了使人们更好地适应当下社会的生活。因此，任何民俗事象的发生都离不开俗民的日常生活，民俗事象也总是发生在俗民栖居的具体生活空间中。同时，在这个日常生活空间的生产生活实践过程中，还通过叙述、物化和想象的方式形成各类具有特殊旨意的民俗文化符号，将民俗活动塑造为具有特定内涵的意义表征空间，从而实现传统民俗意义空间的建构。

不仅如此，民俗意义空间又是超越日常的，它还会被寄予各种生活理想和精神寄托。特别是作为仪式存在的民俗事象，它打破了人们日常生活的惯性流转，使俗民在庆典活动空间内能与"神"共舞，在脱离日常生活秩序约束的狂欢体验中获取精神层面的满足感。一般来说，俗民们的日常生活世界是一个秩序世界，而且许多习俗本身就是一种规范俗民生活的隐性权力机制；但大众对于秩序和规制的约束，又并不总是处于屈从状态。许多仪式性的庙会民俗活动，往往以与神灵、先祖同娱同乐的神圣性，划定出特定的时间给短暂的越轨游戏披上合法性外衣，反映出俗民企图挣脱个人身份层级、社会规范约束，找回短暂"自由"的一种生活体验。如此看，民俗事象便具有了某种超越生活日常性的意义。

2. 拟态场景下民俗意义空间的再建构

民俗具有约定俗成的惯制力量，因此民俗意义空间的建构必然会受制于民俗文化的传统范型，需要依恃于特定的民俗文化事象所表达的本意才能完成。但同样不可否认的是，任何民俗的传承都离不开具体的社会现实生活。社会物质生产、生活方式和时代精神的变化都会对民俗文化的传统范型做出一定程度的改造和修正。网络传播消费时代的社会生产和生活也必然会影响当代民俗意义空间的建构。

传统媒体对民俗事象的传播，更多的是通过视像、图文记录民俗文化元素的方式再现民俗流程、场景，以此扩大民俗文化的影响力。

---

[1] 陈勤建. 论民俗的特质及其对社会发展的影响：现代社会与民俗学研究 [J]. 民俗研究，1985（1）：22-31.

在这一过程中,"拟态"与"真实"、"传"与"受"之间的界限仍然比较明显。民俗意义空间的建构更多地基于俗民对现实民俗活动的参与,大众媒介的符号化传播只是起到间接的、辅助性的作用。不过需要注意的是,在民俗事象传播的媒介化过程中,民俗的经济功能得到了强化,它的神圣性减弱,而表演性更强。在媒介化民俗表达中,许多时候民俗被当成一种聚焦消费的资本,一种可以被大众消费的象征性符号,而民俗文化的传承和传播则有可能退居次要地位。因此,传统大众媒体对俗民与民俗事象之间黏度增加所做出的贡献并不是特别明显。

随着数字化媒介时代的到来,互联网对于建构现实社会关系的影响不断加深,媒介传播中全息拟态场景的建构与现实社会中民俗事象发生之间的界域已渐次模糊。正如詹姆斯·W. 凯瑞所指出的那样,网络媒介传播已经成为将人们以共同体或共同体的形式聚集到一起的神圣典礼,它的最高境界是建构并维系一个有秩序、有意义,能够用来支配和容纳人类行为的文化世界。[1] 如此,网络媒介之于民俗意义空间的建构,不再局限于以民俗文化元素的高度仿真再现民俗事象,营造一个视觉凝聚的情境。甚至许多时候,民俗事象的发生本身就已经从现实空间置换为网络虚拟空间,网民们可以在"围观"与"参与"之间灵活转换。或者,现实社会民俗因为网络媒体的介入,完成了转生和衍生,创造了新的民俗形式和民俗符号。

从空间生产理论的视角来看,任何空间的存在都与人文、物体具有密切关联,人对空间的体验不可能脱离人对时间的感知。传统民俗意义空间的建构可能更注重时间的纵向历时性,比较倾向于突出民俗时间节点的历史传承感。但在网络时代,民俗意义空间的建构则更强调时间的横向共时性,比较倾向于突出俗民在民俗事象中的同时共在。在网络世界里,俗民可以最大可能地调动自己的视觉和听觉去体验民俗文化,并通过自己与他人情感、体验的实时互动交流实现民俗意义空间的建构;甚至更进一步,在对传统民俗意义空间的传承中融入现代生活和文化元素,重组民俗事象,正如微信红包融入当代春节

---

[1] [美] 詹姆斯·W. 凯瑞. 作为文化的传播 [M]. 丁未, 译. 北京:华夏出版社, 2005:7.

习俗，朋友圈点赞、共享糅于当代人际交往礼仪之中一样。

毋庸置疑，网络改变了当代社会民俗传承和发展的轨迹，这种变化既包括民俗地理空间界域有限性的突破，也包括民俗活动场所从"在场性"到"虚拟性"的转变，以及民俗意义生产、传播方式从日常生活模式到媒介文化模式的裂变。在这些变化中，作为民俗物质、意义生产的第一空间，与作为信息传播、文化表征存在的媒介空间完美融合，形成了一个融俗民个体现实社会生活与网络虚拟意义表征于一体的人媒融合空间。这种人媒融合空间的建构突破了传统民俗意义空间建构的界域有限性，带来了新的民俗传播模式、类型建构、表征方式等理论范畴的新变化，呼唤着当代中国民俗研究方向和范式的调整和改变。

第三节　网络时代的民俗传承与生成

今天，数字化媒介对民俗生产传播的深度介入使得民俗不再仅仅是一个具有文化认同、共享和风俗传承的符号意义价值空间，更可能是一个资本生产和利益增值的经济生产空间。数字化信息技术的介入的确有利于民俗的创造性再生产和活态化传承，但因媒介技术介入而生的传播方式影像化、参与方式场景化，也造成了网络民俗主体之间交往现场感和亲密感的缺失，使得当代民俗传承、民俗控制和民俗呈现都产生了新的变化。

一、网络时代的民俗传承

"传"是民俗事象的本质化特征，民俗正是通过"传"的能力和机制建立起了人与人、人与社会、人与自然的多重关系；也正是在这种"传"的编码和解码中形成了世界各地世代相传的民俗文化，建构起了类型丰富的地域性、民族性俗民文化共同体。正因为民俗活动中"传"占据了举足轻重的地位，信息技术的革新和传播方式的变迁对民俗传承的影响也就不言而喻了。数字化媒介对现代社会生活的深层介入自然也改变了民俗传承中"传"的机制和效应。

(一)传统民俗事象的"本真"传承

"传承"是一个外来词,在中国传统文化典籍中并不存在,比较近似的概念是《汉书·儒林传序》中曾经使用过的"传受"一词,表达的是"传入""承受"的意思。在20世纪70年代末,民俗事象"传"的特征开始受到学界关注,钟敬文先生借用了日本民俗学者柳田国男的"传承"一词,指称民俗事象中的传受活动。此时,虽然日本和西方国家对民俗意涵的理解已经开始转向并拓展到了当代生活,但国内对于民俗的理解,无论是在范畴阐释的理论研究方面,还是在文化事象的行为实践方面,仍然更多地借鉴了社会进化论,倾向于在传统与现代、农耕与工业的二元对立框架内展开。民俗传承也更强调纵向历时层面时间的延续性,民俗事象的传承、发展也更重视符号和仪程的仿真度和还原度。这是因为民俗作为一种世代相传的文化事象,若想要在时间的长河中获得长久的生命力,首先必须具有某种相对稳定性,这是文化事象自我保存的一种本能。所以说,在时间坐标体系里,因袭旧例、保持本真是民俗传承和民俗事象得以存续的一种必然追求。

正因其如此,虽然20世纪90年代末,因为跨域人际交往的增多,民俗在横向共时层面空间的"扩布性"渐显,甚至在跨域文化的多元交流中开始出现"变异"的民俗,但从我国民俗传承的整体价值追求来看,空间元素对它的影响依然十分有限。在民俗实践和民俗研究中,人们对于传承的理解近似于"传统",主要指向民俗活动和民俗事象中那些在时空流转中得以衍续和保存的情感内涵、特色符号、习俗知识和标准化行为模式。传承者对民俗活动传承优劣的价值判断,也更倾向于民俗事象的典型性表征,以及民俗符号、知识和行为模式的独特性。民俗传承对"传统"的强调,在保证民俗文化生命力的同时,也使得民俗形式和表达基本保持了稳定,但在研究和实践两个维度对民俗的变迁、变异的关注相对较少。

(二)民俗传承从"本真性"到"原生态"衍变

从社会历史发展的语境来看,整个20世纪,中国对民俗的理解都更强调其作为"现代"对立面的参照性价值。在此种观念逻辑中,民俗与中国传统农耕生产和生活联系越紧密，就越能反映农耕中国的乡土文化，民俗传承也就越本真、越原始。由此，民俗传承对本真的追求就经常与偏远村落、传统文明中的"异象"关联在一起，大多数时候都指向前现代时期古老先民特有的思维方式、价值观念、审美习惯等，更确切地说，主要指向中国传统农耕文明中乡民的生活、审美和价值追求。正是民俗传承"本真性"的前现代指向，使得民俗事象中的传承活动更强调民俗符号表征与文化价值在时间上要古老与久远，在空间上要与现代生活降低关联度。

当"本真性"成为民俗传承的主要判断标准时，对于"本真"的界定就成为民俗研究必须直面和解决的难题。事实上，在20世纪90年代以后，中国社会城镇化的推进、地域之间交往的增强使得民俗传承空间的封闭性和稳定性都受到了极大的冲击，如何在社会关系、人际交往频繁动态变化的语境内保持民俗的"本真性"传承成为民俗实践和发展的新议题。更为关键的是，当越来越多的民俗事象与商业、旅游开发联手走上舞台，成为被展示或者展演的生活时，民俗的符号表意与文化价值是否还能保持原初的"本真"状态？或者说，仅仅从个别民俗事象形式再现的角度保持民俗符号、意义和行动实践的"原始"本义，是否还可以称之为"本真"的传承？正是20世纪末中国社会民俗实践活动及其生发语境的巨大改变，促使人们在民俗发展新状况的各种反思中不断拓展"本真性"的边界，并开始将民俗事象的生成环境也纳入"本真性"传承的思考范围。由此，民俗传承的"本真"追求，渐渐由事象活动中符号、意义与行动原初性的衍续拓展为民俗事象与其所产生的生活环境的关联表达。

当民俗传承的核心特质——"本真性"，从时间衍续的纵向需求慢慢拓展到空间需求，并与环境产生横向联系后，原本的"本真"一词就无法完全表达民俗传承的独特核心特质了。在张艺谋以漓江的真山秀水为舞台，用《印象刘三姐》这一文艺展演项目将广西原住民的日常生活打造成一个巨型情景剧后，自然生物学科中的"生态"一词便开始被借用到民俗文化艺术研究领域，并渐渐取代了民俗传承中"本真"的表述——这不仅可以表达民俗传承活动与"原始"形式的一致性，同时还喻指民俗价值追求、意义生成与周围环境关系的原发性。民俗传承从"本真性"到"原生态"的拓展，意味着空间隐喻在民俗传承中影响力的扩张、时间关系的弱化。

（三）当代民俗传承的"活态化"需求

回溯近三十年来国内民俗研究的发展就会发现，民俗传承内涵的拓展、原生态新名词的创生与民俗研究理论范式的"生活转向"几乎同步发生。事实上，已经很难判断究竟是由于民俗研究从本体"是什么"到"为什么"研究理路的转向引发了民俗传承对于事象发生与社会环境关系的重视，还是反过来，民俗传承实践中民俗主体——俗民的生活在民俗传承中位置的变化催生了民俗研究的跟进，进而从事象案例的解读转为俗民生活的阐释的转型。可以确定的是，20世纪90年代以来"民俗"观念的变化，实际上意味着对民俗传承中变异合法性的承认。这一评判标准的改变必然会带来对民俗事象符号和表意的新认识。并且，既然民俗在传承中的流变是一种合理状态，那么，又是谁使得这样的变化成为一种合法性存在？可以总结说，社会生活环境的变迁与民俗流变"合法性"的认同，又一次拓展了民俗范畴的内涵和外延。所以有学者说："其实，现实生活中并不存在所谓历史活化石的民俗，只有当人们抛弃了原生态的幻象，以传承、变化、发展的眼光看待民俗的时候，成为非物质文化遗产的民俗才真正具有生生不息的活力。"[1]

这种将民俗融入当代生活，以动态传承、变化发展的积极眼光来看待民俗的视角，后来被表述为"活态化"。如果说在民俗传承重视"本真""原生态"的范式里，民俗传承的指向更强调纵向历时的代际传递，那么，"活态化"范式则认为，民俗的传播横向空间的扩布与纵向时间的传承一样重要。正是"民俗的传承性和扩布性，使民俗文化的传承成为一种时空文化的连续体"[2]。只是，在地域之间交通相对不发达的20世纪，传统大众媒介一对多的信息传播对于民俗在不同地域空间的流动，并不能提供太多支持和帮助；而互联网的出

---

[1] 刘晓春.谁的原生态？为何本真性？：非物质文化遗产语境下的原生态现象分析[J].学术研究，2008（2）：153-158.

[2] 钟敬文.民俗学概论[M].上海：上海文艺出版社，1998：13.

现,"既从资源潜能、主体力量、现代形式等方面催生了民俗文化活态化动力,又从技术手段、传播路径、文化环境、生活方式等维度创新了民俗文化活态化传承发展路径"[1]。

民俗传承从侧重纵向时间衍续到侧重时空双向拓展的变化,不仅意味着民俗研究中既有概念和范畴内涵的变化,也意味着在民俗事象意义生产的空间的拓展中,传统民俗"世代相传""口传身授"的直线型思考也将转变为在社会生活实践场阈内"活态化"的探索。在数字媒介发达的当代社会中"活态化"传承的民俗,既有可能是传统民俗与互联网的简单叠加,即以网络传播、共享的方式参与或呈现传统民俗事象,可概称之为"互联网+型"民俗,各类地方民俗节庆活动的网络直播和民俗文化网络传播平台的建设等即属此类;也有可能是传统民俗事象的网络化表达,即以虚拟、再现的方式对传统民俗的符号、表意进行改革,这类民俗事象可以被称为"转生型"新民俗,诸如电子红包、在线占卜、电子祭奠等;甚至还有可能是数字化媒体时代网民对于民俗事象的衍生创造,这类民俗事象可以被称为"再生型"新民俗,诸如网络新民谣、拜"考神"、转发祈福以及各类购物节等。

二、网络时代的民俗养成

任何民俗生命力的保持首先都依赖于"活态化"民俗的养成,即当代社会语境中某一行为方式的"约定俗成",或某一社会群体习俗惯制的形成,并且"应当看到民俗文化中的'习俗惯制'是民俗养成过程中最为重要的因素"[2]。因为"任何个人从他所出生的环境中开始对习俗惯制的适应过程;也是群体对他们的成员个体施以习俗惯制的养成过程,即'使习俗化'过程"[3],因此,网络对于社会生活和民俗的深度介入不仅带来了民俗概念、范畴内涵的变化,同样也使得个体民俗养成的环境和方式发生了巨大改变。

---

[1] 杨秀芝. "互联网+"视野下的民俗文化活态化研究 [J]. 中南民族大学学报(人文社会科学版), 2018 (2): 63-67.

[2] 乌丙安. 民俗学原理 [M]. 沈阳:辽宁教育出版社, 2001:50.

[3] 乌丙安. 民俗学原理 [M]. 沈阳:辽宁教育出版社, 2001:72.

（一）拼贴时间系统里的个体"习俗化"

俗民个体任何习俗的养成都不可能脱离日常生活实践，而人的日常生活实践总是在某一特定的社会时空中进行。在工业和商业尚不发达的中国传统社会里，习俗养成中习俗实践时间与日常生活实践时间基本同步，甚至可以说俗民个体的"习俗化"基本上就在现实社会生产、生活时间系统里完成。20世纪80年代以后，随着中国改革开放和工业化生产体系的不断完善，国际化标准计时系统在中国社会普通民众日常生产、生活中的影响日益增强，但是农历计时系统却依然在日常生活中同期并存。也因其如此，80年代以前中国俗民的民俗养成大多处于农历和公历同时并存的双系统中。虽然，传统农历计时系统的确在俗民日常生活中慢慢退场，但在某些特定的时间节点上，民俗节庆活动依然遵循着原有的轨迹如期开展，只是这部分民俗活动开始从社会日常生活时间中脱离出来，成为需要被标注和突显的节庆民俗时间。可即使如此，在大多数民俗个体的"习俗化"和民俗事象的发生中，习俗时间依然与生活时间保持了大致同步的状态。

随着中国社会经济发展水平的不断提升和城镇化步伐的加快，地域文化也作为一种资源渐渐成为极具优势的竞争资本，民俗也因为它尤为独特的地域文化特性为地域经济的发展带来了巨大的竞争力。为优化民俗资本的经济、社会效益，部分民俗事象的功能开始由最初的民俗养成教育转变为地域文化影响的扩大和经济的增值。民俗活动的策划、展开，也开始由俗民自发约定、参与转变为由基层行政、主管部门主导，俗民共同参与。在这种被策划、被符号化的"仪程"式民俗事象中，原本与人们日常生活尚能基本保持同步的民俗时间渐次转化为一种仪程化、日程化的项目时间。有时为了现实的功利需要，甚至可能被嫁接、转移嵌入日常生活时间系统。不过，在这种被策划的民俗时间里，俗民个体的"习俗化"也许未必完全与日常生活同步，但总体而言仍大多在日常生产、生活时间系统里进行。

随着数字化技术的飞速发展，VR、AR信息传输技术不断提升，人机交互的沉浸式体验也在不断完善。同时，社会普通民众的视频阅读和图像表意能力也在不断提高。民俗时间的剪切和拼贴成了可能，民俗养成也因此不再局限于现实生活实践中的计时系统，俗民个体甚至拥有在一个过去和现在随机切换的时间系统里进行习俗养成的可能。原本发生在不同时间的民俗、惯习也有可能因为某一虚拟平台或者虚拟社区的存在，而具备了脱离特定时间、特定地域，随时、随机进入俗民个体日常生活和现实时间系统的可能。正如李子柒的"乡居"、各类地域美食主播的直播，大都将漫长的物理时空压缩成有限的网络视频时间，传承、表达着人们熟悉的或者不熟悉的民俗、惯习。网络时代大多数俗民个体的习俗养成都可能是在一个可回溯、可拼接的时间中完成，并且已经很难脱离这种拼接时间的影响。

（二）虚实空间里边界模糊的"习俗化"和"再习俗化"

俗民个体"习俗化"的过程，从广义上说可能会贯穿俗民生命活动的始终；但如果从狭义的个体的成长和社会化来理解习俗养成的话，我们通常认为一个人成年进入社会时，个体的"习俗化"过程就已经完成。此后，他无论是延伸和补充自己原有的社会性习俗、继续扩大原有习俗的养成，还是再接受与以前习得的习俗不同的新的异质习俗而形成新的价值观念和行为方式，都是其"再习俗化"的表现。在传统中国社会中，俗民的"习俗化"大多是在一个相对变化较少、封闭稳定的生活环境中，通过日常生产生活、宗教、仪礼等核心活动的展开来完成。而地域之间社会交往的相对稀少和地域文化环境的巨大差异，使得俗民个体成年后，因为空间迁移的原因而产生的延伸和补充性的"再习俗化"现象相对较多。

然而，"不同媒介有其不同的技术和文化'偏向'，会产生不同的传播形态和方式，从而规制了其内容的组织和呈现，规定了接收和体验的方式，重组了人们之间以及与现实的关系"[1]。数字化媒体空间传播力的增强也促进了民俗事象中社会关系的重构。社会关系的重构也意味着今天社会习俗规则的存在有了全新的变化。传统中国社会中，俗民的"再习俗化"以延伸补充性为主，而当代社会，特别是在互联网和移动客户端的技术日臻完善的今天，新价值观接受的

---

[1] 黄旦. 媒介变革视野中的近代中国知识转型[J]. 中国社会科学, 2019（1）: 137-158.

"再习俗化"现象慢慢多起来。在这种虚实共存的社会生活里，无论是生产习惯、生活习惯、语言习惯的养成，还是习俗规则的存在都发生了巨大的变化。俗民个体"习俗化"和"再习俗化"的环境自然也发生了巨大的改变。

"习俗化"和"再习俗化"如果发生在一个相对封闭稳定的环境里，从"习俗化"到"再习俗化"的节点一般会比较明显，大体与个人生活的社会化同步。但在互联网时代，俗民个体不必等到成年或者社会化，虚拟社群与现实社群几乎就同时并存在他的生命中了，甚至也无须因为空间的位移才开始"再习俗化"。许多俗民个体极有可能在某一人生阶段或者某一时段同时处于原习俗和异质习俗共存的文化环境中，可以在多元选择中塑造自己的价值观，修正自己的行为方式，完成"习俗化"或者说"再习俗化"。在这一过程中，"习俗化"与"再习俗化"之间的界限和节点比较模糊，两者之间甚至已经很难区分。

一方面，未成年人在父母的帮助下选择性地接触网络，实际上已经成为当代"习俗化"的重要组成部分。诸如各类网络直播和小视频对儿童教育的影响，已经远远超过口耳相传的民间故事、童话传说、谚语歌谣等。甚至可以说，在传统社会"习俗化"过程中扮演重要角色的这些表意形式，今天大多被以影像展演直观呈现的说唱歌谣、童话、动画片等新媒介符号所代替。另一方面，当俗民个体成年后，在独立自主的网络接触中同样还会经历一个"再习俗化"的过程。这个过程既包括对已忘却的"传统习俗"的再激活，也包括对超越此前生活经验的"新习俗"的补充和接受。而这种"新习俗"的接受，不仅涵盖了超越个体地域文化经验的"他文化"习俗的学习，也包括互联网社交、生活习俗惯制的补充和完善。

在今天，俗民个体以网民的身份接受、参与新习俗惯制的养成，当这些新的习俗内化为某一群体的本质性文化特征，并且以新习俗的方式被表现出来时，参与新习俗惯制养成的、原本作为异质文化元素存在的个体，实际上已成为被同质化的新俗民。而这种"再习俗化"的过程，在全社会不同族群中、在个体的整个生命中都有可能持续不断地进行。这是因为在互联网时代，"异质"文化的迅速、大量、持续涌现成为一种可能。不过，在这些持续、大量涌现的庞杂的文化中，只有少数契合当代社会主体物质和精神需求的元素会被保留下来，并最终成为习俗，就像今天社会生活中的朋友圈文化、点赞社交、节日祝福段子、电子红包等。

三、网络时代的民俗文化认同

如果说民俗养成是当代语境中民俗活态化存在的柔性选择，通过长期熏染、浸润的"习俗化"和"再习俗化"实现，那么民俗控制就是培养民俗文化认同、活态化传承民俗的硬性表达，主要通过对惯习遵循者的积极情感引导和激励，以及对违背习俗惯制越轨者的制裁和规训来实现。移动互联网时代，俗民的越轨和民俗控制同样有了新的变化，这也使得传统民俗理论的阐释框架呈现出某种不适应性。

（一）传统民俗事象中的礼俗互动与民俗控制

习俗本身是大众生活实践的结果，的确更倾向于反映普通民众的生活意志。但无论是过去还是现在，习俗同样也深受社会主导价值观的影响。礼俗互动是中国传统社会最典型的文化特征，在这种文化系统里，对于代表主流价值的"礼"而言，民俗活动很多时候都充当了补充者的角色，甚至许多时候"俗"被理解为"礼"的大众化。中国传统社会官方意识形态之所以重视教化和移风易俗的作用，就是因为习俗可以移志，长久地浸染于良好的风俗习惯就可以改变个人的认知和内心动机，从而调整、约束和改变人的行为习惯，也就是荀子在《儒效》中所说的"注错习俗，所以化性也"。

如何在普通民众民俗文化认同感的培养中实现礼俗互动，完成个体层面的"化性"和社会层面的移风易俗？在中国传统语境中，更多的是通过民俗控制来实现。

一方面，通过显性层面俗民群体惯习规范对个体的约束，诸如对群体中越轨者的惩罚和模范遵守者的奖赏，或者对惯习遵循者的积极的情感引导来实现。不过，在中国传统文化语境中公共空间与私人空间的界限相对分明，要持续用民俗价值的"主导性"和"合规"匡正俗民的民俗实践活动，特别是作为日常生活惯习存在的民俗价值观念和实践活动,很可能需要深入俗民生活的私人空间。许多时候,家庭(家族)可能就是民俗价值导向的监测者,不过因为家庭(家族)成员之间朝夕相处、共同生活的情感,所以他们即使意识到民俗越轨行为的发生,也大多进行积极、乐观的纠偏引导。因此,民俗活动对于主流价值的传播更多的是一种在情感主导下的补充,而且作为纠偏的监测者往往因为与越轨者之间的情感关联,在越轨俗民的回归中能起到比较积极的作用。

另一方面,则是通过在某一民俗事象的习俗化过程中,群体力量对俗民个体的巨大影响力来实现,即以隐性"惩罚"的方式使俗民个体在民俗实践中自觉保持控制力。也就是说,当某一俗民个体违背惯习约束时,俗民群体会对他进行舆论谴责,甚至有可能将其驱逐出群,这些惩罚性行为会"立即在俗民的心理和精神上产生巨大的压力,并把这种压力作为一种自我惩罚或超自然力的惩罚"[1]。而所有这些民俗控制的产生,大都需要在模仿和游戏中通过观察、参与民俗事象的方式来实现。因此,在传统民俗语境中,许多儿童游戏、民间竞技本身就可以是"习俗"的一种演习,诸如汉族儿童在过家家、娶新娘游戏中的角色扮演,与中国传统主流文化对男性、女性在婚姻中的道德期待大致吻合。而少数民族的家庭角色扮演游戏则大多更切合所在民族社群的主流家庭价值观念。无论是在游戏还是现实生活中,有违民俗惯制的越轨者通常都会受到俗民群体的"惩罚",甚至有可能被驱逐出群体。

(二)网络时代的虚实越轨与民俗文化认同

马克思在谈论"美的规律"时,曾以人的"内在固有的尺度"来概述主体价值的独特性。这一论述隐含的命题是,人的主体性和自我认同在主体需求与周围环境的交互关联中产生。文化认同的产生作为个人主体性及自我认同产生的重要组成部分,同样也不能脱离个人与社会的交互关联。在民俗文化的认同中,无论是显性的惯习约束、奖励和情感引导,还是隐性的民俗"惩罚",都是在一定的社会交往

---

[1] 乌丙安.民俗学原理[M].沈阳:辽宁教育出版社,2001:138.

环境中完成的。随着网络时代的到来，俗民生活空间界域的划分和个人、社会交往的方式都发生了翻天覆地的变化，与之相应的民俗控制和民俗文化认同的培养也已有了截然不同的语境。

首先，网络时代俗民个体生活领域中公共空间与私人空间已不再泾渭分明，这就使得许多民俗活动实践中民俗监测者已不再局限于家庭成员。今天在虚拟社区、集群中，无数的陌生人都自觉承担起了民俗监测者的角色。这些陌生的民俗监测者一旦发现越轨者，极有可能在较短时间内形成较大的纠偏合力，而这种合力一方面的确对于越轨者的回归能产生积极的促进作用；但另一方面，民俗监测者的陌生人身份极大地削弱了民俗控制过程中重视情感引导的正向积极作用，甚至有可能因为舆论暴力的原因影响俗民个体的回归，从而影响民俗文化认同的产生。同时，数字化信息技术的不断发展大大提高了模仿和游戏的仿真性。游戏仿真性的提高的确有益于民俗控制效果的提升，但同样需要注意的是，游戏发生在与现实生活关联度较低的虚拟空间，对真实民俗生活的影响也同样被降低。这种关联度和影响力的降低，也大大降低了民俗越轨者的试错成本，试错成本的降低极有可能影响民俗控制在民俗和惯习养成中的作用。

其次，互联网即时通信社交媒体和平台的出现，不仅改变了人们的交往环境，也改变了主体需求与周围环境的交互关系。同样，俗民群体的聚合方式也发生了巨大改变，大范围趣缘交往行为的发生成为可能，这极大地扩展了趣缘群体聚合的边界。俗民之间的交往、聚集，以微信朋友圈、QQ群、粉丝群和各类网络特色社区的方式存在着。这种"圈子是以情感、利益、兴趣等维系的具有特定关系模式的人群聚合"[1]，使得民俗事象中民俗控制和文化认同的发生更容易。这是因为，在俗民交往和俗民聚集更加趣缘化、游戏化的语境里，个体与群体之间的关联度和黏性更强，民俗控制的激励和"惩罚"所产生的情感和认同效应将更加明显。同趣缘、高黏度社群里符号的互动和意义的分享密度更大，群体内个体文化和身份的认同都将变得更清晰。但与此同时，网络时代真幻交织的社会交往空间中，

---

[1] 彭兰. 网络的圈子化：关系、文化、技术维度下的类聚与群分[J]. 编辑之友，2019（11）：5-12.

社群内个体的流动性也在增强，并且，多维时间、多元空间并存的可能，以及同一时间、同一空间高速流动的可能，使得主体身份的多重性成为合理的存在，这将极大提升主体自我认同的开放性，同样也使得个体与群体的关系、个体对民俗文化认同的不确定性都在增加。这种民俗控制和民俗文化认同的动态、流动新语境可能也将引发民俗研究理论和阐释框架的新变化。

总之，在现代社会生活中，已很难将网络视为一种单纯的技术手段、媒介工具，它已被赋予了商品生产和消费的诸多价值观念。在网络对于民俗传承和意义空间的建构过程中，不可避免地会有消费因素的加入。在网络民俗在线直播或拟态情境的营造中，消费已成为难以剥离的伴生物，并参与着网络民俗符号的意义表达、文化再生产和民俗意义空间的再建构。在网络之于民俗事象的深度参与中，民俗与媒介文化之间的关系也越来越难以区分。网络时代的民俗事象是一种日常实践，也是一种媒介文化模式。传统民俗学理论框架的解释效用在不断降低，已经很难解释当代社会生活中的许多民俗事象。

第二章

网络栖居与俗民关系重建

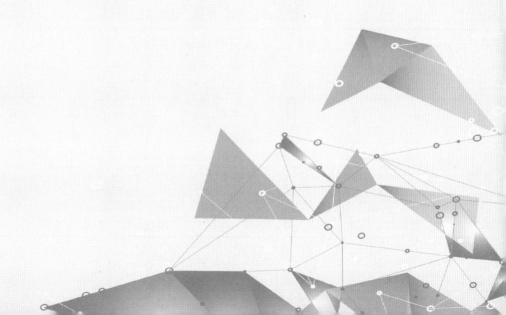

互联网的一项重要功能在于，它将信息技术意义上的互联网转变成了交往意义上的社会网络，实质性地型构了一个网络社会。网络社会中的个人与群体的关系模式也随之被重新塑造。[1] 不仅如此，传统民俗研究的"民"也已被改写，不再是传统上差序格局式的关系构型，而是一个复杂多元、错综交汇的"部落格"。这种新的社会聚合状态也带来了俗民关系的重构。

第一节　网络栖居与社会惯习革新

互联网技术改变了人们的日常生活方式，人们开始习惯栖居于网络，在此新的环境中交往聚合，社会惯习也随之更新。在网络构建的空间，摆脱了千百年来地缘的束缚、权力制度的支配与习俗惯制的约束，人们进行民俗活动更加"自在"且更有"生气"。由网络组织起来的"网民"参与民俗的时空也随之发生了颠覆性的改变。

不论是从用户数量还是用户增量上看，根据各个统计机构的数据都能非常明显地发现人们日常生活的"网络转向"。具体而言，人均单日使用次数、人均单日使用时长等数据可以从更深层次的维度显示网络用户在最近几年的群体黏性显著增加：QuestMobile 在 2021 年 9 月的统计数据显示，中国移动互联网人均单日使用次数和时长分别达

---

[1] 张华. 网络社群的崛起及其社会治理意义 [J]. 编辑之友，2017（5）：50-54.

到 115.1 次和 6.6 小时。这组数据可以间接证明，网络对于民众已不再是一种技术工具，它已成为一个持续依赖的栖居空间，它与现实生活中的现实空间一道任意且频繁地切换，且逐渐影响用户的日常行为习惯。

关于以互联网为代表的媒介如何影响个体惯习的问题，在西方理论界时有讨论。理斯曼关于个体惯习的构建理论指明：惯习的形成很大程度上是通过与当代社会的互动得以塑造的，并通过拓展的社会环境的强化控制得以再生产。媒介已经渗透进惯习形成的领域，并增强了社会和个人惯习形成之间的新陈代谢。[1] 理斯曼的观点表明，社会惯习的革新不仅与媒介的交互相关，更与其背后媒介所建构的新的社会环境有着深度关联。

一、网络俗民的"双重"身份

"安居乐土"曾是中国人祖祖辈辈的生存观念，这也决定了中国人传统关系网络相对狭小的特性。囿于传播渠道的限制，乡民参与民俗活动更为重视民俗内容的表达，民俗也成了人们最为珍视的生活内容。齐美尔就指出：即使作为普通、不起眼的生活形态，也是对更为普遍的社会和文化的表达。[2] 这种生活文本与个体生命的关联并非偶然的、主动的，而是必然的、被动的："每一个人生下来就耳濡目染、潜移默化在身边的民俗圈里。久而久之，诸多民俗事象便渗透到生活习惯、道德观念、心理结构和思维方式之中。"[3]

与之相对应的是，互联网所建构的虚拟空间本身也是具备较强的圈层特性的，比如"哔哩哔哩"（简称"B站"）受众群体的特征显现和群体巩固就是受潮流文化的涵化而形成的，甚至一定程度上，这种具有共同文化行为特征的人在文化参与行为实施的过程中，会使该网络群体的组织纽带更加紧密、牢固，"外邦人"更难进入。换句话

---

[1] [丹麦] 施蒂格·夏瓦. 文化与社会的媒介化 [M]. 刘君，李鑫，漆俊邑，译. 上海：复旦大学出版社，2018：148-150.

[2] [德] G. 齐美尔. 桥与门：齐美尔随笔集 [M]. 涯鸿，等译. 上海：生活·读书·新知三联书店上海分店，1991：204.

[3] 孙启祥：文化汉中 [M]. 西安：三秦出版社，2014：287.

说，以前在 B 站中需要答题通关才可正式成为会员，就证明了网络时代的群体组成也并非完全参照资本逻辑的，文化文本与个体生命的关联依旧是非常重要的方面。

互联网尽管没有改变俗民之间关系结构的"形成逻辑"，它始终是基于拥有共同的"民俗文本"而形成相应的网络社群，但是俗民参与民俗事象的方式发生着悄然的变化：一方面，互联网拓宽了传统俗民参与民俗活动的渠道；另一方面，网络民俗丰富了普通网民的文化娱乐生活。两种参与方式加速了"传统俗民"与"网络俗民"的分化，直接导致了互联网中有两种"不同风格"的群体共同参与网络民俗：一种是"再习俗化"的乡民，另一种是"使习俗化"的网民。

"再习俗化"的乡民必须是具备文化身份的双重属性的，一是他们须了解、遵守、从事或者善于开展传统民俗活动，不论是曾经了解过还是目前正从事着；二是他们同时也遵守、从事或者善于开展网络民俗活动，且对该网络民俗的习俗惯制是从参与传统民俗时期养成的。这两个必要属性对于判断某一网民是否"再习俗化"的乡民是极为重要的，且这两个属性是"和"的关系，缺一不可。

从乡民到网民的变化本质上是"行为"从"乡下"向"网上"转变的过程，反映出的是俗民文化参与行为的栖居地迁移及带来的身份变化。从本质上来说，互联网"下乡"就是俗民参与的民俗活动挪移到了网上进行。参与网络民俗的俗民，其身体或许依旧是扎根乡土的，但他们已经在网络空间潜移默化地经历了一次"再习俗化"过程，其在文化行为上已经是属于"网上人"了。就其文化身份的特点来说，"再习俗化"乡民的文化参与身份是双重的，他们既参加日常的民俗活动，也参加网络民俗活动。

从文化认同的顺序来看，"再习俗化"的乡民是优先认同传统民俗的，并在传统民俗的基础上对网上的民俗内容进行调适、优化、改良。他们的文化身份的"根"在线下，因此他们本质上依旧是乡民，他们不仅是传统俗民群体的"原住民"，而且也是网络俗民群体的"移民"。

"使习俗化"的网民在文化身份上并没有强制的双重属性要求，

"使习俗化"的网民对网络民俗的习俗惯制是在参与的过程中逐步形成的。媒介涵化的功能一定程度上在"使习俗化"的网民群体中大于对民俗本身的价值认同所发挥的作用,也就是说,从众、消费、娱乐的属性是这些"使习俗化"的网民参与网络民俗的特有标签。

由于民俗活动媒介形式的改变吸引着大量年轻网民的关注,群体结构随之发生相应变化。这个新的群体可以熟练地运用互联网,在身份上属于网民;但他们又乐于参与网络民俗活动,经历了一个"使"之"习俗化"的过程。"使习俗化"的网民与"再习俗化"的网络俗民的不同之处是:该群体是"无根"的,他们在互联网空间中持续"游荡",没有习俗惯制的制约。该群体在参与网络民俗活动时,实际上也正在经历着"使其'习俗化'"的过程,即逐步认可和接受民俗文化环境中形成的"约定俗成",从而在民俗参与的过程中产生民俗文化认同感。

有学者提出,在使之"习俗化"的过程中,网络俗民也有可能会"落地"。网络俗民一旦对网络民俗事象具有浓厚的参与兴趣与虔诚信仰,极有可能从网络民俗的"现实源头"寻找参与民俗活动的更为"纯粹"的乐趣,即文化行为的"逆向流动"。《第一财经》在2022年春节期间做过一个调研:现在多数年轻人也会在过年期间做一个春节民俗活动清单,过半年轻人的新年仪式会选择穿红营造年味、逛庙会看春晚等。[1] 在媒介与民俗深度融合的背景下,"使习俗化"的网民回归传统民俗活动的欲望显著提高,作为互联网"原住民"的年轻人也愈加重视传统民俗的弘扬与传承。

从文化认同的顺序来看,"使习俗化"的网民是优先认同网络民俗的,并在网络民俗的基础上进一步了解与之相关联的传统民俗。他们的文化身份的"根"在网络,因此他们本质上依旧是网民,是网络俗民群体的"原住民",也是传统俗民群体的"移民"。

综合上述两种俗民的特征,不难看出,他们都通过互联网参与网络民俗活动,可统一称为"网上俗民"。"再习俗化"的乡民本质上依旧是属于乡土的,他们在接触网络前已接受了传统民俗文化

---

[1] 吴俊雯. 一夜之间"金钱豹"头像风靡全网:00后过年仪式感有多强[EB/OL]. (2022-02-04)[2022-02-28].http://www.infzm.com/contents/223129.

的熏陶，他们只是将互联网视作传播民俗活动的渠道，利用诸如抖音、快手、火山小视频等传递"UP 主"所在地的民俗讯息。"使习俗化"的网民本质上不属于乡村，他们所接触到的文化已经高度技术化，而且其参与网络民俗活动的初衷也更多偏向娱乐而非传承。事实上，"安居乐土"的生存方式没有改变，俗民群体的文化参与身份看似日渐多元，但其实他们依旧是依赖传统线下"乐土"与新型线上"乐土"的，线上与线下对于他们来说都是一片进行民俗活动的"乐土"。

二、新型网络社群聚合结构

受网络技术的影响，俗民之间的关系纽带与组织原则也发生了明显的变化。随着自媒体的不断发展，一些研究网络群体传播的学者认为："群体和社区的血缘、地缘、业缘纽带虽然存在，但是其强度和黏合性都在下降。"[1] 取而代之的是趣缘维系的群体结构。民俗学者乌丙安在讲述"民俗主体论"时强调，习俗惯制的养成需要从两个层面形成：一是俗民对于民俗文化的认知过程；二是俗民群体的民俗生活实践。[2] 当趣缘群体呈现多中心化特征的时候，网络民俗的习俗惯制及规则就并不能做到绝对的统一，认知过程与生活实践也没有固定的准绳和规范。这样来看，从地缘到趣缘的演变结果并不是简单的群体身份和组织原则的变化，根本上是由于网络技术更新、环境聚合能力差异、俗民人群多寡等多种影响因素的作用，形成了一种多中心化的网络社群生活模式。

元宇宙（Metaverse）能够较为准确地描述网络空间所重组的社群聚合结构，元宇宙是利用科技手段进行链接与创造的，是与现实世界映射与交互的虚拟世界，也是具备新型社会体系的数字生活空间。该数字生活空间拥有闭环运行的规则系统，身处其中的网络社群具备以下惯习特征：第一，现实世界原有的社群惯习会有所延续；第二，现实世界原有的社群规则对网络社群的影响减弱；第三，网络空间中

---

[1] 罗自文. 网络趣缘群体的基本特征与传播模式研究：基于 6 个典型网络趣缘群体的实证分析 [J]. 新闻与传播研究，2013（4）：101-111，128.
[2] 乌丙安. 民俗学原理 [M]. 沈阳：辽宁教育出版社，2001：50.

的公共惯习培育机制具有开源开放与创新创造[1]的属性。

（一）社群惯习的制约尚存

英国哲学家哈耶克认为，"人不仅是一种追求目的（purpose-seeking）的动物，而且在很大程度上也是一种遵循规则（rule-following）的动物"[2]。这就说明，不论网络的发展使得网络俗民群体进化得多么"多元"，网络俗民所形成的社群必然遵守该社群的社群惯习。从网络社会自我秩序化的个体原因上看，"人们之所以会自愿服从某些秩序，是因为其所处的社会环境暗示他们遵循这些规则是生存之道，并且这些被自愿遵循的规则本身也是他们共同文化的一部分"[3]。网络俗民社群惯习包含了传统俗民群体所遵守的习俗规则，那么传统社群惯习的制约在网络俗民群体中始终是持续存在的。

借用乌丙安传统民俗学等学者的观点，可以清晰地判断网络空间中的社群规则并非颠覆性的，它必须在遵循"自愿""感性"习俗规则背景下，才能渗透网络社会组织的"理性"谋划。因此，网络社群结构不论如何"重组"，关于网络俗民社群秩序的组织规范始终是以民俗内容集合而成的生活文本为根本。这种相对的自我秩序构成了网络民俗的基础性价值，同时也能实现对网络俗民行为的纠偏，为网络民俗提供稳定的平台规范和效果预期。

对传统现实社群遵循"自愿""感性"习俗规则延续的特点在诸多网络民俗活动中都能发现，比如支付宝中集五小福最终汇聚成一个大福，大福每个人只可拥有一个，就像现实生活中有且只有最大的一个福字贴在正门上；朋友圈封面挂春联，不管形式风格多么丰富，也需要讲究平仄、声律相对、对仗工整、简洁精巧；诸多移动客户端平台抢红包的形式也与日常生活中"赚了钱的人给周围人发红包"的规则基本一致……不论在民俗规则上、参与时间上、文化意义上都是

---

[1] 喻国明. 未来媒介的进化逻辑："人的连接"的迭代、重组与升维：从"场景时代"到"元宇宙"再到"心世界"的未来 [J]. 新闻界，2021（10）：54-60.

[2] [英] 弗里德利希·冯·哈耶克. 法律、立法与自由：第一卷 [M]. 邓正来，张守东，李静冰，译. 北京：中国大百科全书出版社，2000：7.

[3] 周恒. 互联网社会的自我秩序化：可能、形式及其意义 [J]. 新闻界，2020（3）：63-70，92.

依旧遵守着传统的社群惯习的，鲜有网民在网上贴与福无关的字、贴不对仗的春联，或是在非春节期间从事这些与春节贺岁相关的网络民俗活动。在这些传统规则的基础上，网络社会组织的"理性"规则才逐渐渗透，比如扫福字每日限制次数，以避免游戏沉迷；派红包要输入密码，避免孩童误触；红包限额两百，提倡理性赠送红包……这些数字理性的社群参与规则看似新颖，但本质上依旧是对传统社群规则的补充和发展。

结合以上案例可以发现，网络社群的社群规则延续了现实社群的传统规则，社群惯习延续的特征与元宇宙的"与现实世界的同步性与高拟真度"特征相吻合，这也体现了网络社群并非是一个与外界呈孤立关系的独立封闭群体，他们与现实社会保持高度同步和互通，这也使网络民俗活动的参与效果在众人看来无限逼近真实。

（二）习俗规则的惯性弱化

传统民俗传播具有英尼斯所谓"偏向空间"的特征，缺乏固定的保存和延续"媒介"，民俗的传承必须要有强有力的媒介控制者，而这个媒介控制权绝大多数都掌握在地缘结构的家族长老、村长、乡绅手上。互联网的出现逐步削弱了民俗传播的"空间偏向性"，它营造了一种"空间极限下的时间偏向"[1]，这就意味着以家族长老、村长、乡绅为代表的"民俗领袖"走下了乡土神坛。推动习俗规则落实的主体身份逐渐变得模糊，而"数字躯体具身"[2]的新型主体方式使民俗社群结构经历了"去组织化"到"再组织化"的转变过程。

首先，习俗规则惯性的弱化与社群的"去组织化"相关。互联网的物质域在技术层面对互联网的传播时空属性的影响达至极限；意识域则基于物质域的赋能，建构出一个一维时间主导下的"去物理空间化"的多重文化空间。[3] 这就意味着，网民更重视民俗文化的

---

[1] 赵永华. 互联网的传播偏向性：空间极限下的时间偏向 [J]. 北京大学学报（哲学社会科学版），2021（6）：130-137.

[2] 喻国明，耿晓梦. 元宇宙：媒介化社会的未来生态图景 [J]. 新疆师范大学学报（哲学社会科学版），2022（3）：110-118，2.

[3] 赵永华. 互联网的传播偏向性：空间极限下的时间偏向 [J]. 北京大学学报（哲学社会科学版），2021（6）：130-137.

内在价值，人为的规则制定对其文化参与的影响较弱。这也直接导致了"网络民俗原住民"群体具备了"去组织化"的特征。由于最初互联网的发展并不是为民俗文化"量身定制"的，所以此种状态下的网络民俗活动是处于无组织、弱引导状态的，往往民俗活动发生在BBS（网络论坛）、贴吧等地。这种"你一言我一语"的"散"的社群结构，很难使网络民俗形成规范化、强凝聚、高流量的状态。用互联网中的话语来表述即是"楼盖着盖着就歪了"，这项民俗在网络上的传播也就不了了之、成不了气候。所以伴随着Web2.0时代的到来，互联网不仅改变了传统民俗传播的垄断机制，还更新了Web1.0作为单一的虚拟空间供民俗活动及供网民栖居的冰冷物化建制：将时空距离重构，"创建了一种新型的社会互动模式"[1]。在P2P（个人对个人）的技术结构中，像家族长老、村长、乡绅的绝对中心意义被大大弱化，每一个人都成了中心，每一个人也都可以是网络民俗事象的创造者、策划者、组织者、传播者、参与者。如此，网络俗民就拥有了充分的权力，可以凭借兴趣参与民俗活动并聚集在一起，网络民俗的趣缘群体就此产生，传统的习俗规则也就连贯地完整地继承下来。

其次，习俗规则惯性的弱化并不是没有限度的，社群的"再组织化"制止了网络民俗活动走向无序且失控的状态。周恒等学者就指出，就社会治理角度而言，尽管互联网使得传统的社会管理逻辑受到前所未有挑战，但是互联网发展至成熟阶段已形成了"互联网社会自我秩序化的实现形式"，其中就包含了"网络社群的自我管理"。学者普遍认为："网络社群的内生性规则是由全体社群成员通过协商与交流达致的，社群成员在共享社群资源的同时共同参与管理社群的日常事务。在网络社群中，包括群主在内的社群管理者并不具备支配社群成员的权力，民主的运行机制天然地排斥权威的形成、单一权力的主导，每一个社群成员既是群体生活'红利'的享有者，也同时是社群事务的管理者，除国家有关网络行为的强行性规定以及互联网服务平台的用户协议外，维系网络社群存续与发展

---

[1] 蔡骐. 网络虚拟社区中的趣缘文化传播[J]. 新闻与传播研究, 2014（9）: 5-23, 126.

的一切规则均由社群成员自我制定，其内部的管理活动是一种自我决策、自我管理、自我发展的自治生活。"[1] 这就意味着，"数字躯体具身"后的网络俗民不再受到村落、家族等"论资排辈"的规则影响，而是凭借相关民俗活动中的"贡献值"树立"威望"。网络俗民在特定群体的内部形成一致意见，并在网络社群范围内从事网络民俗活动。习俗规则的制定不再由与民俗内容无关的社会地位决定，在排斥权威的形成与单一权力的主导的背景下，习俗规则的合理性得以充分完善。

最后，习俗规则惯性的有限弱化使得参与相同或相近民俗的网络群体"再合并"成为可能，"再合并"后的庞大社群更利于网络民俗的传播与发展。很多人认为，网络社群在经历了"去组织化"向"再组织化"的演变后极容易形成圈层壁垒，不利于网络民俗从外部吸收新的"文化养料"。实则不然，从群体规模和聚合可能性的角度来说，互联网提供了"趣缘组织"生存的土壤，参与主体的准入标准、行为规范、互动机制比传统"地缘组织"更为纯粹，更有利于形成较大的群体规模和较强的聚合能力，这也充分体现了作为元宇宙的网络空间具备的包容、开放的特征。环境聚合能力是决定各个民俗活动中心的辐射范围及其影响力的判断标准，因此能够直接决定一个趣缘群体的权力大小。在地缘社会的时代，一项民俗活动在哪里举办、多大规模，受制于寨与寨、村与村、镇与镇之间的经济、政治、文化等多方面的因素，因而传统民俗活动的举办受到多种条件的制约。相反，趣缘群体所面对的媒介环境是充分开放和自由的，其聚合资源的能力远大于地缘社会。在基于民俗内容本身的社群"再合并"的情形下，网络社群得以不断巩固和持续发展。

社群结构经历了"去组织化"与"再组织化"之后，网络民俗活动的参与规模和聚合方式也随之发生了变化。最直观的表现即为社群人员数量的激增、人员组织关系的日渐紧密。过去受到地缘关系的空间限制，各民俗活动参与者基本都是本村或邻村的村民，人群规模差异并不大，数量上较好统计。随着城市化进程的不断加快，传统村

---

[1] 周恒. 互联网社会的自我秩序化：可能、形式及其意义[J]. 新闻界，2020(3)：63-70，92.

落的社群组织规则土崩瓦解，加之许多年轻人并不重视传统民俗活动，民俗参与者不断流失，对民俗的传承与发展带来了不小的隐患。在媒介技术的影响下，"民俗元宇宙"的"时空"规则被无限压缩，网络俗民可以随时随地参与，从而减少了群体的参与成本（时间成本、经济成本、精力成本、机会成本等），同时也增强了群体的参与频率、用户黏性等。在"时空压缩"的组织框架之下，网民可以轻易实现迅速集结，参与线上民俗活动的网民规模可以多达几十万、几百万人，这也有利于进一步扩大俗民群体基数。此外，"民俗元宇宙"的规模大小也取决于俗民"趣缘"的深浅，具备很强的"伸缩"能力。对相关民俗兴趣越是浓厚，俗民与俗民之间的联系越为紧密，社群内部的组织关系也就越为牢不可破。人员组织关系的日渐紧密也使得一些濒危的民俗得到了重生，具有共同喜好的俗民得以有一个更为便利的"平行世界"实现聚集。

（三）公共惯习的培育机制改变

就网络社群的重组的特征方面而言，最大的变化便是群体公共惯习形成的培育机制改变：一是突出个性化的同时强调社区一致性；二是巩固群体参与的原则性；三是加速改革与场域不契合的惯习。[1]

首先，网络空间尊重个人的自由发展与个性体现并不影响公共惯习的社区一致性。从事人工智能及未来媒体研究的学者就提出："媒介是人体的延伸，不同于分割感官以致传播权力外化的模拟媒介技术，数字媒介以再造'数据躯体'具身的新型主体方式实现了传播权力向个人的回归，个体的赋能赋权是数字时代媒介技术进化的根本逻辑。"[2] 由此可见，网民个体权力已被放大。但从传播政治经济学的视角会发现，网民个体的自由是相对的，个体数字赋能赋权作为当代数字时代媒介技术进化的根本逻辑，与之并行的还有一组隐形的网

---

[1] 丁阿芳. 快速城镇化进程中的社区工作和建设研究 [M]. 北京：中国纺织出版社，2019：110-112.
[2] 喻国明，耿晓梦. 元宇宙：媒介化社会的未来生态图景 [J]. 新疆师范大学学报（哲学社会科学版），2022（3）：110-118，2.

络社群行为规范逻辑："网络社群声誉资本的保值和增值逻辑，以及网络社群行为规范正向激励与反向惩罚逻辑的相互激荡与砥砺，共同构建并影响了各社群主体价值偏好与话语体系的演变进程。"[1] 作为一名具有网络民俗活动参与自由的网络俗民，他在网上参与网络民俗活动的一言一行既要维护相关社群的声誉，也要遵守社群行为的奖惩机制。通过这种方式，网络俗民社群才能在良好的网络环境里、在合理的规则下，形成健康的、可控的网络群体，助于网络民俗的可持续发展。

其次，群体参与的原则性在网络空间中被不断巩固。网络社群声誉资本的保值和增值逻辑以及网络社群行为规范正向激励与反向惩罚逻辑是针对个体行为而言的，只有与社群从事的网络行为产生关联，并与"民俗元宇宙"相"平行"的现实社区规范相呼应，群体参与的原则性才能得到稳固。尽管网络空间中社群聚合结构发生了重组，但是作为社区的网络空间依旧拥有约束网民公共事务行为的参与原则，[2] 这些原则就包括了有序参与原则和尊重遗规原则。一方面，网络空间中的俗民社群依旧是遵循有序参与原则的，是社会行为意义上的原则。网络空间重新组成新的社群是基于这个基本原则的，即以共同认可现有的网络习俗规则制度为前提，为促进社群发展或延续民俗惯性活动而进行各种有序的网络民俗活动。另一方面，网络空间中的俗民社群继承传统习俗惯制而主动承担规则遵守义务，是民俗内容意义上的原则。那么，在有序参与原则和尊重遗规原则的背景下，网络俗民之间拥有了相同的行为喜好和价值观念，社群关系得以迅速凝结并得到充分巩固。

最后，公共关系的培育方式不断更新且统一。一方面，网络空间中的公共关系培育方式正通过取精移粕的方式不断更新和完善。传统俗民之间的关系从结构上看是较为简单的，它就像是费孝通所说的"差序格局"，日常的民俗行为只发生在地缘关系、血缘关系之间，

---

[1] 张彦华，崔小燕. 网络社群行为规范对公共政策的影响及其风险治理：基于传播政治经济学的分析视角 [J]. 青海社会科学，2021：(6)：62-70.
[2] 丁阿芳. 快速城镇化进程中的社区工作和建设研究 [M]. 北京：中国纺织出版社，2019：110.

但是该封闭结构中的公共组织关系受特殊主义伦理影响，经济地位、政治地位、知识文化水平等因素干扰其中，俗民行为相对受限。比如在重要的民俗活动中，上台发言及表达意见的往往是俗民群体中德高望重的人，年轻人也只能是"边上看看的份"。网络空间所建构的新型网络社群聚合结构就解决了很多传统现实环境中的干扰因素，网民关系不受地缘、血缘等不可规避的前置关系的制约，也不存在特殊主义伦理的渗透，网民义务和权利实现了相对的平等。当公平成为网络公共关系的培育方式之后，更多的人加入了这个新型的网络社群组织。另一方面，网络空间中的公共关系培育模式趋向统一。往往在传统的民俗活动中，家族长老、村落村长只能够在相对狭小的时空场域中主控民俗规则，但是当相同的民俗在不同的民俗场域发生时，如何调和民俗要素的矛盾以及群体内部个体的身份冲突，这是长久以来在日常民俗活动中未能解决的问题。比如元宵节吃元宵还是汤圆的风俗差异、过七夕还是情人节的理念差异、新的社群组织中顺序重组与排序等。网络空间则给予了一个折中的统一标准，比如通过发送节日表情消解饮食争议、组建活动微信群淡化身份意识等，这些看似日常的媒介使用习惯，却发挥了至关重要的作用，大大弱化了传统公共关系中所隐藏的跨场域文化冲突的问题。

三、社会惯习革新

网络空间改变了人们的栖居方式，同时也对社会惯习产生了潜移默化的影响。在网络文化多元化的背景下，网民在不同的网络语境中呈现出不同的行为姿态，并且与现实生活中的日常行为可能并不一致，甚至相反。究其原因，与网民社会惯习的"被"革新相关，网民的行为成为反映网民社会惯习革新的直接渠道。通常情况下，传播学者习惯根据不同的媒介形态，对网络空间做更细的划分，比如微博、微信、抖音、快手、贴吧、知乎、豆瓣等，并将其视作"子媒介场域"。在不同的子媒介场域中，网民的行为特征又有很大的不同，但整体上又有共性特征，网络民俗子媒介场域"具有中介性、低自主性和场效应的特殊性，也存在边际效益递减、结构洞增多、社会分裂、群体极化等问题"[1]。

首先,网络俗民忽视内容本身,且深度依赖拟态环境。"场景时代"是媒介作为"人的关系连接"在现实世界的最高形式,[2] AR、VR、5G等互联网新技术几乎实现了现实世界的无损投射,也让人分不清元宇宙下的两个世界究竟哪个更为真实。传统意义上,从露天舞台到荧幕化是俗民群体参与方式的重要变化,由于互联网的虚拟性,网络俗民参与民俗活动的方式已从在场到在线、从观看到互动、从特定节日到日常生活……但直至目前,网民选择网络空间作为主要的社会行为实施场域,就说明网民已经更为信任且沉浸于网络所营造的拟态环境中。毫不夸张地说,网络俗民逐渐忽略了民俗内容本身,而将注意力集中于媒介所建构的快餐化快感之上。在大数据"精准投喂"的背景下,网络俗民参与何种民俗活动早已不是其主动选择的,而是经过媒介主控者选取、加工、重构后被动选择的。从社群主观能动性的角度来说,人们在网络上的行为习惯逐渐趋向"低自主性",而真正主动的是媒介技术本身。

其次,网络社群惯习分化导致结构洞增加,并且群体横向关系链被削弱。布尔迪厄认为:"在高度分化的社会里,社会由具有相对自主的小世界构成,这些小世界就是具有自身逻辑和必然性的客观关系的空间。"[3] 媒介及受众的垂直细分使社群日趋多元化,不同的社群也具有不同的社会惯习。这看似是个体与个体之间主动沟通与交流造成的现象,实际上也与媒介技术的干预有一定的关系。传播学者普遍认为:"媒介越来越鼓励人们将自身分割为越来越专一的群体并且发展出独特的观看、阅读和收听的习惯,而这强化了他们所在群体和其他群体间的区别。"[4] 从而,子媒介场域之间的沟通变得极为困难,

---

[1] 陈世华,黄盛泉. 分割社会:互联网时代的媒介场域研究 [J]. 南昌大学学报(人文社会科学版),2015 (5):111-115.

[2] 喻国明. 未来媒介的进化逻辑:"人的连接"的迭代、重组与升维:从"场景时代"到"元宇宙"再到"心世界"的未来 [J]. 新闻界,2021 (10):54-60.

[3] [法] 皮埃尔·布迪厄,[美] 华康德. 实践与反思:反思社会学导引 [M]. 李猛,李康,译. 北京:中央编译出版社,1998:134.

[4] [美] 约瑟夫·塔洛. 分割美国:广告与新媒介世界 [M]. 洪兵,译. 北京:华夏出版社,2003:序言1.

一些相对极化的网络社群组织常常会用"我们不是一路人"来形容现在的社群惯习分化现象，因此结构洞的问题成了目前子媒介场域之间关系调整的重要议题。这种横向关系链削弱最明显的表现就是"群体内部的个体与个体之间存在直接联系，但与其他外部个体不存在直接联系"[1]。

再次，网络俗民充分依赖网络的中介功能，俗民群体接受新事物的能力显著提升。尽管网络空间中社群横向关系链正逐渐减弱，但是受纵向垂直分化的子媒介场域精细化生产影响，网络俗民群体比传统俗民更喜好接触新的民俗事象。在传统的俗民群体关系中，面对面口口相传的人际关系占主导地位，一切社会惯习的传递多依赖言传身教、潜移默化进行。而在网络空间中，网络媒介平台扮演言传身教的角色，并逐渐影响网民。从传播模式角度来看，网络将信源、信道、信宿合三为一，甚至将编码与译码的功能也融入其中，参与的难度和成本大大降低，网民更加热衷于网络民俗活动。互联网巩固了作为传播内容的"物"与参与主体的"人"的紧密联系，本质上就是将媒介的中介功能提高，并使受众依赖这种"新型中介"，在不断地使用中提升俗民群体对新事物的接受能力。

最后，网络俗民群体行为极化的现象增多。陈世华等人曾提到一个网络空间中普遍存在的问题，该问题在网络俗民群体中也同样存在："由于人的精力有限，目标受众选择关注的媒介也是有限的。所以他们偏向于关注那些与自己契合度较高的媒介，久而久之他便形成了某一媒介场域的惯习。与此同时，他也会远离其他的媒介惯习，从而形成一座孤岛，甚至产生群体极化。"[2] 这种现象的产生和前面所提到的深度依赖拟态环境、群体横向关系链削弱、充分依赖网络的中介功能等三个方面有密切的联系，在特定的子媒介场域中，网民形成了固定的、封闭的行为习惯与价值体系，与外界呈排他式沟通状态。值得注意的是，该负面惯习的形成是互联网时代人们需要重点关注和面对的问题，群体行为极化并不利于有序、健康的社群关系的形成与发展。

---

[1] 李涛. 社会资本与弱势群体社会流动机制选择 [J]. 江汉论坛, 2012 (2): 134-139.
[2] 陈世华, 黄盛泉. 分割社会：互联网时代的媒介场域研究 [J]. 南昌大学学报（人文社会科学版）, 2015 (5): 111-115.

第二节 虚拟、链接与俗民关系重建

在媒介技术的影响下,人际关系组织规则受到冲击,人与人之间的关系得以重建,并呈现虚拟、统一、媒介主控等新型特征,这些新特征促成了群体的"社群化"。网络社群化不仅重构了俗民之间的关系,而且也改变了人们参与网络民俗活动的方式。在英语中,社群(community)与传播(communication)有一个共同的拉丁文词根common,即共同的、共享的。所以,"虚拟社群不仅仅是信息的形式、结构,更成为我们在虚拟空间的基本结构和一种组织方式,也提供了一种新的人与人交往的方式"[1]。

一、网络俗民关系呈现虚拟特征

绝大多数情况下,参与网络民俗活动的俗民一开始互相并不认识,只是因为趣缘组织在一起,当网络民俗活动结束,又能迅速解散。显然,在网络中维系人与人之间关系的并非日常生活式的实在结构,而是拟态拓扑结构。网民之间犹如日常生活中路人之间的擦肩而过,并无现实生活上的交集。

在互联网诞生之前,很少有人将"虚拟"与"民间社会关系"联系在一起,人与人之间的关系通常在现实生活中产生,并且是实在的、可靠的。2004年蓝爱国和何学威在《网络文学的民间视野》一文中首次将互联网纳入民间范畴,并将其作为其中一个重要的要素纳入社会学研究中,"虚拟民间"一词由此引起关注。[2] 蓝爱国等人将"虚拟"分为"虚拟的美学思辨""虚拟的民间境界""网络文学的虚拟现实"三个部分[3],如此看来,"虚拟"不再是文学作品"网

---

[1] 马忠君.虚拟社群中虚拟自我的建构与呈现[J].现代传播(中国传媒大学学报),2011(6):139-141.

[2] 曹志伟.虚拟民间:中国网络民谣研究(1994-2018)[D].苏州:苏州大学博士论文,2019:17.

[3] 蓝爱国,何学威.网络文学的民间视野[M].北京:中国文联出版社,2004:200-217.

络性"的飘忽不定的指称，而是已经包含了"民间"的确切所指在。

网络空间中的新型俗民关系与传统俗民关系相比呈现出一些新的特征，其中虚拟性是最为核心的特征。网络俗民人际关系的虚拟性表现为四个方面：第一，新型俗民之间依靠二进制算法建构的虚拟空间实现符号传递，人与人之间的联系模式是虚拟的；第二，网络俗民群体相对不固定，群体结构长期处于分散状态；第三，俗民之间联系的纽带是民俗活动，网络民俗活动本身并不是一个实在物；第四，网络民俗的虚拟特征致使网络俗民的集体审美趋向并不固定。

首先是人际关系连接方式的虚拟。新型俗民之间是通过网络符号传递实现人际关系连接的。通常意义上，新型俗民之间的人际关系连接的符号大致可以分为文字符号、图片符号、影像符号、表情符号等，都是在网络空间建构的虚拟世界中实现人与人的沟通和交流的。文字符号包括短讯文字、评论文字、论坛对话文字、弹幕文字等，具有代表性的文字网络民俗行为有微信拜年、论坛悼念、民俗活动直播弹幕互动等。图片符号包括民俗图片、互动图片、二维码图片等，具有代表性的图片网络民俗行为有朋友圈贴门神、新年微信群斗图、二维码获取新年红包等。影像符号包括直播、转播、网络视频和短视频等，具有代表性的影像网络民俗行为有线上直播灯谜会、短视频拍年夜饭等。表情符号主要发生在互动类的民俗活动中，通过表情包的方式表达态度和看法，一方面通过发送特定的民俗表情包表达民俗情感；另一方面则是在特定民俗活动中用表情包增进俗民之间的联系和交流……四种符号类型增强了网络俗民之间的联系，但网络俗民之间的联系方式是具有虚拟特征的：他们未曾谋面，甚至互不相识，却又能在网络民俗活动中频繁互动。

其次是人际关系整体结构的虚拟。新型俗民之间的关系结构并不十分牢固，人际关系的连接相对流动。网络中的人际关系需要通过二进制算法建构的虚拟空间实现符号传递，人与人之间的关系是间接的、虚拟的，而非直接的、实在的。传统民俗活动中，俗民之间的沟通是面对面的，依赖最为传统的沟通方式进行交流。到了网络社会，人们处在物理空间和网络空间交互的广义空间中，"界面"既是联系物理空间和网络空间的渠道，也是区隔两者的"界限"。这个可以连接又可以隔离的"界面",使得网络空间中的人际关系的建构有一个特别的特征:群体"二重性"。一方面,有些网络俗民关系是从现实生活中挪移到网络上形成的,比如在微信群里拜年、道贺、发红包等,他们的民俗情感是通过虚拟符号实现的,关系的巩固也是依靠虚拟的方式实现的。这种民俗表达未能在现实空间中进行,民俗活动中本来所包含的情感愈加减少,并逐步走向程式化。另一方面,有些网络俗民关系就是在网络上形成的,比如网络灯会、网上庙会、直播春晚等。这些网民在特定时空条件下迅速集结,你一言我一语,更多地表现为个人情感的宣泄和表达,并刻意在特定时空中建立新的社会关系。特别在一些演艺类的民俗活动直播中,网民在评论区互动极为频繁,甚至通过使用"哥们""姐们""兄弟"等称谓增进瞬时俗民关系,但评论区和弹幕不断有网民进出,并且很难形成系统性的深入讨论,因此情感联系并不固定。加之当直播结束的时候,又迅速散场,不再联系,网民的流动性极强。综合网民群体的"二重性"属性,不难发现,网络俗民的关系实则是"虚拟"的真实,主要反映在两个重要方面:稳定性小、流动性大。

再次是人际关系连接纽带的虚拟。新型俗民之间关系的形成需要网络民俗活动的发生才能实现线上聚集,然而相关的民俗构成(包括民俗质、民俗素、民俗链、民俗系列,甚至是民俗系统)却是"虚拟"的,即不一定必须是客观实在的。比如在清明祭扫的民俗活动中,冥币、元宝、香烛、供品果物等是清明祭扫民俗的民俗质;焚香、上供品、跪拜、默祷许愿等是清明祭扫民俗的民俗素;焚香、上供品、跪拜、默祷许愿等民俗素串联起来,形成了清明祭扫的完整民俗链。传统清明祭扫活动,绝大多数情况下都是由家族成员集体参与,在追思先人的同时还能增进家族凝聚力。而在新型的网络祭扫平台上,冥币、元宝、香烛、供品果物却是屏幕前的图像符号,焚香、上供品、跪拜、默祷许愿等则是通过鼠标点击完成的,原先清明祭扫的民俗构成从实在物变为了虚拟世界的图像符号。家族其他成员在点开页面,看到虚拟墓碑前点过的香烛、敬献的鲜花、留言板上的祈祷后,才能深刻理解家族成员对先人的思念与藏于内心的家族情感。

最后是网民审美品位上的虚拟。新型俗民之间的关系在表现形式上虽然趋同，但在审美趋向上并不一致。网络文化研究的学者通常认为，网民在网络空间中的日常行为、价值取向、审美品位一直是处于游离状态的。一般而言，受趣缘组织形成条件的影响，在共同参与同一项民俗活动的网络俗民社群中，网络俗民之间的审美品位基本是保持一致的。但是，在时间维度上，网络俗民社群的审美并不是一成不变的，由此也可以判断网络俗民的审美品位是虚拟的。比如网民"供奉网络神明"的行为不断被刷新，就能充分反映网民审美上的不断变化与游离。

二、网络俗民群体连接更为立体

基于趣缘结构的网络俗民与基于地缘的传统俗民最明显的不同是群体紧密程度的不同，前者较为统一，后者则较为分散。网民的聚合统一是多方面的：从宏观角度看，网民的聚合统一是"符号、信息、意义和人的多层次聚合，并包含在社会表征内涵的不同层次之中"[1]。它能够直接影响网络俗民之间的连接方式。从微观角度看，网民的聚合统一是民俗实践主体的聚合，它间接影响网络俗民之间的交往实践与生产实践。

（一）符号、信息、意义和人的多层次聚合

俗民之间的连接需要一个"由头"，网络俗民之间也同样需要。在地缘关系主导的传统社会，出于人际交往的客观需要，在现实生活中存在一些必要的联系，比如和邻居之间的照面、和亲戚之间的交往、和同事之间的合作、和朋友之间的联络……在传统俗民群体的形成结构上，具有胎质上的缺陷，即群体的组成并不是完全因共同参与的民俗活动而组成的，而会受现实生活中的社会关系的深刻影响。根据生活地理上的客观联系，才会发生邻里、亲戚、同事、朋友之间的拜年、派红包、送（吃）月饼、包粽子等传统民俗行为。传统俗民之间的关系看似连接，实则断裂，原因在于：一方面，传统俗民群体

---

[1] 邵力. 微博网络聚集过程的社会表征释义［J］. 南京邮电大学学报（社会科学版），2016（4）：21-27，36.

从地理分布上来说是相对分散的，他们之间不能做到像网络空间中那样的"随时随地一呼百应"；另一方面，传统俗民只在民俗活动周期内发生群聚关联，并且可能俗民对一些民俗活动兴趣并不高，但受传统民俗习俗惯制的约束，被迫花费大量的精力进行一些民俗活动。地理位置与兴趣结构的双重分散，加之时空条件的制约，导致人际关系从现实中的邻居、朋友、亲戚、同事变为俗民交往之后进行的"民俗符号交流"并没有人们想象中的那么顺畅。相反，网络俗民之间"连接的由头"比传统俗民纯粹得多，他们受网络俗民关系虚拟性特征的影响，可以充分地展现自己的兴趣爱好，利用网络民俗的"符号、信息、意义"连接俗民关系，建立起比传统俗民更为坚固的、立体的俗民群体。

首先，网络具有聚合功能，人们可以运用极为简短的符号表达无尽的信息，比如微博内容控制在140个字以内、GIF表情包只展示数秒时间，但符号的压缩丝毫不影响信息内容的表达。符号的聚合有利于网民紧密联系，因为符号的聚合更便于社群化的网民集体分享和传递。其次，信息的聚合最直观的反映便是网络成了海量符号的集散地，当某一民俗活动开展时，信息就聚集到网络平台并迅速扩散，网络平台随即成为信息符号的集散中心。换句话说，"平台"的功能发生了变化，过去的搭台（戏台）看戏是小规模的、流动的、区域性的，现在搭台（网络平台）看戏是信息聚合的、不断丰富的、全域性的。这就使过去零散的俗民聚集到网络，共同参与网络民俗活动。最后，不同形态、不同平台的表达所呈现的意义也会有所不同，呈现出多点聚合的情形。比如在春节期间，支付宝新春扫福活动集福卡，环节中设置了一些较难搜集到的福卡，目的是让亲友在春节前夕加强沟通，相互分享，增进亲情。今日头条也举办了"发财中国年"的集卡活动，该活动的意义在于小游戏娱乐，缓解压力。这些网上集卡活动的根本目的是一致的，即将参与的网民聚合在一起，共享新春喜悦。

基于符号、信息、意义的多层次聚合，人的聚合得以实现，单个主体形成共有的符号表征呈现出"集体自我"。"集体自我"作为网络环境中网民集中呈现的社会角色，把分散在各地的个体与网络

(社会）连接起来，在网络聚集过程中扮演着重要角色，同时相关的社会属性也会融合、同化，从而形成某种特定网络社群的共有社会表征。与传统的俗民关系相比，网络俗民群体的聚合显得更加地牢固。

（二）民俗实践主体的聚合

就微观层面而言，在民俗传播活动中，实践主体被人为地分成两个部分："实践主体1（5W模式中的Who）"（代表人物是主控民俗活动的长老、村长、乡绅等）和"实践主体2（5W模式中的To Whom）"（代表人物是参与民俗活动的普通俗民群众）。线下的民俗活动存在合目的性变化的特征，也就是说，实践主体2被实践主体1看作是"被改造"的客体，只是单一的传者与受众的关系，并且社会层面接纳了受者结构化的事实。那么，对于那些没有民俗活动主控权的俗民（实践主体2）来说，传统民俗活动只是单纯的认识活动，他们眼中的民俗在传播学范畴只是民俗信息的采制与交换。由于没有民俗活动主控权的俗民在数量上占大多数，传统的民俗活动中的俗民并不具备"传播主体"与"实践主体"的统一性，俗民关系单一且单向传递。

在网络空间中，媒介技术给予了实践、交往、传播三个概念产生内在联系的机会，民俗传播活动的全过程完全纳入"实践范畴"，从而也自然形成了网络民俗活动中的"巴尔的摩建构"[1]。网络意见领袖"主动改变空间的阻隔，在资源配置基础上与他者确立交往关系"，使得网络民俗活动中的传者与受者不再有沟通上的阻碍。俗民之间的交往不再是浅显的观赏、参加和议论，而是控制、改造与深度实践。从人际关系的结构上看，纵向关系开始建立，横向关系更为紧密，网络空间中的立体俗民关系已成型。

在诸多民俗活动中，能够充分反映俗民关系逐渐变得更加立体的典型案例之一，就是网络直播春晚。观看春节联欢晚会是百姓除夕迎新春的必备环节，也早已成为春节民俗的重要组成部分。在过去，春

---

[1] 韩立新，杨新明. 传播十要素论［J］. 现代传播（中国传媒大学学报），2022（1）：29-36.

节联欢晚会的节目设定是由电视台导演设定的，观众并没有与之协商的通道，传者与受者之间存在沟通阻碍。而在互联网时代，网络直播春晚成了新年民俗活动的新形式，各大直播平台在春节前或是通过问卷调查，或是通过在线访谈，或是通过大数据搜集等方式，与网民充分沟通，了解受众当年的观看喜好，针对性地邀请演艺明星、设置演绎形式、调整节目内容。通过此方式，不仅促成了趣缘组织的线上聚集，大家在评论区或弹幕区其乐融融、互相沟通，还能满足网民深度参与新春民俗活动的愿望，建立与节目制作人的有效联系，增强民俗活动中参与主体的主观能动性。

三、民俗控制与媒体控制

法兰克福学派的理论家十分关注媒介控制论带来的诸多社会问题，并且通常不愿把传播与其他因素从它的整体系统中分离出来。不同时代的俗民之间的关系建构看似是简单的民俗控制与媒体控制的微弱差异，但其背后的利益冲突与社会矛盾却十分巨大，这就涉及民俗控制论中的"民俗控制与社会控制"和"越轨与反越轨"的问题。

从形式上看，网络俗民是一个封闭的结构化社群组织，但从社会属性上看，它却与现实社会通过媒介手段进行着隐匿关联。俗民关系的变化不是时间序列的演进过程，而是在原有俗民关系伦理的基础上诸多社会交往要素的叠加，与原生俗民关系必然有所粘连。它与俗民关系从传统的、单一的民俗控制模式，逐渐发展成目前网络的、复杂的民俗控制与媒体控制相互制衡的双重模式。其中，核心的冲突就是对"媒介控制"的理解，体现在对"谁控制着媒介""为何控制"以及"媒介控制什么""媒介如何控制""控制的后果"等问题的考察上。[1] 一些长期从事传统民俗活动的传统俗民心中的网络民俗是媒介控制的，他们眼中的媒介是具有主体性的，较为激进的传统俗民甚至认为网络俗民的行为是被技术涵化的，因而在网络俗民群体心目中，传统俗民是彻头彻尾的顽固派。网络俗民群体与传统俗民相比，

---

[1] 邵培仁，李梁. 媒介即意识形态：论法兰克福学派的媒介控制思想 [J]. 浙江大学学报（人文社会科学版），2001（1）：102-109.

观点并不那么激进，他们对媒介控制的技术机理有一定的科学认知，他们知道"自己"控制着媒介的内容生产、传播、消费等全部环节；他们也知道媒介控制的是民俗生产与传播的外在形式，媒介控制的后果并不改变民俗的灵晕。传统俗民与网络俗民之间沟通较少，两个群体之间的"知识沟"不断拉大，相互之间也较少有人员上的流动。现实生活中，网络俗民在关系结构上与传统俗民是割裂的，但是传统俗民时常会对网络俗民"评头论足"，或是觉得网络俗民不懂民俗，或是觉得他们汲取"民俗质养料"也不那么纯粹……传统俗民对网络俗民单向的沟通障碍，已成为当下俗民关系维护的核心部分。

（一）乐于民俗控制的"反越轨"社群结构

传统俗民参与网络民俗并非易事，尽管有传统俗民深度使用互联网，并且对网络民俗活动是持包容态度的，甚至会参与其中，但是大多是参与"转生型"的民俗活动，参与网络民俗的深度依然较浅。这一现象的产生和以下三个方面存在联系：第一，从媒体使用的社群年龄结构上看，中老年参与移动互联网的数量及频率与年轻群体存在很大的差距。第二，从民俗活动参与的社群年龄结构上看，中老年参与民俗活动的数量及频率远远大于年轻人。第三，互联网媒介向下兼容性弱，民俗文化向上兼容性强。综合以上三方面因素，可以找到传统俗民与网络俗民之间单向度障碍的直接原因。

究其根源，寻找传统俗民与网络俗民之间单向度障碍的根本原因，则需要厘清一个核心的问题："为什么绝大多数传统俗民内心并不接纳网络俗民？"其主要原因是：传统俗民对网络俗民的疏离，一定程度上与他们难以接受网络民俗本身有很大的关系。法兰克福学派曾强调："媒介即意识形态。"法兰克福学派以批判的视角"关注现存的生活方式已经制定的目标，而且还关注人类及其所有潜能……它的目标在于把人从奴役中解放出来"[1]。传统俗民对待网络民俗就像是法兰克福学派看待文化工业一般，将其定义为"民俗工业"，传统

---

[1] [德] 霍克海默. 批判理论 [M]. 李小兵，等译. 重庆：重庆出版社，1993：230-232，329-330.

俗民放大了网络民俗中"人的主体性逐渐消失殆尽"的负面效应，"文化工业的意识形态奴役，就其本质而言，是科技的意识形态奴役"[1]。诸多保守的俗民认为，很多情况下无法把民俗主控权把握在自己手里，他们会认为："技术的社会是一个统治体系，它已在技术的概念和构造中起作用。"[2] 当技术成为了民俗的一部分，那网络民俗也就称不上民俗，网络俗民也与他们传统俗民不同，并不属于俗民的范畴。

传统俗民与网络俗民之间对待民俗控制和越轨的概念存在差异：首先，传统俗民认为民俗理应注重精神内核而非外在表现形式；其次，传统俗民认为民俗主控者理应是民俗领袖而非媒介领袖；再次，传统俗民并不十分赞成更改民俗系列与民俗链行为，认为民俗理应纯粹；最后，传统俗民并不愿放弃长久流传下来的习俗惯制，网络俗民的出现削弱了传统俗民中领袖的权威。传统俗民在知识结构上很难与网络俗民相比较，参与网络民俗的难度显然超过网络俗民，在俗民群体与民俗文化的双重逆差情形下，传统俗民的危机感不断上升。

（二）善于媒介控制的"越轨"社群结构

网络俗民对待传统俗民的态度是温和的，对媒介控制的网络民俗文化是欣然接受的。他们与传统俗民的差异在于，网络俗民之间的人际关系并没有严格的规则，甚至将网络文化中的态度直接搬挪到网络俗民关系的日常中。主要特点表现为以下三个方面：第一，网络俗民社群与外部的联系是"无规则"的；第二，网络俗民之间内部的联系规则默认"媒介规则"；第三，视改变社群规则为"反越轨"而非"越轨"。

网络俗民与外部（包括传统俗民）人际是依靠一种"无规则"的方式维系的，即在网络空间中并不过多地在意与外部世界的关系。

---

[1] [德]霍克海默. 批判理论[M]. 李小兵，等译. 重庆：重庆出版社，1993：129.

[2] [美]赫伯特·马尔库塞. 单向度的人：发达工业社会意识形态研究[M]. 张峰，吕世平，译. 重庆：重庆出版社，1988：7.

从关系的维系角度而言，网络空间给予了网络俗民"绝对的自由"。媒介技术在其背后发挥着重要的作用：人们"通过感觉接受虚拟空间中的一切对其个人的刺激，他可以通过界面进入虚拟世界，但虚拟世界中的事物和现象不能影响界面之外的东西，'界面'形成了一个明显的界限"[1]。由此可见，虚拟世界中的自我呈现与建构会因为情境的改变而发生改变，它并不会如主体在场的现实情境中那样，呈现出一定的稳定性。这个特点使网络民俗活动更易于被改造，且显现出多元化、易变性等特征；同样也使得网络俗民能够充分发挥自我，并不用过多地在意与外部世界的联系，特别是与传统俗民之间的关系。

网络俗民之间内部的联系默认使用"媒介规则"，即网络俗民的建立也需要"志同道合"。而其中的"志"与"道"并不是像传统俗民之间那样通过民俗控制实现，而是通过"媒介控制"的"二次传递"实现网络俗民内部的紧密联系。乌丙安在谈及阿兰·邓迪斯的"群体"概念时解释道：群体必须有一些确认为属于自己的传统限定。传统（tradition）的概念具有随意性，只要该群体"确认"为"属于自己的传统"，就可以被定为是民俗意义上的"群体"了[2]。这一过程的关键在于，人们先有统一的价值立场，然后集合成群，参与共同认可的民俗活动。在互联网社会中，网络俗民的构成则并不基于这个"传统"规则，因为"技术使一切形式的文化生活都臣服于技艺和技术的统治"[3]。因此，媒介技术也改变了传统民俗的生产和传播机制，网络新媒体制定了全新的民俗规则，在该规则的引导下，新的网民也从认同传统民俗的习俗惯制逐渐转变为认同媒介的技术规则。网络俗民的民俗规则从"您拜年了吗？"演变为"您用'支付宝'扫福了吗？""您用'微信'抢红包了吗？""您通过'抖音'分了20亿了吗？（2022年）"。

网络俗民视改变社群规则为"反越轨"而非"越轨"，他们与传

---

[1] 金吾伦，蔡肖兵. 在互联网上真的没人知道你是条狗吗？：虚拟实在与物理实在的关系演变[J]. 自然辩证法研究，2004（12）：32-33.

[2] 乌丙安. 民俗学原理[M]. 沈阳：辽宁教育出版社，2001：37-38.

[3] [美]尼尔·波兹曼. 技术垄断：文化向技术投降[M]. 何道宽，译. 北京：北京大学出版社，2007：52.

统俗民对"规则"本身认知的差异决定了两者之间的分歧。传统俗民就传统民俗的习俗惯制而言,认为网络俗民的行为是"不正常""不正当"的,认为未能遵守"民俗控制"即为"越轨"。但是事实上,媒介控制论下的网络俗民行为在网络俗民心目中始终是"反越轨"属性的:一方面,网络民俗中与传统民俗不相同的部分是对传统民俗控制论的改良;另一方面,作为互联网原住民为多数的网络俗民,在网络空间中的生存逻辑本就应该是媒介控制的。

本质上,媒介控制的网民群体和民俗控制的俗民群体最重大的差异就是视角的差异,视角的差别决定了民俗行为本身是否"越轨",跨社群的冲突也就自然产生。互联网建构的民俗活动是"朝向当下"的,"主位(emic)视角"是网民参与民俗活动的主要方式。网络俗民似乎更在乎民俗活动能给他们带来什么,比如网络占卜用于测算网民近期的运势,背后是依靠程序逻辑运算得出的结果;关注"白桃星座"等微信公众号,测算每周感情、学习、财运、健康等方面的运势;利用网络平台提前测算新车车牌号码,以便在车管所选择与自己生辰、八字、五行、数理相符的车牌……这些行为与传统民俗相比,娱乐的成分占大多数,并且是面向当下的、面向未来的。在网络俗民心中,这只是媒介控制下民俗素的排列和联结的组合方式调整,只是在民俗形式上的微弱差异,并未对民俗意义与民俗象征的根部产生影响。但在传统俗民心中,这挑战了既有的"规则"和稳定的"秩序"。显然,民俗控制论主导下的传统俗民与媒介控制论主导下的网络俗民之间的"冲突"也会旷日持久。

第三节 网络社交与"群体性"衍变

匿名性和即时性是互联网社交的独有特性,这两个特性改变了俗民群体的聚合方式,也间接影响着网络俗民社群的内部结构。在没有网络媒介的时代,俗民之间的聚合主要由三个维度构成:"以小农经济为基础的熟人社会、以父系血缘关系为核心的人际关系、以伦理为差等的礼治秩序。"[1] 对于传统民俗来说，匿名性和即时性是具有颠覆意义的，传统的俗民与群体是能够确认是负载民俗文化的、能表现民俗文化特色的文化个体或群体，[2] 而具有匿名属性的俗民与群体其结构程度、亲密程度、差异程度皆有变化；俗民个体在网络空间环境的影响下，即时性的媒介特征渗透到俗民群体的民俗养成与民俗实践之中，俗民社群之间的关系也随之逐渐发生一些新的变化。

一、匿名性与俗民群体聚合

网络是一个时空互联、匿名隐蔽的开放式交流平台，网络俗民所参与的网络民俗本质上是网络信息的一种，因此网络俗民群体的行为也具备网民共有的基本特性：不可预见性、传播广泛性、多级衍生性、交流非理性、引导可控性。[3] 这些基本特征能够反映出新型俗民个体的日常行为变化，也能够充分反映俗民群体聚合的新方式与新规范。

网络传播的匿名性会带来次生属性：不可预见性。不可预见性有利于俗民群体的聚合，其中起到聚合作用的子特征主要是虚拟性、发散性、交互性。在时间维度上，很多"新网络民俗"并不带有传统民俗的"周期性"特征，特别是一些因为突发事件而突现出来的网络民俗，俗民群体的内部关系是在短时间内临时建构而成的，网民与网民之间并不存在日常联系。在空间维度上，绝大多数"新网络民俗"通过超链接、图片等转发形式发送，在进一步减小了传播成本的同时，强化了民俗生产者身份隐匿的程度。受多重匿名性的影响，网民可以不受"习俗惯制"的制约，容易形成"多种意见、情愫、态度的集合"[4]，网民之间的沟通呈现虚拟、发散、交互等不可预见性的特征。在互联网空间中，网民与网民互不认识，网民与民俗活动

---

[1] 柴玲，包智明. 当代中国社会的"差序格局"[J]. 云南民族大学学报（哲学社会科学版），2010（2）：44-49.
[2] 乌丙安. 民俗学原理[M]. 沈阳：辽宁教育出版社，2001：35.
[3] 吴新叶，葛传红. 上海青年政治学年度报告：2014[R]. 上海：上海人民出版社，2014：160-163.
[4] 吴新叶，葛传红. 上海青年政治学年度报告：2014[R]. 上海：上海人民出版社，2014：160.

发起者也不实际认识，这种双重的匿名属性激发了俗民群体参与的热情，从而进一步加深群体的聚合能力。类似这样的网络突发性民俗活动中，俗民群体的形成也是爆发性的，并呈现非常明显的不可预见性。

网络传播的匿名性还会正向刺激信息传播的广泛程度，传播范围的扩展有助于俗民群体数量的扩增。人类从事任何社交活动都会考虑"规避风险"的问题，互联网提供了将其风险降到最低的可能，网络空间的"匿名性"属性能够让网络民俗获得"相对的行为自由"。在传统民俗活动中，绝大多数普通俗民并没有挑战习俗惯制的能力，他们也就不能在民俗规则规定的"固定框架"中删减民俗要素，使之传播出去。"固定框架"限制了民俗向外传播的能力，从而也间接限制了俗民群体的规模。相反，网络俗民群体是媒介控制论主导的社群，他们不必严格遵守民俗控制论下习俗惯制和习俗规则的"固定框架"约束。假设某项网络民俗经过长时间的发展，逐渐形成了新的"固定框架"，网民也可以随着时间、空间、地域、人群、心情、活动走向等方面的变化及差异而选择"另起炉灶"，脱离原有网络社群，建立新的社群组织。由于网络空间中的网民是匿名的，脱离并建立新的社群组织的网民并不担心受到原有社群"长老"的"制裁"。基于此，网络空间中的民俗也得以不断更新、优化、新增，形成"百花齐放"的景象，适合更多网民诉求的俗民社群也不断增多，更多的网民加入网络民俗活动中，真正意义上实现了"全（网）民狂欢"。

网络传播的匿名性可以引发网络民俗的多级衍生，内容层面的变异特征能够进一步吸纳潜在的网民加入网络俗民群体。网络民俗复杂多变，有时一些热度逐渐下降的网络民俗会有可能结合新的网络事态发展而产生新的变异[1]。受到网民身份匿名性的影响，网民能够更加便利地在网络空间隐匿、扩散、渗透，这使得网络民俗在发展、演化的过程中容易有极大的不确定性。长此以往，形成了"网民隐匿—民俗变异—新网民加入—民俗再变异"的循环模式，这种模式有利于网络民俗的不断变异发展和结构完善，也有利于俗民社群吸纳更

---

[1] 史波. 公共危机事件网络舆情内在演变机理研究［J］. 情报杂志，2010（4）：41-45.

多的网民参与，实现群体规模的不断扩容。最为典型的案例是"拜二马"习俗："双11"的诞生给予了网民实现消费愿望的机会，他们能够用相对较低的价格购买到自己需要的商品，电商也实现了盈利。诸多电商在2015年挂马云像，拜马云，誓师"双11"再创佳绩。随后，刘强东的京东开创了"6·18"购物节，网友和电商又纷纷转战京东，挂强东像，拜刘强东。"王者荣耀"游戏大火之后，游戏网民加入进来，开始纷纷拜马化腾。有的希望拜化腾能够抽到稀有皮肤，有的希望拜化腾能够早上星耀……从拜马云到拜马化腾，群体身份是不断游离且匿名的，他们推动了民俗活动的变异，也因变异吸纳了更多的网民加入"拜商业精英"的"供奉财神类"民俗活动，新民俗活动的俗民社群得以不断地实现扩容。

网络传播的匿名性带来网民之间交流的非理性特征，这种非理性的交流直接影响俗民群体的凝聚程度。由于部分网络民俗是因网络热门事件延伸发展而来的，它与当下的社会现实存在紧密的关联。受网络匿名性的影响，多数网友并不在意网络民俗参与行为的"尺度"，哪怕一些网络民俗的确有固定的"行为规范"，但是他们始终认为可以通过"匿名"方式规避"越轨"风险。

网络传播的匿名性可以形成一个虚拟的社区或圈子，有利于俗民群体行为的引导与控制。网络传播学者指出，网络空间中的网民群体极易出现"群体极化"现象，即人们在网络世界中更倾向于冒险行为，并逐步出现"日常极化"的特征。传播学者在探讨极化根源的时候发现，凡是极化的网络群体都有一个共同的特征：封闭且团结的稳定圈子。一般而言，越是稳定的社区或圈子中，阶层等级制度也会越发严苛。相应的社群内部存在"意见领袖"，其作用不仅仅在于提供信息和影响舆论导向，还担负制定规则和规范行为的责任。在"意见领袖"的带领下，网络社群内部的网民更愿意听从"意见领袖"的行为意见，从事相应的网络行为。从网络治理的角度来看，尽管网民群体的匿名性会造成不可预见、多级衍生、非理性等问题的产生，但是在社群内部结构的"坚固"和意见领袖的"引导"的双重作用下，相应社群内部的网民网络行为能够控制在合理的范围之内。

二、即时性与俗民群体聚合

网络是一个即时、高效、互动的信息平台，它每时每刻提供着海量的资讯信息。在5G时代，人们更加重视网络的即时性，即时性成为移动互联网时代各大平台共同追求的技术目标。在快节奏的生活背景下，俗民社群的关系结构也逐步变得"快"，并形成了以下六个社群现象：第一，俗民群体沟通频次增多；第二，俗民群体沟通速度加快；第三，俗民群体沟通质量下降；第四，俗民群体交互能力提升；第五，俗民群体沟通趋向有序；第六，俗民群体交流的碎片化。

俗民群体沟通频次的增多与互联网信息传播即时性特征直接相关。传播必须经过"5W"模式中"传者—信息—传播媒介—受者—效果"的完整流程才能实现民俗信息的传递，从而达到民俗传播效果。与传统俗民关系相比，网络俗民在进行民俗活动的过程中，受到媒介技术即时性的影响，传播流程中"5W"的各个要素被无限压缩，大大降低了信息传播的时间成本。比如，在农历新年需要去亲戚朋友家拜年，拜年之前需要安排顺序和预约时间，基本上每半天拜访一家亲戚，且不会重复拜访。随着微信的普及，大家可以通过微信互动或建群的方式进行即时聊天，在即时通信的技术环境下，拜年的时间成本大大降低。在微信对话中可以随时随地畅聊，在微信群里也可以随时随地发红包、发祝福，你一言我一语，利用日常生活中碎片化的时间完成了本该需要规划半天所进行的民俗活动。通过网络通信软件，俗民群体之间的沟通频次相较于传统沟通方式大大增加，也促进了俗民群体之间的情感联系。

俗民群体沟通速度加快也同样是受互联网信息传播即时性特征的直接影响。媒介人类学的学者曾经观察到一个现象，随着移动互联网的时代到来，网民之间的交流速度明显变快。值得注意的是，一些重度依赖信息媒介的网民无时无刻不在网络空间中"潜水"，"秒回"成了网民互动的常态。在诸多网络民俗中能够非常直观地发现俗民群体沟通速度变快的迹象，比如在较大规模微信群里拜年的时候，除夕夜群里的红包基本上都被"秒抢"；在农历大年初一零点零一分时想要寻找群里第一条新年祝福是谁发的，则需要不断"爬楼"才能找到；某些名人逝世的消息一经发布，评论区在短时间内表达哀思的网民可以达到数千万……俗民群体沟通速度的加快是受移动互联网即时性特征直接影响的，沟通速度的加快加速了网络俗民群体的形成，网络民俗活动的热度也能得到充分的提升。

俗民群体沟通质量下降是俗民群体沟通速度加快导致的负面效应，在一些开放性、规模化的网络俗民群体中显得尤为明显。网络俗民群体沟通速度的加快背后有一个深层次的原因，即需要用有限的时间处理海量的网络信息。一旦处在网络空间中，网络信息就会扑面而来，经过筛选、过滤后的信息数量也比线下需要处理的信息多得多。当网络俗民处理民俗信息从兴致勃勃逐渐变为程式化的冰冷"操作"的时候，网络俗民之间的交流质量也就大打折扣。比如，微信通讯录里好友数量基本上都有数百上千个，于是很多人为了节约时间成本，在特定的节日发送"复制粘贴"的程式化祝福微信，对方也使用"复制粘贴"的话语回复祝福。尽管类似的网络民俗活动形成了参与闭环，但是这种沟通并没有真正意义上起到节日祝福、增进朋友情谊的民俗目的。从某个角度而言，这种俗民群体的快节奏沟通并没有对俗民群体的聚合产生积极意义，反而使之关系逐渐走向疏远与虚无。

俗民群体交互能力提升是网络信息传播的即时性带来的间接影响，交互能力的提升反映在俗民群体对话的规模、深度、密度及私密度等方面。俗民参与某种民俗需要在特定的时间内进行，比如拜年必须在农历新年的几天内，中秋祝福必须在中秋节当天，端午划龙舟也必须在端午节当天……信息传递远没有网络空间中高效、迅速。过去受信息迟滞的影响，民俗预告很难做到尽人皆知，民俗活动过程中俗民评论时效也极低，因此俗民参与机会少、参与程度低、互动密度低，从而间接影响了俗民群体规模。网络俗民社群的规模在网络信息传播即时性的作用下得到了显著的提升：一方面，网络信息能够通过大数据算法精准推送网络民俗预告，推介俗民感兴趣的网络民俗活动，参与数量得以迅速上升；另一方面，社交平台给予网络俗民转发、评论、发弹幕的即时深度参与的机会，参与程度显著提升，且进一步提升了俗民互动的密度。容易被忽略的是，俗民群体交互的私密度也深受网络信息即时性的影响，比如在参加婚丧嫁娶的宴请之前，可以通过即时通信手段了解朋友亲戚送多少礼金，以达到统一，互相之间不会丢面子等。

俗民群体沟通趋向有序能够直观地体现在对话框、评论区、弹幕区等特定区域内。在实际操作环节，网络信息传播的即时性是将俗民群体之间的互动通过时间排序的方式进行"逻辑串联"，以此达到有序的目的。微博话题、微博状态、论坛议题、移动短视频等评论栏和视频网站的弹幕区都是提供给网民参与讨论的区域，网民在评论区可以在法律允许的范围内评论，反馈个人观点。它与现实空间中的沟通逻辑不同，现实空间中人们在特定时空下聚集，你一言我一语，主题分散且没有逻辑关联，沟通效果并不好。而网络空间中人们基本上都围绕相关的主题进行讨论，网民也可以点开网友的评论进行再评论，评论结构呈现树形的逻辑结构，并在相应的评论处注明评论时间，网民之间的讨论能通过时间线性关联的方式做到明确评论主题、强化沟通效果，并使之在一个有序的环境下实现沟通目的。

俗民群体交流的碎片化是俗民群体呈现的最为鲜明的特征，它同样是网络信息传播的即时性带来的附属特征。除了网络直播民俗等需要规定网络俗民参与时间的媒介行为之外，网络空间中的绝大多数民俗活动存在一个鲜明的特征——"弱时空"属性，即网络俗民并不一定需要此时此刻同时在场。前者的即时性是网络民俗生产的即时，而后者则是俗民参与行为的即时。对于后者来说，当俗民群体在参与一些并不用在非常严格的时空环境下从事的民俗活动时，特别是一些活动时间较长的民俗活动，俗民在民俗身上花费的"精力成本"会大大减少，他们可以利用碎片化的时间去参与相应的网络民俗活动。从原理上讲，网络俗民可以即时发送信息，由互联网负责"记忆"和"展现"，其他俗民在"游览"的过程中通过"留言"与之"对话"，那么俗民群体之间不用再耗费日常生活中的完整时间来"等待"他人与其进行"沟通"对话了。

第四节　网络空间社群化

媒介技术改变了人类日常生活的方式，也成了人们日常生活的一部分，它渗透到人与人之间的关系结构、民俗文化的日常生产等各个领域。麦克卢汉曾说，媒介是人身体的延伸，它早已成为了人的左膀右臂。当俗民之间的关系连接从"手拉手"演变为"媒介之手拉媒介之手"的时候，社群内部俗民之间的关系结构也相应得到了重组。在俗民社群结构出现新状况的背景下，新民俗生产的内容也相应发生了改变，呈现诸多新的特征。

一、网络空间的社群化

社群化不仅仅形容由人组成的生物性群体，也可以运用于信息、平台等与之相关的媒介。黎斌等人就提出，现在互联网中存在"从平台社群化向社群平台化"[1]转变的趋势。因此在网络空间中，研究者不仅要从人的社群化维度探讨社群化问题，还需要从信息及平台的维度探讨社群化及社群逐渐平台化的问题。社群化在传统社会学意义上是一个较为常用的社会学概念，但在网络空间中，其意义与价值则得到重新的定义，是一个多要素、多层次的"再结构"过程。

（一）俗民群体的社群化

5G网络信息技术改造和重塑了社会网络交往方式[2]，在社会变迁和网络技术双重逻辑的共同作用下，社会结构和社会关系发生了重大的变化，网络社群开始崛起。[3] 在此背景下，社群化已经成了网络民俗研究的重要范畴。社群化也是阿兰·邓迪斯所提到的"群体"的进阶概念，在乌丙安的《民俗学原理》中，曾提到阿兰·邓迪斯批评过去民俗学者错误地将"民"框定在一个比较狭隘的范畴，比如"农民社会""乡村群体"等，邓迪斯认为在社会学视域下的"民众"应被理解为"任何民众中的某一个群体"。[4] 并且，他们懂得在群体中需要有共同的核心传统，这些传统使该群体有一种集体一致

---

[1] 黎斌. 互联网逻辑决定媒体融合未来 [J]. 传媒, 2015 (19)：48-51.
[2] 白龙, 骆正林. 身体、空间与城市：5G时代智能城市的媒介化重构 [J]. 新闻与传播评论, 2021 (1)：26-34.
[3] 张华. 网络社群的崛起及其社会治理意义 [J]. 编辑之友, 2017 (5)：50-54.
[4] 乌丙安. 民俗学原理 [M]. 沈阳：辽宁教育出版社, 2001：35.

的感觉。[1] 网络空间中的人们从各种传统群体如部落和民间组织中独立出来，基于自己的信仰和态度并根据自身的目标和需要决定个体定位，[2] 以个人为中心的"个体网络"成为人际关系主要的呈现方式。这种以"个体网络"为代表的网络空间社群化并不意味着个性化或原子化，而是以个人身份与他人建立交往关系，网络社群化是"脱嵌—去传统化—再嵌入"这样一个连续的"再结构"过程。经过此连续过程的转变，俗民不再是传统意义上的俗民，而成了真正意义上的网络俗民。

个体网络的核心在于重视网络俗民个体个人主体性的充分实现，具体表现为："去中心化，彰显用户地位平等；自由地表达和行动；发掘潜能的草根文艺创造；生产自己的'价值'和'意义'。"[3] 这些表现与个体行为特征有关，并不会对社群规模、种类、环境等基础结构造成影响，但它会影响社群的风格、态度与社群价值体系。特别是在移动互联网时代，自媒体逐渐成了草根化的"私有媒体"，它不仅由网民个体"自己"创造，也同时"为人们而服务"。在某种新型民俗诞生初期，浏览量、点击量、转发量、评论量"四低"的背景下，新型民俗只是"自娱自乐"的自我网络空间的价值实现行为，但随着浏览量、点击量、转发量、评论量的不断上升，相关主题民俗的热度指数也不断上升，俗民群体规模从生产者一人逐渐扩大至百人、千人甚至万人。在共同参与新型网络民俗的过程中，俗民之间的价值观念趋向一致，并逐渐形成固定的网络俗民社群。当"日常的我"（the daily me）逐渐被"日常的我们"（the daily we）所取代[4]的时候，俗民群体真正意义上实现了"再结构"与"社群化"。

---

[1] 参阅阿兰·邓迪斯编《世界民俗学》（陈建宪、彭海斌译，上海文艺出版社1990年版），为了便于统一讲述，将原译文中"集团"改成"群体"。

[2] Dubois, N. & Beauvois, J. L. Normativeness and individualism. *European Journal of Social Psychology*, 2005, 35(1), pp. 123-146.

[3] 吴雷. 网络短视频社群传播：个人主体性的实现与限度[J]. 当代电视, 2019(8): 100-103.

[4] Bowman, S. & Willis, C. *We Media: How Audiences are Shaping the Future of News and Information*. Reston, VA: The Media Center at The American Press Institute, 2003, pp. v, pp. 7.

（二）媒介平台的社群化

社会学的传统学派经常将媒介平台看作为一个"冰冷的物质"置放在传播过程中，当批判学派强调"媒介即意识形态"，且媒介具有主体性的时候，网络传播的研究者就不得不关心媒介平台是否会存在社群化的问题了。媒介平台为了迎合受众的需要，会对自身平台的特点进行打造，以吸引特定的受众人群。一般情况下，垂直化细分的种类数量远远少于媒介平台的数量，那么各大媒介平台为了实现用户群体的规模化，会与特征相似的媒介平台"抱团取暖"，稳定住用户群体，避免流失。

在网络空间中，存在媒介行为差异化现象，即相同的媒介事件发生在不同的媒介平台上，不同平台网民的趣味、观点、态度等诸多方面会存在显著的差异。就拿2022年年初网民集体拜"金钱豹"的新型网络民俗活动为例，不同的平台所呈现的民俗活动特征不尽相同。在抖音平台中，人们纷纷转发央视版《西游记续集》豹子精南山大王在《绝域变通途》和《泪洒隐雾山》中的片段，通过转发供奉"此豹"，希望自己能够在2022年实现暴富（豹富）。而在知乎中，有网友挖出了《西游记》原著中的第八十五回《心猿妒木母　魔主计吞禅》和第八十六回《木母助威征怪物　金公施法灭妖邪》中的文字段落，网友对这两回内容在评论区加以评论，就是为了沾沾豹子精的"仙气"，目的也是为了发家致富。而在B站中，好事的网友将南山大王憋屈的事迹重新剪辑并一一罗列，比如他娶媳妇没成功，也是取经途中唯一被猪八戒打死的妖精等，网友恶搞其能力极差，引来网民围观。于是B站网友开始转拜"黑猫警长"，原因是他们认为豹子精畏畏缩缩、带有社会习气、没有正规衣着，而黑猫警长既与豹子在生物分类学上同科，又以正大光明磊落示人，"执法警服"正气凛然，是正规编号套装，拜他（黑猫警长）会比拜豹子精更有用。微信网民则通过修改自己头像的方式，达到供奉豹子精的目的，有的头像是豹子精戴口罩，有的是豹子精戴墨镜，有的是豹子精戴金链……通过此案例可以看到，抖音、知乎、B站、微信等平台都相继出现了"拜豹子精"的俗民群体，且颇具规模，但是不同平台中社群的习俗规则却存在巨大差异，从而导致民俗活动呈现出不同的特点。一般而言，俗民社群会根据自身的兴趣点选择适合的媒介平台参与民俗活动，并加入平台内的俗民社群。而媒介平台在民俗内容垂直化生产过程中也不会将民俗群体分割成过多数量，在绝大多数情况下，媒介平台根据自身传播特点集合成群，从而形成媒介平台的社群结构，吸引潜在网民加入。媒介平台的种类大致可以分为以下几种类型：以抖音、快手、火山小视频为代表的短视频平台，以知乎、豆瓣、小红书为代表的知识问答类平台，以微博、微信、QQ 为代表的通信平台，以 B 站为代表的鬼畜恶搞平台，等等。

（三）俗民社群的平台化

俗民社群的平台化是网络空间社群化的隐性特征，主要表现为社群运作的"全流程"基本实现了平台化。社群活动的策划、组织、讨论、生产、宣传、参与、评论、互动、回应、总结等诸多社群内部沟通环节都在社交平台上进行。

网络空间中的俗民社群化是重度依赖社交平台的，这与传统俗民社群中依赖社群长老不同，也与传统媒体受众群体依赖传媒机构有所不同。张华等人就提到："社群化传播是一种区别于大众传播的新传播形态。相较于大众传播，构成社群化传播的要素发生了全方位变化。首先，沟通传受双方的媒体不再是被职业传播者控制的单一媒体，而是融合了新旧媒体的媒体平台。在这一平台上，个人、群体、机构共同参与媒介实践。其次，社群取代个人和大众，成为内容与意义生成的'策源地'，认同与对抗、多元与协作、开放与包容，都在群体内部或群体之间展开。由此又形成新的社群，这些新社群是'自愿、临时和策略性的联盟来界定，通过共同的智力活动和情感投入来强化其内部联系'。"[1] 由此可见，平台成了网络俗民社群的"根据地"，社交平台给予了他们完备的社群生存环境，也为他们打开了从事多种不同民俗活动的渠道入口。

俗民社群平台化的优势非常明显，比如过去传统俗民一旦结束了

---

[1] 张华，崔宝月."出圈"：媒体融合环境下的社群行为迁移［J］.青年记者，2020（18）：11-13.

一场庙会，想要跑去参加另一场民俗活动，需要花费转场的交通成本、时间成本等。乌泱泱的一群俗民在狭窄的街道上转场，挤着挤着就散了，很难形成稳定的社群规模。在网络空间中，俗民社群转场只需关闭上一场活动的页面或 APP，再点开下一场活动的页面或 APP，即可轻松实现俗民群体瞬时"跨时空""再聚集"。

二、网络社群化与新民俗形态

在传统的民俗活动中，俗民的社群化并不会直接影响民俗的生产，就好比戏台上唱戏的内容、品质、价值输出等内核不会受到台下观众数量多寡、流动性大小、年龄结构等社群基础性因素变化的影响。在网络空间中，俗民的社群化出现了新的状况，它不仅仅与俗民和媒介平台相关，还影响着新民俗的内容生产。具体而言，新民俗生产在社群化的影响下，呈现生存环境扩容、生产便利性提升、媒介时间更新、民俗特色凝练、专业与可持续化等新型特征。

民俗活动生存环境的扩容，是新民俗生产的基本条件。总的来看，民俗活动从舞台到荧幕的空间变化并不会威胁到传统民俗的生存空间，相反，很多网民因对网络传播的传统民俗活动有了兴趣，反而成了参与传统民俗活动的一员。"中国优秀传统文化的价值体系存在着两条传承脉络，一条是以文化典籍作为载体，由一代代绅士层进行传承的'明线'，另一条则是以普通百姓生活为载体，依靠社会习俗力量传承的'暗线'。"[1] 从某个角度看，媒介赋予了网民主体性的状况下，媒介生活与百姓生活融为了一体，网络也就扮演着过去"文化典籍"的角色。此外，民俗本身所呈现的高度生活化、日常化特征也吸引着网民积极参与其中，使得更多的年轻一代参与网络民俗，拉近了网民与民俗活动之间的距离。所以，从民俗生存空间的维度观察，不难发现新民俗生产的环境从线下变为线上线下相结合。

民俗生产便利性的提升，是新民俗生产的主要优势。露天舞台所呈现的民俗通常受到场地、气候、环境等诸多因素制约，群体聚集的

---

[1] 徐国源. 美在民间：中国民间审美文化论纲 [M]. 上海：上海人民出版社，2018：自序 4.

规模较小，参与活动是面对面的，俗民与俗民之间通常是熟悉的。荧幕呈现的民俗则不受诸多硬件设备的制约，还可以做到足不出户、重复录播、弹幕交流、视角最佳……基于这些便利，网民聚集的规模更为庞大，气氛更加浓烈，民俗活动的传播效果也并不逊于露天舞台呈现。

媒介时间得到更新，是新民俗生产的形态实践。在哈罗德·伊尼斯看来，时间观念因不同的文明、地域和时代而异，而解释这些差异的着力点是传播媒介的演进。[1] 互联网等新传播媒介更加直接地、以更为根本的方式影响人类的时空观，俗民群体进行民俗生产的时间观念从"自然时间和钟表时间"变为"被大众媒介所设置的时间所归置"，形成了基于新媒介时间的新传播形态。[2] 新媒介时间是媒介时间的演进形态，它与媒介时间一样与传统俗民群体倚赖的自然时间和钟表时间传播形态有着根本上的区别，即非时间线性、非匀速、可逆的无规律民俗生产动态流动。媒介时间扭合形成的文化被雷蒙德·威廉斯称为"电视流"（TV flow）[3]，那么新媒介时间形态下的网络民俗可称之为"网络流"（Net flow）。俗民生产新民俗不再关注它是"早间、午间还是晚间""过去、现在还是未来"，民俗时间顺序被重组、被压缩、被重合，使新民俗在时间形态上出现同时性、立即性、流动性。此外，新媒介也重组了俗民日常生活的媒介时间形态，并严格区分了不同的社会群体，以使得网络民俗能够更加凸显社群风格和特色。

社群风格和特色的逐渐显现，是新民俗生产的重要特征。正如笔者在讨论"社群化"问题时提到的：互联网中存在"从平台社群化向社群平台化"[4] 转变的趋势。那么新民俗生产理应根据社群的差异，制定不同风格和特色的民俗内容。由于网络俗民社群存在极大的

---

[1] [加] 哈罗德·伊尼斯. 变化中的时间观念 [M]. 何道宽，译. 北京：中国传媒大学出版社，2018：35.

[2] 张华，韩亮. 社群化传播：基于新媒介时间的新传播形态 [J]. 现代传播（中国传媒大学学报），2020（2）：25-28.

[3] [英] 雷蒙德·威廉斯. 电视：科技与文化形式 [M]. 冯建三，译. 台北：台湾远流出版公司，1994：114.

[4] 黎斌. 互联网逻辑决定媒体融合未来 [J]. 传媒，2015（19）：48-51.

流动性，那么社群平台化给予了网络民俗生产为适应俗民口味而进行垂直化调整的机会，从而进一步形成了各大平台中网络民俗的风格和特色。社群风格和特色在新民俗生产过程中逐渐成形，这也意味着新民俗生产摒弃了社群媒体单向生产与传播的固化思维；社群媒体在生产、传播的过程中更加重视其媒体责任，通过打造特色以赢得俗民信任；依托社群所依赖的媒体平台基础设施，打开了多渠道民俗生产的入口。

新民俗生产专业与可持续化，是新民俗生产的最终目标。通常来说，自媒体生产往往立足"可持续化的社区维度，继续维系自身运营"。"自媒体内容生产呈现出公共性意识的萌芽，并形成准专业化的作业流程"[1]。目前，新民俗绝大多数的生产都来源于自媒体平台，如微博、微信、抖音、豆瓣等，当俗民在生产民俗内容时，首要考虑的就是"可持续化"与"准专业化"。一方面，可持续化特征是新民俗能否在网络空间中持续存在的关键，它与其他需要弱社交类的文化不同，民俗的进行需要广泛的俗民数量基础。在自媒体平台中，新民俗最初的生产基本上都是一个人，也具有一定的偶然性。如果"民俗创始人"没有做到"民俗生产深耕"，那么该网络民俗只能昙花一现，并不能形成可持续化的运营模式。若要使民俗生产可持续化，就必须与公共性意识产生关联，即让更多的俗民从"传播环节"加入到"生产环节"中来。另一方面，准专业化特征是新民俗能否在网络空间中占据头部的关键。网络大V、造星公司、赞助商等诸多专业化团队集中介入，通过"专业手段"可以将娱乐性网络民俗不断炒火，逐渐使网民获得认同感，从而实现了某项网络民俗的专业化发展。

---

[1] 王昀."日常的我们"：自媒体生产的社群化动力及其可持续性反思[J].现代传播（中国传媒大学学报），2019（1）：152-157.

第三章

网络空间的"再习俗化"

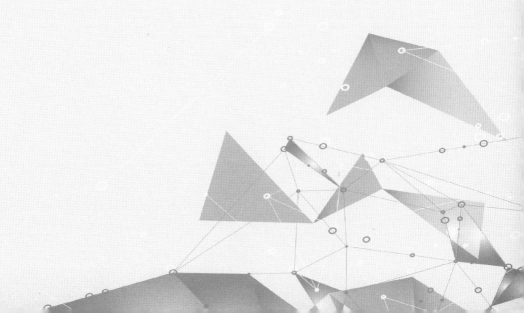

网络民俗的形成与网民群体的"再习俗化"密切相关,"再习俗化"作为网络习俗的形成条件,它重组了俗民与民俗之间的对应关系。习俗首先指涉了一个"内群体"[1]的存在,也正是在内群体中,习俗才能获得它的"理所当然性"。习俗提供了特定群体关于世界(自然世界和社会世界)存在的意见性信念,作为"常识构想",它承担着一个最基本的世界解释的任务。[2]通过它,这个世界的各种成分被纳入特定的类型性视域,形成现在我们所看到的网络民俗的模样。

第一节 "习俗化"与"再习俗化"

在探讨"习俗化"与"再习俗化"时,首先必须厘清"习俗化"与"再习俗化"之间的关系。从广义的定义来说,"习俗化"包含了"再习俗化","习俗化"是由"使习俗化"和"再习俗化"两层含义组合而成。在传统民俗学者的日常概念使用中,却常常使用狭义的定义,即"习俗化"约等同于"使习俗化",忽略了俗民主体的主观能动性。在本研究中,我们将"习俗化"置放在广义的框架中,

---

[1] Sumner, W. G. *Folkways*: *A Study of the Sociological Importance of Usages*, *Manners*, *Customs*, *Mores*, *and Morals*. Boston: The Athenaeum Press, 1906, pp. 144.
[2] 周福岩. 民俗与生活世界的意义构造:论民俗学研究的理论向度[J]. 民俗研究, 2020(4): 5-23, 157.

便于区分"习俗化""使习俗化""再习俗化"三者之间的关系。

一、"习俗化"

乌丙安认为:"'习俗化'的提出,是基于一个重要的民俗学理论与实践的前提,即:人类社会的原初,任何个人都出生于自己所属的群体中,该群体在生存与生活实践中首先约定了自己的习俗惯制体系。一是使用工具获取产品的生产习惯,二是社会生活的习惯,三是语言交流的习惯。"[1] 与其说个体能够服从群体的习俗惯制,不如说"习俗化"是群体对内部成员个体施以习俗惯制养成的过程。换言之也可以说,"习俗化"是一个"使习俗化"的过程。但进入现代社会以后,随着俗民群体规模的扩容、学习民俗知识意识的增强、进行民俗活动能力的提升,俗民不再是"被动"的、"被改造"的"接受者",而也成了"主动"的、"主动尝试改变民俗"和"主动尝试被新民俗改变"的"生产者"。

(一) 网络空间中"习俗化"的表现形式

网络空间作为一种元宇宙世界,是一个与现实世界映射与交互的虚拟世界,网络俗民"习俗化"也同传统俗民的"习俗化"一样,对使用工具获取产品的生产习惯、社会生活的习惯、语言交流的习惯三个方面组成的习俗惯制体系施加影响。

使用媒介获取信息并生产的习惯养成,是网络空间中"习俗化"最为直接的表现。在物质生产、物质生活、社会组织等民俗中,使用工具获取产品的生产习惯的养成是较为常见的。比如用农作物作为道具占卜农事丰歉,在特定的传统节日吃不同的时令食物满足节日食俗、穿特定的衣服以遵守服饰民俗,在特定社区内根据不同的时间在庙会上进行不同物资的交流,等等。与使用工具获取产品的生产习惯相关的行为习惯在日常生活中时有发生,并不只局限于为了生产粮食而使用锄头、镰刀、竹篓等工具,或是为了建造房子而使用砖头、木材、瓦块等工具,而是包含了与民俗内容生产相关的一切"生产工

---

[1] 乌丙安. 民俗学原理[M]. 沈阳:辽宁教育出版社,2001:72.

具"使用习惯的养成。在现代民俗中,"生产工具"形式上有所转变,但"使用"的习惯并未改变,比如在参加葬礼前置办好黑西装、黑西裤,在本命年穿红袜子、红内裤等。在网络民俗中,"生产工具"和"使用方式"都有所变化,"习俗化"逐渐变成了使用媒介获取信息并生产的习惯养成。网络俗民每次参加网络民俗活动都必须首先选择"媒介生产工具":打开论坛网页、点开短视频 APP、打开微博微信客户端等。然后再"使用""媒介生产工具":社交平台头像带上特定节日画框、微信发送新年祝福语时对话框"下红包雨"……在 Web1.0 时代,网络俗民的类似行为在常人看来是极为不可思议的,但随着网络空间不断"习俗化",网民逐渐适应并接受了使用媒介获取信息并生产的网络民俗参与的规则逻辑,并潜移默化地成了网络民俗准入的技术机制与行动门槛,长此以往也成了网络俗民群体的习俗惯制。

网络社会生活习惯的养成,是网络俗民"习俗化"过程中最为核心的部分,在物质生活民俗、社会生活民俗、精神生活民俗三个领域都普遍存在。在传统民俗领域,众多的民俗习惯的养成都是需要引导作为前提的。在现实空间中,一个人社会生活习惯必须是在从小耳濡目染下养成的,比如在新春佳节给长辈磕头拜年获得红包这一节日礼仪习俗,对于任何一个孩童来说都是无法理解的。其实他们内心存在一个长久的疑惑:为什么要磕头?为什么要向长辈磕头?为什么只向长辈磕头?为什么要现在磕头?为什么磕了头就有红包?为什么明明"失去"了钱长辈还很高兴?随着时间的推移,孩子们慢慢接受了这一习俗规则,不需父母"指导"便可进行民俗过程的执行。对于孩子来说,他成为"新春向老人磕头拜年"民俗的俗民,他关于此民俗的习俗化过程得以完成。在一些关注"媒介依赖""网络沉溺""媒介作为身体的延伸"的极端网友看来,他们时常用"互联网是毒药"等表述形容互联网。类似观点本身就承认了互联网具有主体性,并具有涵化的功能,涵化本身即是一种"习俗化"的过程。人们在从事某项网络民俗活动时,可以"不假思索"地打开某个APP,并"不假思索"地点击某个按钮,实现自身的民俗参与。网民行为的"不假思索"就是网络社会生活习惯养成的具体表现。比如在网友得知一些重要人物去世的时候，都会将人物去世的消息转发并附上双手合十的表情符号或表达哀思的评论，替代购买鲜花前去现场悼念的习惯。这些民俗习惯的养成通常基于以下三个因素：第一，绝大多数俗民并不知道这种网络行为习惯的来源；第二，俗民行为是自己主动从他人的网络民俗行为中习得的；第三，俗民群体普遍认同某种网络民俗行为的合理性。

网络社群的特定符号与交流习惯的养成，是网络空间中"习俗化"与"再习俗化"的根本保证。一切文化行为的传播必须通过符号传递来实现，传统民俗和网络民俗都是如此。民俗构成中的民俗质、民俗素、俗民行为都是属于民俗符号，比如清明祭扫时作为民俗质的供品、作为民俗行为的供品摆放、作为民俗素的将供品取回吃掉保佑身体健康，分别属于民俗符号中的实物符号、行为符号、信念符号。这些符号的集合促成了关于清明祭扫这一民俗文化行为意义的产生。民俗文化符号的意义产生是需要实物符号、行为符号、信念符号等子符号组合而成的，这些符号传递的前提条件则是需要俗民视之为"必要的习惯"，即俗民默认这些符号必须通过自己在每一个"符号域"的民俗实践才能达到民俗文化意义产生的效果。在网络空间中，所有的民俗符号都需要经过"转码"才能在屏幕面前呈现给网民，一切符号都变得可视听化，比如有灾难性事件发生时，评论区发三个双手合十的表情；每当国家公祭日，很多企事业单位的网页色调改为黑白；寺庙为了避免香客拥挤，在各个角落设置二维码功德箱……这些视听化的符号对众多较少接触网络的老年人来说，是新鲜的文化现象，他们并不能理解"合十的表情为什么不能理解为'鼓掌'？""网页调成黑白色为什么就能表示悼念？""一块杂乱的黑白方块为何就能实现布施的效果？"而在网民眼里，这些符号早已是习以为常的，他们通过这些网络符号实现沟通和交流，并逐渐接受、认可且参与这类民俗活动，这就是网络空间中语言交流习惯层面的"习俗化"。

（二）网络空间中"习俗化"的影响因素

从宏观的视角进行考察，人之所以可以"习俗化"，与四个方面的因素紧密相关：第一，"习俗化"与人的本能有关；第二，"习俗化"与人的自然成长有关;第三,"习俗化"与再习俗化有关;第四,"习俗化"与个性化有关。[1] 网络空间中的"习俗化"也是如此。

"习俗化"与人的本能有关,是因为人的生物性本能是有限的,人的生物性能力远远低于其他动物,因此人的"习俗化"几乎就是在人类缺乏强势本能的遗传条件下,用人类自身经验形成的一整套习俗规范来完成人类演化历程的必然产物。[2] 在即将下雨的时候,蜜蜂归巢、龟壳潮湿、燕子低飞、蚯蚓上路,这些都是动物对自然环境的变化展现出的生物性本能,而对于人类来说,对下雨的"预测"生物性本能是缺乏的。中国一直以来是农业大国,农耕文明时代造就了祈雨民俗文化的诞生,每当旱年农民纷纷拜萍翳、毕星、赤松子、玄冥、陈天君等一众雨神来祈求下雨。每当因旱而影响了农作物收成的时候,农民自然而然地举办祈雨仪式,或是巫术祈雨,或是祭祀祈雨,他们的祈雨行为就像蜜蜂归巢行为、龟壳潮湿行为、燕子低飞行为一样,成了"生物性"的本能习惯。通过民俗参与达到对人生物性的本能补充已经逐渐渗透到网络空间中,在青年群体中,他们的雨神并不是萍翳、毕星、赤松子、玄冥、陈天君,而是歌手萧敬腾[3]。每当天气干旱让人难受时,网友都会在各个社交平台"求萧敬腾",希望萧敬腾能够来自己所在的城市开演唱会。当每次求雨网民都会本能性地想起萧敬腾的时候,网民"求'雨神'萧敬腾"民俗的"习俗化"过程就基本完成。

"习俗化"与人的自然成长有关,因为"任何人的一生都会经历两个过程:一个是人的自然成长过程,另一个就是人的习俗化过程。这两个过程是相伴而行的"[4],且"习俗化"的基础养成内容与方

---

[1] 乌丙安. 民俗学原理[M]. 沈阳:辽宁教育出版社,2001:77,80,108,117.

[2] 乌丙安. 民俗学原理[M]. 沈阳:辽宁教育出版社,2001:76,80.

[3] 萧敬腾 2012 年在北京办演唱会的时候,北京遭遇百年以来最强降水;同年 8 月在上海开演唱会,上海遭遇 50 年以来最强台风"海葵";同年 10 月他的新唱片母带放在纽约时,纽约遭遇飓风"桑迪";同年 11 月因雨太大取消了天津演唱会。从 2012 年起,萧敬腾被网友冠以"雨神"的称号。随后几年,萧敬腾参加任何活动,大概率所去的城市都会下雨。很多官方媒体也纷纷报道,给他贴上"雨神"标签。因此,很多网友所在城市遇到干旱危机,都会在网上向萧敬腾"祈雨",希望他能来一趟自己所在的城市。

[4] 乌丙安. 民俗学原理[M]. 沈阳:辽宁教育出版社,2001:80.

式也大致可以分为社会生活习惯的养成、习俗知识技能的养成和语言及口头艺术的养成。[1] 社会生活习惯的养成主要体现在媒介使用上，人们进行一些网络民俗活动都会不假思索地拿起手机或打开电脑。比如古人占卜天气需夜观天象或根据行星和星座质地的冷热干湿来判断，而网民看天气预报只需要打开手机天气预报类APP；元宵灯会持续的时间、规模、地点等预告信息都需要人们去灯会举办地看告示或通过口口相传才能知晓，而网民会通过政府官方微信公众号搜寻本地元宵灯会的相关信息……人们使用互联网成了一种日常行为习惯，这种行为习惯的养成是与自然成长有关的，他经过周围人的耳濡目染接触到电脑、手机等互联网终端，从而使之成为其日常生活中获取信息的主要途径。习俗知识的养成主要分为两种类型，一种是"转生型"习俗知识的养成；另一种是"再生型"习俗知识的养成。"转生型"习俗知识养成主要通过切身体验、通过视觉和听觉等感觉系统从父母及群体成员和外界社会接受到的民俗信息并加以汇总吸收（主要是对知识的模仿）而实现的；"再生型"习俗知识的养成主要通过媒介实践的方式，使网络民俗社群从媒体对网络民俗的报道等信息中形成民俗知识的行为记忆（主要是对知识的生产和补充）而实现的。语言与口头艺术的养成也是与俗民的自然成长有关，不论是原先在传统民俗中习得的祝福话语与民间歌谣，还是现在在网络民俗中新学的网络话语与网络民谣，人们成长在不同的话语氛围之中，潜移默化地形成了不同群体之间的语言风格和话语特征。

"习俗化"与"再习俗化"有关，也与个性化有关。"再习俗化"和个性化与前面所提到的本能和自然生长不同，前者的"习俗化"是非连贯、不稳定的，后者是连贯的、稳定的，"再习俗化"与个性化存在很多"特殊性"，在网络空间中得以全面地呈现。因为在网络空间中，存在两种不同文化抉择的可能，绝大多数俗民采取的是与原"习俗化"不同的习俗内容和形式重塑自己。[2] 因此，在讨论网络空间的"习俗化"问题时，就需要重点讨论网络空间的"再习俗化"问题。

---

[1] 乌丙安.民俗学原理[M].沈阳：辽宁教育出版社，2001：76，81，91，99.

[2] 乌丙安.民俗学原理[M].沈阳：辽宁教育出版社，2001：109.

二、"再习俗化"

"再习俗化"是原"习俗化"基础上的社会性习俗的延伸或者补充，也可以是一种继续并扩大习俗养成的活动；另一层是在原"习俗化"的基础上再接受与以前习得的习俗不同的异质习俗，再吸收与原"习俗化"不同的价值观念。[1] 在定义中，所谓的"原习俗化基础上的习俗"既可以是一直保持着最初原始状态的"使习俗化"习俗，也可以是经过"再习俗化"后的习俗。换言之，"再习俗化"的过程，不受次数和程度的限制，特别是在以网络空间为代表的多元传播环境下，我们所看到的"再习俗化"民俗，也许已经是经过多次延伸、补充、再造的"再习俗化"民俗了。

网络空间的"再习俗化"具体可以归纳为三种类型：第一，习俗环境变革中的"再习俗化"；第二，异文化环境中的"再习俗化"；第三，个人自觉的"再习俗化"。[2] 习俗环境变革和异文化环境中的"再习俗化"具体对应的是网络空间中"习俗化"的第三个影响因素："习俗化"与"再习俗化"有关；个人自觉的"再习俗化"具体可以对应网络空间中"习俗化"的第四个影响因素："习俗化"与个性化有关。

第一，习俗环境变革中的"再习俗化"。习俗环境的变革带来的"再习俗化"是被动的，一方面是习俗环境变革的被动，因为习俗环境的变革是受到社会环境的变革影响而发生改变的；另一方面是俗民"习俗化"的被动，因为俗民"习俗化"是为适应新的习俗环境而不得不进行"习俗化"的改变。互联网技术不断的发展、网络空间功能和作用的不断扩容、5G时代下的内容更新和改变，这些现象都是社会环境层面的变化，互联网成为俗民栖居的主要场所、互联网成为民俗开展的主要方式，就是习俗环境的变化。俗民选择互联网作为栖居的场所和把互联网作为开展民俗活动的主要方式都是随着客观的媒介技术环境的变化而变化的，习俗环境的变化有时候丝毫不会被觉察到。比如在跨年活动中，人们过去是看钟表，现在都是捧着手机等桌

---

[1] 乌丙安. 民俗学原理 [M]. 沈阳：辽宁教育出版社，2001：109.
[2] 乌丙安. 民俗学原理 [M]. 沈阳：辽宁教育出版社，2001：110，114，116.

面上的时间跳转到 0∶00；在除夕夜的时候，人们过去等着长辈派发红包，现在都是拿着手机盯着群聊天界面抢红包。上述两个例子即反映了跨年活动和派红包民俗在习俗环境层面发生的变化。为了适应习俗环境的变化，俗民原先认同的习俗惯制必须更新，从而实现了"再习俗化"的过程。比如手机倒计时可以精确到秒，同时俗民受手机倒计时习惯的影响，跨年仪式必须读秒进行；受微信红包发送的规则限制，同时俗民受收受电子红包习惯的影响，收取红包不再"推脱"和"含蓄"，而变为"迅速拿下"和"当场拆开"。

第二，异文化环境中的"再习俗化"。异文化环境中的"再习俗化"是一种被动的或不得不进行的个人"再习俗化"类型，它是以个人习俗环境的非寻常转换为前提的"再习俗化"，"入乡随俗"就是说的异文化环境中的"再习俗化"。[1]它与习俗环境变革中的"再习俗化"有着根本性的差异，习俗环境变革中的"再习俗化"是属于同质文化的相同习俗体系下习俗形式方面的"再养成"，其习俗的基本观念与原"习俗化"并无两样。从性质上来说，异文化环境中的"再习俗化"一般来说是在不同的习俗体系下习俗观念的"再养成"。就像在东亚送香蕉是极为普通的行为，但在欧美就可能会被理解为歧视亚裔；服务员上个西瓜果盘在中国已成"聚餐习惯"，但在美国黑色人种眼里送西瓜就是歧视黑人；在中国很多地方送病人苹果是非常正常的习俗，但在上海人眼里送苹果很不妥当，因为上海方言中"苹果"谐音"病故"……在网络空间中，同样存在异文化环境的"再习俗化"问题。在一些演绎类民俗活动中，线下的表演需要组织者支付经费或是观众支付观看费用，抑或是俗民在台下猛烈鼓掌才能使民俗演绎持续进行下去。在线上直播平台中，俗民必须遵循直播平台的规则，俗民需要先在直播平台充值购买礼物，然后在直播间"刷跑车""刷火箭"以调动表演者的积极性，从而使民俗活动得以持续呈现火热的状态。

第三，个人自觉的"再习俗化"。这是一种不因习俗环境的改变而被迫"再习俗化"的类型。这种"再习俗化"往往出现在高层次

---

[1] 乌丙安. 民俗学原理［M］. 沈阳：辽宁教育出版社，2001：114.

文化修养的群体中，"自我意识"与"个性化"特征强烈，即通过不断学习，发现原有的习俗规范存在一定的问题，并在新的习俗环境中对原"习俗化"加以修正，进而实现了习俗变革。某种意义上而言，他们是"再习俗化"的先行者，是旧习俗传统的反叛者，也是新风新俗的创造者。在网络空间中，个人自觉的因素占很大的一部分，比如在参加网上扫墓的俗民中，绝大多数人都认为焚烧纸钱味道刺鼻呛人还污染环境，而在网上扫墓可以将纸钱和焚烧行为数字化，做到民俗行为的低碳环保。在这种"再习俗化"的过程中，俗民个人对原"习俗化"的理解和解读是非常重要的，他们需要从中主动发现问题，并通过民俗实践加以改良，间接推动传统民俗向网络民俗的转移，并直接影响民俗活动在网络空间的适配性与兼容性。

第二节 "再习俗化"：网络民俗的生成逻辑

"再习俗化"是之于俗民提出的，俗民是民俗的生产者、传播者、参与者，那么俗民的"再习俗化"必然直接反映于民俗的"再生成"。民俗的"再生成"实际上是对民俗质的"再结构"，"再结构"完成后形成成熟的网络民俗，它能够适应新媒介技术营造的特殊环境、网络俗民"再习俗化"后的习俗规则，也能延续原有的民俗意义与传承功能。

一、网络空间中的"再习俗化"

在5G时代，人与媒介的关系不是麦克卢汉"媒介即人身体的延伸"中所认为的那样"媒介与人的一体化，是技术对肉身的单向度牵拉"[1]，而逐渐变为"技术特性与人的感知相统一，构成了社会和生活环境"[2]。换言之，俗民生活模式和媒介模式的互动将更为频

---

[1] 转引自黄旦. 延伸：麦克卢汉的"身体"：重新理解媒介 [J]. 新闻记者，2022 (2): 3-13.

[2] 转引自黄旦. 延伸：麦克卢汉的"身体"：重新理解媒介 [J]. 新闻记者，2022 (2): 3-13.

繁,且两种模式的界限变得非常模糊,线上与线下也不再是严格区分网络民俗与传统民俗的单一指标,而呈现出一种"连接、延伸、差异、革新"的综合性状态。

(一)生活模式与媒介模式的互动与交融

网络空间中"再习俗化"的生成指向的"网友"逻辑其实和现实生活中日常信息互动指向的"熟人"逻辑[1]非常相似,"熟"是在一起生活的共同场景中、日常信息的交互中形成的。网友之间"身体持续式的在场"[2]使得网络成为"生活的场所"而不再是"工作的场所"。

媒介模式的生活化,是网络空间中"再习俗化"的显著特征。生活模式与媒介模式突破了边界的隔离,网民在身份频繁切换的过程中,就已经将媒介模式纳入生活模式,视之为生活模式的组成部分。对于任何一位网民来说,在网络空间中的生存逻辑都是基于原有的生活模式延伸过来,并在网络空间中不断适应和调整形成的。媒介模式并不会完全超脱于生活模式而独立存在,那就不会用纯算法逻辑维持网络空间中的社群秩序。按照媒介技术逻辑,网民在采购商品时是无法和后台机器人对话的,那也就不能"讨价还价"。为了适应生活的需要,媒介模式生活化就极为必要:部分购物网站加入了和店铺商家对话的功能,并且商家可以修改售卖价格,根据讨论的共识设定某个商品单独的价格;购物平台设定购物节日,就好比把农村批发集市搬到了网上进行;拼多多若要"砍价",必须邀请几位好友,就好比现实生活中商家希望你介绍朋友来消费才能打折售卖……当媒介模式中融入了生活模式,"再习俗化"的进程也能随之得到明显的加快。以商品交易为代表的网络消费民俗的形成,从微观的角度折射了当下网络空间"再习俗化"的核心特点:就是以"生活"为中心,以"媒介"为手段,通过"再习俗化"

---

[1] 向德平,向凯.情感治理:驻村帮扶如何连接国家与社会[J].南开学报(哲学社会科学版),2020(6):84-93.

[2] 李红艳,冉学平.以"乡土"为媒:熟人社会内外的信息传播[J].现代传播(中国传媒大学学报),2022(1):19-28.

的方式服务于人，网络民俗不仅仅是网络的民俗，而且是民间大众的民俗。

生活模式的媒介化，是网络空间中"再习俗化"的功能反馈。生活模式的媒介化反映在两个层面：第一个层面是媒介技术介入生活模式，传统的习俗惯制体系得到延伸和更新；第二个层面是生活模式被媒介模式中的习俗惯制影响，生活模式下的俗民实现了"反向再习俗化"。在第一个层面上，媒介技术对生活模式的作用是单向度的，是附着于生活表层的，未对生活本身造成"胎质"的影响。最典型的案例就是扫码支付，扫码支付行为的本身是为了实现商品交易，货币是作为一般等价物实施交换的纸质符号，而在扫码支付过程中，货币再一次被二维码图像符号替换，但二维码也是作为一般等价物实施交换的符号，而该符号的呈现形式上和货币存在一定的差异。从这个角度来说，扫码支付是一种"技术"上的手段，是对传统支付方式的创新和延伸。在第二个层面上，媒介模式和生活模式的融合达到了一定的程度，那么生活模式中较为"稳定"的习俗惯制也存在被改变的可能，媒介模式和生活模式双向影响成了可能，即可以"反向习俗化"。依旧以扫码支付为例，在近些年经常出现"超市收银员拒收现金，要求使用电子货币"的社会新闻。新闻中这些现象的产生，实则与"生活模式媒介化"有着直接的关系：超市收银员生长在"用现金购买商品"的生活模式下，但受"媒介化支付环境"的新习俗惯制影响，他不仅认可了"电子化货币"的"合法性"，还试图让扫码支付完全取代现金支付。尽管强制扫码支付并不合法，但目前的支付环境从过去生活模式下的"现金支付"转变为线下"现金支付"与线上"电子支付"相融合的混合模式，即是生活模式化的典型体现。

（二）线上与线下民俗关系的"连接"与"分割"

乌丙安在定义"再习俗化"时强调"再习俗化"有两层含义：一层是在原"习俗化"基础上社会性习俗的延伸或补充，是一种继续并扩大习俗养成的活动；另一层是在原"习俗化"的基础上再接受与以前习得的习俗不同的异质习俗，再吸收与原"习俗化"不同的价值观念和行为方式。[1] 从这两层含义上看，传统意义上的"再习俗化"有一个默认的前提条件：原"习俗化"和"再习俗化"不可能发生在同一个时空。在互联网打破传统时空限制的背景下，网络空间"再习俗化"的定义就需要重新厘定，线上与线下民俗关系的厘清则是关键。在网络空间中，线上与线下民俗不是传统意义上原民俗和新民俗之间的"分割"关系，并不具有明确的"时间跨越"或"空间跳越"，而是呈现出一种"连接、延伸、差异、革新"的复合型动态关系。

"连接"通常是人们对网络空间"再习俗化"最直观的感受，具体表现为线上与线下民俗的"镜像"共同呈现，即相同时间、不同空间（平台）的"连接"关系。"连接"关系主要反映在一些"转生型"民俗上，且处在发展的过程之中。比如新春拜年、清明祭拜等，线上的民俗流程与线下的民俗流程完全一致，民俗行为从视觉上是完整的"镜像"呈现。线上与线下民俗的关系表现为交流、互动、自由切换的状态，并呈现出互不干预而又其乐融融的状态。

"延伸"是网络空间"再习俗化"在内容层面的形式反映，具体表现为线上与线下民俗的"因果"关联，即时间维度发展到不同阶段的"拓展"关系。延伸关系主要反映在一些"转生型"民俗上，比如将微信头像改为南山大王豹子精以祝愿自己新的一年"金钱暴（豹）满"，在社交平台贴爱因斯坦和牛顿图片充作科研门神祈求新的一年发C刊、中基金等网络民俗行为，线上民俗从符号呈现的效果上看是全新的，但从民俗意义与内涵上看，是对传统民俗的延续。俗民依旧是围绕金钱豹身上长满铜钱般的豹点发挥想象，将其视作富贵的图腾；围绕自己的职业期待，敬天地、谢神明，迎祥纳福表达美好愿望。线上、线下民俗的延伸关系是建立在俗民"再习俗化"的基础之上的：俗民通过阅读或观看《西游记》了解了南山大王豹子精，并在青年亚文化社群中认同恶搞行为的价值规则；俗民主动遵守科研晋升需要发核心期刊和中基金的圈内规则，并将自己的学术期待寄托于科研先辈。这两类俗民因生长在不同的社会环境中，其习俗惯

---

[1] 乌丙安. 民俗学原理[M]. 沈阳：辽宁教育出版社，2001：109.

制随之发生了变化,从而影响了其在网络空间中的民俗行为,使线下与线上民俗呈现"延伸"的特征。

"差异"是网络空间"再习俗化"在习俗惯制方面的行为感受,具体表现为线上与线下民俗存在"结构"的差异,即在不同的平台和空间下的"分割"关系。差异关系主要反映在一些"再生型"民俗上,俗民因圈层差异受习俗环境差异与媒介事件发展趋势引导的双重影响,其习俗惯制和价值观念发生了明显的改变,从而影响了其在网络空间中的民俗行为,使线下与线上民俗呈现"差异"的特征。

"革新"是网络空间"再习俗化"在内容层面的形式反映,具体表现为线上与线下民俗的"民俗质"突破,呈现不同时空状态下的革新关系。革新关系主要反映在一些"再生型"民俗上,这些"再生型"民俗呈现"可持续"的特征,即不断发展、不断革新、不断展现勃勃生机。网络民俗信仰的"再习俗化"就是典型的"革新"式案例,过去俗民按照生产生活需要将信仰对象分为灵魂、自然神、图腾、祖先神、生育神、行业神等,现在网络空间中信仰对象繁多,有时甚至替换了某些千百年来信奉的对象。一方面,线上与线下民俗"革新"的关系与"延伸"关系不同,"再习俗化"影响民俗作用的发挥与意义的产生,前者因信仰对象的变化使得民俗作用和意义随之延伸和扩展,后者虽信仰对象发生了变化,但民俗作用和意义依旧和原习俗保持一致。另一方面,线上与线下民俗"革新"的关系与"差异"关系不同,"再习俗化"并不都会完全扭转习俗惯制和价值观念,前者虽改变了信仰对象,但习俗惯制和价值观念是延续的,后者甚至可以不改变信仰对象,就能构建截然不同的习俗惯制和价值观念。

二、新田园主义与网络民俗再生产

"民俗即乡土"这句话能够较为直接地反映当下人们对民俗的态度和看法。人们之所以有这种想法,最主要的原因在于:"乡村景观在都市人眼前正在逐步消失,城市吞噬了乡村的土地、建筑、河流、庄稼乃至文化和记忆。"[1] 阿斯曼曾说过："一个现象要先消失，才能完全进入人们的意识。意识基本上是在'过期的标志下'发展的。"[2] 那么，像乡村那样对于都市人来说"濒危"的对象，只能遗留在俗民的记忆里，通过网络民俗再生产实现"再现"，新的民俗文本将人们心中向往的"田园"原模原样地复刻到他们面前。

（一）网络空间中的新田园主义

新田园主义是通过表现或描绘乡村居民的生活，展现轻松愉快的情境，运用能够引起田园联想的方法，创造情景让人如同置身于乡野林间，营造安然闲适的空间氛围。[3] 网络营造了这种虚拟的田园情景，VR、AR 等新兴技术更使这种情境的仿真程度达到了前所未有的高度。在网络空间中的俗民，他们与自然世界的接触已不只是短暂的返璞归真，"返璞"绝不是为了长期放弃自然以回到所谓的"真实"世界，而是要求涤除传统田园主义文学及反田园主义文学背后根深蒂固的基于二分、等级、压迫等观念的人类中心主义预设。[4] 让网络空间和田园空间合二为一，使网络空间不仅仅是田园空间的替代品，而且是人们回到田园空间的必需品和首选品。

网民的田园梦多种多样，在移动互联网时代到来之前，网民的田园梦并不能在网络上完全实现。在 5G 时代，网络的覆盖能力和更新能力超乎了所有人的想象，圆所有网民的田园梦也不再是痴人说梦，它能够吸纳和创造所有和现实生活中相关的田园元素，使之转化为视听符号；也能够更新和调整所有随时代发展而发生变化的田园元素，实时反映在符号呈现上。周星等人认为，"时过境迁"是乡愁的机制，可以分为老年人对年轻时候的怀旧、成为城里人之后对家乡的思

---

[1] 曹志伟. 回忆空间：当代城市民谣的乡土记忆与民俗特性 [J]. 艺术广角，2020 (5)：85-93.

[2] [德] 阿莱达·阿斯曼. 回忆空间：文化记忆的形式和变迁 [M]. 潘璐，译. 北京：北京大学出版社，2016：11.

[3] 赵雁. 新田园主义视角下乡村综合体的模式研建. 北京：北京林业大学硕士论文，2020：6.

[4] 胡志红，刘圣鹏. 生态批评对田园主义文学传统的解构与重构：从作为意识形态工具的自然走向生态自然 [J]. 社会科学战线，2019 (9)：154-158.

念、异国他乡的人对祖国的怀念等。[1] 互联网将抽象的乡愁具体化、符号化，使俗民回到记忆中的"过去""乡村""故乡"，对于任何一位俗民来说，网络民俗寄托了俗民对田园真挚的情感。相较于需要重新"使习俗化"的现代文化，人们更能适应在原"习俗化"基础上的网络"再习俗化"，并试图主动在网络空间中建立起自己梦寐以求的"田园家园"。

新田园主义是"正在进行时"的，互联网的出现使田园主义从广播电视的视听上呈现乡村的青山绿水，逐渐发展为现在文字、图片、视频、直播等多媒体全方位的生态旅游的宣传、绿色产品的推销、轻食习惯的推广、乡土娱乐游戏的养成。生态旅游的宣传是满足人们田园梦最为直接的方式，新媒体为网民提供了了解田园、接触田园的渠道，比如傣族泼水节、彝族火把节等节日的短视频系列呈现或网络直播，在弘扬民俗传统文化的同时呈现了各地民间的"不同田园"。人们对互联网拟构的田园图景的依赖不仅是因为对田园的向往，更是因为逐渐养成的媒介使用习惯，该习惯无限拉近了田园与城市的距离。绿色产品的推销是网络空间新田园主义的新形式，网络直播带货成为新风尚，农副产品的销量占了很大的比重。居住在城市的人们很难在特定的民俗节日期间制作青团、冬酿酒、腊肠等食物，人们对田园民俗食物的留恋依旧在，也逐渐养成了网上购买的新习惯。乡土娱乐游戏的养成是网络空间新田园主义的新领域，网民将更多的碎片化时间投入网络娱乐游戏中，网民通过虚拟的情景实现自己成为"农场主"的愿望。网络娱乐游戏加强了网民彼此之间的社交频率，也丰富了彼此之间的社交方式，不论是过去网页端的QQ农场、QQ牧场还是现在移动端的蚂蚁森林、蚂蚁庄园，现代新型社交方式在"游戏田园"中焕发出勃勃的生机。

（二）网络民俗再生产

如果网络空间是网络民俗的"土壤"，那么新田园主义则是网络

---

[1] 周星. 当代中国的生活革命与民俗学的"乡愁"[M]//萧放，朱霞. 民俗学前沿研究. 北京：商务印书馆，2018：118.

民俗的"养料"。民俗的"旧物"是如何"嫁接"到"土壤"之上的?"养料"在其中又发挥何等作用?这是厘清网络民俗生成逻辑的基本线索。20世纪60年代末至70年代初,美国民俗学界就曾有一场"文本主义者"与"情境主义者"之间的大论战,邓迪斯曾十分强调"情境"对于民俗研究的重要性,但他坚持把文本与情境分开来看待。在他的著名论文《结构、文本与情境》一文当中,他强调界定与研究任何一个民俗事象,都需要从三个方面(结构、文本与情境)来考察。[1] 显然,网络作为网络民俗再生产的重要方面,能够影响民俗的结构与文本。情境方面,结合梅洛维茨媒介情境论,我们可以清晰地看清网络民俗再生产的机理与逻辑:"媒介环境—社会环境—习俗环境—习俗惯制—民俗生产"。网络俗民的"再习俗化"在此五个环节中起到的是串联的作用,并间接作用于网络民俗再生产:第一,媒介的变化必然导致社会环境的变化,而社会环境的变化又必然导致民俗行为(习俗环境与习俗惯制)的变化;第二,媒介所造成的信息环境比通常意义上的物质场所更为重要;第三,网络民俗生成需要一种独特的情境;第四,电子媒介能促成原来不同情境的合并。

媒介变化导致社会环境变化,社会环境变化又导致民俗行为变化。网络空间中的我们每天都在体验变化,这也就使我们很难对身边正在发生的生活革命有所觉悟。潜移默化地,它便成了约定俗成,或是习俗惯制。正如前文所说的那样,媒介带来的新田园主义直接影响了社会环境:见面从"您吃了吗?"变为"您的蛙还在家吗?"与其说媒介环境成了社会环境的重要组成部分,不如说社会环境已彻底地媒介化了。当我们习惯于微信发红包、支付宝抢福字、表情包赠鲜花的时候,现实生活中购买红包、福字、鲜花反而变得相对困难。媒介、社会环境、民俗行为之间是相互影响的,媒介环境改变直接作用于社会环境,社会环境间接影响着民俗环境,随之逐渐渗透到每一位俗民的民俗行为中。

媒介所造成的信息环境比通常意义上的物质场所更为重要。信息

---

[1] 王杰文. 寻找"民俗的意义":阿兰·邓迪斯与理查德·鲍曼的学术论争 [J]. 西北民族研究,2011(2):205-211.

环境是可以私人定制的，在人们渴望田园与回归生活的诉求之下，物质世界对于现代人来说远离了生活本真。媒介环境与社会环境在技术上，是可通的、有联系的；在意义空间与目标上，是割裂的、有区别的。以今次和郎为代表的日本学者在20世纪40至50年代提出了作为民俗学概念的"生活革命"，他们结合日本二战战败重建后的经济大发展背景提出的此概念，揭示了1955年到1975年日本基本实现城市化，农村成了"过去"的历史流变。网络空间中的田园主义即是一种网络民俗意义上的"生活革命"，网络俗民沿用了日本学者的"今昔比较法"，试图通过民俗活动的方式进行深入的、系统的、细致的观察与分析，实现找回"乡愁"的愿望。显然，对于追求生活并渴望生活革命的人们，媒介所造就的田园环境是远离现实空间物质场所的"乐土"，同样也给予了网络民俗再生产稳定的环境条件。

　　网络民俗生成需要一种独特的情境，即需要一种网络俗民实施网络民俗行为的合法身份"场景"。梅罗维茨认为：对于每一社会情境来说，人们都需要一种明确的界限，因为人们需要始终如一地扮演自己的角色；不同情境的分离使不同行为的分离成为可能……当两种或两种以上不同的情境重叠时，这种情况会混淆不同的社会角色，令人们感到困惑、不知所措。[1] 网络行为可以与现实行为自由切换的根本在于情境的转换，线上拜年是基于与对方距离较远且不方便相互拜访的情境产生的民俗行为，多以程式化的祝福话语来表达；线下拜年是基于与对方距离较近且有互相拜访计划及意愿的情境而产生的民俗行为，多从日常生活出发，围绕去年工资、对象、工作等议题展开回顾式讨论。如果远方的亲戚新年突然来拜访，受访者会不知所措，原因在于受访者已经将远方的亲戚归入到线上拜年的情境中，突然切换到线下状态，是否需要再次拜年？拜了线下的年，之前的线上拜年意义又在哪里？线下不拜年，又失去了登门的意义。由此可见，两种情境的分离是网络民俗再生产的基础，媒介情境的变化直接影响网络民俗再生产的"行为变化"。某种角度而言，情境的分离给予了"新田园主义"这种与现代化截然不同的情境在网络空间发生的充分的可

---

[1] 郝朴宁，曾传虎. 传播文化论 [M]. 昆明：云南科学技术出版社，2001：70.

能性，作为一个"动态的"情境，网络民俗的再生产也不会是线下那般"静态的""一成不变的"。

电子媒介能促成原来不同情境的合并。此情境的合并并非俗民身份场景的合并，而是两类情境的归并：一种是田园主义与现代都市生活的合并，另一种是线上线下两种情境下民俗内容生产层面的合并。不论是"转生型"还是"再生型"的网络民俗，它们基本上都与现实情境中的某些民俗存在关联。媒介通过"民俗主义"的方式达到网络民俗再生产的目的，用周星等民俗学者的话来说，就是"二手化"："可以不是本人亲自的体验，不一定依赖当事人的体验，它可以通过讲述就可以传染。"[1] 比如通过移动短视频、直播平台宣传饮食习俗，就是通过"二手化"手段加速了不同情境的合并：一方面，乡村的绿色食物、原始厨具、烹饪环境与现代的4K屏幕、5G网络两种截然不同的情境相结合，自然地实施饮食习俗的视频化生产；另一方面，俗民将视频中习得的饮食习俗制作方法运用于现实生活中，填补了其制作方法知识匮乏的缺憾，回归到长久以来遗忘的民俗活动中来，线上的主播制作与线下的自我制作实现了隔空串联。

三、作为新都市文化的民俗

在新田园主义流行的网络空间中，线上与线下、田园与都市的二元结构时常使俗民游走在两种截然不同的情境中，直接影响其民俗行为。很多俗民会从科学主义的视角出发，对家乡"对象化"，在异文化中行为"家乡化"。[2] 站在都市文化的立场上来看，对象化的田园与异文化的都市的融合符合都市文化的不可被取代的基本功能，互联网的"手段"则将网络民俗高度符号化。在传统的都市文化研究者看来，媒介的性质能够决定文化的性质，都市文化的形态实际上是由媒介和媒介的交汇而决定，其中一种主导性媒介往往会导致催生一种

---

[1] 周星. 当代中国的生活革命与民俗学的乡愁 [M] // 萧放，朱霞. 民俗学前沿研究. 北京：商务印书馆，2018：119.

[2] 安德明. 家乡民俗学：历史、伦理与方法 [M] // 萧放，朱霞. 民俗学前沿研究. 北京：商务印书馆，2018：184，200.

新的文化形态。[1] 就网络民俗而言，人际传播与网络传播交汇形成了网络民俗新文化形态，它受网络媒介主导，是高度符号化后的民俗，需要人们重新适应。对于民俗来说，民俗质、民俗素、民俗链等民俗构成高度符号化了，网络民俗是一种新的民俗；对于都市文化来说，新田园主义与民俗的引入拓宽了都市文化的边界，网络民俗可谓是一种新的都市文化。

作为新都市文化的网络民俗，它的生成存在两种基础性逻辑："化生为熟"与"化熟为生"。在"再生型"民俗文化中，人们往往用"化生为熟"的方式参与民俗活动；在"转生型"民俗文化中，人们时常用"化熟为生"的方式参与其中。

（一）在习俗环境变革中"化熟为生"

"化熟为生"反映了诸多俗民迁移后的心态与行为，他们切换了习俗环境后会变得小心、谨慎，生怕"闹了笑话"。很多传统民俗发展到网络空间中，需要就不同的媒介环境、社会规则、俗民结构做适应性调整，将传统的民俗生成逻辑"现代化"。特别是在一些"转生型"民俗中，民俗的一些要素变化是非常隐蔽的，有时甚至会特意改变民俗中的某项元素或环节，以显得与传统民俗不太一样。

在2022年春节期间年轻人信奉豹子精的网络民俗活动中，就能看到"化熟为生"的网络民俗生成逻辑。都市生活中，基于商品消费的生存逻辑导致了2022年临近春节期间，一只金钱豹占领了年轻人的头像。金钱豹在古代就有吉祥寓意，由于名字里带有"金钱"二字，身上的斑纹又像古代的铜钱，常被视作招财动物。因此在传统民俗活动中，每逢新店开业基本都会摆放一只金钱豹摆件。网友使用的金钱豹图片的来源是《西游记》续集中的一个片段——抢了农家小娘子之后，礼貌又绅士的南山大王豹子精劝她从了自己。由于正值虎年，网友故意豹虎不分，把豹子精用作头像，撑满整个画面，寓意"金钱暴（豹）满"，换上头像能够带来财运。该民俗活动中豹子精

---

[1] 郑崇选. 媒介转型与当代中国文化形态的变迁[M]. 上海：东方出版中心，2018：45.

的身份定位、豹与虎的关系、豹子精的真正实力并没有过多人强调，这三个方面的模糊化恰恰就是网络民俗"化熟为生"所带来的效果。

对于用豹子精图片做头像的网民来说，他们算得上是参与此项网络民俗的俗民，他们选择修改自己的头像，说明对该项网络民俗的规则做过前期了解，也熟知中国传统文化中豹子与金钱的自然联系。首先，他们知道南山大王豹子精是《西游记》里的反面人物，是妖精，却"充耳不闻"，坚持认为用它能带来好运。其次，他们刻意忽视了今年是虎年应该换上虎年头像的网络习俗，坚持用上豹子，对日常的动物学知识作陌生化处理。最后，豹子精在《西游记》中实力并不突出，它是《西游记》中唯一被猪八戒打死的妖怪，它还娶不到老婆，可谓是晦气满满。从以上三点不难发现，网络民俗作为"新的"都市文化和"新的民俗"，它依旧在细节上存在很多的问题和漏洞，但都市俗民往往会在网络民俗其中的某一部分追求极致，并对其他与自己无关的部分"化熟为生"，暴力地实现网络民俗带给自己的追求与愿望。就像在信奉豹子精的民俗上，他们只遵守"豹子精撑满头像边框就能暴富"的规则，而在对待与之相关的民俗要素问题上，表现出年轻人常有的"佛系"。

（二）在异文化中"化生为熟"

"化生为熟"是与"化熟为生"截然不同的状态，这种状态往往受都市文化的影响较为深刻。在传统乡村，人与人之间的交际基本上限定在固定的范围之内，长久以来都是基于地缘、血缘等关系维持的。假如村里来了一个陌生人，大家会避而远之，也不会与其做过多的交谈。但在现代的都市社会中，传统的人际关系网络多已瓦解，"自来熟"成了在多元化人际关系中相处的好方法。互联网带来的拼车、拼单、拼饭、拼看电影等新型社交方式赋予了网络俗民更多的社交技能，他们将此项技能运用于诸多的网络民俗实践中，增添了诸多民俗生产的可能性。

正如微博下的评论区、视频中的弹幕区、贴吧中的讨论区，媒介建构的网络传播环境与都市环境的开放、包容极为符合，人与人之间的交流并不依靠原有的稳定的社会关系作为基础，在同一项民俗活动中迅速达到"默契"状态，比如线上相亲。

以线上相亲为代表的"化生为熟"民俗参与方式有很多种类，不同的相亲平台上，沟通的渠道、方法和效果也存在很大的差异。在传统民俗关系中，相亲需要三个必要的参与人：男方、女方、媒人，且媒人在其中扮演着最重要的"牵线"角色。但是在网络相亲平台中，"媒人"是机器人，它提供双方的基础性信息，男女双方在它提供的媒介平台上获取对方的联系方式，展开交流与沟通。在线上，双方展开沟通之前，没有传统意义上的媒人"调和"沟通气氛，但是男女之间能够迅速进入"熟悉"的状态。其原因在于线上相亲的参与者通常是使用"化生为熟"的方式参与的，与线下的含蓄表达相比，线上的相亲话语会更为直接，双方之间的沟通热度提升也会更快，或是根据相亲平台中提供的基础性信息，展开籍贯、职业、兴趣等议题的讨论，像是互相都十分熟悉一般。就双方的社会身份而言，基本上不会存在社会圈层的重叠，但他们能够在一天之内与多位相亲对象沟通和交流，这就意味着现代都市文化影响下的民俗生产并不需要稳定的俗民关系来支撑。在都市文化的环境之下，每一个人都是都市文化的"移民"，他们倘若需要融入这个现代化的大都市，就必须脱去过去传统式的社交模式，用"化生为熟"方式与其他俗民产生联系，在异文化中潜移默化地推动网络民俗的生成。

第三节　网络赋形与民俗新形态

媒介改变了习俗环境，习俗环境的变化影响了民俗生产过程，民俗生成逻辑的变化导致了民俗的变异。网络媒介建立起了一个新旧融合的象征符体系，赋予了民俗新的形态，民俗新的意义、新的价值、新的经验被不断创造，民俗的变异得以实现，新民俗也随之出现。

一、民俗的变异与调适

20世纪70年代，欧美民俗学与人类学界将民俗看作是"文化遗留物"，就连雷蒙德·威廉斯也称之为"遗留下来的文化"。直到理查德·鲍曼开始借用雷蒙德·威廉斯在文化研究中提出的"呈现中的文化"来解释现代民俗，关于民俗的研究理论才有所突破。直至目前，在网络上的"遗留下来的文化（形式与事象）"时常被看作是一个连续的社会进程的一部分，新的意义、新的价值、新的经验被认为是连续创造着的。[1] 这就意味着，民俗的发展经历了"传统—实践—生成性"的过渡。换句话说，网络民俗本身就是不断变异的，它随着时代的进步，在网络技术更新的背景下，会做出适应性调整。

（一）创造新的意义

理查德·鲍曼曾说，民俗不只是"民俗事象"，而是"民俗的表演"和"民俗的交流"。[2] 网络民俗所建构的民俗环境逐渐偏向他所强调的那样：认同的差异比"共享的认同"更加重要，也可以成为民俗表演的基础。[3] 这就意味着，以统一的习俗惯制作为基础的传统民俗，其单一的民俗意义被打破，同一项民俗在不同的俗民那里，产生的意义可以存在差异。

"认同的差异"并不是建立在推倒"共享的认同"的基础上的，媒介需要先通过"交流"的方式实现"共享的认同"。众多民俗学者也开始将表演研究转向"交流"的行为科学：交流可以破解传统上民俗默认的"共享的认同"，从而开始重视民俗中如何实现"差异的认同"。[4] 在理查德·鲍曼等人看来，表演本质上是一种讲述模式，是一种"呈现中的文化"。网络民俗的意义并不只是让民俗"呈现"更广、更好那么简单，"生成性"是网络民俗所要达到的终极目标。

最具有代表性的就是民俗信仰，民俗信仰的差异在网络传播的环境中显现得尤为明显。在一些传统的民俗信仰中，会存在地域之间的

---

[1] 王杰文. 理解"表演研究"的三篇经典论文 [C] //萧放，朱霞. 民俗学前沿研究. 北京：商务印书馆，2018：232.

[2] Richard, B. Verbal art as performance. *American Anthropologist*，1975（77），pp.2，290-311.

[3] 王杰文. 寻找"民俗的意义"：阿兰·邓迪斯与理查德·鲍曼的学术论争 [J]. 西北民族研究，2011（2）：205-211.

[4] 王杰文. "表演研究"的思想起源 [C] //萧放，朱霞. 民俗学前沿研究. 北京：商务印书馆，2018：206，207.

差别。比如广东、福建地区东海边的渔民信奉妈祖，太湖南岸南浔、七都等地的渔民信奉邱猁猁，太湖东岸的苏州东山、光福的渔民信奉猛将。他们信奉的对象存在很大的差别，但是他们信仰的基本逻辑都是通过供奉这些神，保佑自己打鱼顺利。不同的俗民之间"共享"一套民俗运行逻辑：将打鱼时的航行安全寄托于某一对象上。尽管地域的差异会导致信奉对象的差异，但是信奉内容是基本不变的，对于各地的俗民来说是稳定的、唯一的。在网络中，保佑出海打鱼平安的神可以随时变化，突破了信仰对象的唯一性，比如有人在网络上供奉海尔兄弟、大力水手波派、葫芦兄弟里的水娃，甚至还有人供奉杰克奥特曼、初代奥特曼、赛文奥特曼、迪迦奥特曼（四位水性最好的奥特曼）。网络"生成"了新的信仰对象，新的信仰对象在不同的网民心中生成不同的民俗意义，有的是出于原始性的对打鱼安全的心理需要，有的则更多的是出于对新信仰对象的娱乐、戏谑，满足网络空间中民俗行为的瞬时"快感"，比如俗民意见的表达、个性的彰显、互动的需要、群体的聚合，这些"快感"成了传统民俗意义上延伸出来的新意义。

（二）创造新的价值

网络空间崇尚的价值体系与传统民俗推崇的价值理念并不能完整重合，价值层面的错位致使"作为内容"的民俗必须服从于"作为规则制定者"的网络空间。网络的价值体系结构是非常直接的，即服务于网民的喜好。当俗民找到"机会"摆脱传统民俗活动中缺乏主体性桎梏的渠道后，他们不约而同地涌向网络空间，因为网络能给他们带来"自我"的快乐。

民俗在价值层面的"变异"体现在民俗开始回归"意义"本身，不再过分追求"功利"。以钟敬文为代表的民俗学者曾提到："民俗主要有四种社会功能，即教化功能、规范功能、维系功能、调节功能。"[1] 就此观点而言，民俗的价值在于为社会服务，具有很强的目的性。民俗的价值也通常局限于教化、规范、维系、调节等方面，功

---

[1] 钟敬文. 民俗学概论[M]. 上海：上海文艺出版社，1998：27.

利的倾向性较为明显。网络民俗作为网络文化的一部分，它具备网络文化的"补偿性"特征。俗民渴望摆脱传统民俗价值创造体系，在网络中找到"自我"，通过网络民俗的生产、传播、参与、互动、交流，建立起与传统民俗不同的价值体系。

每一项民俗产生的原意并不是出于功利的价值立场的，甚至是农业耕作的时序、节令习俗、占天象、卜农事丰歉等实用民俗，在诞生之初也是先赋予其文化意义价值，后形成功能性价值的。马歇尔·萨林斯就曾强调意义先于功利，而且事实上正是意义建构了功利，是意义而非功利才成为人类学最终要追问和还原的东西。"人类学不应再满足于这种观念，即习俗只是拜物教化了的功利。"[1] 网络环境营造了与之相反的价值创造情境，民俗意义的产生并不用兼顾"它能给我们带来什么"。

在网络空间中，这种具有文化意义却没有功利价值的网络民俗正在不断增多，甚至逐渐占据网络民俗的主流。这一现象能够折射出当代俗民的兴趣转移与价值追求，他们强调民俗活动中的"自我"，在意民俗作为文化本身具有的文化意义与内涵价值。

（三）创造新的经验

民俗经验是隐藏在民俗之中，很难因传统"再习俗化"而发生改变的，但是在网络空间的"再习俗化"进程中，民俗经验的改变成了民俗变异与调适最为核心的部分。俗民在异文化环境中"再习俗化"，其深度参与的网络民俗会因环境的变化而产生变异，网络民俗也会为参与主体的习俗变化而调适。

正如理查德·鲍曼所说，民俗不只是"民俗事象"，而是"民俗的表演"和"民俗的交流"。[2] 民俗经验显然在网络民俗中是极为重要的部分，它能够改变"共享的认同"方式，从而影响"民俗的表演"和"民俗的交流"的效果。网络公共分享时具备四种可供性：

---

[1] [美]马歇尔·萨林斯. 文化与实践理性[M]. 赵丙祥，译. 上海：上海人民出版社，2002：前言4.

[2] Richard, B. Verbal art as performance. *American Anthropologist*, 1975 (77), pp. 2, 290-311.

元发声、激发参与、网状联络、生成性角色承担。[1] 首先是元发声，网络给予了每一位网民生产内容的权利，网络民俗的生产门槛也就逐步降低，它的生产不再需要权威的认可，普通网民就可以成为网络民俗的创作者。其次是激发参与，网络传播的号召力相较于传统传播模式要大得多，加之网民群体的乐群性较高，网络民俗给予了俗民激发参与的兴趣。再次是网状联络，过去传统民俗基本上是"点对点"或"点对面"的传播，并且"魔弹论"效果较为明显，所有的俗民顺从原有的民俗经验从事民俗活动。而在"网状结构"中，俗民个体与俗民个体之间建立起独立的沟通渠道，他们之间的俗民关系的维系和传统的俗民关系存在一定的差异，即俗民关系的"私人订制"。最后是生成性角色承担，传统的民俗经验告诉我们，活着的人极少作为民俗质出现在民俗中。在网络空间中，此限定被更改：李宇春、杨超越、马云等现实中的人物成了信奉的对象，网民在参与网络民俗的过程中，也随时会"被动"转化为"生成性角色"的民俗质。比如在2021年年末，游戏主播"芜湖大司马"韩金龙就因为参加了一次芜湖市委邀请的早餐会，立刻在网上成为考公群体的信奉对象。

二、新旧融合的象征符体系建立

作为"旧物"的民俗如何安放在作为"新地"的网络中，并且能够不出现"排异反应"，不仅仅需要民俗的变异与调适，还需要依靠新旧融合的象征符体系予以支撑。旧的象征符体系与新的象征符体系之间差异明显，新的象征符体系比旧的象征符体系更加丰富和细化，包括了物化、活动化、程式化的符号。根据符号在信息传播中的功能和作用机制，新与旧融合主要反映在"示现型象征符""论述型象征符""认知型象征符""价值型象征符"[2] 等四种符号上。

新旧融合的象征符体系的建立，使网络空间中的"示现型象征符"呈现统一、程式化。"示现型象征符"的特征在于，它是人工符

---

[1] Majchrzak, A., Faraj, S., Kane, G. C. & Azad, B. The contradictory influence of social media affordances on online communal knowledge sharing. *Journal of Computer-Mediated Communication*, 2013 (19), pp. 38-55.

[2] 李锡元. 管理沟通 [M]. 武汉：武汉大学出版社，2006：6.

号,是人类社会的创造物,不仅能够表示具体的事物,而且能够表达观念、思想等抽象的事物。[1]"示现型象征符"即使用修辞符号把一些看不见的事物说得如见如闻、活灵活现。比如端午节的习俗有吃粽子、划龙舟等,俗民是通过听历史故事的方式了解端午习俗的由来的:人们将粽子投入江里,是为了纪念屈原。人们从前辈那里习得了过端午的方式,就是通过对故事化的示现型象征符转换实现的,即长辈将民俗故事化并传递给我们,我们利用想象力将过去屈原跳江、人们扔粽子、赛龙舟等不可见、不可闻的场景具体呈现出来,增添了内心画面感。一般而言,对文字符号的理解存在个体差异,俗民会结合自身的经验进行个性化编码,因此不同俗民会对相同的民俗存在理解上的偏差。在网络空间下,诸如端午节习俗的由来,则会通过科普类短视频的方式呈现在俗民面前,视频制作者将原先文字化的符号转换为图像符号,示现的覆盖面、清晰度、准确度迅速提升。作为"旧物"的旧民俗,在通过"新地"的新媒介采用新旧融合的方式呈现给网络俗民时,这些示现型的象征符的意义得以实现统一和程式化,其符号传播效果也得以增强。

新旧融合的象征符体系的建立,使网络空间中的"论述型象征符"更加丰富和多元。象征符是人类特有的符号,唯有人类才能创造和使用象征符。[2]语言就是一种典型的象征符体系,它是可以自由创造的,也就是说象征符在与其指代的对象事物之间不需要有必然的联系,它们的关系具有随意性。[3]"论述型象征符"的随意性在网络空间中被无限放大,且渗透于网络民俗生产、传播、参与等各个环节,民俗的意义得以丰富和延展。在网络民俗的生产环节,需要"论述型象征符"建构其民俗意义,比如拜杨超越、拜萧敬腾等,他们的民俗形象需要与他们的媒介形象加以关联,在民俗生产之初,就通过"论述型象征符"解释杨超越与好运、萧敬腾与求雨之间的联系。那么,"论述型象征符"就进一步拓宽了好运神、雨神的"成员",丰富了民俗意义上的信仰对象和内容。在网络民俗的传播环节,作为图像

---

[1] 李锡元.管理沟通 [M].武汉:武汉大学出版社,2006:6.
[2] 李锡元.管理沟通 [M].武汉:武汉大学出版社,2006:6.
[3] 李锡元.管理沟通 [M].武汉:武汉大学出版社,2006:6.

符号的杨超越、萧敬腾等与作为文字符号的意义表达合二为一，生成一个独立完整的"论述型象征符"，大大减少了受众的"理解成本"，从而在吸引更多的俗民参与进来的功能上发挥了重要的作用。在网络民俗的参与环节，俗民可以任意在转发区、评论区讨论交流，在原有的"论述型象征符"上，添加新的民俗意义与内涵，进一步拓宽了"论述型象征符"范围，间接补充了新旧融合的象征符体系。

  新旧融合的象征符体系的建立，使网络空间中的"认知型象征符"效果得到明显的提升。李锡元等学者提到，象征符不是遗传的，而是通过传统、通过学习来继承的，[1] 那么习俗惯制的继承本质上是通过象征符习得的。在俗民习得新的民俗时，他们对"示现型象征符""论述型象征符"等显性的外在象征符吸收速度较快，而对"认知型象征符""价值型象征符"等隐性象征符吸收速度较慢。出现这一现象的根本原因在于，俗民参与民俗的成本较低，并不需要深入理解"认知型象征符""价值型象征符"等隐性象征符作为支撑。民俗参与的"快餐化"是传统民俗一直都存在的问题。在习俗惯制的养成过程中，原则上首先要俗民了解相关民俗的由来，而后再进行学习和习得的步骤。每当一项民俗发展到足够成熟的阶段的时候，俗民群体会默认所有俗民都了解"民俗的由来"，不约而同地跳过了习俗惯制养成的第一个步骤（了解相关民俗的由来），这也直接导致了俗民在建立某项民俗的知识体系的时候，缺乏对相关民俗"认知型象征符"的吸收。比如很多俗民知道正月初五迎财神，却不知道为什么必须要在初五这一天迎接；很多地区成年礼仪规定的年龄不尽相同，却又不知道为何都与法律规定的成年年龄并不相同……尽管"快餐化"是现代都市文化的标签，但在网络空间中的民俗文化并没有将这一缺陷进一步扩大，反而对民俗本质的认知更加深入。造成网络空间中的"认知型象征符"效果得到明显提升的原因在于两点：第一，线上比线下获取"认知型象征符"更为容易，俗民完成"完整的""习俗化"流程成本大幅降低；第二，网络民俗的生产注重"认知型象征符"的推广，俗民在网络环境中往往把"预先了解'认

---

[1] 李锡元. 管理沟通 [M]. 武汉：武汉大学出版社，2006：6.

知型象征符'"作为参与网络民俗的必要条件。

新旧融合的象征符体系的建立,使充分挖掘网络民俗的"价值型象征符"成为可能。传统民俗中,"价值型象征符"的形成需要一个外在条件:文本化或语境化。文本化限定了民俗构成的边界,语境化则限制了民俗的意义范围,文本化就像是清明节限定送"菊花"而不能送"玫瑰",语境化就像是祭扫行为需要发生在清明节之前几日而不能随意选择日期,否则清明祭扫的民俗价值即会丧失。在网络环境中,从技术层面实现了"文本化"与"去(再)语境化"的双重突破,网络民俗开始依赖"共同交流"的全息模式,打破了常规民俗中"类型的文本间性"[1]。在原有的"语境中的民俗"为范式的背景下,网络空间放大了"时空、人、社会、表演、变迁、日常生活"[2]等多方面因素限制,为找到新的"价值型象征符"创造了可能。

三、网络赋形与民俗新形态

媒介赋予了民俗新的形态,媒介更改了民俗的生成方式、价值特征、文化属性。具体而言,民俗生产不再只是为了达到俗民的功利需要,而是强调民俗是一种作为文化的生产过程;民俗的价值规范与消费社会的价值理念发生剧烈的"化学反应",民俗意义与过程的消费成了网络民俗产生的核心目的;互联网成了民俗的重要组成部分,"媒介即民俗",网络民俗也具备了可供性。

(一)动态发展的网络民俗

互联网建构的文化生产环境是动态的,这也直接导致了网络民俗呈现"动态"特征。一般而言,传统民俗的规则体系与要素构成是"完成时"的,新的俗民只需要从老俗民那里获取民俗经验,将民俗内容"复制粘贴"即可实现相关民俗习俗惯制的习得。但在网络环境中,这种封闭式的"完成时"结构被完全打破,网民可以随时随

---

[1] 王杰文. 理解"表演研究"的三篇经典论文[C]//萧放,朱霞. 民俗学前沿研究. 北京:商务印书馆,2018:247.

[2] 刘晓春. 从"民俗"到"语境中的民俗":中国民俗学研究的范式转换[J]. 民俗研究,2009(2):5-35.

地对民俗各个环节的要素增加、减少、改变，因此从民俗要素的构成上看，网络民俗的结构并不稳定，始终是处在"动态"的状态的。

互联网文化关注的重点在文化的"生产过程"，网民们往往也都注重"文化究竟是如何生产出来的、谁参与其中"，关注"文化符号的具体生产语境及其对文化内容产生的影响"[1]。作为互联网文化的重要组成部分，网络民俗自然也具备这一特征。当"新俗民"通过了解该民俗是如何生产出来的、哪些人参与其中、该民俗符号产生的具体语境是什么、该民俗内容所传递的信息能带来什么样的影响的时候，"新俗民"已经成功实现了向"老俗民"的身份跨越。他们在参与的过程中，都有对网络民俗补充的权利，在不断地补充背景下，新的俗民不断加入，新的俗民对网络民俗再次更改和完善，循环往复，使得网络民俗始终处在动态发展的阶段。

比如，2022年2月14日，"#转饺遇到爱#"成为微博热搜话题。"转饺遇到爱"即转发一个饺子图案的图片或表情包，转发者即可立刻获得对象。这也与歌曲《爱转角》及电视剧《转角遇到爱》相呼应，表达了单身男女对爱情的渴望。这与过去几年"杨超越自带锦鲤属性""萧敬腾自带雨神属性"等网络民间信仰串联起来，证明了网络民间信仰始终处于动态发展的状态。

（二）网络民俗与消费主义

网络民俗的消费主义特征与其他网络文化的消费主义特征成因存在一定的差别。当代都市文化的消费主义特征渗透到日常生活的各个领域，网络文化的消费主义特征的形成是"文化本身已经被消费主义影响，在网上呈现出来的特征也具有消费主义特征"。民俗的特别之处在于，由于传统民俗具备"纯洁性"，它的民俗构成传统意义上是"封闭的"，消费主义很难"直接"渗透进民俗中。互联网媒介在消费主义与民俗之间扮演的是"中介"角色，它赋予了消费主义与民俗结合的诸多可能：当网络民俗延续了传统民俗的功能特征，在作为移民的传统俗民或是作为原住民的网络俗民心中，网络民俗本质上

---

[1] 卢文超. 理查德·彼得森的文化生产视角研究[J]. 社会，2015（1）：229-242.

也是一种民俗；当网络民俗吸收了网络空间中的消费主义元素，在作为移民的传统俗民或是作为原住民的网络俗民心中，网络民俗本质上又是一种网络文化。民俗与消费主义的融合深浅决定了"新民俗"的价值特征，该价值特征的边界是：网络民俗究竟是为突出社会服务功能还是个体娱乐功能？

民俗从传统转向网络，改变得最为明显的部分并不是形式与内容，而是俗民对于民俗本身价值的理解与民俗行为目的的改变。民俗学者徐赣丽等人认为："在以符号消费为主要特征的后现代消费社会里，人们的消费对象发生了变化，产品的消费只是表面形式，对意义和过程的消费才是符号消费的真正价值所在。换言之，在后工业社会中，消费已不再注重商品的使用价值或其实用性，而更注重商品所具有的符号象征意义。"[1] 在明知道拜杨超越等人的行为并不会一定带来好运的情况下，却依旧与网络民俗创作者一道呼吁"转发"以"欺骗"新俗民一同加入。类似民俗的不断发展并成为网络中热门的文化现象，更像是一场围绕网络民俗符号开展的一场"网络狂欢"。最为关键的是，网络世界与现实世界的"狂欢行为"有着本质的区别：消费网络民俗符号的狂欢行为并不是单向度的，它实现了巴赫金所谓的"脱去现世的外衣后，自我精神在释放中所得到的更新与再生"[2]。在一定的程度上，网络民俗已经成了网络消费主义的附庸，个体娱乐功能高于社会服务功能并成为根本性的追求。

事实上，当传统俗民渴望在民俗活动中实现自我价值的时候，消费主义的浪潮恰好奔涌而来。在保守的民俗与开放的消费主义结合出现根本性矛盾时，互联网媒介正好"乘虚而入"。在网络空间中的新民俗推翻了原有的民俗规范和消费主义规则，建立一套互联网独有的人与世界沟通的话语关系，那么该话语不再是表情达意的符号，而是有着自身的规则，用以建立秩序及言说之物的界限。[3] 新民俗新的

---

[1] 徐赣丽. 当代都市消费空间中的民俗主义：以上海田子坊为例 [J]. 民俗研究，2019（1）：122-135，159.

[2] 胡鑫. 巴赫金狂欢化理论与"网络狂欢"[J]. 文化学刊，2020（9）：140-142.

[3] [法] 米歇尔·福柯. 权力的眼睛：福柯访谈录 [M]. 严锋，译. 上海：上海人民出版社，1997：176.

意义、新的价值、新的功能在这套完整的网络话语体系下，不断地生成与延续。

（三）民俗具有的可供性

"媒介即讯息"告诉我们："任何媒介（即人的任何延伸）对个人和社会的任何影响，都是由于新的尺度产生；我们的任何一种延伸（或曰任何一种新的技术），都要在我们的事务中引进一种新的尺度。"[1] 网络民俗动态发展的特征、与消费主义的耦合，都是与媒介赋形的能力分不开的，媒介赋形依靠的则是"新的尺度"。媒介与民俗的深度融合，致使民俗的变异程度始终处在可控的合理范围内，与其说"媒介即讯息"，不如说"媒介即民俗"。

民俗行为主体需要"一群人"，即社群，那么网络民俗则需要依赖社交媒体。传播学者普遍认为，组织结构中的社交媒体使用有四种媒介可供性："可见性、可编辑、可持续、可联系"[2]。这四方面可供性较为准确地描述了网络空间"再习俗化"背景下俗民、民俗与媒介三者之间的关系。

可供性既不是对象，也不是对象的特征，既不属于媒介环境，也不属于俗民个人，是俗民与媒介环境看法之间的关系。首先，媒介可供性使民俗视听化成为可能。比如民俗信仰、游艺民俗为代表的精神生活民俗均可以在网络中通过视觉化的符号呈现在屏幕前。俗民与民俗之间的感知通道发生了变化，那么俗民对"新的"民俗的参与方式与理解程度也得到相应更新。其次，媒介可供性赋予了民俗可被编辑的特征。民俗本质上是不可编辑的，普通俗民在传统民俗中更没有对其改编的权力。而网络空间中"新的"民俗可被编辑，是媒介赋予俗民的权力：媒介即民俗，网络是民俗的一部分，而媒介本身是可编辑的，那么"新的"民俗随之可以被编辑。再次，媒介可供性使

---

[1] [加] 马歇尔·麦克卢汉. 理解媒介：论人的延伸 [M]. 何道宽，译. 南京：译林出版社，2019：17.

[2] Treem, J. W., Leonardi, P. M. Social media use in organizations: Exploring the affordances of visibility, editability, persistence and association. *Annals of the International Communication Association*, 2013 (1), pp. 143–189.

民俗变得可持续。互联网建立的象征符体系是永久的，农业民俗、工匠民俗、商业与交通民俗、物质生活民俗、居住建筑民俗为代表的物质生活民俗在网络空间中实现了民俗质从实体物向虚拟符号的转化，这些民俗不会因时间的推移而消失。俗民获取民俗材料更为便利，对这些物质生活民俗的制约因素也相应减少。最后，媒介的可供性让俗民变得可联系。以社会组织民俗、岁时节日民俗、人生礼俗为代表的社会生活民俗重度依赖俗民之间的沟通，在民俗发生前、发生时、发生后必要的联系成为可能。

四、文化模因与新民俗

乌丙安在《民俗学原理》中曾经提到过一个问题："人的生物性本能的规则为什么必然地要经过文化习俗规则的调适？人科动物的遗传基因中是否有'文化基因'？"[1] 该基因不只局限于存贮在大脑中的内容，比如观念、知识和神经结构，还包括各种行为和人工物中的可用信息，比如言语、姿势、发明制品、艺术乃至书籍中的信息。[2] 英国著名的科学家理查德·道金斯则将这种文化传递的基本单位称之为"模因"（meme），模因论能够较为清晰地描述在"再习俗化"环境下民俗的"变"与"不变"。

在理查德·道金斯的《自私的模因》一书中，模因被定义为："文化的基本单位，通过非遗传的方式，特别是模仿而得到传递。"[3] 有的学者认为，模因的复制与传播可分为基因型和表现型两种："不论是基因型还是表现型的模因，都包含'保留'与'改变'两个方面。基因型模因保留了其传递的信息内容，通过改变表现形式进而得到复制和传播。表现型模因则是因为其形式比内容更易于模仿，更具有传播性，而冠之其他不同的内容能够得到更广泛的流传。"[4] 模因

---

[1] 乌丙安. 民俗学原理 [M]. 沈阳：辽宁教育出版社，2001：76.

[2] 刘长燕，郦全民. 文化进化的模因视角及其哲学意蕴 [J]. 哲学分析. 2022 (1)：154-164，199.

[3] 高粱. 关于 meme 的几个问题 [EB/OL]. (2014-01-08) [2021-12-31]. http://www.cssn.cn/yyx/yyx_gwyyx/201401/t20140108_938842.shtml.

[4] 傅福英，张小璐. 跨文化交流与传播中的文化模因探析 [J]. 江西社会科学. 2012 (11)：242-245.

的基因型和表现型两种模式与"转生型"和"再生型"民俗的特征不谋而合。

模因论作为解释文化发展和进化的新理论,对于解释和分析网络民俗生成与传播有着重要的理论和实践意义。作为文化的衍生因子,模因能够非常准确地描述网络空间中的新民俗,因此新民俗也需具备模因所具备的"遗传、变异和选择"三个特征。

(一)可复制的新民俗

网络空间中的新民俗具有遗传性。新民俗的遗传性是一种"叠加"属性,它的遗传能力能够强于传统民俗,也强于其他网络文化。一方面,新民俗的遗传性是与生俱来的,是从胎质内部发散出来的一种文化属性,即民俗模因本身就具有遗传性。不论是俗民"看得见"的物质生产民俗、物质生活民俗、社会组织民俗、岁时节日民俗,还是俗民"看不见"的人生礼仪、民俗信仰、民间伦理道德,一切民俗能够为俗民所知,是因为千百年来通过民俗模因的传递流传下来的。从传播学的意义来解构这一现象,即"流传"的本质就是对民俗模因的复制和遗传。另一方面,可复制是互联网的基本特性,互联网对于民俗发挥遗传性来说,起到了"助攻"模因遗传的作用。不论是俗民"看得见"的物质性民俗,还是俗民"看不见"的精神类民俗,互联网"万物皆可复制"的能力解决了民俗遗传媒介"存储"损耗的问题。英尼斯曾提到,媒介具有偏向性,物质性民俗本身就是一种媒介,它偏向时间(易流传),但很难被复制;精神类民俗主要依靠口头传播,它偏向空间(易复制),却又很难流传下来。网络媒介解决了媒介偏向性问题,使得网络民俗的遗传性兼具易流传和易复制的双重特点。

网络是一种后工业时代的产物,所以它具备可复制技术的进阶属性,也理应具备"工具性和沟通性"[1]的生产理性维度。网络传递民俗模因是"活态"式的,它与书籍、报纸、广播、电视的民俗要素生硬挪动存在很大的差异,网络复制技术的"工具性和沟通性"

---

[1] [英]尼格尔·多德. 社会理论与现代性[M]. 陶传进,译. 北京:社会科学文献出版社,2002:126-127.

拓宽了民俗模因遗传范围,那些容易被忽视的民俗要素诸如民俗生成的语境、参与民俗的心态、俗民身份的限制等都可以模因化。在此基础上,新民俗对旧民俗的继承不仅仅只局限在核心要素的层面,而且与旧民俗一切相关的关联要素都可以全方位复制并遗传。

(二) 可创生的新民俗

网络空间中的新民俗具有变异性。在"媒介赋予民俗新的形态"中提到,民俗和媒介一道具备了可供性,民俗的变异性与其"可编辑、可持续、可联系"特点有一定的联系。过去传统民俗一直都是通过传统的媒介传播方式实现继承和发展的,民俗并没有步入消亡,但进入现代社会后却始终存在三个问题:俗民数量减少、俗民积极性下降、民俗效果骤降。造成以上三个问题的根本原因在于民俗本身具有的遗传性存在"封闭化"缺陷,即俗民只能扮演参与者的角色,却不能扮演生产者的角色,民俗模因传递杜绝一切"创造性"行为介入,以保持民俗的纯洁性。

在民俗模因传递"封闭化"模式下,俗民、民俗、网络三者的关系无法达到相对平衡的状态:其一,俗民的积极性无法提升;其二,民俗的遗传效率持续下降;其三,网络的创生功能得不到充分发挥。就民俗本身而言,"封闭化"的"模因遗传"搬运不了民俗的灵晕,灵晕时常在复制过程中被不经意地排挤掉,特别是在轰轰烈烈的大众文化繁荣虚像下,日渐凋萎的迹象更加明显。网络是机械复制技术的进阶版本,它更容易让艺术作品产生变革。[1] 本雅明称之为"把一样物体从它的外壳中剥离出来,毁灭掉它的灵晕是这样一种知觉的标记,它的'事情的普遍平等感'增强到如此地步,以致它甚至通过复制来从一个独一无二的对象中榨取这种感觉"[2]。在网络文化环境中,在新民俗中注入灵晕的不二人选就是网络俗民。他们通过参与网络民俗对民俗进行延伸、改造、再创造,在这个不断被改编的

---

[1] 曹志伟. 虚拟民间:中国网络民谣研究(1994-2018) [D]. 苏州:苏州大学博士学位论文,2019:78.
[2] [德] 阿伦特. 启迪:本雅明文选 [M]. 张旭东,王斑,译. 北京:生活·读书·新知三联书店,2014:238.

过程中，使旧的灵晕从民俗中剥离开，注入普遍受人喜爱的新的灵晕，从而解决了俗民的积极性无法提升、民俗的遗传效率持续下降、网络的创生功能得不到充分发挥等问题，俗民、民俗、媒介三者的关系达到了前所未有的和谐状态。

（三）可选择的新民俗

网络空间中的新民俗具有选择性。在网络空间中，俗民具有一定的自主权，俗民可以任意选择自己感兴趣的民俗参与，并不会受任何外部因素的制约。基于此背景，网络民俗数量应该呈现出指数级增长，以满足普罗大众的审美品位，但事实上新民俗的增量却并没有想象的那么多。由此可见，新民俗的可选择是有条件的，该条件就是通过俗民自由选择，找到同类型中"最优民俗"，只有"最优民俗"才能在网络空间中广泛传播，让更多的潜在受众选择。"最优民俗"的形成，是由其模因的选择性决定的，民俗的某一个"基因"符合当前网民普遍的审美品位，即可在这个默认的民俗竞争机制中脱颖而出，供俗民参与。

可选择的新民俗的产生，使得新民俗在网络中呈现的状态始终是最优的，它在从传统向网络的演变过程中，民俗生产逻辑从为了某项功能性目的转变为为了俗民的某种需要，在此基础上不断剔除不符合时代的模因，添加适应当代网络民俗竞争机制的模因，实现其在网络空间中的"持续存在"。

此外，新民俗的可选择性也使得那些与时代不符的民俗逐渐消失在大众视野中。由于大众传媒时代信息的急速扩散，导致各种各样对信息控制的模式越来越多，大量的信息在其中并没有产生如控制者所期望的效果，并且受到流通机制等因素的影响，信息的原本功能产生了自反性，即对信息所要解决的难题产生了负影响，这就是通常我们所说的信息熵。[1] 民俗信息熵的产生加速了"劣质"民俗的消亡，同样也起到了净化网络民俗空间的目的。

---

[1] 冯月季. 论媒介化社会控制论及其悖论[J]. 华北电力大学学报（社会科学版），2017（2）：92-95.

第四章

传统民俗的互联网传播

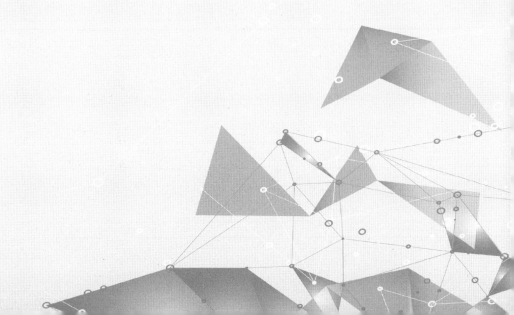

在传统媒体时代，民俗借助口语传播、人际传播、大众传播等范式，在较为固定的地理空间发挥独特之功效。新媒体时代，迅猛发展的互联网技术不仅改变了传统民俗传承的基本形式，同时在时间、空间的层面上改变了民俗生产传播的内部机制。

第一节 传统民俗网络版

随着互联网技术迭代发展，传统民俗在创新 UGC（用户生产内容）、PGC（专业生产内容）、OGC（职业生产内容）等新型生产模式下，衍生出许多新内容、新形式，在互联网空间生成了大量的新型互联网民俗。

传统民俗的网络版并非简单地将传统民俗原封不动地搬到互联网平台上，也不是简单地在互联网虚拟平台上"依葫芦画瓢"地展示现实空间里的传统民俗，而是借助不断迭代更新的互联网技术，以创新思维"活态"展现传统民俗，形成民俗传播、传承新型模式，为传统民俗的当代发展提供新的实践图景。

传统民俗网络版借助线上线下相结合的技术传播手段，激活了虚拟现实与物理真实的文化体验，以时效便捷、传播成本低、接收方便等互联网优势，彰显其互动性强、黏性高、受众多元、技术实施容易等特征，尤其是强化了即时互动的网络直播技术，使得传统民俗的影响力越来越大。互联网与民俗的结缘，其意义可概括为以下几个方面：

一是拓展民俗文化的传承路径。我国地域广阔，民俗文化丰富多彩，但从传统民俗整体的传承发展来看，现实状况并不乐观。一方面，许多乡土民俗面临仪式消亡、技艺断层的窘境；另一方面，随着风土习尚的演变，传统民俗固有"传"的模式亦已不适应时代需求和民众的"接受"诉求，民俗文化的传承面临着令人担忧的境遇。

因此，传统民俗的保护与传承需要拓展思路，适应新时代的发展需求。在媒介中心化的信息消费时代，互联网的普及为传统民俗的发展传承提供了新路径。传统民俗应积极发挥互联网迅捷便利、资源丰富、反馈及时、互动效果明显等优势，充分利用网络传播、社交媒体不断优化民俗文化的传承路径和传播模式。传统民俗尤其需要积极发挥互联网大数据功能，一方面将传统民俗的文化价值进行可视化传播，在适应当代信息消费习惯的过程中，积极传承与传播传统民俗；另一方面应基于时效性、热点性需求，借助网络直播的新型模式将优质的民俗文化商品化，稳步构建民俗文化产业链，以民俗经济推动民俗文化的保护与传承。

二是增强民俗文化的传播力。在电子媒体尚不发达的年代，传统民俗更多以"在场"的活态传播为主，表现为明显的节庆性特征：要么是以春节、清明、端午、中秋等重要传统节日为约定，人们围聚一起，共享民俗文化的基本要义；要么是以区域、宗族、信仰、种族等为特色的"约定俗成"，共同遵从或传承民俗文化基本规约。这种节庆式的传统民俗更多以口耳相传形式，流传于地域性的文化时空，基本保证了传统民俗的原汁原味，现场参与的仪式感、神圣感和归属感异常明确，但其传播的覆盖面、影响力、交流性等存在一定局限。

与以口语、人际等传播方式相比，传统民俗网络版在传播内容、传播形式、传播模式、传播效应等诸多方面都出现了很大变化。这种基于互联网平台的新型传播模式，一方面充分发挥了融合传播的即时互动效应，以"虚拟现实"创新民俗参与的"在场"感；另一方面也可借助互联网平台无限性的传播优势，让更多民众分享民俗文化的精彩内容，引发更多关注与情感共鸣，有效增强民俗文化的传播力，促进民俗文化的交流与互动。

三是促进民俗文化再生产。传统民俗网络版的内容生产与主导传播的群体大多为当代青年，他们的文化水平相对较高，互联网知识较为丰富，网络传播技术娴熟，乐于接受新鲜事物。这些青年群体基于传统民俗的互联网行为，一方面为民俗文化传播提供新时代创意；另一方面也创新了民俗文化的传承路径。

与传统媒体时代相比，互联网时代民俗文化的再生产具备两个明显特征：一是传播速度快，二是覆盖地域广。因此，互联网版的传统民俗借助不断革新的传播技术，适时将传统民俗"迁移"至互联网，以文字、图片、声频、视频等各种方式的组合传播，不仅再现了离乡游子的生命记忆，丰富了互联网平台的传播内容，同时更为传统民俗的再传播提供了与时俱进的传播方式。在未来的元宇宙时代，以高科技传播为平台的信息消费社会，传统民俗同样是异常重要、特色鲜明的传播内容。

四是推动民俗文化的活态化传承。活态化通常是指对某种元素在视觉感知方面静态呈现的超越，兼具"形在"与"魂留"特质，活态化传承的该类元素突破橱窗里静态的历史文化定格，借助新技术、新平台、新理念实现其文化价值的时代化延续，具有鲜活展示性、文化始源性和地域实践性等特征。互联网版的民俗文化活态化，以互联网思维创新构建新型传播模式，在内容更新、渠道开拓等方面，改造传统民俗文化原始的传播方式，最大化地发挥融合传播优势，让民俗文化从内到外散发出新时代的活力。

尤需注意的是，在"互联网+"时代，基于互联网平台的传统民俗文化活态化传承催生出新的民俗文化。这种"新民俗"以传统民俗为基础、以互联网为载体，创造出融合传播特质的新时代网络民俗文化样态，如网络红包、网络祭拜等。一些政府机构结合区域传统民俗影响力，开办各类民俗文化的学习频道、学习视频，传授剪纸技艺、年画制作、皮影绘制、手工糕点制作等，积极传承民俗，展现民风；一些互联网平台通过线上线下相结合的技术传播手段，增强传统民俗文化"现实与虚拟"的结合体验，倾力打造互动效果良好的体验文化，使中华传统民俗礼仪、技艺、文化实现互联网传播的转型，为民俗产业的发展带来很无限商机和增值发展空间。

第二节　民俗事象的图文再现

在漫长的历史发展过程中，文字和图像是人类信息沟通与交流的两大介质，其中图像是最直观、最便捷的信息呈现载体。"读图时代"的真正"卖点"不再是原有纯粹性的文字表达，而是精美、新奇、富有视觉冲击力、阅读诱惑力的图片，这种情形不仅出现在杂志、报纸、书籍等印刷媒介之中，而且在微信、微博、头条等社交媒体亦是越发明显。

"读图时代"的来临显示了信息接收方式的变迁，也意味着信息生产与传播方式的转变。这种生产与传播观念的转变同样体现在民俗文化的传承与传播实践之中。由于图文再现的民俗内容贴近生活、适时共情，容易拉近与受众之间的距离，产生共鸣，增加受众的可接受度，无形中增加了民俗与受众的情感联系，人们愿意把图文再现的内容多次分享到不同的社交平台，促进民俗文化图文再现的二次传播，在吸引民众、市场等更多关注度的同时，积极促进传统民俗文化的传播与传承。

在微信平台上，朋友圈与公众号成为人们信息的重要来源。公众号分为服务号与订阅号，定时更新内容，并推送到各个用户的手机上，网民根据自己的兴趣喜好倾向性地关注各类公众号。传统民俗图文再现的表达方式，符合公众号推送与传达的理念，定点发送到用户客户端，实现民俗文化的信息分享与传播；与此同时，在微信"朋友圈"板块中，以民俗文化精美图片为内容的"九宫格"及点缀性、提示性文字，不仅方便人们充分利用碎片化时间进行浏览阅读，而且符合同类群体"强关系"传播的阅读期待，在强化用户黏性的同时，凸显了传统民俗持续交流、深度互动的传播效应。

微博内容小而精。人们通过热搜，可以在碎片化时间里获取当下最新、最热门的话题。民俗文化的图文再现可以充分运用微博信息生产与传播的便捷优势，在微博平台上适时发送吸引眼球的平面图或动态图，并配上解释性文字，利用民众日常生活中的碎片化时间，把最精确的内容发送到客户端,以最短时间抓取受众眼球,吸引注意力,在用户转发、评论、点赞的积极互动中,提高民俗文化的传播力与知名度。

尤为重要的是,在全球化传播语境下,传统民俗"图文再现"表达形式的影响力,已经不仅仅存在于某一地区、某一国家的内部,而是联系着全球各地的互联网,为民俗文化拓展交融空间并创造交流机遇。图文再现的魅力在于跨越语言障碍,直观地展示不同国家、民族的民俗形态,向世界展示本国或者本民族传统民俗的艺术魅力,直观感受来源于人性、文化、自然、时间等交织的人类智慧,引起不同民族之间的灵魂共鸣,吸引世界人民对某一传统民俗文化的共同关注。

中国传统民俗历史悠久,分类复杂多样,具有不同地区、不同时代、不同形态等划分方式,与民俗文化内涵有关的信息不可计数。在碎片化时代,仅就"图文再现"传播视角来说,如何在众多信息中脱颖而出,并产生持续性影响,需要按照不同媒体的特点进行传播,打造民俗文化知识专区,按照特定板块进行图文再现,引导人们对民俗文化的感受与认知。

(一)利用"两微一端",形成图文板块传播

与传统媒体相比,互联网上信息海量,如洪水般滔滔不绝,令人目不暇接,具有瞬时性、碎片化传播的特点。社交媒体异常发达的今天,民众主要通过"两微一端"(即微信、微博、手机客户端)来接受外部信息。微信平台是图文传播形态的重要途径之一,因此基于此平台的传统民俗传播,需要创立与民俗文化深度关联的公众号,定时为用户推送优质的图片和精准的解释性文字,用户再通过分享进行二次传播,使传受关系不断激化,实现良性循环。

从麦克卢汉的传播理论来看,相比于冷媒介而言,作为热媒介的图像提供的信息更多、明确度和完备度更高,图片的直观性、可视化、真实性更能有效地提高传播效率,因此需要积极重视图像对民俗传播的影响力度,在彰显视觉冲击力的同时,持续提升传统民俗图片的品质、品位及艺术审美感觉。例如与民俗摄影爱好者进行合作,充分利用图片信息传达力度,展示民俗文化的风貌,让受众在大饱眼福

的信息消费中，激发民俗文化知识汲取、民俗文化再传播的效应。

微博平台同样重视信息传播的精短化、视觉化诉求，几乎每一条热点都会配上具有冲击力图像的传播行为培育着受众微博平台的信息消费习惯。基于微博内容少而精的特色，传统民俗的图文再现传播方式不仅符合该平台的传受特质，而且在碎片化信息容易被淹没的时代，平台为获取更佳的传播效应，可以充分发挥"意见领袖"的作用，"观念总是先从广播和报刊传向意见领袖，然后再由这些人传到人群中不那么活跃的部分；信息的传递是按照'媒介—意见领袖—受众'这种传播的模式进行的"[1]。在图文再现传统民俗时，微博平台一方面可以依托"今日头条""人民日报"等知名度高、影响力大的新媒体，形成微博矩阵，造成潜移默化的影响；另一方面也需要利用图像对受众心灵的冲击，依照特殊时间节点、特殊民俗事件等不断制造热点，保持话题的新鲜度，吸引受众的讨论与参与，促进受众的转发、评论与点赞，掀起民俗文化与图文再现相结合的浪潮，让人们在参与讨论的体验中领悟民俗文化。

相比于微信、微博平台而言，手机客户端则按照新媒体思维，针对民俗文化差异性、独特性等特点，强调内容为王、用户体验的新型传播理念：其一是开创民俗文化特定板块，配合轻松易懂的文字与具有审美意义的民俗图像，有效吸引受众对于民俗文化传承的思考；其二是举办民俗摄影比赛活动，参与者不仅积极地融入民俗当中，真实地感受民俗带来的精神享受，其优秀的成果更是为民俗图像资源提供新鲜的血液，展示出一个个鲜活的民俗例子，促进有效的循环利用。

(二) 图像再现，还原民俗原本风貌

"再现"表面意思是指曾经出现的信息"又一次呈现"；它的"呈现"，并非当前现实世界，而是一个被表述的过去世界。运用图像再现传统民俗不仅能够在接收者脑海中留下深刻印象，还能更有效地实现转发与再加工。

---

[1] 桑亮，许正林. 微博意见领袖的形成机制及其影响 [J]. 当代传播，2011 (3)：12-14.

需要引起重视的是，图像对传统民俗的文化内涵、仪式流程等诸多环节的再现，只是局部的、细节的真实，而不是整体的、全流程的真实。对于传统民俗的传播者而言，图像再现是利用摄影技术对历史记载的文献、现实世界周期性民俗活动的再生产，而基于传播视角、传播理念、传播诉求及传播者自身媒介素养的差异性，即便是同一时间点的同一种民俗，因摄影者主观性不同，图像再现所呈现出来的内容也会不同，且其并不能代表该民俗的"实相"。对于接收者来说，如果对某种民俗的真实内涵一无所知或者知之甚少，仅凭图像的内容再现也只能捕捉该民俗的某一刻时间点所呈现的样貌，并不能像文字一样翔实、精准、全面、整体地表达民俗内涵。与此同时，受众在接受民俗图像的过程中，也会按照自身主观性进行自我解读，凭借各自想象对民俗的图像文本进行还原，容易出现摄影者要表达的内容与受众所理解的内容并不一致的现象。并且，一张民俗文化的图片在传播过程中，可能有不同的文字解释，众说纷纭，也容易出现以讹传讹或三人成虎的传播效果，严重干扰受众对民俗原貌的接收与理解。

因此，传统民俗的图像再现需要传播者注重对民俗原本风貌的还原，尽可能保持民俗文化的原汁原味，一方面需要图像摄影充分理解民俗文化内涵，准确地表达民俗的真实形态，努力还原民俗文化的结构与内涵，从整体性、系统性等维度使民俗文化更好地进入受众视野；另一方面各新媒体平台在对民俗文化图像的使用过程中，要最大可能地确保民俗图片所要表达的含义与传统民俗本身内涵相一致，对含糊不清、具有争议性的民俗图像需要谨慎使用，必要时还需要运用权威性的文字进行解释说明，以方便受众理解与接收。与此同时，还可以与受众进行良性互动，解答他们对于民俗图像信息的疑惑，提高人们对于民俗文化的欣赏水平，从中获得精神享受。

（三）主动利用 VR 传播，丰富图文再现的方式

读图时代的可视化、情景化传播理念一直是传授双方都在积极追求的目标。图像已成为日常生活中民众重要的信息消费和信息传播方式。如今，一般意义上的传统民俗图文再现已很难满足受众民俗文化的深度需求，由 VR 技术所支撑的可视化场景体验开始逐步进入民众

的民俗文化消费视野。VR传播是图文再现的升级版——由平面图形转向立体图形——使民俗文化的数字化传播进入崭新领域。

所谓VR（Virtual Reality），也就是虚拟现实。在国外对VR的特征归纳中，有两个概念成为核心，即沉浸（immersion）与在场（presence）。所谓沉浸，指"用户有多被卷入（envelop）其中"；而在场，指的是"用户感觉到'正在那里（being there）'"。这两个概念相辅相成甚至有所交叉，"更深的沉浸程度会指向更深的在场程度"[1]。正如麦克卢汉所说，每一次的媒体变革，都是人体一次新的延伸；图片是眼睛的延伸，而VR技术则是眼睛的再一次具有深度性与广泛性的延伸。过去人们只能够凭借自身的想象力来对图像进行解读，而通过VR技术，能够全方位、立体化、深层次地来感受场景。

传统的图义再现，一方面很难全方位表达民俗文化的多样性，切割了民俗体系的完整性，不能全面地展示民俗风貌；另一方面也只能利用碎片化时间进行传播，难以形成系统的民俗知识体系。而VR技术结合民俗文化的传播形态，运用人机交互技术，将人体的感官与肢体和场景里的人物与事物相协调，实现对场景的操控，充分融入场景之中，从而突破原有图文再现的局限，打破空间的枷锁，让人沉浸在民俗文化的魅力之中。例如通过VR设备来参与到民俗表演，不仅能够了解民俗表演的形式，还能够充分感受其中的民俗情感，更能激发人们对民俗文化的兴趣，全面了解民俗文化，增强参与感，灌注民俗文化新的活力。同时，通过VR技术将烦琐的民俗技艺进行记录，不仅能够使其以数字化形态永久保存，还能够让未来的人们参与、体验其中，实现民俗文化的传承与发扬。

VR传播是图像的"强化升级版"。在国际传播当中，VR形式能够跨越语言的障碍，突破地域的边界，令全世界的人们领会中国传统民俗文化的独特魅力，展示特有的民俗内涵，包括民俗的历史演变、艺术形态、存在状态等，让中国传统优秀文化弘扬海内外，为民俗文化的传播提供新的突破点。

---

[1] 杨慧，雷建军. 作为媒介的VR研究综述［J］. 新闻大学，2017（6）：27-35，151.

第三节 民俗活动的网络直播

网络直播是基于互联网技术将正在发生的实时状态分享给不在现场的受众的一种传播方式。网络直播大致分为两类：其一是在网络上提供电视信号的收看，诸如文艺活动、体育赛事等内容的直播，其原理是将电视信号通过采集并转换为数字信号输入电脑，实时上传后供民众收看；其二是传播者在各类活动场所，架设独立的音频与视频的数字信号采集设备，导入导播端之后通过网络上传至服务器，发布链接网址供人收看的行为。近年来，随着媒介技术的转型升级，网络直播开始由公共领域转向私人领域，打破了"点对面"的传播格局，人们通过摄像头，便可以完成逐渐融入个人生活的网络直播。

大众媒体时代，电视直播在呈现传统民俗内容的过程中，其传播信息的生产需要经过严格的结构化编辑处理，其呈现角度有电视媒体自身的独特诉求，呈现内容也是经过精心挑选的部分民俗文化，受众对于民俗文化传播的本真性和整体性需求并未得到满足。网络直播则可以通过语言文字、图片、音频、视频等多样化传播方式，实时、立体地传送正在发生的民俗活动与民俗演艺，并且随着互联网直播平台的增多，受众可以主动地而不是被动地选择媒介。这种便捷的媒介接触行为增强了传统民俗的当代传播效果。与此同时，网络直播的实时性与互动性让受众沉浸在直播现场，适时欣赏并虚拟参与民俗活动现场的情形与气氛，体会到人在现场的快感与满足感。对于即时呈现的民俗可以表达自己的想法或者提出自己的疑问，并与主播实时互动。这种"面对面"的方式不仅受到受众欢迎，而且在很大程度上帮助民俗呈现者更好地了解受众需求，更有质量地传播传统民俗文化。

传统民俗文化的网络传播，不仅可以扩大民俗传播面，让没能在现场的受众实时观看，身临其境，而互动体验式的网络直播还可以突破时空壁垒，极大化地实现传统民俗文化的当代教育作用。例如在甘肃环县道情皮影艺人的网络直播中，艺人进行皮影制作、表演，并且配有适当的解释，生动形象的直播画面吸引了许多的观众，观众还可以通过直播平台，或进行评论，或对皮影艺人实时发问，极大地满足了人们的好奇心与求知欲，艺人的实时解答又容易形成"用户黏性"，使越来越多的粉丝关注并收看皮影直播，从而潜移默化地实现此类文化传播现象背后的文化传播与价值传承。

"网络直播+传统民俗"更符合数字时代人们的交流习惯，并能产生积极的教育意义。对于当代传统民俗的传播来说，网络直播的互动性、实时性、可视化、沉浸式等特点，能够让受众更好地了解传统民俗文化，并成效明显地扩大传统民俗文化的传播面。同时，民俗网络直播平台还能引进具有一定传媒素养和民俗知识的人才，除了日常的展示解释，还能实时与受众互动，把握受众的需求，解答受众疑惑，积极引导受众，使之真正触摸到传统民俗文化的热度，真正将最优质的民俗内容带给网民。

在互联网时代，网络设备基本普及，人们通过手机便可以分享或收看民俗文化的相关故事、制作过程、工艺品展示等，受众由被动逐渐变为主动，具有强烈的参与感。随着网络直播的实时性、现场感与互动性的增强，观众身临其境，不由自主被吸引，除了可以观看直播，还可以实时发送弹幕与直播者进行互动。以河南浚县庙会为例，河南报业的全媒体记者仅对庙会进行了四个半小时的直播，总播放量就已超过159万次，获得评论2.1万条，点赞量突破65万条。[1] 总体而言，当前的民俗文化网络直播较为重视受众互动体验，不断强化民俗文化的传播力、影响力。

民俗文化的网络直播应注意以下问题：

首先，民俗文化的网络直播应重视前馈作用。因为传统民俗的类别多种多样，内容丰富多彩，而且受众群体庞大，应当重视前馈的作用，在细分受众群体的过程中合理安排民俗直播的时间与内容。目前，较为成熟的做法是积极利用互联网技术有针对性地进行受众调查，包括其年龄阶段、阶层阶级、所在区域以及参与直播的动机等，

---

[1] 侯梦菲. 河南浚县庙会直播 新的传播方式传递古老年味[EB/OL]. (2017-02-13)[2022-06-06]. http://www.wenming.cn/syjj/dfcz/hn/201702/t20170213_4052526.shtml.

其后再把民俗网络直播的内容进行定点投放。

其次,民俗文化的网络直播需实时回复受众的评论。网络直播的一大特点在于实时性强。由于网络使用门槛持续降低,具备一定媒介素养的民众都可以利用网络技术设备进行现场实时直播,把所处的地方正在发生的情形传播给网络用户,让不在现场的人"身临其境",并实现双方互动。因此传统民俗的网络直播实时地营造了"虚拟在场"的气氛,及时调整直播呈现的民俗内容、现场状态等,可以充分满足受众的好奇心与求知欲,引导受众对于民俗的信息接受,满足受众对于民俗网络直播的期待,实现曝光量增加、用户黏性增强的传播效果,促进二次传播。

再次,民俗文化的网络直播需梳理并分析反馈信息。网络直播创造出独具特色的民俗文化内容,吸引对此感兴趣的受众,并产生大量的反馈信息,主要包括所直播的民俗内容评价、直播的感受效应、网民的期待兴趣点等。这些反馈信息不仅展示了网民个体的独特个性,同样也容易聚集具有同样兴趣的伙伴,形成圈层效应并促进民俗文化的再传播。因此,直播者收集、梳理、分析反馈信息的大数据,有利于针对受众需求制订下一步民俗直播计划、持续优化直播内容,并主动增添更丰富多彩的互动形式,如有奖竞答、邀请嘉宾参与直播、最佳排行榜等,积极增强受众民俗文化信息消费的互动体验感,共同挖掘与传承优秀民俗文化,为促进民俗文化繁荣增添一份力。

最后,利用直播营销助力民俗文化产业链形成。民俗文化网络直播的目的不仅在于把民俗文化的背景、内涵等内容搬上电子屏幕,而且在于把民俗文化转化为实质驱动力,统筹经济效益,给予民俗所在地、民俗艺人、民俗本身以直接变现的渠道,实现民俗文化的价值利用。民俗文化的网络直播可参考其他艺人与企业的网络直播做法,如36氪的WISE1.0互联网创业者大会借助直播造就了线下1 000人,线上几万人的互动嘉年华,更是赚足了关注度。[1] 通过网络直播平台,把网络直播与民俗文创产品的销售相结合,可以在网络直播中嵌入民俗相关的文创产品的购买链接,直播过程中把产品样品展示给受

---

[1] 崔秋霞. 网络直播的模式分析及未来发展趋势[J]. 新媒体研究, 2016 (17): 7-8.

众,促进受众的购买欲望,体会民俗文化的魅力,陶冶艺术文化精神;还可以吸引企业对民俗的文创产品进行投资销售,把资本与优质民俗资源相结合,促进更多的文创产品落地产出,形成产业链,打造为具有一定知名度的民俗文化品牌。

第四节 民俗知识的互联网传播与交流

在互联网时代,"媒介本身成了一种民俗,或者说,现代媒介造就了新的民俗"[1]。民俗知识基于互联网技术所进行的交流传播已成为常态。随着自媒体的不断发展,用户可以生产原创内容,上传、发布有关民俗文化的信息内容。这种媒介赋权,一方面为民俗知识传播开辟了广阔空间;另一方面也通过诸如"H5"等新的传播模式增强了民俗知识传播的生动性与趣味性,令受众在轻松愉悦的过程中汲取民俗知识,体验民俗情感,润物细无声地融入当代民俗生活。

传播技术的迭代发展,大数据技术应用的不断完善,对传统民俗知识传播起到了积极作用,但也应看到,部分已经"搬到"互联网平台的民俗知识,尽管以"互联网+民俗"模式得以呈现,但民俗知识"误传"的问题依然存在。各类互联网平台上民俗知识的传播与交流,必须立足原有民俗,在民俗知识数字化编码时,首先要保留其原有的民族性、地域性,着重选择个性化的内容进行生产、传播与交流,确保互联网语境下的民俗知识"原汁原味"。对于特定时间、特定地点、特定民俗,需要将其形成过程、表现形式、功能作用、内涵意义等以一条清晰的传播线交代给受众。

(一)民俗知识传播的系统化

为了充分保证民俗知识传播的真实性、科学性,专业师资、专业机构需要积极发挥其专业性作用,有组织、有规划、成体系地生产和传播

---

[1] 惠子.试论民俗传播中的受众心理[J].东南传播,2011(1):101-104.

各类民俗知识，并在国家级互联网传播平台进行公益性的网络民俗视频教学，例如在国内优质的学习平台——中国大学 MOOC（慕课）发布系统性民俗知识的教学视频，形成专业化传播；也可以积极与品牌力强的互联网传播平台合作，加强民俗知识专业性生产、专业性传播的覆盖面，惠及更多民众，例如与 B 站、喜马拉雅、Facebook、YouTube 等国内、国际平台合作，还可以开设播放时间短、内容聚焦的微小课堂，利用受众的碎片化时间加强民俗知识的多维传播。整体上以网络视频、音频等形式有效整合民俗文化的知识内容，使受众能够按需获取那些制作质量高、内容准确的民俗知识，为世界各国提供中国传统民俗知识内容，促进不同文化间的交流融汇。

（二）开发民俗知识 APP

结合传播技术发展，充分调研传播者民俗知识生产、受众民俗知识消费及再传播的行为习惯，设计专业化的民俗知识 APP，为传受双方提供专业、系统、严谨的民俗知识互联网传播新平台成为重要选项之一。一款民俗知识的 APP 应当囊括不同类型的民俗文化，并按照特定的标准进行分类，如通过口头传播的有民俗歌谣、民俗谚语，通过实物传播的有民俗工艺品，通过亲身活动传播的有民俗舞蹈、民俗技艺等。[1] 除此之外，还可以利用与民俗知识相关的图片、音乐、视频、超链接文本等方式丰富 APP 的内容。

专款的民俗知识 APP 需要注重用户体验，培育对优质民俗知识进行转发、评论、点赞、打赏等移动媒体使用习惯，在特定民俗节日如"二十四节气日"可以重点推出相关的民俗文化知识，让用户共同参与，进一步深挖和拓宽民俗知识的审美价值与实用价值；也可充分开发与利用互联网传播平台，线上与线下紧密联动，探寻出传统民俗知识传播的新出路，更好地促进民俗文化的传承，而专业性的民俗知识 APP 针对性强，能够满足不同受众对多种民俗知识的消费需求，拓宽民俗文化审美视野。

---

[1] 刘淑华. 文化产业与民俗艺术的现代传播 [J]. 现代传播（中国传媒大学学报），2014（1）：163-164.

(三)用好民俗资源大数据[1]

随着大数据时代到来,移动互联网技术的迭代升级不仅优化了传播者与受众之间信息生产与消费的互动反馈,而且也改变了受众信息获取、分享的消费习惯。通俗地说,大数据技术通过收集受众在使用互联网过程中产生的痕迹,包括浏览网站、点赞、评论、图片点击、视频观看、好友互动等,对受众的需求心理、兴趣爱好、日常习惯等进行数据化分析,采取"用已知预测未知""分门别类贴标签""优化再调整"等措施生成用户精准画像,进而更好地针对受众需求进行传播,获得良好有效的传播效果。显然,来自不同地区、社会阶层、年龄段、性别的受众对民俗知识有着各自的需求,而大数据技术的充分运用有利于收集受众接受民俗知识过程中所产生的数据资源,例如搜索民俗文化内容的网站,购买民俗文创产品,转发、评论和点赞民俗文化相关的内容,观看浏览民俗文化的视频或图片等。通过适时分析受众对不同民俗知识的兴趣爱好与关注的侧重点,可以深入了解受众对不同民俗知识的特定需求,促进民俗知识生产、传播与消费的品质提升,优化民俗文化产业链的转型与升级。

另外,大数据技术与民俗知识相结合,有利于传播者充分利用数据,剖析并精确细分受众,针对性设置民俗知识生产与传播有效议程,合理提供更加贴近受众需要、更具有针对性的民俗知识,目标明确地实现定向推送,积极引导受众对民俗知识的共鸣与思考,充分激发受众对于民俗传播内容的兴趣,从而提高民俗文化的传播效果。例如"今日头条"平台根据用户的阅读习惯贴上标签,并对其兴趣进行排序,每日为其推送相似标签下的内容,便是一种成效明显的实践借鉴。

(四)助力民俗知识的流量变现

民俗知识的互联网传播、民俗技艺的互联网展现,有助于把流量

---

[1] 大数据通常是指以容量大、类型多、分类便捷、应用价值明显、存取高速性为主要特征的数据集合,最早应用于 IT 行业,目前正依托云计算的分布式处理、分布式数据库和云储存等虚拟化技术,对数量巨大、来源分散、格式多样的数据进行采集、存储和关联分析,并从中挖掘新价值、提升新能力的新一代信息技术和服务业态。

变现，促进民俗文化的传承与民俗产业链的优化，因此民俗文化发达地区的政府产业规划部门需要多维开发网络资源，以民俗知识传播、民俗技艺传承为抓手，一方面促进当地民俗经济发展，另一方面也能积极落实民俗文化产业化的可持续发展，例如民俗美食、民俗技艺、民俗旅游、民俗演艺等。近年来，新疆阿克苏地区逐步建立和完善政策扶持，各类劳动者既能立足自身实际，以特色小吃、特色服务在乡镇或家门口实现微创业，又能有效借助"互联网+"的各类平台，实现实体创业和网上创业的有效结合，涌现出了一批创业典型。[1]

因此，当前传统民俗技艺的传承与创新发展应当重视"互联网+民俗"的传播形态，在对传统民俗技艺传播现状进行细化研究的过程中，密切关注其互联网传播渠道的差异性，创新构建符合当代人信息消费的方式，持续强化传统民俗技艺所蕴含的文化优势，竭力打破传播壁垒，拓宽传播空间和发展方向，积极促进民俗技艺与其他优秀文化的交流、交融，以多元发展的态势激发传统民俗技艺的新时代活力。

第五节　民俗文化的互联网消费

传统民俗在根本上是一种地域实践性知识的积淀，每一种民俗都带有特定地域环境的基因，并依附于特定人群长期的生存方式、传统道德、习俗信仰等。当前传统民俗互联网版的再发展需要密切关注其地域性拓展，一方面分析总结风土习俗如何在特定地理空间滋生、繁衍和传承；另一方面则应依据民俗文化的再生性、外缘性等特质，借助新媒体技术实现跨地区、跨文化、跨国家的互联网传播消费经济。其中传统古村落文化、传统民俗美食这两方面，表现得尤为明显。

传统古村落是民俗地域特征尤为突出的汇聚地，它承载着当地民俗文化形成的历史背景，反映着自然环境、人文历史的沧海桑田变

---

[1] 民俗文化与产业结合助力群众脱贫[EB/OL]. (2018-08-05) [2022-06-06]. http://www.xinhuanet.com/culture/c_1123224622.html.

迁，同时清晰地标示着地域性的"原生态"和人们的日常行为方式。在融合传播时代，出于旅游经济、乡村振兴、文化信仰、民俗消费等诸多层面的需求，传统古村落成为互联网内容表达的重要选择，一方面旨在再现已经或即将失去的文化痕迹，另一方面也在努力重新找回心头缠绕的"乡愁"。

以全国古村落较为著名的山西省为例，山西是我国北方地区拥有古村落相对较多的省份，"原有古村落3 500个，目前经调查登记的传统村落有1 500多个，现存元代至清代有价值、保存完好的传统村落共959个，列中国古村落属地之最"[1]。山西传统村落较为完整地体现出了我国北方农耕文化演变的全貌，体现了黄河流域的景观特色和文化特征。山西许多村落拥有各自独特的非物质文化遗产资源，如有关村落的传统典故、历史演变、民间习俗、名人轶事等，但是由于地理空间限制和文化认同差异，传统传播方式难免会显得力不从心。互联网的出现，特别是数字化传播技术的逐渐发达改变了山西古村落传统民俗的发展轨迹，许多古村落借助互联网的营销思维，使得各自相对独特的传统民俗纷纷走进民众的消费视野，文字、图片、短视频、网络直播等多样性的表现手法，使得大多数古村落纷纷变为旅游胜地和网红式的打卡地点。当前，互联网已成为人们生产生活不可或缺的条件，对传统民俗的地域性拓展必定发挥主导型的助力作用。

在"互联网+"时代，大数据、人工智能、云存储、云计算、新媒体客户端等新型传播渠道的拓展，积极促进传统民俗文化的新媒体转换与跨时空传播，有效拓展了传统民俗的覆盖面与体验度，而且越来越流行的"区块链"传播技术，正在稳步建立"一个更为包容、连贯、共享的文化生态系统，让人们能够更加全面、准确地把握'入乡随俗'的价值内涵"[2]，以互联网用户作为主要传播对象的传统民俗，正在充分利用发达的网络平台，汇聚与传递不同地域、不同民族的文化、风俗等内容。

---

[1] 郭晋媛. 山西传统村落旅游开发动力机制研究：基于民俗学视角 [J]. 技术经济与管理研究，2019（2）：122-128.

[2] 杨秀芝. "互联网+"视野下的民俗文化活态化研究 [J]. 中南民族大学学报（人文社会科学版），2018（2）：63-67.

作为地域文化、文明印迹的生动传承主体，古村落等非物质文化遗产蕴含着一个地方特有的精神价值、情感理想、思维方式和审美意识，包含了地方的历史记忆和生命基因，[1] 而新媒体为传统民俗的跨区域传播更是增添了无限可能的动力，例如网络 VR 技术能够根据人的感知方式来组织空间，围绕以"人"为本的展示理念，让传统村落形象地展示在生活在不同地域的人们眼前，增强网络用户的参观体验需求，唤醒不同地域的人们对传统民俗共同的情感认知，改变对不同地域民俗存在的刻板印象，增加人们对不同地域传统民俗的关注度。

与基于古村落传统民俗跨地区传播效应较为相似的是中华美食新时代传播效果。中国人有着对美食的无比热爱，而网络为人们提供了了解不同地域美食的渠道，通过记录一个个民族记忆的"非遗"美食，让人们更深入地了解中华饮食文化的博大精深和源远流长，唤起传承中华优秀传统文化，关注和保护非物质文化遗产的意识。[2] 如文化节目《非遗美食》、纪录片《舌尖上的中国》，他们都以轻松快捷的叙述节奏和精巧细腻的画面，让受众通过镜头了解到不同地域的"非遗"美食，在欣赏美食的过程中同步了解其中悠久流传的民间饮食文化，从而实现传统民俗文化跨地区传播诉求。

一、民俗经济与民俗消费

信息消费时代，特定文化的传播对文化传承具有重要的促进作用。因此，融合传播时代的传统民俗，借助新媒体技术、社交媒体平台等新型传播方式，极大地提升了传统民俗文化消费群体的数量，最终形成民俗传播、民俗传播带动民俗消费和文化产业发展的良性互动状态。

与普通意义上的市场消费行为不同，传统民俗的信息消费，不仅反映消费群体对传统民俗文化浅层次的认可和需求，同时更多指向心理认同、情感认同，民俗认同是以民俗为核心构建的人们共同认可的

---

[1] 蔡武.持守精神家园 传扬中华文脉[N].中国文化报，2010-11-22.
[2] 2019年好味道·新创意"大道至简"，小正大节目成就大美江西卫视.[EB/OL].(2018-10-03)[2022-06-06].https://www.sohu.com/a/257520596_100029950.

对传统的传承意识和传承行为。共同的生活方式与价值观的共享，形成民俗认同。共享的民俗认同是构成不同群体互动和新传承形成的驱动力。[1] 因此，当受众以信息消费者身份面对网络化传播的传统民俗时，基于其认同意识的消费心理将积极促进民俗消费行为的发生，同时在围观效应、示范效应的影响下，这种消费行为极易产生群体行为的边益效果，最终以经济效益获取的样态促进传统民俗高质量地传承与传播。

从目前传统民俗产业经济发展的现状来看，无论是线下各级各类政府部门组织的乡村振兴内涵、各种文化旅游企业的民俗专项策划与包装，还是线上各类平台传统民俗文化的多角度传播、互联网博主传统民俗文化的生产与传播，都必须清醒地认识到：线上线下有机结合的传统民俗传播与传承，无法回避当下以个人为中心的社交媒体，这一传播载体先天性具有反中心取向，并尽可能追逐传统民俗资源泛社会化、全民化的覆盖面，并努力让真正了解、懂得传统民俗的专家，借助互联网传播技术积极参与其中，以确保传统民俗的传播效用和文化价值。与此同时，在传者、受者身份飞速切换的互联网信息消费环境里，作为网民的消费者自主意识、辨识能力、审美情趣等都在急剧提升，传统意义上传播学"魔弹论"所设定应声而倒的受众"靶子"很难存在，因此传统民俗经济的发展尤其需要密切关注互联网信息消费特质的网民民俗文化消费心理。

二、民俗节日与民俗旅游

农耕时代的消费更多与实物性质的物质消费有着密切关联，温饱是其核心指向。今天，在解决温饱问题之后，消费的内涵变为物质消费与精神消费。就民俗消费而言，传统时代的传统节日庆典、族群内部独特风俗的聚会，更多指向民俗文化与礼仪的传承，各类庆典和祭祀活动用于纸张、食材、香火、烟火、演艺等方面的费用有着政府资助、社会捐赠、乡贤支持等专项来源，并不会成为民众关注的焦点；在现代社会，传统民俗周期性庆典节日的消费性逐渐升级，在传统民

---

[1] 张举文. 民俗认同：民俗学关键词之一 [J]. 民间文化论坛，2018（1）：9-14.

俗育人、传承等内在的涵化功能继续发挥的同时，传统民俗的节日庆典、民俗旅游资源的深度开发项目成为拉动民俗消费的持续动力，而互联网平台的加持容易更实现民俗庆典活动、民俗消费、民俗旅游的多维共赢效应。

（一）传统民俗的节日消费

对于某一特定、狭义、成员关系异常紧密的族群来说，其群体自身的传统民俗更多在意内生性的"人化"和"化人"的精神统一。在特定时间，族群内部成员共同参与、共同接受心灵洗礼，其物质消费的经济性不是关注焦点，但某种传统民俗超越一定人数规模、跨越一定区域，成为一种共同文化信仰、精神支撑、全国乃至全球性的节日庆典或者祭祀庆典时，这种传统民俗便不可避免地与经济消费有着直接关联。随着消费主义思潮的逐步流行，商品经济理念已经在当代社会生活中得以全方位渗透，传统民俗的物质消费与精神消费已成为周期性的消费盛宴，传统民俗互联网版的呈现更是明显增添了其传播消费的特征。

首先是市场与商家共同促成民俗节日的消费经济。在类似于春节、清明、端午、中秋等重要节日里，民众因情感认同而产生的物质消费行动，促使市场和商家尽最大可能满足民众需求，积极生产、储备、销售与特定民俗相关联的物质产品，同时商家抓住消费者的消费心理，在市场和商家的努力下传统民俗节日的消费成为消费社会中别具一格的经济现象，这种节日经济可以成为认同性经济、民俗经济，它是国民经济的重要组成部分，也是不可或缺的部分，我们将其称之为节日民俗经济。[1] 这种基于市场与消费者共同需求的节日型民俗经济呈现出周期性的循环势态，实现了民俗文化与民俗消费的共同发展。

其次是民俗节日的美食经济蓬勃兴盛。传统民俗的固定节日往往与美食紧密相连，比如元宵节的汤圆、端午节的粽子、中秋节的月

---

[1] 吴玉萍. 新民俗的产生与认同性消费的构建：以阿里巴巴"双十一"为例[J]. 民族艺术，2018（2）：45-52.

饼、清明节的青团等。这些久远的美食文化与传统民俗交相辉映，美食赋予民俗人文关爱，民俗回馈美食纪念价值。在传播技术日益发达的当下，图片、视频、抖音等传播形式更能刺激受众部分味蕾，让美食来滋养传统民俗的文化内涵，同时促进美食经济的发展。例如，清明自古就是中国传统习俗中最重要的节气之一，吃青团、扫墓园、喝新茶，传统民俗文化带动了一批与清明节有关的特色消费。清明未到，青团"先俏"。南方有清明节吃青团的民俗，青团是节令食物，是江南地区一带的传统特色小吃，不甜不腻，带着青草香的糯米团子被越来越多人喜爱。这种具有南方特色的民俗美食，借助互联网的传播路径进入北方地区百姓的视野，使得北方地区的百姓一方面了解南方人吃青团的习俗，实现传统民俗的跨地区传播；另一方面可以通过日益发达的物流快递，与南方百姓同步享受民俗美食。如此，在满足更多地区人们味蕾需求的过程中，传统民俗的文化交流与交融得以加强。

最后是便捷发达的网络销售平台培育了民俗经济的消费习惯。传统媒体时代，有关传统民俗的文化介绍、美食推介往往更多是精神产品的消费，受众在了解不同地区不同传统民俗的同时，享受着精神上的愉悦。互联网传播时代，随着乡村振兴、脱贫攻坚等国家战略的推进，国家富强、百姓富裕的目标正在稳步实现，借助越来越人性化的网络销售平台，那些原本舍不得购买、不知如何购买的商品纷纷进入民众的消费视野，与传统民俗相关且带有祝福寓意的民俗产品，成为老百姓自身消费与相互馈赠的佳品，虽然各地习俗不尽相同，但是备年货、送年礼却几乎是全国上下的"过年必备"。如今，借助便捷购买的网络平台、及时送达的物流行业，购买带有明显传统民俗风格的网红产品，已经成为民众（尤其是青年群体）采购与消费的新模式。特定传统民俗节日期间，消费者不仅可在各类电子商务平台购买到各种有民俗特色的消费品，还能够享受到与传统民俗相关联的特色服务，实现民俗商品与民俗文化双向消费的需求。

（二）生机勃勃的民俗旅游

除了传统民俗的特定节日消费之外，传统民俗文化产业还有两个重要的发力点：民俗旅游与民宿消费。这两个发力点同样是当代社会文化旅游产业经济的重要内涵，并且与传统民俗的互联网传播之间有着直接关联，支撑并实现了民俗文化的积极传承。作为民俗经济的重头戏之一，民俗文化特别浓郁地区的地方政府、企事业单位已经持续打造了风格迥异、特色明显的民俗文化旅游产品，以此作为地方经济发展、百姓生活富裕、就业与产业双向激活的乡村振兴战略内涵。

民俗旅游通常是指人们离开自己的居住地，到其他不同区域亲身体验当地独特民俗文化、感悟当地民众生活等的旅游行程，其行程的攻略主要聚焦于不同地区的生活文化、婚嫁文化、人生礼仪、口头传承文化、歌舞娱乐文化、节日文化、信仰文化、宗教文化等，旨在实现旅游者对美景、美食、美文、美俗的消费与满足。

作为文化旅游的重要组成部分，中国的民俗旅游开发始于20世纪80年代初期。现代旅游业作为改革开放的直接产物，最初开发的旅游资源主要集中在国内最著名、品位和级别最高的名山大川和历史文化两个领域，"民俗旅游的开发作为补充性产品还局限在比较狭窄的领域，无论是在开发的广度，还是在开发的深度方面，都没有展开"[1]。随着消费主义理念的逐步加强，民众物质生活水平不断提高，精神文化需求也越来越明显，旅游产业在完善基础设备、升级服务理念的同时，开始向精品旅游、特色旅游领域发展，民俗旅游资源由此进入大发展、大繁荣时期。

在口碑营销、大众传媒专题报道、互联网精准营销、移动媒体的即时互动等多种机缘的助力下，民俗旅游成为民众旅游出行时的重要选项。时至今日，民俗旅游热度依然不减，中华大地上各种类型的民俗村、民俗城、民俗园、民俗馆数不胜数，那些原本宁静古朴、闻所未闻的古村落逐渐喧闹，国人、外国人的身影穿梭于承载久远特色民俗文化的物理空间，在满足人民群众对美好生活日益向往的同时，也极大地促进了民俗旅游经济产业的发展。据北京市统计局2019年的统计数据显示：2019年，北京市民俗旅游接待游客1 920.1万人次，

---

[1] 李文祥，韩伟玲. 内蒙古赤峰市民俗旅游开发简析[J]. 商场现代化，2010 (28)：103-107.

实现收入14.4亿元,同比增长5.4%,人均消费75.1元,同比增长9.5%。[1] 这些稳中有升的旅游产业数据,点燃了民俗旅游的热情,在满足国内外民众"求新、求奇、求异、求知、求乐"的心理需求同时,也成为国人了解中华文化、外国人了解中国人生活内容的重要路径,真实展现了浓郁的中华历史与中华文化。

蓬勃兴起的传统民俗旅游产业,带动了地方经济的发展,提供了更多就业机会,满足了不同人群对民俗文化的消费需求,在当代中国社会产生了重大的经济价值和文化价值。与此同时,民俗文化与旅游经济共生相融,相互促进、相互发展。民俗文化为旅游经济带来了新的消费产品,推动了旅游业的发展。旅游活动又促进了民俗文化的传播与再生产,引起人们对民俗文化的保护与重视。[2] 历经多年发展,当下的民俗旅游正呈现多元化发展趋势,"民俗文化旅游景点、民俗旅游演艺、民俗节庆、民俗旅游商品、民俗公园、特色民俗村、民俗旅游综合体,实现了民俗文化与旅游经济相融共生,满足了新时代文化、经济发展的需要"[3],传统民俗物质产品与精神作品的生产者、传播者、消费者将传统文化、自然景观、人文景观融为一体,共同为民俗文化传承、生态文明保护做出可持续发展的贡献。

(三) 休闲的民宿消费

在全球化背景下,民俗旅游越来越成为民众休闲娱乐、摆脱压力、追求内心宁静的一种生活方式。逐渐火爆的民俗旅游经济促进了民宿产业的日渐繁荣,"住民宿赏民俗"是近年来一些民宿商家招揽游客的主打亮点,"住进当地居民的家里,感受当地的风土人情"也已成为很多游客认同的一种旅游理念。伴随着人们对各地民俗文化的关注、民众旅游消费观念的升级,民宿旅游逐渐发展起来。

---

[1] 北京市2019年国民经济和社会发展统计公报[J]. 数据,2020 (3):64-71.

[2] 马华泉,王淑娟. 民俗文化旅游与经济可持续发展[J]. 佳木斯大学社会科学学报,2001 (5):21-22.

[3] 陆海鹏,王仓. 乡村振兴战略背景下新疆昌吉州民俗旅游经济可持续发展对策研究[J]. 山西经济管理干部学院学报,2019 (4):52-56,63.

民宿的创意源自 20 世纪 60 年代欧洲的 B&B（Bed and Breakfast）式旅馆，即提供住宿和早餐的家庭旅馆，游客在满足旅游精神诉求的同时，增添对当地"民俗"风貌的额外体悟。这种接地气的服务方式、诱人的商机模式很快风靡全球，随后在英国、日本等国家积极扩展，成为全球旅游产业新的增长点。随着我国"村村通工程"的有效实施、"脱贫攻坚战"精心规划、"乡村振兴战略"部署，我国乡村旅游的 4.0 版本悄然而至，乡村民宿不仅成为人们乡愁寄托的归处，更是当地风土人情、民俗文化再传播的重要机遇。

基于民俗文化消费需求的民宿产业，其实是人们文化消费观念的转型与升级，在温饱问题解决之后，消费观念经历了物质消费、精神消费、文化消费的稳步转型；消费需求逐步从"上车睡觉、下车拍照"的普通旅游，转变为沉浸式、精致式的旅居。因此，当前的民宿消费迎来前所未有的发展机遇，在"乡村振兴战略"的实施下，民宿消费不仅增加村民的经济收入、改变乡村居民的生活方式、解放乡村发展的思想观念，而且让藏在"深闺"中的各类优秀传统民俗找寻到"美丽乡村美丽资源"转化为"美丽乡村美丽经济"的有效通道，让固态的、沉静的传统民俗文化在旅行消费、互联网传播的流动升值中得到传承与发扬。因此，好的民宿其实是一种旅居文化，是当地民俗内涵与游客消费诉求的紧密结合。

在现实中，民众之所以选择民宿，"就是因为不满足于拍照留影买特产的打卡式旅游，而是希望融入当地百姓的生活，感受风土人情、特色文化，通过入住民宿获得独特的体验。因此，民宿经济要长远发展，就要充满文化味"[1]。如"在建德富春江畔，梅城古镇东约五公里处，有一组别具特色的船屋民宿。'船屋'的概念和形态，源自当地的古老风俗。明初至清中几百年间生活在这里的水上部落，形成独有的船居文化"[2]。根据国家统计局 2017 年 12 月 15 日发布的"第三次全国农业普查主要数据公报（第三号）"数据显示，我国现

---

［1］ 盛会.民宿，还是要有乡土文化味［J］.农村工作通讯，2012（17）：46-47.
［2］ 什么才会成为民宿的新"爆点"？［EB/OL］.（2020-02-29）［2022-06-06］.
https://www.sohu.com/a/376645296_120046640.

有596 450个乡村[1]，如何唤醒这些广袤乡村的"绿水青山、民俗情趣"，如何深度挖掘这些乡村的乡野、乡土、乡俗、乡风、乡情等要素，如何开启美丽乡村旅游的"民宿新模式"，如何真正让地方性优良传统民俗成为游客"安放乡愁、慰藉心灵"的归宿，都是乡村民宿消费的重要着力点，也是游客的"诗"在"远方的村"的归属点。

当前，在国家脱贫攻坚战成果巩固、乡村振兴的大背景下，作为新生事物的民宿消费是加快美丽乡村建设的难得机遇，也是当代中国农村再次繁荣的重要契机，需要充分挖掘并激活市场需求的兴奋点。整体而言，民宿得到消费者的青睐、资本的追逐，其根本核心是民俗。真正的"民宿"是在尊重当地民俗基础上，将旅游体验与民俗体验高度的结合，让游客去体验活体的"民俗"，而不是博物馆里静态陈列的"民俗"。地道的民宿设计有助于保护与发掘民俗生活方式、民俗艺术风情，让游客体验与参与民俗。[2] 地道的民宿设计还应该让相关传统技艺、乡村文化、民风民俗恢复活态化，使得"传统与传承、民俗与民宿、发源与发扬"融为一体，再借助新时代的网络传播，打破时空局限，真正实现"乡村让人们更向往""民俗让人们更安宁"的价值与意义。

三、民俗产业与网络传播

2009年国务院常务会议通过的《文化产业振兴规划》强调：要发展具有地域和民族特色的文化产业群。这里的"地域和民族特色"更多指向地域与民族的传统文化，传统民俗中所包含的婚丧嫁娶、神话传说、农耕牧渔、服装饰品、饮食烹饪、建筑形式等都是其非常重要的组成部分。与此同时，2016年的一次抽样调查表明，"来华美国游客中主要目标是欣赏名胜古迹的占26%，而对中国人的生活方式、风土人情最感兴趣的却达56.7%。目前，无论发达国家和发展中国

---

[1] 国家统计局.第三次全国农业普查主要数据公报（第三号）[EB/OL].（2017-12-15）[2022-06-06]. http://www.stats.gov.cn/tjsj/tjgb/nypcgb/qgnypcgb/201712/t20171215_1563589.html.

[2] "民宿"与"民俗"：民宿不是民俗博物馆[EB/OL].（2019-08-30）[2022-06-06]. https://new.qq.com/omn/20190830/20190830A06YVU00.html.

家，民俗文化旅游均已成为提升旅游 GDP 的重要产业"[1]。当前，中外游客旅游已呈现出多样化、定制化需求，游客深度参与当地特色文化，借助社交媒体积极传播民俗文化的行为也越发明显。那些丰富多彩、质朴鲜活的传统民俗的全球化传播，不仅持续完善了民俗旅游的营销体系，稳步增强了游客的消费体验，而且也为民俗旅游、民俗文化互联网传播带来更多无限可能的发展契机。

（一）网络传播助力民俗旅游产业发展

时间推移、时代更迭等多种因由使得许多传统民俗的内容与形式日渐式微，有的封存于泛黄的地方志，有的流传于坊间，有的残存在民间老人模糊的记忆中。其实，这些具有地域性、族群性、独特性的民俗文化资源，呈现出悠久的历史文化价值、朴素而真实的审美价值，是当代旅游产业持续发展的文化"宝藏"。各级各类政府相关部门无论是抢救性挖掘已经或者即将消失的传统民俗，还是保护性开发其旅游经济价值，都需要直面当前民众的消费理念和传播技术这两个核心要义。

因此，出于经济资本的投资目的，构建旅游者关于异域文化想象的满足等当代旅游产业的诉求，旅游部门有关传统民俗项目的策划、执行、反馈等都娴熟运用网络传播技术，加强内部运作成效，同时积极推广与扩大民俗文化旅游产品的影响力。首先是网络传播突破时空限制，可以实现民俗旅游项目的即时性、深入性、广泛性传播，以尽可能获得更多的旅游消费者；其次是基于人工智能背后的大数据运用，可以有效对接目标群体，在加强民俗旅游市场细分的过程中实现精准传播；再次是强化民俗文化旅游项目与旅游者之间互动传播的黏性，以消费者互联网平台自我传播的口碑效应实现具体民俗旅游项目的营销功能；最后是互联网线上的虚拟传播可以大幅度降低旅游项目线下营销成本，尤其是在各类突发性、持续时间较长的公共卫生事件频发的当下，网络传播、营销民俗文化旅游项目更具备针对性与可行性。

---

[1] 魏星.政府投入与民间资本须融入洞庭湖旅游市场[EB/OL].(2016-07-27)[2022-06-06].https://ldhn.rednet.cn/c/2016/07/27/4045143.htm.

（二）网络传播增强民俗旅游的深度体验

作为一种高层次文化消费的民俗旅游，充分激发民众对民俗旅游的兴趣，积极引导游客参与民俗旅游文化体验，是当前民俗旅游产业需要解决的重要问题之一。在融合传播的当下，移动媒体、社交媒体成为民俗旅游公司与地方政府密切关注的新对象，也就是说，如何将某一族群或地区蕴含着的深厚历史传承的民俗文化，转化为碎片化信息消费时代的各种影像，让泛黄纸张中的民俗文化鲜活起来，让沉寂多年的建筑群落喧闹起来，让晦涩神秘的故事通俗起来，让复杂厚重的民俗仪式灵动起来，等等，都是网络传播需要解决的问题。

因此，旅游部门精心设置的民俗旅游项目，有必要在策划中综合运用旅游网站、论坛、留言板等电子互动平台，为大众创造民俗旅游文化信息的互动空间，为意向性游客提供民俗旅游文化的信息；在重要时间、事件的节点主动发起民俗文化的热点话题，通过各种利他性措施积极吸引、有序引导受众参与讨论，最终实现民俗旅游项目互联网传播的消费体验。例如："晋中市精心打造的'平遥国际摄影大展'和'中国晋中社火节'两大节庆活动品牌，向外界宣传弘扬晋中民俗文化，取得了丰硕成果。这两个民俗旅游品牌在运作中借助网络互动传播，吸引了大批受众的广泛参与。而且，网络互动平台将游客的'观大展，游古城，观社火、赏民俗'活动有效整合，取得了很好的传播效果。"[1]

结合目前民俗旅游产品互联网传播现状的梳理，有关传统民俗旅游资源的存在与表现形式大体分为物质民俗旅游资源、社会民俗旅游资源、精神民俗旅游资源三种类型，不同地区的民俗旅游项目的互联网传播有着各自的诉求与侧重点。以山东省为例，作为一个对外开放与交流的经济大省，山东民俗旅游文化产业力求在未来实现产业的国内覆盖与国际突围。民俗旅游文化产业是一种将民俗、旅游、文化、产业四个方面结合起来，形成协同发展的产业模式。从民俗旅游文化

---

[1] [俄罗斯] 瓦列莉娅·哈恰图梁. 19世纪俄国和欧洲文化理论中的东方形象 [J]. 郭艳秋，译. 山东社会科学，2010（9）47-49.

产业的信息发布，到受众体验的分享，再到营销活动的网络策划与落地执行，都可以借助网络传播予以整合，形成了滚动式的传动模块。[1]这种着眼民俗旅游产业未来发展方向的规划，充分激活旅游者的深度体验，同时借助网络平台，将整个民俗旅游产业形成网络化体验的发展体系。

凭借互联网国际化传播的便捷优势，许多学者就传统民俗旅游项目的网络传播体验提出了独到的见解。社会学研究员魏星在《洞庭湖民俗文化旅游资源的开发与利用》一文中指出："现在，中外游客旅游需求已呈现多样性变化，当代游客参与性娱乐的心理需求更为强烈，洞庭湖民俗文化旅游所凝集的精华，丰富、质朴、鲜活的内涵，对于当代人渴望回归自然、向往复古及原生态旅游的中外游客，肯定具有相当的吸引力。"[2]这种判断符合互联网传播时代游客的心理诉求，但无论是"蚌壳舞、采莲船、地花鼓、鱼鼓"等民俗大戏，还是"洞庭荷花节、洞庭渔火节、洞庭茶文化节、洞庭民歌文化节、洞庭民间艺术节"等民俗节庆活动，都需要借助互联网的传播造势，让国内外游客先期了解这些民俗文化的具体内涵，同时通过网络平台的积极互动，在加强网络传播的深度体验中，最终实现八方游客在地化旅游的精神、娱乐、审美等诸多方面的需求。

四、意见领袖（网红）带动民俗文化消费

在当下网络直播非常兴盛的年代，"短视频+民俗"的媒介作品不仅增强民众的民俗认同感和获得感，同时还会因主播的带动而产生效益可观的消费行为。作为意见领袖的主播，他们掌握传统手艺，活跃于短视频和网络直播等社交平台，在"媒介赋能与文化赋权"的双重加持下，这些意见领袖生产与传播的民俗文化作品已经成为民俗消费习惯培养的重要入口。例如，作为互联网传播领域中的头部意见领袖——李子柒有着超强的号召力，不仅做到了传统民俗的地域性拓

---

[1] 藏丽娜.论网络传播趋势下山东民俗旅游文化产业的传播策略[J].山东社会科学，2010（9）：36-38，49.

[2] 魏星.洞庭湖民俗文化资源的旅游开发与利用[EB/OL].(2015-11-16)[2022-06-06].https://www.hnzk.gov.cn/zhikujianyan/1148.html.

展，还凭借自己的手工技艺创建了自己的同名品牌"李子柒"。"2018年8月17日，李子柒与故宫食品达成合作，李子柒天猫旗舰店正式开业！开业时店铺粉丝已近65万；开卖10分钟，人参蜜、草本茶、苏造酱销售数据都在飞速飙升，成交纷纷突破万笔。"[1] 这些KOL（Key Opinion Leader，关键意见领袖）从群众中来，又回归到群众日常生活，他们深知网民的兴趣点，了解这个时代的关注点，"喧嚣与喧闹"对比着"田园牧歌"，真正久远生命力的意见领袖总是深耕中华文化，用个人的独特品牌观念，引导一代又一代年轻用户关注并回归中国传统文化，弘扬社会主义核心价值观。

在社交媒体日益发展的当下，人们充分享受互联网为民俗传播带来的红利，民俗文化多样性传播视角，满足了人民对于美好生活的日益向往。但事皆有度，过犹不及。互联网固然加速了传统民俗商业化发展，带动了地方经济发展，但一味追求传统民俗的商业化、纯粹的注意力经济诉求等不良倾向，容易将民俗文化的深度消费变为低层次的眼球效应，会让民俗文化的朴素精神、心灵规约等神圣特质受到破坏，那些让人们内心宁静的民俗文化一旦沦为商业化的旅游表演，最终是对传统民俗传承与传播的亵渎。正如中国遗产旅游研究中心研究员、中国国土经济学会副秘书长侯满平所述，对一些民俗文化过度开发，重吸引眼球，把一些原本在某种特殊情境下或有严肃仪式才能进行的表演做成了日常活动，甚至是变成了一种嬉戏性质的活动，这就失去了原本意义，对游客及后人也会产生误导。[2] 因此，传统民俗的网络传播、网络消费等不良行为需要引起足够注意，由此产生的相关负面效果同样需要被重视。

五、民俗文化的国际化表达

当前，随着新媒体发展和用户媒介使用习惯的变化，移动化、社交化和视频化媒体已经成为世界各国网民获取信息和社交娱乐的主要工具，中华民族优秀传统民俗国际化传播因此而找寻到了重要载体。

---

[1] 张笑笑. 古风美食第一人"李子柒"的个人品牌发迹史[EB/OL].（2019-12-11）[2022-06-06].https://www.sohu.com/a/359739025_120168527.

[2] 李卓谦. 民宿与民俗该如何"相处"？[N]. 民主与法制时报，2017-11-05.

与此同时，融合传播时代的互联网已经成为世界各国信息生产、分享、交换的基本配置，随着传播技术的不断升级，基于元宇宙基础的虚拟现实与物理现实的未来传播孕育着传统民俗全球化传播的无限可能。

除了政府部门主动发展传统民俗文化产业之外，各类新媒体平台与博主也纷纷加入传统民俗文化产业领域，依靠新型传播技术拓展更为多元的传播路径，实现传统民俗当代传播的流量经济效益。需要注意的是，传统民俗的国际化传播一方面是将已经收集到的各类民俗文化传递给全球网络用户，借此散播到互联网各个角落，这是利用网络传播的目的之一；但另一方面我们需要更为审慎地关注传统民俗借用网络传播手段进行"再语境化"的核心问题，竭力使传统民俗成为国家标志或世界文学的有机组成部分。目前基于互联网平台传播的"李子柒现象"便是相对典型的传统民俗国际化传播的体现。

2018年，李子柒在YouTube发布了一个中国年夜饭的视频，引起了世界人民发自内心的共鸣与祝福：Happy Chinese New Year！该视频播放量已超过3亿。[1] 自此以后，李子柒的单条视频作品开始引起全球网民的密切关注，点击率动辄百万乃至千万，虽然视频都是中文表达且讲述中国传统文化内涵，但其黏性、互动性却超级强势，好评如潮。李子柒的互联网作品激发了海外人士对中华传统文化的浓厚兴趣，许多外国友人在了解中华文化的过程中，体悟传统文化，爱上中国乡村生活。

李子柒的短视频之所以能被许多不懂中文的外国粉丝所喜爱，一方面是她尊重网络传播规律，懂得利用社交媒体和短视频红利，短视频带有社交属性以及影像传播的直观性，特别适合作为跨越语言和文化障碍的跨文化传播媒介；[2] 另一方面是其个性化特征明显的视频内容彰显着浓厚的中国田园气息，没有渲染，只是白描，简单记录，冷静讲述，但却洋溢着恬静的田园气息，在返璞归真中达到情感共鸣，传递出"中国好、生活美"的正能量，实现了传播的最佳效果。

---

[1] 不山大叔.90后女网红私生活曝光：这100张照片，戳痛了成人世界最柔软的地方.[EB/OL].(2019-10-19)[2022-06-06].https://www.sohu.com/a/348164186_662019.

[2] 陆高峰.李子柒海外走红的启示[J].青年记者，2019(36)：94.

在李子柒的镜头下，传统的笔墨纸砚、蜀绣，古法制作的苏式鲜肉月饼、桂花酒，这些流传于上千年历史之中的技艺，浸润着岁月的打磨和一代代人的匠心。李子柒视频中所呈现的田园生活能看到中国传统"清隽"的审美取向和"出世"的价值追求，读懂这些内涵，不仅有利于中华儿女了解中华传统民俗文化，也有利于外国友人更好地理解中国人的精神世界。

相对而言，当前基于互联网平台的民俗文化传播更多呈现不同地区的异域文化特征。在互联网的世界里，全球各地、各民族相对独特的民俗文化纷至沓来，人们在自身民族传统民俗的体悟中，通过微信、微博、Tik Tok、Facebook、Twitter、YouTube等互联网社交媒体平台，体会"一方水土养一方人"的异域特色民俗文化，通过及时性的互动交流，加强对各种传统民俗的深度理解，并落实到物理空间的旅行之中。因此，网络传播的"分享"与"交流"功能突破了传统媒体传播的局限，延伸了发散传播的效能。如果能够有效利用这些手段，对于开发不同地域民俗旅游文化产业的对外传播将十分有效，也能为各地各国的文化交流、文化传承与传播产生积极的建构性价值。[1]

中国传统民俗文化丰富多彩、博大精深。作为中华文化的重要组成部分，传统民俗文化需要借助中华文化全球化传播的契机和路径，以声音、图片、短视频等社交媒体的表达习惯和传递路径，向世界人民讲述更多中国的民俗文化故事，让更多民族和国家的消费者感知可亲、可爱的美丽中国。

第六节　互联网时代民俗文化传播的审视

传统民俗与互联网结缘，推动了民俗文化的传播与传承。民俗文化特定的生存时空，必须要紧扣时代脉搏，依靠不断创新才能永远焕

---

[1] 臧丽娜. 论网络传播趋势下山东民俗旅游文化产业的传播策略 [J]. 山东社会科学, 2010 (9): 36-38, 49.

发活力。民俗文化的新媒体传播孕育着无限可能,"民俗文化的价值在于人们对其进行的生产和消费,以此实现了民俗文化价值的延续。这种延续对于消费者而言,既能提升民族自我文化素养,又有助于传播和传承文化,使文化得以重塑和创新,从而推动了文化产业发展"[1]。各类民俗文化产业都可以通过互联网平台的整合,重组民俗文化资源,构筑网络民俗文化空间,不断提升民俗文化的价值。

(一) 发挥"把关人"作用

"互联网+"下的新媒体传播固然强化了大众对民俗的认知,赋予了民俗文化的互联网特质,但对其内涵的挖掘依然任重道远:一方面是许多民俗文化的部分内涵依然散落于封闭的、固守的族群之中,抑或是随着时间流逝早已消亡;另一方面新媒体时代信息碎片化传播特征,导致民俗文化未能以完整的篇幅、原生态的样式呈现出来,民俗内涵的选择性认知较为明显。与此同时,新媒体在推动民俗文化广泛、快速传播的过程中,不可避免带上"眼球效应"的传播本能,良莠不齐的民俗文化传播态势时有表现。因此,民俗文化新媒体传播的"把关人"功能亟须强化。

从民俗文化新媒体传播的内容来说,"把关人"功能同样值得密切关注。民俗文化的部分内容来自传统文化,一些习俗放在当下必然不合时宜,甚至需要主动摒弃。因此,在民俗文化新媒体传播过程中,优秀的传统文化理应弘扬和传承,糟粕的传统习俗应该果断摒弃,民俗文化的传播在根本上需要遵守社会主义核心价值观的基本要求。

(二) 不断更新互联网思维

"互联网+民俗"固然成功推动了民俗文化产业的转型升级、民俗旅游业的迅速发展,增强了民俗经济的发展动力,但民俗文化相关产业的运营者、民俗艺人等,依然需要不断增强新媒体知识素养,及时更新互联网思维:拥有网站、自媒体、线上 APP 并不是真正意义

---

[1] 牟威. "互联网+"促进民俗文化活态化[J]. 人民论坛, 2018 (19): 140-141.

上的"互联网+"模式应用。"互联网+"一定是将传统行业与互联网有机结合起来,在利用互联网技术与工具的过程中,促使产业转型与升级。总体来说,"互联网+民俗"的确合理整合、优化配置了民俗文化资源,互联网的传播助力也持续推动着民俗文化的健康发展。

需要引起警惕的是,部分民俗文化产业融入"互联网+"的能力不足,同样表现得较为明显:游客群体结构单一,文化产品市场竞争力弱,民俗活动的受众范围小,民俗文化品牌效应不强等。这些困境不是通过引入互联网传播技术就可以轻松地、彻底地解决,依然需要专业人员对行业形势做出精准判断。

(三)凸显"内容为王"意识

在民俗文化成为互联网热潮的过程中,传统民俗文化元素"被表演化"的商业化痕迹越发明显,这些打着民俗旗号的活动并非传承民俗,也不是真正意义上的传统民俗的内涵再现和阐释,而是单纯地追求经济效益。从长远发展来看,这些行为实质上肢解了民俗文化的内在价值、败坏了民俗文化向心向善的审美品质。

民俗文化来源于民间,是人民劳动的智慧结晶,本身具有较强的亲切感、生活仪式感。因此,民俗文化要想在日常生活中真正发挥"培养人们的审美情操、提高民族凝聚力与向心力"等作用,唯有在民俗的内容方面进行深度挖掘,把民俗文化故事、民俗技艺过程、民俗文创产品使用等内容,借助新媒体传播的新形式,完成"化腐朽为神奇"的生产,不断给受众带来新鲜感,从而更好地传承、传播民俗文化。例如在快手平台上,一位快手用户展示了一块普普通通的木头变成一尊尊栩栩如生的雕塑的制作过程,这种行为才是真正意义上充分利用互联网技术的"内容生产"。因此,从内容生产角度提取民俗文化的优质元素,制作成影视剧、纪录片、动画片、短视频等作品,注重传播内容的质量,才能更好地推动民俗文化的传承,延续民俗文化的生命力。

同时,需要避免一味迎合大众口味,满足不良消费习惯,追求猎奇、恶搞、劲爆的传播效果,甚至夸大、扭曲、丑化民俗文化,以达到吸引眼球的目的的媒介行为。这些媒介行为不仅拉低受众的审美品位，削弱民俗文化的内在品质，还无助于中国传统民俗文化的传播与提升。因此，应当坚持内容导向，强调"内容为王"，避免劣币驱逐良币，鼓励生产优质民俗内容的媒介产品。

"互联网+"通过互联网信息技术与行业进行融合，不断优化产业要素与生产模式，促进产业升级创造，联合新型传播渠道，完成产业经济的转型，推动经济繁荣发展。基于现有模式的运行实效，民俗文化的互联网传播消费拥有了整合资源的优势，产生了较为令人满意的社会效益和经济效益。随着网络经济的不断壮大，如何更充分地利用好互联网平台，引导和规范网络民俗消费，是民俗文化新媒体传播需要面对的另一个重大问题。

第五章

习俗场景转移与"转生型"民俗

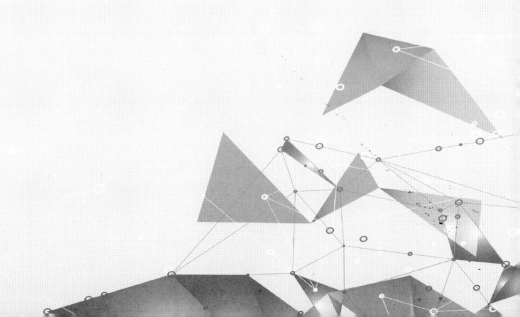

21世纪以来，互联网对人类社会的政治、经济、社会、文化等各方面都产生了深远影响。同样，这种影响也突出地反映在生活习俗方面。在民俗研究领域，人们注意到，民俗的变迁不仅体现在"互联网+民俗"层面，更值得关注的是依托互联网技术衍生出的一系列丰富的民俗文化新形式。

第一节　"转生型"网络民俗的概念及特征

每当人类在物质生产和生活中发明新的生产方式、交通工具或交际手段时，传统的民俗活动必然发生变化，形成新的民俗传统。进入21世纪，随着互联网在日常生活中的普及，互联网民俗（网络民俗）开始成为传播和传承民俗的新形式。[1] 对于这种为适应现代人的生活方式和习惯风尚，由社会生活空间向网络空间转移的新民俗，我们称之为"转生型"网络民俗。

总体而言，"转生型"网络民俗通常以传统民俗为主要根基，以快速发展的互联网技术为支撑，通过对传统民俗文化事象进行衍生、再造和创新，呈现出一种五彩斑斓的网络新民俗的生动图景。"转生型"网络民俗一方面显示了民俗"尚变"的本质属性，是传统民俗"活态化"传承的具体表征；另一方面它又承继、保留了传统习俗的

---

[1] 张举文. 探索互联网民俗研究的新领域[J]. 西北民族研究，2021（1）：102-109.

民间思维和"自然情感",体现出传统与现代的融合,也表现出民俗传统的适应力、生命力以及创造力。此类"转生型"网络民俗,大致可分为网络生活习俗类、节庆民俗类、信仰民俗类及游戏娱乐类等。

一、传统民俗基因的承袭

"转生型"网络民俗的一个重要特征是,它较好地维系了传统民俗在传承中的稳定性,是在承袭传统民俗文化"基因"的基础上,与互联网结合对传统民俗文化事象进行衍生、再造和创新。以这个标准来看,"转生型"网络民俗除了它所具有的网络形式,还有两个基本的民俗"质"的因素:是否依托了传统,承袭了传统民俗的文化基因;是否保留了传统的民俗思维和民间心理。这两个方面是判断"转生型"网络民俗的重要标准。

(一) 以稳定传承的民俗传统为依托

"转生型"网络民俗是将传统民俗转生到了互联网中,因此,有没有一个民俗的传统为依托,是判断是否为"转生型"网络民俗的基本前提。美国社会学家爱德华·希尔斯认为,传统是代代相传的人类行为、思想和想象的产物,包括物质实体、信仰、有关人和事件的形象以及惯例和制度,从代际上来讲,它至少要持续三代以上。而且,只有某种传统的实质内容是尊重传统性时,其才能成为"真正的传统"。[1] 民俗的传统是经过长期历史岁月淘洗后积淀下来的,虽然"持续三代以上"这个标准有待商榷,但可以看出,民俗事象起码有两个基本条件才构成传承,才能形成相对稳定的民俗传统:一是要有时间的积淀;二是要经过几代人心理上的认同。

民俗作为一种社会文化现象,是积久成习的文化传统,是蕴含在民俗事象深层结构中最根本、具有相对稳定性的文化内核和精神。民俗传统具有极强的生命力,经历了千百年历史依然延续传承至今。比

---

[1] [美] 爱德华·希尔斯. 论传统 [M]. 傅铿, 吕乐, 译. 上海: 上海人民出版社, 2009: 15-18.

如网络祭拜、在线祈福就继承了绵延数千年之久的信仰崇拜的传统，无论祭拜祈福的形式、运行规则怎么改变，蕴含在其中根深蒂固的信仰传统内核是一直延续不断、世代传承的。相应地，节日民俗、礼仪民俗、饮食民俗等民俗，也都承袭了千百年来人们在社会生产生活中形成的习俗传统，具有根基深、影响广、稳定性强的特点，蕴含着民俗文化的精神内核。

当然，由于互联网技术打破了民俗文化的空间壁垒，大大加快了民俗传承变迁的速度和范围，民俗的传播效力数倍增加，远超民俗在现实空间的传承效果，民俗的产生及传承时间可能并不需要持续"三代"以上。另外，有的民俗即使承袭了传统，但是在网络中没有"转生"的基本条件，虽然被搬上网络风靡一时，但经受不住时间的考验，在网上如昙花一现，热闹了一阵后便会消失，这样的民俗严格说来并不是我们所讨论的"转生型"民俗。所以有的学者就认为：那些事象"形成的时间短，存在的范围窄，不能称为'民俗'，最多只能称为'民风'"[1]，传统民俗如此，网络民俗亦如此。所以，只有那些适应了互联网环境生存下来得以延续发展的民俗事象，才是"转生型"网络民俗。

有学者认为，民俗在其传承过程中会发生变异，而这个变异的成分就是相应的新民俗传统。如端午民俗在西周时期就已产生，当时在北方主要是采药沐浴这一民俗事象，到了汉代，由于受社会上阴阳五行思想的影响，就产生了五彩丝系臂的新民俗传统。[2] 这种观点把民俗变异的形式或规则看作是"传统"，是一种狭义上的认识。民俗传统本身不仅是一种文化承进，更是一种文化重构。不管是采药沐浴还是五彩丝系臂，其实变化着的是民俗运行的规则和操作策略，在"传统"内涵传承的层面上并无根本性变化。

值得注意的是，这里所说的传统，并不是英国学者霍布斯鲍姆等人提出的"传统的发明"[3]。霍布斯鲍姆认为，那些表面看来或者声

---

[1] 毕旭玲. "伪民俗"判断之判断. 中原文化研究 [J]. 2013 (4)：103-107.
[2] 宣炳善. 关于传统的发明与伪民俗 [J]. 民间文化论坛, 2007 (3)：9-13.
[3] [英] E. 霍布斯鲍姆, T. 兰杰. 传统的发明 [M]. 顾杭, 庞冠群, 译. 南京：译林出版社, 2008：5.

称是古老的"传统",其起源的时间往往是相当晚近的,而且有时是被发明出来的。在中国,"传统的发明"经常见于近年来各地兴起的传统文化热,地方政府出于政治或经济方面的考虑,在民俗原型或传说的基础上,重新再造出来一个民俗事象的"传统"。"转生型"网络民俗是进入网络社会后出现的,是基于传统民俗而传承产生的文化现象,它承袭了传统民俗的"基因",其背后实际上都已经依附着一个从远古走来的古老"传统"。因而对"转生型"网络民俗而言,它首先不是一个在网络中突然出现的民俗,所谓"旧瓶装新酒",它既经历了历史文化的积淀,也经由了民众的广泛的文化认同。从某种意义上讲,"转生型"网络民俗是在传统民俗的基础上形成的,是传统民俗在互联网中的延续和发展,是"虚拟化"的民俗。可以说,没有传统民俗这一源头,就没有我们所称的"转生型"网络民俗。

(二)保留了民众的民俗思维和自然情感

在邓启耀的《中国神话的思维结构》一书序言中,赵仲牧先生认为,思维是程序化的意识活动。即运用符号媒体、依据一定的思维程序并通过描述和解释各种秩序去解惑释疑或解答问题的意识活动。[1] 人类思维的历史源头是原始思维。原始思维的概念是俄裔法国社会学家、哲学家、人类学家列维·布留尔提出,并通过《原始思维》等著作进行了一系列研究。民俗思维是在原始思维的影响下,由特定群体在长期民俗实践中不断继承与丰富创造,从而蕴含在特定民俗语境或民俗事象中的一种定型化的思维方式和习惯。民俗思维是群体智慧的结晶,反映着广大民众的生存和心理需求。

民俗思维、民俗心理与民俗精神密切关联。民俗经过数千年的绵延传承,承载了十分丰富的精神内涵,蕴含在其中的民俗思维与情感已经内化为民俗文化中的精神基因。一种民俗事象之所以有强大的生命力,正因为它满足了人们的情感和精神需求,才逐渐为人们所认知、接受和认同。

---

[1] 赵仲牧. 思维的分类和思维的演化[M]//邓启耀. 中国神话的思维结构. 重庆:重庆出版社,1992:序2.

精神民俗文化尤其体现着丰富的民间心理，"它是人类在认识和改造自然与社会过程中形成的心理经验，这种经验一旦成为集体的心理习惯，并表现为特定的行为方式并世代传承，就成为精神民俗"[1]。诸多民间信仰在网络中屡见不鲜，因为它们承载着"大量具有原始思维特点的观念及信仰形式，源于人类对大自然的种种生存体悟，烙刻着鲜明的自然崇拜、图腾与敬畏的足迹"[2]。现代生活中，随着时代和社会发展，人们日常生活中的生活压力逐渐增大，导致不确定性因素增加，引发了一系列的焦虑和担忧，这些长期积淀下来的祈福平安、趋利避害、财运亨通的民俗心理定势并没有减少反而表现得更为突出。同样的道理，也不难理解为何那些传统的节日民俗会在网络中以新的形式进一步延续、丰富。借助网络技术的特性，传统节日尽管被赋予了新的内涵和表现形式，但是传统的民间心理却传承延续下来并功效依旧，既提升了节日氛围，也大大满足了人们寻求娱乐的价值需求。特定的集体民俗心理在民俗的维系功能中起到了精神纽带的重要作用，维系民俗群体统一行为与思想的同时，更重要的是维系着群体或民族的文化心理。

（三）与"泛民俗""伪民俗"等相区别

"转生型"网络民俗与其他类型网络民俗之间的界限并不泾渭分明。这一是由于互联网民俗事象十分庞杂，个性与共性杂糅，无法给出一个统一明确的分野标准；二是许多民俗事象同中有异，大同小异，存在相互交叉，甚至相互转化的情况。因此所谓"转生型""再生型"等民俗类型，只是相对而言所作的划分，须以变化发展的视角看待林林总总的网络民俗。

钟敬文先生说过，民俗文化的变异是自发渐进的，"局部变异和整体变异，内容变异和形式变异等各种情形都可能出现"[3]。"转生型"网络民俗中被改造变化的部分可能依托互联网思维催生新模式、

---

[1] 钟敬文. 民俗学概论[M]. 上海：上海文艺出版社，1998：5.
[2] 张祝平. 传统民间信仰的生态蕴涵及现代价值转换[J]. 广西民族研究，2010(3)：63-68.
[3] 钟敬文. 民俗学概论[M]. 上海：上海文艺出版社，1998：19.

新内容，导致整个民俗的文化内涵也发生变异，民俗文化就得以"再生"，成为文化意义截然不同的另外一种民俗类型。从这一点来看，"转生型"网络民俗其实是一种进行时态，而非完成时态，是一种正在变化发展中的民俗。

有学者提问，"转生型"网络民俗是不是"泛民俗"？按照民俗学者徐华龙的看法，他认为所谓"泛民俗"是对都市中衍生的部分民俗文化现象的泛称，即那些"并非都市人所共同遵守的、长期形成的民俗文化，而是由于某种需要而刻意制作出来的具有一定民俗意味的文化现象"[1]。"泛民俗"体现了都市生活发展变迁的多样性和普遍性。"泛民俗"与"转生型"网络民俗确有很多相同之处，比如都存在自然或人为变异的因素，这种变异本质上都根植于传统民俗的土壤，都是传统民俗这一母体的演化；二者都是由一种空间迁移到另一种空间，"泛民俗"是从农村迁移到城市，"转生型"网络民俗是从物理空间迁移到了网络空间。

但相比之下，二者在根本上又有着不同。首先，"泛民俗"只是产生在都市空间的"一种非常短暂的文化现象"，尚未定型为一种民俗事象。"泛民俗"有两种发展趋势，"一是逐渐变成了新的民俗，一是随着时间的推移而被淘汰出局，而成为昙花一现的文化现象"[2]。而"转生型"网络民俗则是已被确定认可的民俗事象，有着一以贯之延续下来的民俗传统。其次，二者依附的生活空间、语境也不同。"泛民俗"在都市空间中比较突出，而"转生型"网络民俗则生存于崭新的互联网空间，与都市空间相比，民俗与网络的结合使得文化变异的速度更快，发展的态势更为迅猛，呈现出来的民俗生活空间真实与虚拟杂糅交织，民俗文化网络衍生变迁的面貌也更为复杂。

还需要强调的是，"转生型"网络民俗还应跟"伪民俗"区分开来。美国民俗学家理查德·道尔森认为，伪民俗"是打着地道的民间传说旗号，假造和合成出来的作品。这些作品不是来自田野，而是

---

[1] 徐华龙. 现代都市的泛民俗化问题[J]. 民俗研究，2000 (4)：48-55.
[2] 徐华龙. 泛民俗研究与学科的建设：当代民俗学的发展趋势[J]. 浙江学刊，2002 (3)：131-138.

对已有文献和报道材料不断进行系列的循环反自的结果，有的甚至纯属虚构"[1]。显然，判断是不是"伪民俗"，是否有人为虚构的因素是重要的判断标准之一。也有学者指出，"伪民俗"除了是人为制造的，还在于它没有相应的文化传统。霍布斯鲍姆就将那些被发明的传统视为"伪民俗"，它们起源不久，持续的时间不长，没有传统的根基。[2] 从这一视角审视"转生型"网络民俗，它并非在互联网中直接诞生的新民俗，而是由传统民俗脱胎而来，是传统民俗在互联网中的移植，虽然其中也有被衍生和改造的成分，但是万变不离其宗，它依然遵循了传统；虽然其形式是虚拟的，但是在内容上反映了真实的民俗生活，属于"真民俗"。这是与"伪民俗"的根本区别。

总体而言，随着互联网的兴起，传统民俗在互联网环境中找到了"转生之地"。作为一种新型的网络民俗，一方面它承袭了传统民俗的"基因"，保留了传统的民间思维和"自然情感"；另一方面，又基于网络新媒体的传播特征，特别为适应现代人的生活方式，利用民俗文化事象而衍生出的一系列民俗文化新形式，呈现出诸多新的文化表征。"转生型"网络民俗是传统民俗"网络化"的生存方式，也是当下民俗文化从民俗事象转向日常生活的文化自觉的体现。

二、传统民俗的移植和改造

关于传统民俗传承变迁的形式，有学者归纳为以下三种类型：一是民俗形式大体保留，但内在机制已发生巨大变化；二是民俗外在形式的改变只是次要的，内在精神与动机始终传承不绝；三是日常生活方式在整体上发生革命性变化，"新民俗"大量涌现。[3] 也有的学者认为，历史上民俗的变异，主要有五种形式：一是累积沉淀型，在原有的基础上增多扩充；二是形存实亡型，形式虽存，但内容发生根本变化；三是合流变形型，两种以上的习俗合流的变态；四是化旧立新型，某些民俗的陈规陋习由具有积极意义的新风取代；五是名实俱亡

---

[1] Dorson, R. *Folklore*. Zeitschrift fur Volkskunde, 1969, pp.59-60.
[2] 毕旭玲."伪民俗"判断之判断[J]. 中原文化研究, 2013（4）：103-107.
[3] 鞠熙. 城市日常生活实践的自愈与回归：民俗传承变迁路径的第四种解释[J]. 北京师范大学学报（社会科学版），2018（4）：69-76.

型，名与实全部消亡。[1]

以上传统民俗变迁形式的划分，凸显了社会变迁下传统民俗传承变迁的多样性和复杂性。民俗素来就有类型化的特征，而民俗的变迁也有其内在发展的规律可循，因此以上变迁类型的划分为网络民俗事象的分类提供了可借鉴的视角。具体看来，网络民俗事象的变迁形式可以依据表现形式、内在机制、民俗功能等方面进行考察。

首先是传统民俗的移植和复制。网络空间尽管有虚拟性、无限性的传播特征，但也有其相对独特的传播规律与传播要求，不可能将所有的民俗都搬到网上，"转生型"网络民俗是人们根据日常生活实际需要和民俗事象的实用特质，对民俗进行有选择地使用。比如与人们各种生活需求相应、实用性功能凸显的饮食、问诊、相亲、商业、交通等生活习俗在网络中比比皆是。这些民俗事象根植于中国农业社会，数千年来依赖生产和社会实践而产生，并代代相传至今，时间跨度久，文化内涵和历史积淀深厚，已与广大民众的日常生活息息相关，是中国民俗文化中最具有稳定性特征的组成部分。因此这些民俗被移植到互联网中，很快便有了广阔的用武之地。即使某些民俗为了适应社会发展的需要，在一些地方进行了微小的调整和改变，但是不会从人们的生活中消失或消亡，在网络中依然具有较为强大的稳定性。它们同样是互联网民俗生活中不可缺少的重要内容，又是许多其他民俗事象延续和开展的基础，维护着网络民俗生活的有序运行。互联网是一个开放的领域，因为民俗的变迁发展，很难判定哪些民俗会转生到网络。但是可以判定的是，民俗的网络转生是与互联网技术的发展相伴相随的，由此形成民俗发展的线上与线下的两个方向，并且这两个方向并不冲突，而是彼此推进。

其次是传统民俗的部分改造。为了现实生活的需要，一些网络民俗并不是对传统民俗事象简单的复制，而是在原有民俗事象的基础上有意识地改造出具有实用价值的民俗内容。也就是说，这类民俗的组成除了一部分来自传统之外，还有一部分是改造出来的内容，这也是"转生型"网络民俗区别于"互联网+"民俗的根本所在。一般说来，

---

[1] 陈勤建. 中国民俗 [M]. 北京：中国民间文艺出版社，1989：65-68.

"转生型"网络民俗的改造有三种情况。

一是民俗形式的变化。当今在互联网提供的民俗空间中，人们社会生活实践更加丰富多样。民俗的表现形式是最生动的部分，也是最容易受到外界影响而发生变化的部分。形式上的变化在吃、穿、住、用、行等物质生活民俗中表现得尤为明显。如春节拜年是亲朋好友辞旧迎新、相互表达美好祝愿的一种传统。如今时代变化了，很多人由传统的串门、走亲访友改为了微信拜年、视频拜年等新形式，更为关键的是这种方式的变化并不会带来情感的淡薄，反而方便又时髦，即使远在千里之外甚至在国外也能隔着网络送上美好祝愿和祝福。再如，每年除夕辞旧迎新之际，到杭州灵隐寺烧香敲钟祈福是当地信众的文化传统。2021年元旦，因为新冠肺炎疫情防控的需要，杭州灵隐寺推出了"云林祈福"——线上撞钟祈福活动，参与者只要在活动页面动一动手指便可完成云端敲钟的流程。页面还设置了互动环节，用户输入新年祝福后既可以生成专属祝福海报，还能定制灵隐寺电子明信片等将祝福传达给远方的亲朋好友。这一活动是对具有悠久历史文化底蕴的传统民俗文化的创新性表达。

二是民俗内在机制的改写。互联网和新媒体的便捷性实现了技术赋权，个体可以自由地主动创造和表达。很多民俗实际上为网民根据日常生活所需自发创造而生。有的民俗的仪式环节发生了变化，比如购物由线下转为线上，改变了传统商业民俗的购物流程，重塑了买卖关系和购物观念。有的民俗在原有规则的基础上增加了新的元素，如网络种菜将农耕民俗演变成为体验农耕生活乐趣、通过社交为紧张的生活节奏减压的网络游戏。有的民俗规则直接删繁就简，比如电子红包的发放机制就发生了变化。红包作为一种民俗符号，它的文化内涵本是建立在血缘关系基础上长辈给与晚辈的"压岁（祟）钱"，带有祝福和关怀的意味。在移动终端的支持和社会生活信息化的推动下，面对面发放红包的方式改为了线上电子支付，使得发红包的行为更为便捷；红包的发放和接收主体也发生了变化，同辈、朋友甚至陌生人之间都可以收发红包。后来人们发现，"抢"红包的刺激感能给人带来精神上的快乐和满足，于是发红包演变成一场场基于群体互动、以"收""发""抢"为场景的娱乐游戏，"抢"红包的风气流行网络。

三是民俗功能的变化。很多民俗复制、移植到互联网后，与原来民俗生活的场景脱离，民俗功能也按照人们的需求发生了改变。有学者提出，"民俗文化变迁历程中的一个重要规律，即民俗文化的活动形式比其意义更富有传承力，许多民俗活动的原始意义或原有功能已隐性化，而隐藏到民俗的深层结构中了，有的意义和功能或许早已消失，但其表层结构之一的民俗活动形式却流传下来，并衍生出新的文化意义，产生新的功能"[1]。如前面所述的电子红包由于商家的运作，加上操作简单又易于活络气氛、联络感情，在功能上逐渐衍生出游戏、娱乐、社交等多重功能，人们乐此不疲。类似的例子还有端午节等节日民俗，端午节原本具有驱邪、防疫祛病、祈求健康等节日意义，后来又加入纪念诗人屈原的内容。但随着时代的变化和社会发展，这两种功能和意义都弱化了，增加了端午吃粽子、网上赛龙舟等功能，赛龙舟这一内容被重新设计，演变成了一项网络休闲娱乐活动。

总体来看，"转生型"网络民俗之所以与互联网技术嫁接从而在互联网中"转生"，主要是经历了继承改造后，适应了现代人各种民俗生活所用，具有"促生产、促婚配、促交往、促娱乐、促教育等实用功能"[2]。互联网和新媒体的便捷性实现了技术赋权，个体可以自由地主动创造和表达，因此大部分"转生型"民俗实际上为网民根据日常生活所需自发创造而生，本质上是传统民俗文化在互联网中传承和发展中的一种功能调适和变迁。

钟敬文先生提出：民俗文化具有类型性的特征。[3] 对于传统民俗事象的分类，学界有不同的分类法。有的按照三分法，将民俗事象分为口头民俗学、风俗民俗学、物质民俗学三大类。有的按照四分法，如乌丙安先生在《中国民俗学》一书中将民俗事象分为经济的民俗、社会的民俗、信仰的民俗以及游艺的民俗四大类，钟敬文先生则将民俗事项分为物质的民俗、社会的民俗、精神的民俗和语言的民

---

[1] 张桥贵.论民俗文化的社会功能与变迁[J].思想战线，1989（5）：52-54，94.

[2] 黄允箴.撞击与转型：论原生态民歌传播主体的萎缩[J].音乐艺术，2006（2）：104-111.

[3] 钟敬文.民俗学概论[M].上海：上海文艺出版社，1998：20.

俗四大类。此外，还有学者按照六分法，将民俗事项分为物质生产民俗、物质生活民俗、人生仪礼民俗、信仰民俗、岁时节日民俗以及社会组织民俗六类。[1] 种种类型的划分，仁者见仁，智者见智，体现了从不同视角对民俗事象类型化的观察、思考和归纳。

对网络民俗而言，要对其进行细致的划分是一个难题。中国的互联网自20世纪末发展至今不足30年，网络民俗事象尽管形态多种多样，但毕竟出现的历史短暂，呈现的特征还不够稳定、清晰，与悠久而深远的传统民俗相比，尚不能通过明确的分类来清晰地概括其形态。但上述传统民俗的分类仍为考察网络民俗提供了可以借鉴的视角。大体看来，大部分"转生型"网络民俗事象属于与人们的社会生活形式紧密相联系的民俗，包括物质生活民俗、社会生活民俗、精神生活民俗等三大类。在此基础上又可依据研究的目的和民俗事象的基本特征，进一步细分为生活习俗类、节庆民俗类、民间信仰类及游戏娱乐类四种类型。以下内容便依循这四种类型依次展开分析。

第二节 "转生型"生活习俗

生活习俗是众多民俗事象中历史最悠久、内容最丰富的部分。互联网时代在生活习俗领域最直接的体现，便是人们的吃、穿、住、用、行等方面都与互联网发生着全方位的联系，并且产生了深远的影响。"转生型"生活习俗类的代表形态主要包括网络订餐、网络购物、网络约车、网络问诊、网络相亲等。

一、"平台化"转向：一种数字化生存方式

媒介技术的发展与人们的物质生活有着巨大的关联，是人们生活须臾不可分离的中介。从人类社会的进化规律来看，从刀耕火种的原始狩猎时代到铁犁牛耕的农业耕作时代，再到高速发展的工业时代、

---

[1] 刘晓峰. 民俗学教学中对"民俗事项分类"的总结[J]. 内蒙古教育（职教版），2013（4）：40-41.

光怪陆离的互联网时代，技术一直作为生产力的内在要素推动着人类生活方式的变革。恰恰在这样一个进化的路线上，印证了加拿大著名传播学家马歇尔·麦克卢汉的观点："媒介即讯息"，媒介本身才是真正有意义的讯息，正是由于新的媒介的不断出现，人们才能得到更多新鲜的讯息。[1]

"平台化"趋势是对当下互联网时代人们生活方式越来越多地依赖互联网平台的一种状态的描述。平台是"一种数字化的基础设施"[2]，当前的互联网时代，平台的勃兴发展已是常态。在信息技术、人工智能、云计算等新的生产力的推动下，包括美食平台、购物平台、电商平台、交通平台、教育平台、健康医疗平台在内的生活服务平台，组织和架构起了人们生活领域的新型方式。与这一新兴的经济形态相对应，"平台化"转向对生活领域的重塑，正如荷兰学者何塞·范·迪克等人所描绘的："无论是市场还是公地，无论是私人领域还是公共领域，平台机制型塑着生活的每一个领域。"[3] "平台化"对于生活习俗变迁的意义，在于它日益成为物质生活习俗的一种新的变革力量，为人们带来了一场生活领域全方位的"革命"。

民以食为天。饮食民俗是人们在加工、制作和食用食物过程中形成的风俗习惯及礼仪常规等，在人们物质生活中占据十分重要的地位。老子说，"治大国，若烹小鲜"，可见中国饮食文化之重要性、复杂性。美团、口碑、饿了么等饮食平台的出现直接推动了中国当代家庭饮食风俗的变革，具体表现在饮食方式、饮食场所、饮食风味等方面的变化。一是饮食方式的变迁。"叫外卖"改变了传统的日常饮食流程，人们足不出户便能在网上订餐、点外卖、买单，而且菜色品种丰富、可选择面广，又方便快捷、省时省力，很快成为一种时尚的饮食风气风靡全国，同时也型塑了人们独立、方便与快捷的现代饮食消费观念。以往的饮食流程中并无"探店"这一前奏，现在大部分消费者外出就餐会考虑餐厅的口

---

[1] [加]马歇尔·麦克卢汉.理解媒介：论人的延伸[M].何道宽，译.北京：商务印书馆，2000：32.

[2] 孙萍，邱林川，于海青.平台作为方法：劳动、技术与传播[J].新闻与传播研究，2021增刊：8-25.

[3] Van Dijck, J., Poell, T. & De Waal, M. *The Platform Society: Public Values in a Connective World*.Oxford：Oxford University Press,2018,pp.46.

碑评价，"探店"作为一种网络社交式的分享便应运而生。人们进店体验后，将商家的地理位置、店面环境、产品服务、价位等信息，以发帖、拍照或拍摄短视频的方式在网络平台分享并做点评。很多美食榜单、美食地图就是依托众多优质的"探店"笔记打造而成，成为年轻人的潮流美食指南。微信公众号、小红书、大众点评、微博等社交平台中聚集了众多以"探店"为职业的博主，滋生了一个新生的"探店"行业。二是饮食场所的变迁。都市生活节奏相对较快，在生计压力下，人们的日常时间比较紧凑，没有闲暇时间自己做饭，加上现在快餐店、餐厅、大排档等遍地开花，外出就餐已成为都市生活中普遍的饮食方式。特别是平台上的美食团购既方便又简单实惠，受到普通民众的欢迎。年夜饭是中国传统年俗之一，现在在网络订餐下馆子也成为新的时尚。饮食产品的购买习惯也在悄然变化，随着京东到家、饿了么、美团等生鲜电商平台在一、二线大城市中的出现，上班族不必每日去菜场、市场、超市，在手机 APP 上便可完成日常食材的采购。三是饮食风味的变迁。在物资匮乏的年代，老百姓餐桌上的饮食品种单一，不够丰富，如今在各大购物平台上都能网购到来自全国甚至全世界各地的风味特色美食，满足人们各种饮食需求。可以看到，以美食平台为工具的线上团购、订餐、探店、买菜、点外卖等方式逐渐走入都市普通民众的饮食生活，成为一种可供选择的生活习惯。以上种种都市生活中的普遍现象，折射出互联网时代饮食文化的历史变迁。

就交通平台而言，网络约车也使人们的出行习惯发生了很大变化，线上打车渐成主流。网络约车是基于互联网技术，通过互联网APP 平台预约出租车、私家车的新兴出行方式。网络约车服务包括专车、快车和顺风车等，是互联网、大数据、人工智能与交通行业深度融合的产物。网络约车进入大众视野，始于 2012 年快的打车和滴滴打车的先后上线，之后快的、滴滴、优步相继推出网络专车服务，网约车在全国一、二线城市渐成气候。艾媒咨询数据显示，截止到 2020 年年底，中国网约车用户规模为 3.65 亿人，较 2020 年上半年增加 0.25 亿人，占网民整体人数的 36.9%。[1] 网约车的出现，实现

---

[1] 艾媒咨询.2021 年中国智慧公共交通及私域出行发展现状[EB/OL].（2021-12-07）[2022-07-12].https：//www.iimedia.cn/c1020/82275.html.

了都市生活中人们的便捷出行，有效地缓解了城市拥堵问题。

网络相亲适应了快节奏时代人们的婚恋需求，重构了传统的恋爱路径和婚姻观念，并赋予婚恋民俗新的时代特色和文化内涵。相亲是中国传统的婚恋礼俗之一。"匪我愆期，子无良媒"，自古以来传播媒介就在婚恋习俗中担任着重要的角色。从古代的父母之命、媒妁之言，到现代社会中亲朋好友等牵线，再到报纸征婚广告、电视相亲，以及当下互联网时代的网络相亲，相亲这一古老的婚恋习俗经历了从口头传播、人际传播到大众传播的转变。这一不断被媒介化的过程，折射出了不同时代下人们婚恋观念的变迁——当下社交媒体盛行的时代，在青年人追求新自由恋爱的观念下，传统的人际传播相亲模式已经被视为"保守"的代名词。加上都市生活工作节奏紧张、生活压力大，便捷、经济的网络相亲方式愈加受青年人青睐。于是，相亲网站和APP成为青年男女结缘的重要媒介，提供海量会员信息的婚恋中介平台也应时而生。网络相亲与线下相亲最大的区别在于，可以直接越过媒人牵线这一环节，借助虚拟网络实现空间的跨越，这为素昧平生的青年男女聚集、相识提供了最大可能。

在看病就医方面，网络问诊改变了传统求医问诊的挂号、排队、诊断等系列手续必须到医院才能完成的程序和流程，改为由网站或APP等平台挂号、线下或者直接线上看病的形式。网络问诊的好处多多，患者可以"足不出户问名医"，线上在全国范围内寻觅中意的科室医生并即时交流互动，省却了许多麻烦。还可以由线下一对一问诊转为线上一对多的方式，选择多家医院的医生实现团队问诊。网络问诊既解决了实体医院挂号排队的麻烦，又能针对不同病症选择适合自己需求的医生，极大地缓解了日常生活中看病难的问题。

概言之，以上数字化时代生活平台的崛起，汇聚并覆盖了人们的衣食住行各个方面，实现了数字生活资源的共享。各大平台之间并非孤立存在的，而是交通、餐饮、购物等相互交织，互联互通，共同体现了"互联网+"时代的生活特色。种种生活习俗领域呈现出的截然不同的内容生态，似乎描述了尼古拉·尼葛洛庞帝笔下数字化生存的新图景：当代都市生活中人们的生活习惯、生活方式正超越现实空间的拘囿逐渐向着线上虚拟的方向发展，"一个全方位的、虚拟的移动生活空间正在形成"[1]。正如学者殷俊、喻婷所说,"'微时代'背景下的都市市民生活习俗,正在经历着向网络化、数字化转变的历程,呈现出个性化、多元化和开放性的特征以及虚拟化、体验化、兼容并蓄、全方位共享的趋势"。[2]

二、"生活空间"的重构与关系互嵌

空间是承载生活习俗的重要场所。相对于日常习俗的实践空间,"平台化"转向带来的网络虚拟空间无边界、去中心的特性,打破了地域受限的习俗文化传播,导致人们的习俗生活空间前所未有地进一步扩展。在这一虚拟生活空间中实现的习俗变迁中,平台的评论反馈、基于弹幕参与的互动交流以及社交分享三种机制因素起到了重要的作用,同时也构成了与传统习俗的差异之处。

(一)反馈机制助推习俗共识

在人们的日常生活中,追求物美价廉、实用便捷的心理等早已成为民俗共识,因为这些是几千年流传下来的不变的民俗心理,早已成为人们用以指导日常生活实践的经验和规则。但是在传统的习俗活动中,人们很少有机会以公众参与的方式,对生活中的某些议题或事项进行交流反馈,更遑论在互动交流中就某些知识和看法达成生活的共识。

与线下交流缺少反馈的渠道不同,以在线评论为主的平台反馈机制助推了传统习俗共识的达成和流转机制。评论反馈是现代网络生活中的常见内容,基于互联网的匿名性、交互性、共享性等特点,人们可以随时随地利用文字、声音、视频等形式对事件进行描述,发表自己的意见和观点,又可以随时随地转发、共享,让更多的人看到。这种及时有效的反馈机制对人们生活服务的重要性不言而喻。通过反馈实践,人们无须东奔西走、货比三家,便可根据其他用户的反馈做出

---

[1] 李慧娟,喻国明. 家庭场域的数字化重构:关于移动互联网时代生活空间的功能异化研究[J]. 现代传播(中国传媒大学学报),2016(3):7-11.
[2] 殷俊,喻婷."微时代"背景下的都市市民生活习俗[J]. 江西社会科学,2012(12):191-192.

自己的决策。比如淘宝推出的"好评""中评""差评"评价体系，就为消费者在线购物提供了重要的参考。人们在淘宝购物时往往习惯浏览下宝贝详情中的评论中是否有"中差评"，若百分百好评，则意味着这件宝贝品质还不错，可以放心下单。在其他生活平台中也都有类似的反馈机制，如网约车中有对司机的评价打分机制，美食平台中有对餐饮店菜肴和服务的评价机制，外卖平台中除了订餐评价，对外卖骑手的评价考核也是重要的环节。

之所以如此重视评论反馈，一方面这是消费者的权力，按照《中华人民共和国消费者权益保护法》，消费者享有对商品和服务以及保护消费者权益工作进行监督的权利。另一方面，平台的评论区从某种意义上说，它契合了哈贝马斯所提出的公共空间的某些特性，是人们日常交流的公共空间的一种形式。在共同体意识的支配下，人们通过好评或差评等评价机制，在这一公共空间中对商品或服务自由地发表意见，起到规范和约束商家日常行为的作用。这些讨论的话题往往是开放性和公共性的，人们在讨论交流中交换意见、达成共识，同时形成的这些公共和权威的信息又能有效引导其他人形成倾向性共识，成为他们个体认知的一部分，从而影响他们对商品和服务的选择和决策。

（二）互动机制搭建社交关系

相较于线下生活中"割裂"的社交关系，借助互联网，所有的一切都是可"连接"的。基于移动互联网技术的互动机制密切了不同个体及群体之间的相互沟通，成为多元生活空间关系型塑的重要力量。

首先，平台双向互动的特性实现了消费者与平台的"连接"。消费者的在线评论和意见能够即时反馈给平台和商家，便于平台和商家及时调整运营策略，更好地提供生活服务。以滴滴顺风车为例，不少乘客在出行中与网约车司机建立起了良好的互动关系，他们之间不再是单纯的交易关系，还体现了一定的社交关系。这就意味着出行方便的同时，人们打顺风车还有可能结识到志趣相投的朋友，具有一定的社交功能。在美团美食板块的评论区中，不少商家都会对一些顾客留下的负面评论进行回复，一来给顾客以好感，意图强化二者之间的关系，增强顾客的黏性；二来通过解释减轻评论的负面影响，也给其他意向顾客留下良好的印象。而这些互动都是在以往线下生活中难以实现的。

其次，平台化趋势下，所有的用户在同一平台上平等地交流和分享各种信息和资源，这就突破了阶层、行业、教育水平等壁垒，型塑了平台用户和用户之间的互动关系。尤其近年来，基于地缘关系、兴趣爱好等因素建立的网络社群越来越多。这是一个共享经济的时代，在一些美食、购物平台组建的购物群中，人们会花更多的时间点评商品、服务和商家，交换分享信息，建立起彼此之间的紧密"连接"。通过网络的联结，人们之间的沟通日益紧密，在分享互动中构建起了兴趣一致的圈层社交，弥补了传统交易中消费者与消费者之间缺少互动沟通的短板，成为维系社群凝聚力的黏合剂。如此，平台社交属性建构起平台与用户、用户与用户之间复杂多元的空间关系，把以往割裂的供需关系、交易关系形成了真正的物理归一。随着交流的界面越来越多地从现实中的商场、餐饮店、医院、学校等场所转向数字平台，一种新型的缔结社会关系的空间场域也随之建立。

（三）分享机制实现知识共享

近年来，知识共享越来越被人们重视。分享是一种生活理念，生活知识的共享及传播往往内化为个人或群体的日常生活习惯。知识的共享范围越广，越能带来增值的效果。相比之下，互联网上的分享机制更为直观，事无巨细的生活场景被以文字、图像、音乐、短视频、网页链接等多模态形式出现，更真实地建构和传播日常生活。因此很多 APP 都带有社交分享功能，对于物美价廉、性价比高的商品、体验，出于实惠或炫耀等动机，会自发地想要分享给身边的朋友，表达自己的见解和品位，从而获得自我认同感。如美团 APP 自带的地图导航等智能化手段，用户可以随时分享餐饮场所的地点。"吃播"是人们通过网络直播的形式观看主播烹饪、享受美食的一种流行文化现象。"吃播"的过程也是吃货们与主播之间美食信息共享的过程，主要通过弹幕形式，围绕着主播的吃相、食物的吃法、口味等内容展开，同时也满足了观众的好奇心和窥探欲。虽然"吃播"存在审美的异化等问题，但这种双向互动的影视化分享让内容直观化、评价可视化，极大地调动了用户参与的兴趣。

综上，互联网对人们生活习俗方方面面的冲击和影响，几乎是一场脱胎换骨式的变革。从现实空间到网络空间，传统生活习俗经历了生存空间的巨大转换，在这种转换过程中，不仅承载习俗的媒介发生了变化，习俗的传承意义也悄然发生了变化。它们加快了习俗知识的传播和流变，促成了新的生活和消费理念的产生和普及，建构和型塑了生活习俗发展变革的新路径。

（四）个案分析：直播电商与商业习俗的变迁

进入网络社会，由于电子商务尤其是网络直播的产生，网络购物成为民众日常生活图景。传统的商业社会生产与销售模式被颠覆和重塑，人们的物质生活方式也受到巨大的冲击和影响。直播电商是近年来异军突起的一种商业形式，从2020年起受新冠肺炎疫情病毒的影响，人们线上购物常态化直接带动了直播带货势头的迅猛发展和壮大。根据《第49次中国互联网络发展状况统计报告》数据显示，截至2021年12月，我国电商直播用户规模为4.64亿，较2020年12月增长7 579万，占网民整体的44.9%。[1]

网络购物的蓬勃发展加上直播电商的爆发导致了商业文化的发展和变迁，与之相适应，蕴含于商业文化中的商业习俗也适应着变革做出调适，一方面继承并助推了商业习俗在互联网中的繁衍与传布；另一方面，借助互联网时代商业文化生存空间的拓展，又衍生和创造出一系列新的商业交易习俗形式，打造出互联网中新的商业习俗景观，呈现出传统与时代特色结合的种种表征。

1. 从"集市"到"直播电商"：商业习俗的发展轨迹

在中华民族璀璨的五千年文化中，商业文化因在人们生产和生活中占据重要的经济和文化交流功能，在中华文化中占据重要的一席之

---

[1] 中国互联网络信息中心（CNNIC）. 第49次中国互联网络发展状况统计报告[EB/OL].（2022-02-25）[2022-07-12]. http://www.cnnic.net.cn/NMediaFive/old_attach/P020220721404263787858.pdf.

地。商业习俗是伴随着历史悠久的商业贸易而诞生的民俗形式。我国商业贸易最早兴起于先秦时期,那时主要的交易方式为物物交换,随着商业的发展和商业意识的增强,人们有了等价交换的观念,物物交换逐渐被等价交换所取代。殷商时期出现了集市,集市是中国最古老的聚集性商品交易活动。《说文解字》中说:"集,群鸟在木上也,引申为凡聚之","市,买卖所之也"。司马光《资治通鉴》中提到:"神农日中为市,致天下之农,聚天下之货交易而退。此立市始。"集市的举办都有固定的日期,一般按照农历,三日一小集,五日一大集。日出而市,日中而散。集市的交易渐次频繁,在民众的日常生活中发挥着重要的商业民俗功能。从文化传播的角度看,集市使得一定规模的人口流动和商品交易成为可能,对商业文化的形成产生了重要影响。

春秋战国起商业已经比较发达,《史记·苏秦列传》记载:"周人之俗,治产业,力工商,逐什二以为务。"《汉书·游侠传》中记载:"周人以商贾为资,剧孟以侠显。"周朝时期,社会弃农从商风气渐盛,商业习俗内容不断得到补充、丰富。《韩非子》中记载:"宋人有酤酒者,升概甚平,遇客甚谨,为酒甚美,县帜甚高著。""帜"即酒旗,是酒家的一种招幌标志,这一原始的商业广告习俗折射出当时丰富多彩的商业习俗文化。秦汉时期,商业得到进一步发展,隋唐时期继续发展,两宋时期达到繁荣,元明清时期继续繁荣,商业贸易模式不断完善。[1] 唐朝商品经济的发达在大量的诗作记载中得以呈现,如杜牧《江南春》:"千里莺啼绿映红,水村山郭酒旗风。"可见招幌、酒旗是中国古代商业习俗的主要形式之一,蕴含并传递着深刻的商业文化内涵。

宋代时期,中国古代封建社会商品经济发展到高峰,随着坊市制度渐趋消失,宵禁制度解除,夜市出现,商业习俗更加丰富多彩。《东京梦华录》中详细记载了当时北宋都城东京汴梁的夜市盛况:"夜市直至三更尽,才五更又复开张。如要闹去处,通宵不绝。"书中还用大量笔墨描写了当时的各种商业习俗,如早市上"趁朝卖药

---

[1] 司马说新史. 中国重农抑商下的古代商业是如何发展的?[EB/OL].(2021-07-08)[2022-07-12].https://baijiahao.baidu.com/s?id=1704700441487793434&wfr=spider&for=pc.

及饮食者，吟叫百端"[1]。市声也叫民间吆喝、商业叫卖，是最有特色的商业习俗，适合于传统商业习俗的走街串巷、集市吆喝中。为了兜揽生意，招徕买主，摊贩们各显神通，叫卖拖腔拉调，各有特色。

几千年来中国商业贸易的发展必然促使中国商业文化的全面发展，产生了极具地域色彩的商业习俗事象，逐步形成了丰富而完整的商业习俗体系，具体反映在招幌广告、叫卖、议价、交易、退换货，以及由此形成的买卖关系等方面。它们的主要功能是招徕顾客，与同行竞争，促成交易，在推动商业活动发展中起到了重要的作用。经历了社会的更迭发展，这些有着悠久历史和古老传统的商业习俗，不断承前启后，得以世代传承下来。

社会转型时期，随着互联网信息技术的迅速发展及人们消费观念、消费行为习惯的变化，直播电商成为数字时代的新习俗。[2] 直播电商是在电子商务日渐成熟的基础上演化而来的商业模式。2016年3月，阿里巴巴试运行"淘宝直播"，使得带货直播首次进入大众视野。各大短视频直播 APP 的出现直接带动了直播电商的迅猛发展。随着直播成功效应显现，淘宝、京东、拼多多、抖音、快手等各大平台纷纷布局直播平台，增加人气，获取流量变现。由于直播电商成本低，即时高效，已成为移动互联网时代的主流商业形态。

作为相应的商业文化现象，人们生活方式的改变带动了传统的商业习俗方式的变化。在互联网技术赋能下，人们的吃、穿、住、行等日常生活实践越来越依赖网络空间，在现实空间和虚拟空间的杂糅中，适应社会和时代发展的新商业习俗形式层出不穷。

2. 直播电商中的商业习俗

直播电商中蕴含着丰富的民俗形式。在直播技术的推动下，原有的商业习俗传统一部分延续至今，一部分衰微，而一些新的民俗方式开始形成并在网络中扩散开来。主要有以下方面：

（1）直播间：商业习俗传承的新空间

不同于集市、商场、店铺等一个个具体的实体商业场所，直播电

---

[1] [宋] 孟元老. 东京梦华录 [M]. 北京：中国画报出版社，2013：59.
[2] 李晶，孔祥莉. 智能—社交—消费—规制：一条理解直播带货的主线 [J]. 当代电视，2021 (5)：91-96.

商将这一古老的交易方式搬到了线上直播间。直播间是直播电商最重要的活动空间，在空间结构、场景打造、功能上呈现出不同的特点。

在空间结构上，直播间分为观看讲解、互动沟通、下单购物三大模块，买家可以随时互动评论、点赞、分享、加关注等。与现实中的购物无异，直播间也有琳琅满目的产品陈列，买家可以通过商品弹窗列表进入商品详情页及使用购物车。实时互动评论功能是直播间功能上的亮点，类似于聊天室的功能，也是最为体现买卖互动关系的部分。

直播间场景的打造成为一场电商直播成功的关键。与传统店铺中注重店堂装潢和货架陈设一样，直播间也要进行适当的布置。通常一个手机，一个支架，一块背景布，还有商品陈列，便完成一个直播间的简单布置。直播间打破了图文、短视频的电商模式，通过实时性、可体验、互动性的直播形式打造出一个个新零售场景，在主播和买家之间搭建起信任的桥梁。有的是代入感的场景：个性化的主播会精心设计直播间的场景，让场景比较有代入感、感染力，以提高买家的购物体验。有的是故事化的场景：国潮赋能下，国货品牌佰草集将宫斗戏搬到了直播间，"新国货+古装剧"的创意结合起到了意想不到的促销效果，在众多化妆品品牌直播中脱颖而出。此外，还有卧室、客厅、厨房等家居生活场景，商铺工厂车间的场景，甚至大街上、蔬菜大棚、果园林地、养殖基地等场景。"视频直播技术提供了场景价值，极大拓展了人的连接方式和体验空间。"[1] 由于场景布置的门槛并不高，直播间的地点相对自由，商家可根据自己的需要自由选择直播的地点。直播间的开通通常都有一定的条件，如抖音平台开通直播的条件除了基本的实名认证之外，还需要抖音粉丝积累到 1 000 个才能获得基本资格。

在功能上，直播间是传统商业空间的延伸，承担着销售商品、促成交易的功能。对销售者而言，也是最具诱惑力和想象力的空间。从空间意义上，直播本是由秀场直播发展而来，直播间本来具有娱乐的属性，后来被嫁接了广告及卖货功能，也因此具有了商业属性。随着

---

[1] 喻国明. 从技术逻辑到社交平台：视频直播新形态的价值探讨 [J]. 新闻与写作，2017 (2)：15-17.

后来直播企业的不断加入,直播间"移动+直播+卖货"功能日益凸显。尽管只有几年的时间,但是直播电商的发展速度超乎了人们的想象。据统计,我国有直播相关企业18.56万家。2020年淘宝直播上诞生了近1 000个销售过亿直播间,其中商家直播间数量占比超过55%,略高于达人直播间。[1] 2021年"双11"购物狂欢节期间直播带货24小时不间断,掀起全民购物狂欢热潮。无数充满烟火气的直播间把互联网打造成了一个熙熙攘攘、热闹非凡的狂欢集市,巨大的销售额创造了一个又一个商业神话。

(2) 明星与直播搭台:新买卖关系的建立

直播间不仅是商品交易的场所,也是买卖关系建立的纽带。从直播方来看,网红直播、明星、大V、企业家甚至政府官员纷纷参与,你方唱罢我登场。明星直播带货在2020年下半年迎来爆发。"6·18"期间,淘宝推出明星直播暑期档,与三百位明星合作,掀起明星开播潮。[2] 为了帮农民带货,政府官员走进直播间客串起了主播,成为新的"带货"力量。2020年2月13日,三亚市市长直播卖出海南金煌芒果6万斤。同年2月15日,万宁市委书记直播互动售出1万余斤菠萝。[3] 直播间成为一个博弈的场域,不同的直播间演绎成为各个主播在名誉、声望和话语表达等方面的比拼。对直播流量的诉求以实现经济利益的最大化,成为直播场域生产的原动力。

布尔迪厄提出,"资本"包括经济资本、文化资本、社会资本,三种不同类型的资本可以相互转化。文化资本是指"一种标志行动者社会身份的,被视为正统的文化趣味、消费方式、文化能力和教育资历等的价值形式"[4]。行动者拥有的文化资本越多,意味着影响力越大,话语权、支配权也越大。对主播、直播平台、品牌商等来说,为了获取可观的经济资本,在竞争激烈的直播市场占据不败之地,就

---

[1] 搜狐号行业报告智库[EB/OL].(2021-04-29)[2022-07-12].https://www.sohu.com/a/463667307_120855974.

[2] 中国日报网.天猫618,300明星上淘宝直播[EB/OL].(2020-05-27)[2022-07-12].https://baijiahao.baidu.com/s?id=16678126322156106330&wfr=spider&for=pc.

[3] 新华网.海南干部网络直播为农民推销农产品[EB/OL].(2020-02-25)[2022-07-16].https://baijiahao.baidu.com/s?id=1659488002521629963&wfr=spider&for=pc.

[4] 陶东风,等.文化研究:第5辑[M].桂林:广西师范大学出版社,2005:268.

意味着必须想方设法运用各种竞争策略，利用自身在其他场域所占有的文化资本优势，将之转化为可观的经济资本。社会身份、地位赋予个体使用直播这一公共空间的权力，个人积累的文化资本意味着流量和人气，能迅速转化为经济资本带来可观的经济效益。在虚拟的直播电商场域中，大部分主播包括明星主播并不具有经济资本的优势，相比经济资本和社会资本，文化资本更居于主导地位。名人、明星的人设也成为文化资本，名气意味着流量，意味着经济资本的获得路径。通过在直播间的表演，把售卖活动变成了公共参与的狂欢盛典。对明星而言，直播是一件互惠互利的事情，不仅可以获取可观的分成，他们在直播圈的表现还能成为娱乐圈的娱乐资源，实现资源共享，提高知名度，继续积累自己的文化资本。

从买家来看，直播间也是透视社会联系的窗口。形形色色的买家进进出出，反映了不同阶层间的互动关系。买家参与直播的目的不尽相同，有的出于省钱意识，意图买到日常生活所需物美价廉的宝贝，满足生活所需；有的出于社交需求，赶时髦，充当一般社交活动的谈资；有的仅仅是娱乐需求，看直播纯粹就是为了观赏明星而非为了购物，直播追星成为饭圈"新姿势"。

（3）一口价与在线支付："约定俗成"的新交易习俗

直播电商不仅承载着现今正在流传的商业习俗，还适应现代商业发展的需要，对商业风俗有许多改造，形成了一些新的约定俗成的商事习惯和习俗惯制。

直播电商对交易习俗的改变，在于能够随时随地进行线上交易，为买家提供更方便的体验。买家打开购物平台搜索自己需要的商品，通过从店铺首页进入直播间浏览商品详情、对比不同商家产品的价格、评价、交流咨询、下单等方式完成交易流程。直播间的互动交流中几乎囊括了商业交易中的方方面面，对商品相关细节的咨询，对尺寸的把握，对优惠力度的咨询等。现实购买中的面对面咨询，变为公开在线交流的方式，使直播间观看视频的人们都能看得到，帮助人们加深对商品的了解，构建出完整的关于所售商品的共享知识。通常，人们对某一爆款商品形成较高的关注度，在线交流的频率就会较高，加上主播的极力推荐，很容易形成集体的认同从而引发抢购行为。由于直播往往进行几个小时甚至 24 小时不间断,这些共享的知识以不间断的动态信息形式,成为"流动"的共享知识。

在直播过程中,"议价"这一传统商业习俗方式并不存在,而是统一明码标价。议价环节变为直播前由主播与商品供应商之间协商谈判,为买家争取最大的优惠福利。各类主播及其团队成员通过街头采访、调查问卷等形式收集买家的建议,然后代表买家去与各大品牌讨价还价的过程。这些过程也成为直播过程中说服买家下单的有力说辞。从讨价还价到明码标价,反映了现代商业行为的有序化和规范化。除了省却议价的麻烦,直播间中最大的吸引力还在于关注有礼、抽奖、发红包、免单以及发放优惠券等,将商品的折扣优惠最大化,帮助买家买到符合自己心理预期的商品。追求性价比,满足物美价廉需求,是几千年来流传下来亘古不变的商业习俗心理。如今以效率为导向的快节奏现代生活方式让人们越来越追求快速精准化购物,足不出户便能获得更个性化的产品与服务,这样简单又高效的消费模式对买家来说再适合不过。

改变"一手交钱一手交货"的交易习俗,改为电子交易的方式在线支付,由快递运输送上门,是直播交易中的又一创新。这一交易过程一者简化现金找零的麻烦,二者省却商品搬运之苦。当然,这种新交易习俗的乐趣还不仅于此。如果传统现实中购物的意义在于挑选商品、讨价还价的交易过程,那么,对直播中的买家特别是年轻人而言,购物的愉悦不仅在于买到了满意的商品,更来自选择这一商品的对比、抉择过程,以及商品的快递运输、收取快递包裹的期待、拆快递包裹的惊喜等方面。神经科学研究表明,购物会刺激大脑分泌一种叫多巴胺的神经递质,能给人带来一种满足的愉悦感。在多巴胺的刺激和控制下,人容易出现购物冲动形成购物的快感依赖,很多购物强迫症都被认为与多巴胺的分泌有关。"因为从买下它的那一刻就在期待着它","很简单,就是满足感","感觉超有成就感","就好像拆礼物"。[1] 怀有这种期待心理的不在少数,直播电商购物流程的意义在建构中被放大,成为刺激人们冲动消费的重要因素。当然,直播中

---

[1] 知乎[EB/OL].(2018-07-07)[2022-07-12].https://www.zhihu.com/question/284281066.

也有"只看不买"的,对他们而言,在一场场直播间里浏览闲逛是单纯的消遣享受活动,犹如逛超市、赶集,乐在其中是最重要的,同样可以从参与中得到身心的愉悦。

在直播带货中还有对传统商业技艺民俗的利用和改良。传统商业时代,技艺也是商业习俗的重要组成部分。北京百货大楼糖果柜台的张秉贵练成了称重"一抓准"的技艺。顾客报出数量,他边称重边默叨数字,手里刚称完,嘴上就报出价格,即便顾客分斤分两买几种甚至一二十种糖果,也能做到一口报价。[1] 当年很多顾客为了欣赏这份绝活慕名前去。新商业时代,直播网红们为了强化自己的专业度也掌握了一技之长。也许他们并没有技艺民俗的意识,但能凭着专业丰富的绝活成为行业里的"意见领袖",一定程度上体现了对电商直播行业的价值追求和社会责任感。

(4)陌生化的"市声":话语体系的建构

"市声"也叫商业吆喝,属于商业习俗中的声音形态,在直播带货中被充分利用并改造。直播带货对这一古老的传统加以改造,使其继续扮演着重要的宣传角色,起到了烘托气氛、刺激用户下单的功能。直播空间的开放性、互动性、多元性决定了直播话语实践的多样,既传承了商业文化习俗,又具有新的特点,形成了富有特色的商业话语体系。

一是特定的促销话术。直播空间狭隘局促,往往直播也有时间要求,要在众声喧哗的围观中把货卖出去,"如何说"是重要一环。出于销售商品及维护客户关系的需要,直播带货的话术是由主播、团队共同运作的话语资源,也是互联网中流行的知识资源。在称呼上,主播们将买家称作"宝宝"或"家人们"。"欢迎刚进直播间的宝宝"成了直播间用词频率最高的招呼语。从符号学意义上,"宝宝"的"能指"是指小婴儿或较小的儿童。这个词最早在蘑菇街直播中所用,后来被广为扩散开来,成为约定俗成的对所有买家的称呼。相比淘宝体中将买家称作"亲"的称呼,"宝宝"同样具有友善亲切的热点,但是它的所指意义更为丰富,既有卖萌、可爱之感,又带有一种

---

[1] 任敏.张秉贵:"一团火"精神[N].北京日报,2019-07-31.

"宠爱"的味道，意指像照顾宝宝一样宠着买家，能迅速拉近与买家的亲近度。

在促销语言上，主播和团队成员除了沿用传统商业习俗的表达惯例，"全网比价""全年最大力度""买不了吃亏，买不了上当"……诸如此类的吆喝话术，为了拉人气、烘托气氛，又创造性地生产出许多丰富多彩的语言表达，模仿、混搭、衍生形式花样百出。"关注主播不迷路，主播带你上高速。""关注主播不迷路，主播带你住别墅。""点关注，不迷路，一言不合刷礼物。""关注走一波，钞票多又多。""过来看，往里走，里面卖的啥都有。"这些来自民间的顺口溜合辙押韵、朗朗上口，易记易懂易扩散，很容易吸引买家的注意力。

消费社会时代，为了打造与线下类似的购物环境，包括"市声"在内的许多商业习俗的形式或内容经过加工改造后，被改头换面在新的商业场景中重新承袭利用，从而产生了"陌生化效果"。"陌生化效果"是德国剧作家布莱希特戏剧理论中的核心概念，是指舞台演出要使观众习以为常、司空见惯的事件以新的形式出现，使观众感到惊奇，从而引发他们进行重新审视和思考。"陌生化的反映是这样一种反映：对象是众所周知的，但同时又把它表现为陌生的。"[1] 直播间狂欢型的口头叫卖与传统的"市声"有异曲同工之妙。为刻意制造出紧张刺激的气氛，直播中主播声嘶力竭地讲解产品的同时，还有一帮不出镜的助手配合语境一唱一和，有节奏，充满激情，极富鼓动性、诱惑性，构成了有趣的语言传播景观。

2020年在抖音短视频、B站等平台出现的民间叫卖吆喝迅速火爆网络："菠菜贱卖""妈妈我想吃烤山药""窝窝头一块钱四个"。这些原汁原味的民间叫卖大多来自农村集市上的小摊小贩，被网民拍摄后上传到了网络，再现了传统集市上的叫卖场景。这些叫卖非常接地气，引发网民们尤其城镇中长大的年轻一代对农村商业习俗的兴趣和新鲜感，引发大量传播、转载。这些似曾相识的叫卖吆喝还发挥了重要的娱乐功能和社交功能，在B站、抖音短视频平台中的弹幕、互动评论中热度不减，非常热闹。

---

[1] [德]贝·布莱希特. 布莱希特论戏剧[M]. 丁扬忠，李健鸣，译. 北京：中国戏剧出版社，1990：22.

对直播电商的买家而言，这种独特的挪用改造构建出一个虚拟的购物场景，成功地破除了物理空间带给用户的区隔，以一种"沉浸式""陌生化"的在场感强化用户的购物体验，其实正是利用了人们的民俗心理和消费习惯，刺激、鼓励了消费。在商品经济社会，新媒体广告作为重要的促销手段功能日益凸显的同时，商业叫卖、宣传话语这些传统商业习俗又被重新利用，这充分显示了商业习俗有着独具的魅力和深厚的商业文化底蕴。

二是与网络语言交汇融合，产生新的表达方式。直播电商作为互联网快速发展的产物，不可避免要受到网络文化的影响产生更富时代特色的表达，这也是商业文化契合网络文化的一种表现。网络语言具有可复制性、可模仿性的特质，也为商业文化提供了独特的民俗素材。商业语言与网络段子、流行语的结合，表达方式亲切贴近，音韵和谐、幽默诙谐。如有的主播喜欢起花名，演员刘涛加入聚划算任首席带货官，花名"刘一刀"，也带有武侠文化的特性。

央视新闻主播朱广权"金句频现"，同样成为网络流行的段子。有网友对朱广权"带货"语录做了总结：

> 漫步东湖之畔，黄鹤楼上俯瞰，荆楚文化让人赞叹，但是不吃热干面才是真的遗憾。
>
> 原来以为最容易的成功就是支付成功，现在看想要支付成功也不是一日之功。
>
> 冲着武昌鱼的名气也要买它，哪怕不吃，收藏也行啊！[1]

生动有趣的金句段子成了"营销圣经"，也增加了直播带货过程的趣味性。这些新的语言表达体现了商业习俗的变迁，但这并不意味着商业习俗的语言文化丧失了纯朴的本色，沾染了铜臭气，相反，商业习俗语言文化的实用性在新的时代增添了新的意义，既打造了语言

---

[1] 2小时带货4 000万，1.2亿在线观看！段子手朱广权+李佳琦，这场直播太上头[EB/OL].(2020-04-07)[2022-04-08]. http://news.hexun.com/2022-04-07/200925563.html.

民俗的新景观，亦反映着广大民众用之不竭的创造和智慧。

在互联网快速发展下成长起来的直播为代表形态的电子商务，与原有的商业经营模式相比，在性质上发生了根本的变化。直播与商业卖货搭台，不仅表现在企业经营活动的范围和对象显著扩大了，而且新的商业业态和商业模式和也逐渐产生并应用于商业交易中。当下，直播带货业态的起飞，既是依靠发展多年相对完善的商业体系的强大支撑，也是建立在移动电子支付、现代物流体系、完善的售后体系基础上持续发力的结果。直播电商的经营理念与传统商业经营理念一脉相承，真正的重点是回归到商业的本质上——求同存异、注重品质、树立信誉，这是商业民俗传统亘古不变的核心价值追求。直播台前功夫做得再好，下再多的功夫，最后还是要落实到高质量的产品及完善到位的售后机制等方面，让用户感到安心，才能建立健康的商业模式，直播电商这个新行业和新模式才能走得更远。

第三节　"转生型"节庆民俗

互联网中节庆民俗类的代表形态包括以春节、元宵、清明、端午、中秋等传统节日为代表的网络节日，以及传统节日派生出的网络节庆晚会、网络拜年、电子红包等节日文化现象。

节庆民俗，即传统的岁时节日民俗，是指与天时、物候的周期性转换相适应，在人们的社会生活中约定俗成的、具有某种风俗活动内容的特定时日的民俗。中国是农耕文明的国家，岁时节日起源于农业生产的需要，古人根据农耕生产的不同时令，逐渐确定下节日的周期和名称，在历史的流传中约定俗成了各大节日民俗的不同内容和特征，并经历了相当漫长的岁月沉淀和凝聚，逐渐成为我国传统文化的重要部分。节庆民俗是我国民俗生活文化精粹集中展示的鲜活载体，也是传承中华文化价值观、民族精神和民俗认同的重要文化符号。

中国的节日文化传统源远流长，因而在互联网中的节日民俗形态也五彩缤纷，难以尽述。从表现形式上看，大多节日民俗与网络技术契合，衍生出更加丰富的形式和功能。直播技术的流行形成了传统节庆民俗与互联网结合的新方式。如"云"上清明、"云"上端午、"云"上中秋等活动改变了人们庆祝节日的方式,送虚拟月饼、网上赛龙舟、朋友圈赏月晒月……还有电子贺卡、数字红包、集五福等形式,都成为网络节庆娱乐的一部分。传统节庆民俗活动在网络空间中的创新传播,既展现了传统节庆民俗的文化基因,又型塑和引领了都市新时尚。

从功能上看,大多数节庆民俗通过特色文化符号的仪式传播,实现聚拢情感和文化认同的社会功能。在每个节庆仪式背后都体现了文化核心信念的寓意,蕴含着重要的文化价值。时令美食是最具识别性的节日文化符号,每每传统节日到来之际,端午节的粽子、中秋节的月饼、元宵节的元宵、春节的水饺,诸多美食符号以强视觉的传播方式,再现了传统民族节日的文化精髓。短视频成为传达民俗符号情感传播的新媒介。在微博、抖音等社交平台中分布着许多节日短视频,作为传统节日民俗具有仪式意义的展演行为,以不同的内容呈现,多视角、立体式地呈现民俗的生动场景。比如,在李子柒的古风美食视频中呈现了大量来自民间原生态的中国特色美食,随着舒缓的古典音乐,画面缓缓在屏幕上呈现,展示出中国传统民俗的生动图景。这些美食视频符号不仅加深了人们对传统民俗的深层认知,符号背后所凝聚的情感也进一步强化了对中华民族传统节日的文化传承和认同。

事实上,作为最常见的网络民俗场景,节日民俗一直在不断地变化与创新中。这既与中华民族文化中的节庆活动形式多样且内容丰富有关,也与现实社会中人们日益增长的精神文化需求密不可分。

现代社会中,节庆晚会是承载传统节日文化精神的重要载体。近年来,利用重要的节日或纪念日开展丰富多彩的晚会在各大互联网平台蔚然成风,取得了火爆的 IP 效应。网络节庆晚会是由互联网平台发起,以自制或与电视台等媒体合作的方式,在复制传统电视晚会模式的基础上,以传统节日或纪念日为节点而开办的综艺性文艺晚会。以下便以网络节庆晚会为研究对象,从节日"传统"的传承与改造、跨界媒体融合、文化破圈、情感联结等方面,探析节庆晚会在网络中热播的原因。

一、当节庆晚会遇上互联网平台

网络节庆晚会的产生，始自搜狐视频电视剧盛典。搜狐电视剧盛典自2010年至2011年共举办了八届，成为媒体与观众心中的"观剧风向标"，也是互联网平台与网络晚会"联姻"的第一次尝试。

网络技术的迅猛发展，让人们认识到网络晚会的魅力和价值，举办网络晚会逐渐成为每年各大节日盛典的重头戏。起初，每年由中央与省级卫视担负起这一角色任务，相继推出了网络春晚、"线上过大年"等形式。近年来，短视频直播技术的革新成熟，B站、抖音、快手、爱奇艺、知乎等互联网平台也纷纷加入节庆晚会的制作大潮。当节庆文化融入互联网基因，便释放出巨大的互赢效应，内容异彩纷呈，观众气氛热烈，开创了一条网络节庆晚会的另类之路。

为研究之便，笔者梳理了近年来互联网平台举办的大型网络节庆晚会，人们可从其发展历程中窥见网络节庆晚会发展脉络的全貌。

"B站拜年祭"是B站每年除夕夜举办的一档贺岁节目，被称作"二次元界的春晚"。自2010年首次举办至2020年已举办十届，与中央电视台网络春晚同龄，是网络节庆晚会中历史比较久的晚会。2020年1月24日（除夕）晚，央视频与B站联合推出"2020最美的夜"跨年晚会，也是B站首个十周年"拜年祭"。

"爱奇艺尖叫之夜"是爱奇艺一年一度的青春时尚娱乐活动，2014年12月6日首播。晚会梳理全年娱乐爆点，颁出独具网络特色的年度奖项，每年都会有近百位娱乐圈明星参加。

"抖音美好奇妙夜"是抖音联合浙江卫视推出的主题晚会。自2018年10月19日首播，已连续举办四届。

"快手一千零一夜"是由快手联合江苏卫视推出的主题晚会，2020年10月30日首播，作为首次大型盛典，是融媒体时代的又一个跨界融合经典案例和爆款事件。2021年2月4日农历小年夜，由央视新闻联合快手打造"过招·牛人之夜"。

"知乎答案奇遇夜"，即知乎十周年庆典晚会，2021年1月26日首次举办。

"优酷奇妙夜"于2016、2017年由优酷平台举办。

"百度好奇夜"是2020年百度APP携手浙江卫视联合推出的国

内首档好奇主题晚会。

"腾讯脱口秀反跨年"是腾讯视频联合笑果文化打造的"脱口秀"跨年晚会。

"家族年年年夜FAN"2020年由腾讯视频举办。

"214独爱之夜"是实景剧式音乐创演秀晚会，2020年7月由小红书与优酷、江苏卫视联合出品。

"喜马拉雅之夜2021幻音之旅"于2021年12月3日举办，是喜马拉雅九周年庆典晚会。

除了以上，还有为配合"6·18"、"双11"等新兴消费节日，由天猫、京东、快手、拼多多、苏宁等电商平台与省级卫视联合打造的商业晚会，最具代表性的是"天猫双11狂欢夜"，坊间趣称"猫晚"，明星阵容"堪比春晚"。第一届晚会于2015年由冯小刚执导、天猫联合湖南卫视举办。对这一由中国最大的电商平台天猫举办的持续性的媒介仪式，其意义正如冯小刚所说：春节是老祖宗传下来的，一百年之后，孩子们会说"双11"是老祖宗传下来的。[1]

不难发现，以上晚会在一定程度上打破了大众对传统晚会的固有认知，具有一些共性。在节点上，以春节前到元宵节期间的跨年晚会、春晚为主，或与各大平台的周年庆典结合，或与"6·18""双11"等电商大促节点结合，呈现出以"节"与"庆"为媒的特点。在举办主体上，有B站、抖音等头部短视频平台，天猫、京东等电商平台，爱奇艺、优酷等视频网站平台，知乎、小红书等社交媒体平台，可谓将各种类型的互联网平台一网打尽。从节期上看，网络节庆晚会虽然普遍比较"年轻"，"网龄"最长的B站"拜年祭"也只有十多年，短的只有一年，但基本形成了约定俗成的节期，出现频率呈现高频、密集的特点。

总体来看，在传统节庆仪式日渐式微、民众审美水准提高、娱乐手段愈加丰富以及直播技术日渐成熟等大背景下，个性化、多元化的网络节庆晚会反而渐成气候。由于这些互联网平台均在各垂直领域排名靠前，影响力获得公认，收看用户数突破千万级，可以说构成了一

---

[1] 黄博阳. 从消费节日到娱乐盛筵："双11"的内涵正在改变[EB/OL].(2015-11-11)[2022-07-12].https://business.sohu.com/20151111/n425998725.shtml.

个"现象级晚会集群"。

二、新习俗：节庆民俗在虚拟空间的移植

判断网络节庆晚会是不是"新民俗"，主要看几点：有没有延续下来的深厚的文化传统？是否呈现了民俗"民间性"的特征？是否能够迭代发展，实现文化新的传承？总体来看，作为节庆民俗与互联网碰撞的产物，网络节庆晚会顺应了互联网时代的趋势，是对传统节庆民俗文化的一种有效传承。

（一）延续了传统的节庆民俗

网络节庆晚会并非在互联网空间中被创造出来的文化样式，无论晚会的形式还是文化内涵方面，都与传统节庆晚会有着现实上的某种关联与呼应。仅就节目类型而言，万变不离其宗，相声、小品、歌舞、戏曲等都是复制了传统晚会的节目模式，保持了相对稳定的艺术形式。孔子曰："兴于诗、立于礼、成于乐。"网络节庆晚会虽然立足于中国节庆文化与网络技术的结合，呈现出新的艺术表现力，但从本质上同样暗含了人们追求喜庆、祥和、热闹的文化诉求。因此它承袭了线下晚会在现实生活中的积累、流传和传承，是线下节庆晚会在互联网中的延续。

将节庆晚会视作一种具有仪式感的民俗，始自中央电视台的春节联欢晚会。少数人的意见认为央视春晚不是民俗，比如有人就指斥它是"伪民俗"，因为它没有长时间的文化积淀，说到底，春节晚会不过就是和"欢乐球"相似的一种伪民俗而已。钟敬文认为，岁时节日民俗的形成有两个必不可少的要素："一是有相对固定的节期；二是节期中有特定的民俗活动。"[1] 央视春晚的诞生是对春节习俗"守岁"这一重要传统的传承和创新，"虽然央视春晚创办延续不过30年，但是春节、除夕、守岁的传统民俗却是有着几千年的历史了"[2]。尽管民俗学界有争议，但将央视春晚视作一种"新民俗"

---

[1] 钟敬文.民俗学概论[M].上海：上海文艺出版社，1998：131.
[2] 向云驹.央视春晚是新民俗吗？[N].光明日报，2014-01-04.

已获得大部分人的认可。

顺应互联网发展趋势，举办声势浩大的跨年晚会，互联网平台们并不是开山鼻祖，互联网跨年晚会的"鼻祖"——央视网络春晚走在了前列。央视网络春晚于2011年诞生迄今已举办了十多届。"刷手机看春晚、用手机参与春晚互动已经成了除夕夜的新年俗。"[1] 数据显示，2021年除夕当晚，通过电视、网络、社交媒体等多终端多渠道，春晚跨媒体受众总规模达12.72亿人。其中新媒体端点播用户规模达7.34亿人。[2] 通过"新理念、新表达、新玩法"，打破时空障碍，实现全体网民情感的在线联结，打造跨越时空的全民节日仪典……央视网络春晚深耕互联网十年的探索和经验积累，打造了一个新时代网民观众喜爱的文艺晚会的"样板"，为前赴后继、如雨后春笋般诞生的网络节庆晚会的形态孕育了雏形，或者说，提供了一个行业内和观众都广泛认可的审美标杆。

（二）广泛的网民群体参与，体现了节庆民俗的"民间性"

从历届网络节庆晚会的火爆态势可以看出，网络节庆晚会植根于普通大众，也服务于普通大众，获得了网民的广泛参与。具体来看，表现在创作群体的广泛性、接受群体的平民化及内容追求的通俗化等方面。

从创作上来看，晚会内容是网民群体"自下而上"集体创造的精神结晶。网民群体既是晚会的"消费者"，更是晚会的"生产者"。"星素同台"，即明星与带有平台文化属性的用户跨界合作，成为各大网络节庆晚会的特色和亮点。"知乎答案奇遇夜"，知乎答主们走上舞台与嘉宾现场专业硬核分享；"快手一千零一夜"，超100组快手达人用户与大咖明星、偶像同台竞技；"百度好奇夜"，百度内容生态的优质创作者与明星同台；2021"抖音美好奇妙夜"，106位抖音创作者登台演出。"B站拜年祭"起始于2010年40位UP主"自娱自乐"上传的作品汇总《春节·大拜年》，虽然历届晚会在规模、

---

[1] 刘阳. 中央广播电视总台春晚观众规模逾十二亿 刷新多项传播纪录[N]. 人民日报，2021-2-13（2）.
[2]《人民日报》再评总台春晚：创多项传播记录[EB/OL].（2021-02-13）[2022-09-30]. http://m.news.cctv.com/2021/02/13/ARTI1NqginwveqxxiYcMrRPZ210213.shtml.

内容和阵容上持续升级，但以 UP 主为核心的基因一直保留下来，成为一个不可僭越的"传统"。每年拜年祭，UP 主参与制作人数都有所扩大。拜年祭的总导演认为：拜年祭是 UP 主的狂欢。如果说 BML（Bilibili Macro Link，B 站线下活动与演唱会的总称）为很多能歌善舞的前台型 UP 主提供了一个展示自己的舞台，那么拜年祭则为那些有制作才华的幕后型 UP 主们打开了一扇展示自己的窗口。[1]

从接受群体上来看，历届网络节庆晚会的播出都引起国内外千万网民的参与，这与互联网平台本身拥有巨大粉丝量，以及在此基础上利用流量转化优势进行推广有关。据艾媒咨询《2020—2021 年中国短视频头部市场竞争状况专题研究报告》显示，中国短视频用户规模增长势头明显，2020 年已超 7 亿人。至 2020 年 11 月，抖音活跃用户达 4.90 亿人。[2] 如此庞大的用户基数和影响力为晚会的收视率提供了强大的后台保障。"快手一千零一夜"2020 年首播数据显示，快手官方直播间观看总人数达 9 008 万，直播间互动总量达 1.34 亿次，参与人数之多令人叹为观止。不仅如此，各大平台往往联手直播，2021 年"抖音奇妙夜"就同时在抖音、西瓜视频、今日头条直播，强强联合，实现观众参与人数的最大化。

从内容追求上看，主办方一方面加强各平台属性对自身文化元素的整合与强势输出；另一方面，改变了高高在上的姿态，打破圈层壁垒，根据不同群体、阶层的喜好，按照自下而上的内容制作逻辑，设置反映普通网民心声的国风、街舞、说唱、动漫等原创内容，尽可能涵盖多方位的人群，博得观众的眼球与青睐。

（三）弥补传统晚会参与性、互动性的不足，更有利于节庆文化的传承发展

通常，受演出场所、节目模式和播出方式等所限，参与性与互动

---

[1] 罗立璇. 二次元春晚，B 站拜年祭究竟如何炼成？[EB/OL].（2015-11-11）[2022-07-12].https://m.jiemian.com/article/1109097.html.

[2] 艾媒咨询. 2020—2021 年中国短视频头部市场竞争状况专题研究报告[EB/OL].[2022-07-12]. https://report.iimedia.cn/repo13-0/39293.html?acPlatCode=IIMReport&acFrom=recomBar_1020&iimediaId=78071.

性一直是线下晚会的"软肋"。相比之下,强大的直播技术支持为互联网晚会的实时互动赋能。短视频直播具有强交互性,也是各大互联网平台的核心优势,这一点早就运用得娴熟自如:晚会开播前就开始利用社交媒体平台预热,直播中实时发送弹幕让观众即时进行互动交流,结束后又通过回放保持观众的热度不减,整个过程将互动参与优势发挥到极致。"自来水"是一个网络用语,多指非官方组织的自愿分享和推荐。2019年B站跨年晚会激发了众多网友的持续热情,在节目回放中的评论和留言甚至比直播中还多,很多人自觉成为在朋友圈、微博、抖音上的"自来水"。

戈夫曼的戏剧理论提出"前台"与"后台"的概念,晚会直播通常呈现给观众的是"前台"表演,"后台"是演员相对隐私的空间。2021的爱奇艺"为爱尖叫"晚会在直播互动上放大招,将"后台"前置,采用"一屏四看"的观看方式,观众手机可以"多画面"切换,不仅可以看到前台晚会的精彩,还可以同时观看等候区、后台区和戏剧区的即时场景。观众能够全程领略到后台的场景和角色展现,既满足观众的窥探欲,又引发大量互动。许多网民评论说,"最精彩的不是主持,也不是节目,竟然是候场区"。节目中还首创实时互动投票,把节目的主动权交给观众,通过观众票选节目单,投票参与人数近500万。

三、解构与建构:网络节庆晚会的创新传承

互联网时代,网络节庆晚会既有对传统的继承,又顺应时代发展的需求,在表现形式、内容以及功能方面融入了诸多现代元素,在传承的基础上进行了各种创新,营造出别具一格的"节味"。

(一)场景建构:跨界联合

从近年来网络节庆晚会的趋势可以看出,网络节庆晚会越来越强调线上线下联动,互联网平台或与央视频、央视新闻、新华网等主流媒体合作,或与省级卫视合作,创办模式呈现出跨界合作的明显特征。

一方面,对媒体平台而言,主题晚会是最为常见的传统电视艺术形态之一,筹备晚会正是各大省级卫视、媒体的拿手好戏。加上数字

化融媒体时代，使用智能手机和平板电脑等数字平台的用户逐年增加，以电视为代表的传统媒体也受到巨大冲击。"大象也要学会跳街舞"，寻求与互联网平台的跨界合作是传统媒体数字化转型、与新媒体实现融合的有效路径，意义尤为重大。

另一方面，互联网平台以互联网思维和技术见长，可以很好地融入节庆晚会的创作中。首先，"用户思维"是互联网思维的核心，互联网晚会在各个活动环节中都能够"以用户为中心"，利用大数据精确洞察用户的需求，根据用户喜好进行定制化的创作、生产、传播，并借助算法等精准地到达用户。其次，在全息技术、人工智能、VR技术等科技赋能下，互联网平台的加入还带来了晚会技术层面的升级。例如在晚会中采用巨型显示屏、虚拟观众席、多屏联动等新技术，能极大提升舞台艺术的视觉效果。2020 年"双 11"期间，北京卫视使用了超过 4 500 平方米的显示屏，是传统晚会的两倍之多；湖南卫视采用"1 个主舞台+17 个直播间"穿屏互动等。跨屏技术与内容的结合，重构用户的视听艺术体验，是对传统晚会仪式的颠覆。再次，晚会呈现方式上，在"平台属性+场景"内容设计上大胆求新求变。爱奇艺的"多画面互动直播"、腾讯视频的"家族年夜饭"、知乎十周年晚会的"情景式剧场"、小红书的"实景剧式音乐创演秀"等，都有诸多突破传统晚会的探索，体现了形式上的创新，也给受众带来了截然不同的沉浸式体验。

（二）"传统"解构：二次元等的融入

节日习俗的发展与衍变并非一蹴而就，而是要经过历史文化的长期积淀。移动社交媒体盛行的时代，面对新人群、新娱乐、新媒介，网络节庆晚会作为娱乐内容的创作者，更不能墨守成规，要适应新生态的需要主动进化，从用户多样化、个性化的需求出发，依据自身定位从外界文化因素上寻求新的突破。

融入二次元文化，将二次元与流行、古典等元素进行碰撞，成为众多网络节庆晚会的亮点。二次元是对动漫、游戏等作品中虚构世界的一种称呼用语，是新时代年轻人喜爱的亚文化。在二次元话语下，晚会的形式、流程、内容被改写或重塑，彰显着年轻人喜好的系列节目歌舞、小品、戏曲等艺术形式进入观众视野，形成独特的二次元叙事模式。除了二次元，众多与国风、经典动漫影游 IP、竞技等相关的元素，也越来越多地被运用到了网络节庆晚会中。晚会的内容生态越来越向着多元化、异质化的方向发展，网罗了无数年轻人的心。同时，青年网络流行文化在网络节庆晚会中的移植，使晚会的娱乐性更为浓厚，也意味着对传统节庆晚会的一种解构。

B 站是二次元文化的"集聚地"。B 站 2020 年跨年晚会由 B 站和新华网联合举办，B 站自身带有的二次元属性与主流媒体平台的加持奠定了青年亚文化与主流文化契合的主调：既考虑到年轻一代参与主体的诉求，又适时宣扬正能量。在节目取材上，晚会 50 多个节目中有 20 个属于二次元主题节目，二次元气息满满。不仅如此，晚会还将鬼畜、动漫、影视 IP 等元素融入传统的歌舞、民乐等节目中，在二次元视觉奇观的另类呈现下，晚会得到年轻网友的热捧，实现了广泛参与的仪式共享与心理认同，开播后平台播放量最高突破 1.2 亿次，将历年 B 站跨年晚会的传播力推到制高点。

（三）关系嵌入：文化破圈

新旧媒体形态在节日文化的传播中存在不同的逻辑，从电视传播到移动传播，传统节日文化的生产逻辑从"空间赋值"向"关系嵌入"转变。[1] 传统媒体时代，传统节日在一个个现实空间中完成文化的展演来实现传承。互联网技术不断迭代进化的新时代，传统节日的传播在互联网虚拟空间搭建的关系交织网中，通过关系的连接与嵌入来实现。

互联网平台凭借强大的用户黏性，建立起与平台自身文化调性一致的圈层文化。美国学者托马斯·科洛波洛斯和丹·克尔德森在《圈层效应》一书中指出，"每一代人都形成了自己的圈层，并形成了具有鲜明特点和很大影响力的圈层效应"[2]。圈层不光体现在不同

---

[1] 晏青，沈成菊. 从空间赋值到关系嵌入：传统节日文化的传播转向 [J]. 内蒙古社会科学（汉文版），2020（1）：153-158.

[2] ［美］托马斯·科洛波洛斯，丹·克尔德森. 圈层效应：理解消费主力95后的商业逻辑 [M]. 闫晓珊，译. 北京：中信出版社，2019：125.

年代的人群中，也体现在不同的互联网平台各自的用户属性上。如知乎用户画像的最大的特征就是"高知"。知乎用户具有更好的教育背景，其中大学本科及以上学历者占比达80.1%。[1] B站初期的用户具有"二次元人"属性，小红书的用户则是都市白领、职场精英女性。当下，最受互联网平台关注的圈层群体应是作为新消费人群的"Z世代"。"Z世代"人群又称"网络世代"人群，是对1995—2010年出生的伴随着移动互联网的出现而成长起来的人群的统称。"Z世代"人群约2.6亿人，使用互联网和数码产品是"Z世代"人群生活的一部分。面对以上精细化的圈层发展趋势，如何打破媒体界限，在保留自身圈层文化属性上，实现跨圈层传播，即"破圈"传播，成为互联网平台争夺用户的突围之道。

当下，网络节庆晚会为了破圈进行了种种尝试：通过打造多品类的内容产品，提供不同类型的文艺作品，以求"雅俗共赏""老少皆宜"；引入其他圈层群体，突破圈层壁垒等路径，力求不同圈层和群体间的审美共识，展现平台的特色。从破圈的意义上来说，举办网络节庆晚会的实质，其实就是对用户的争夺。晚会的创作、参与都离不开优质的内容创作者，表面看来是对新媒体时代用户至上、内容为王的生动诠释，实际意图是强化与优质用户关系的黏性互动。不仅如此，破圈效应带来节目高收视率的同时，还能为平台引入数量可观的新用户，为平台的持续发展补充新的血液。

（四）情感联结：黏性与认同

网络节庆晚会蕴藏着巨大的情感能量，是表达创作者及用户情感、心声的载体。这是因为每个互联网平台都拥有庞大的年轻用户群体，这些用户的一部分社会化成长是在使用平台媒介的涵化中完成的。中国互联网发展不过20多年，互联网平台成立时间也不长，阿里成立于1999年，腾讯成立于1998年；社交平台出现较晚，B站成立于2006年，抖音也成立于2006年，知乎成立于2011年，等等。

---

[1] 艾瑞咨询. 2018年中国知识营销白皮书：以知乎为例 [EB/OL]. [2022-07-12]. [2022-07-12]. https://report.iresearch.cn/report_pdf.aspx?id=3197.

也就是说，符合这一年龄段的年轻人基本都是在使用这些平台中长大的，他们自然而然地在细水长流中建立起与平台的情感联结。

因此，与传统晚会通过家国情怀、民族情感的艺术表达来实现情感的联结不同，透视各大网络节庆晚会的内容制作逻辑，是建构起"平台调性+爆款内容"的模式来强化各方的情感认同。很多晚会利用自身平台的文化属性和社交属性，结合内容生产领域的爆款IP，满足用户对晚会内容的需求。晚会往往精心设计"回忆杀"节目流程，嘉宾引领观众一起回溯平台的经典内容，将观众的成长记忆与平台内容的时代记忆串联起来。同时，通过各种情景再现分享他们的好恶情感，唤起创作者和观众共同的集体记忆。如此，通过直播化、社交化、互动性的数字传播营造出一个虚拟沉浸式的文化感知空间，在互动中将创作者、用户与平台的情感深度联结、升华。

知乎上曾经有一个高热问题："如果你是安陵容，如何转败为胜？""知乎答案奇遇夜"上，《甄嬛传》中安陵容的扮演者陶昕然在十年后登台，采用情景式讲演，重温剧情，一一回应知友们的招数。当有网友为安陵容写了67章的《甄嬛传之安陵容重生》在大屏上滚动时，陶昕然泪洒现场，观众亦产生强烈共鸣，全场观众的情感触动此时集结到一个高点。节目播出后，"这个世界最珍贵的就是有人为你花时间"成为经典语录，与这段视频一样在网络上广为传播，引发许多网友的共情共鸣。知友们还在视频中评论留言，再次表达对安陵容这一人物角色的看法和评价。

从网络节庆晚会的打造模式，能够切实体会到互联网平台对内容创作者、用户的重视，而两者与平台之间的相互依存、各取所需，正是构建一个兼具认同、黏性的生态平台运转模式的重要逻辑。因此，构建创作者、平台、用户三者之间的情感联结是节庆晚会的重点。首先对平台而言，虽然调性风格均不同，但是注重运用情感力量来增强粉丝用户的凝聚力和感召力，是各大网络节庆晚会的共识。其次，通过晚会参与制作、表彰激励等手段，激发创作者优质内容持续产出的热情，进一步将创作者和平台的关系绑定，能够强化与平台的归属感。最后，内容创作者是平台最核心的资产，搭建创作者与用户粉丝的直接互动，使其建立紧密联系、增强情感联结，两者之间就有了更强的情感感召。

网络节庆晚会为传统节庆文化的创新性发展开辟了新的路径，在一定程度上是对每年央视和各大卫视春晚的一种呼应和补充，填补了青年观众这部分群体的观看需求。现代社会人们的节庆民俗观念淡化，以春晚为代表的传统节庆晚会在近年来的发展中出现了节目收视率降低和好评率下降等一系列问题，打造符合新媒体逻辑的互联网晚会，构建新媒体时代节庆晚会发展的新模式，也为我们做好节庆民俗的当代传承发展提供了一些启发和思考。与线下有限的物理空间相比，网络节庆晚会作为节日文化传播的空间媒介，凸显了节庆文化直播影像发展的数字化特征，带给人们节日文化传播无限想象的可能。同时，与央视春晚数十年的民俗沿袭和打磨相似，要成长为全民认同的节庆民俗，需要坚持这一民俗化的走向，长期不懈地融入传统节日民俗的精髓和年复一年的文化创新，才能将一台互联网直播观赏文艺晚会逐渐演变成一种习俗惯例，从而深入参与到网络虚拟空间这一民俗意义空间的传承与建构中来。

第四节　"转生型"民间信仰

网络民间信仰类的代表形态包括网络祭拜、网络祈福、网络占卜、星座文化等，这几种民俗形态包含祝福、祭祀的内容，都带有趋吉避凶、祈福禳祸的意味，均属于由民间信仰而产生的一系列习俗惯例。

网络祭拜、网络祈福是我国民俗传统文化中实现血缘联结、行为规训和家族认同的重要方式在互联网中的延续。网络祭拜是近年来新兴的一种文明祭祀方式。网络祈福是指网民在网上以电子贺卡、电子邮件、发帖、跟帖、转帖等各种方式表达祝福，祈祷健康、平安、顺利、财运等，网上祈福通常包括四种形式：求祝福类、接棒类、记录类、拜神类。[1] 网络占卜是人们因现实生活得不到满足而将寄托转

---

[1] 徐瑞华. 网络民俗研究 [J]. 贵州社会科学, 2012 (11): 110-114.

移到网络算命上的一种社会文化现象。占卜算命在中国可谓有着古老悠久的历史，包含有丰富的社会文化和心理内容。算命与现代科技的嫁接衍生出多种新型的占卜方式，如塔罗牌在线占卜，近几年来流行的周易与人工智能结合产生的"AI 算命"等。

一、宗教抑或民俗：网络民间信仰的溯源

民间信仰在中国有着深厚的历史文化渊源和广泛的社会基础。从原始社会的图腾崇拜起始，到信仰形态多元化的现代网络社会，民间信仰经历了流变，绵延几千年依然代代相传，呈现出其顽强的生命力。

从网络中的民间信仰的状态来看，其涵盖范围广、形态复杂多样，现实生活中存在的民间信仰种类在网上几乎都有，可以描绘出一幅中国民间信仰的"地图"。网络的虚拟性和开放性为民俗文化的传承变迁提供了丰沃的土壤，从共时性的角度看，这些网络中的民间信仰均与现实生活中的民间信仰有着一脉相承的关系。网络中的民间信仰是什么状态？为何能够"转生"到网络中？有哪些变化的机制和规律？在性质上有多少是"封建迷信"的范畴，它们与儒释道等宗教之间有何勾连？这似乎又重新回到了最早对民间信仰属性的认识和争论的问题上。

在传统民俗中，对民间信仰概念和属性的界定一直是个模糊不清的问题，特别是民间信仰与正统宗教、民间信仰与封建迷信、民间信仰与巫术等之间的勾连，存在着诸多争议。在很长的时间里，民间信仰被认为就是封建迷信，自改革开放以来，国家宗教政策逐步建立完善，人们思想观念获得了解放，对民间信仰的认知有了较为理性的改变，逐渐回避使用"迷信"来评述民间信仰。自 20 世纪 80 年代初以来，随着各地宗教活动的相继恢复和宗教寺庙、宫观的修复、兴旺，有学者认为，民间信仰又有了很大的复苏，显示出顽强的生命力和极大的社会适应性。[1] 但是即使民间信仰重新恢复并有了较大发展，在其与宗教的关系这个问题上，人们还是各抒己见。其中认同民

---

[1] 张祝平. 当代中国民间信仰的历史演变与依存逻辑 [J]. 深圳大学学报（人文社会科学版），2009（6）：24-29.

间信仰既有"宗教性"又有"民俗性"双重维度的观点并不在少数。如金泽教授认为，民间信仰是民间宗教的一种形态，"民间信仰具有多重属性，它的活动既具有民俗性，也具有宗教性"[1]。

在民俗学界，普遍地认可将民间信仰与宗教区分开来，将民间信仰定性为民俗事象的观点。钟敬文先生指出，民间信仰又称为民俗信仰，是在长期的历史发展过程中，在民众中自发产生的一套神灵崇拜观念、行为习惯和相应的仪式制度。[2] 乌丙安先生认为，民间信仰"是在民间广泛而普遍存在的日常信仰事象，主要是对大自然的信仰和对人的灵魂的信仰等多种形态"，他还指出民间信仰与宗教的十大区别，明确地表示"民间信仰不能等同于传统宗教"[3]。高丙中认为，"民间信仰是我们理解中国民众的一个必要的范畴，因而是中国整个现代学术的关键词之一"，他主张"把民间信仰作为非物质文化遗产保护工作的一个核心问题来认真对待"[4]。总之，以上民俗学者观点鲜明，认为民间信仰并非宗教。

综上，民间信仰属性的界定和认识长期存在的争论分歧，反映了民间信仰呈现出的种种复杂的面向。鉴于此，本文无意探讨网络中的民间信仰与宗教之间的关系勾连，认同学者陈进国的观点，即不能用静止的眼光来看中国的民间信仰问题，而是应用动态的、辩证的眼光来看。特别是考虑到中国历史上的民间信仰与其他制度化的宗教形态有着非常密切的互动关系，目前很难给民间信仰一个精确的界定，最好还是采取模糊一点、宽泛点的办法。这种相对模糊的界定办法也许更能开阔我们的研究视野。[5]

二、空间、仪式与情感：网络民间信仰的特征

民间信仰在网络中的"转生"，在许多方面都显示出迥异于传统

---

[1] 金泽. 当代中国民间信仰的形态建构 [J]. 民俗研究，2018（4）：5-14.

[2] 钟敬文. 民俗学概论 [M]. 上海：上海文艺出版社，1998：187.

[3] 乌丙安. 中国民俗学 [M]. 沈阳：辽宁大学出版社，1985：242-248.

[4] 高丙中. 作为非物质文化遗产研究课题的民间信仰 [J]. 江西社会科学，2007（3）：146-154.

[5] 路遥，等. 民间信仰与中国社会研究的若干学术视角 [J]. 山东社会科学，2006（5）：20-31.

民间信仰的特征，总起来看有以下几个方面：

(一)"神圣空间"的数字建构

民间信仰是人们日常生活中的一种重要文化现象。通常，民间信仰活动都有一套相应的程序要求，这些程序都要在固定的空间场所进行才能体现出仪式的价值和意义，因而空间是构成民间信仰活动的重要要素。

钟敬文先生在《民俗学概论》中指出祭祀有几个因素：一是必须有明确的祭祀对象，如神灵所在的寺院、庙宇，祖灵所在的祖庙、祠堂、墓地等；二是有主祭人和参加祭祀的人群；三是有一系列的祭祀程序。包括上香、跪拜、祷告、求签等；四是进行奉献。[1] 可见，祭祀活动的四要素：祭祀对象、祭祀者、祭祀流程、贡品缺一不可。这是传统民俗信仰的文化惯习力量使然。作为一种古老的信仰，祭祀在规范上的要求已成为孕育在民俗文化场域内一种深层次的信仰惯习。惯习是法国社会学家布尔迪厄提出的概念，作为"性情倾向"系统，惯习是理解个体与结构关系的基础，不断地随经验而改变，从而在这些经验的影响下不断地强化，或者调整自己的结构。它是稳定持久的，但不是永远不变的。[2] 尽管经历了不断的变迁，信仰惯习仍是决定民间信仰生存和发展的重要结构因素，也为我们理解人的信仰模式的意义和价值提供了一个视角。"信仰惯习一旦形成，就像是构成了一个信仰基因库，则反过来对中国人信仰产生巨大的型塑力量，规定了中国人信仰的基本品格，包括心理观念、仪式特征、实践模式。"[3] 信仰惯习是持之以恒的力量，为民俗信仰文化机制的代代相传提供了一个参照系。

网络祭祀是近年来互联网中新兴起的一种文明祭祀方式。网络祭祀保持了民间信仰仪式实践在传承中的稳定性和程式性。祭祀的主体

---

[1] 钟敬文. 民俗学概论 [M]. 上海：上海文艺出版社，1998：200-201.
[2] [法] 皮埃尔·布迪厄，[美] 华康德. 实践与反思：反思社会学导论 [M]. 李猛，李康，译. 北京：中央编译出版社，1998：178.
[3] 陈彬，刘文钊. 信仰惯习、供需合力、灵验驱动：当代中国民间信仰复兴现象的"三维模型"分析 [J]. 世界宗教研究，2012 (4)：100-107.

和祭祀对象和传统祭祀基本无变化，有祭祖先的，有祭神灵的，目的都是祈求神灵赐福。网络祭祀与传统祭祀的根本不同，便是祭祀空间转向了虚拟化。"神圣，是一种在特定场域中被赋予的属性。"[1] 网络祭祀脱离了现实空间某一固定的活动场所的约束，祭祀活动的机制和流程完全在虚拟的网络空间中进行。网络祭祀借助互联网，通过对传统祭祀文化元素的移植、复制与重构，结合媒介技术的优势和融入现代化的元素，营造出神圣化、规范化的网络祭祀景观。人们可随时为先人或逝者创建网上墓地或网上纪念馆，举行祭祀活动。在一些大型网络祭祀平台中，新媒介技术通过精心的符号和场景设计，开创一个与实体空间并存的虚拟世界。在宏观布局上，既有高仿真的虚拟墓地（墓碑），也有"点烛""上香""献花""祭酒""献供"等一系列民俗程序。可以看出，尽管是虚拟的空间，网络祭祀的祭祀要素样样俱全，打造了一个神圣的空间，它承载了传统祭祀的意义和使命，是传统祭祀场所的延伸。

纵观网络祭祀的祭祀过程，祭祀传统得到了延续，"神圣"空间得到了重建，祭祀者怀有神圣的敬意和浓厚的情感，在虚拟的语境中通过一次次的展演，成功地将虚拟与现实相对接，完成了祭祀的网络重建。在功能上，相比传统祭祀，网络祭祀活动有诸多好处：其一，在运行机制上更为灵活，免除人们长途奔波之苦，省时省力，节约人力、物力。其二，个体可随时利用空余时间进行悼念追思，活动的规模和频率均可自由把握。其三，适应了现代化的日常生活需要，由传统的扫墓、焚烧纸钱等转为更文明的网络祭祀方式，既环保、经济又延续了传统，更受人们欢迎。因此从某种意义上说，网络祭祀是对传统祭祀内在生命力的延续。

同样，网络占卜的过程也是建立在对现实生活的幻想和想象的基础之上的。在线占卜的内容同线下占卜无异，主要包括爱情、事业运、财运等几个方面的预测内容。相比之下，网络占卜的过程、占卜主体与占卜对象及两者之间的关系都发生了根本的变化。在网络占卜中，传统的算命先生并不存在，电脑程序扮演了这一角色，这让整个

---

[1] 金泽. 如何理解宗教的"神圣性"[J]. 世界宗教文化，2015（6）：1-3.

过程变得相对简单许多——网络技术将丰富的算命资源集结到一个界面，在电子媒介构建的情景中，根据人们自由选择各种命途和可能的结果给出不同的命理阐释。参与者在想象的空间中逃避了现实生活的压力，获得精神上暂时的满足和愉悦。不同的是，这种占卜过程往往以个人匿名的状态进行，形式更为隐蔽，传播范围也更广。但从其整体效果来讲，网络占卜的核心在于趣味、娱乐，几乎没有人特别在意占卜的结果，个体发展、成长、进步的命运毕竟还是牢牢地掌握在自己的手中。

（二）虚拟符号建构的仪式认同

民间信仰是具有较强仪式感的民俗活动。詹姆斯·W. 凯瑞认为传播的仪式观是一种以团体或共同的身份把人们吸引到一起的神圣典礼[1]。从仪式观的视角出发，"民俗展现和节日仪式传播实际就是在仪式中借助各种符号表征方式，使人们对于民族文化的种种想象落到实处，以重建文化的'想象的共同体'"[2]。在互联网虚拟空间中，网络信仰活动是通过直观性、仪式感的场景再现完成想象的建构。互联网技术和社交媒体的发达营造了个性化、私密化的网络空间，在这一虚拟空间中，营造出庄重、肃穆、神圣的"现场感"场景，发挥它的传播效用。人们摆脱了实体空间中身体的权力规制，只需要在屏幕中移动和点击鼠标键盘，便可将神圣的文化继承转变为一种具有仪式感的生活实践。

民间信仰仪式通过具有表征意义的虚拟的民俗符号来完成。人类实现交流的原始传播媒介有三套系统：一套是理性的符号系统，如语言文字等；一套是实物系统，如石头、陶器等；第三套则是人体系统，如人际传播、祭祀等。[3] 可见，祭祀承载了人体为媒介的交流功能，网络祭祀通过身体的在线和情感的弥补实现了祭祀仪式的常态

---

[1] [美] 詹姆斯·W. 凯瑞. 作为文化的传播[M]. 丁未，译. 北京：华夏出版社，2005：28.

[2] 邵培仁，范红霞. 传播仪式与中国文化认同的重塑[J]. 当代传播，2010（3）：15-18.

[3] 余志鸿. 中国传播思想史：古代卷上[M]. 上海：上海交通大学出版社，2005：142.

化。在互联网技术和祭祀符号搭建的场景中，一个具有共同信仰、凝聚情感的虚拟文化场域产生了。在仪式复活中，人们内心深处对于基于血缘和族群关系的情感寄托、群体归属和社会认同被激发出来，从而建构出一个"想象的共同体"。在线祈福同样通过虚拟的文字符号、图像或文本叙事，建构起一种仪式感，表达了对美好生活的想象和向往。

（三）数字化的情感纾解

数字化的自我表达与情感纾解是网络信仰类民俗较为显著的表达特征。互联网空间的自由性、开放性，为人们缓解现实生活中的压力提供了机会和环境，掌握数字化应用的人们通过点击网页、观看视频、留言跟帖等形式表达民意，参与社会事务，这一切都催生了网络民俗语言个性化、自由化的特征。这些基于网络生活创造的民俗文本叙事消解了传统的宏大叙事，出发点都是基于民众情感纾解的需要。家族 QQ 群、微信群等通信手段被赋予了一定的社会意义，成为传递家族情感的重要工具，在祭祀过程中亲友间可以通过虚拟共聚的方式实现零距离的互动，在相互慰藉中起到重塑家族情感、增强凝聚力的作用。作为传统祭祀方式与互联网技术结合的产物，交互式的参与体验方式使得现代社会中人们的祭奠需求与现代生活方式无缝对接，在身体"离场"的情况下获取情感、想象的满足，同样实现了祭奠文化的心理抚慰功能。

再如在亲子论坛流行的"好孕接棒"祈福，跟上贴就意味着沾上喜气，意指"好孕（运）"，还有在篱笆网、微博等平台中流行的转发求好运等现象，这些文化现象流行的背后，其实折射出的是现实生活中诸多青年群体追求理想人生、理想爱情的心理焦虑。当今面对社会快节奏发展带来的多方面的生活压力，对人生、事业、家庭等的多元化选择迫使许多人容易产生焦虑情绪。从这个角度看，网络祈福、求好运起到了缓解个体情绪的心理暗示作用，作为情感反馈的渠道也有一定的存在合理性。

总起来看，网络民俗信仰直面现实生活，从心理上满足了人们健康平安、趋利避害的需求，丰衣足食、人畜平安的需求，还有招财纳福、追求财运的需求。此外，娱乐化的价值取向还满足了人们娱乐开心、追求愉悦的需求，并逐渐发展成为与现代社会生活相适应的生活方式。

三、景观化、功利性与娱乐化：网络民间信仰的发展态势

网络中的民间信仰的发展根植于民众"趋利避害"的精神需求。审视当前民间信仰在网络中的活跃态势，总体来看呈现出三个方面。

一是景观化。在《景观社会》一书中，德波指出："在现代生产条件无所不在的社会，生活本身展现为景观的庞大堆聚。直接存在的一切全都转化为一个表象。"[1] 传统民间信仰具有显著的地域性特点，而互联网在中国的规模和普及率逐年增长，为民间信仰在网上的汇聚、交流互动提供了空间条件。从偏远地区到沿海城市，在互联网技术平台赋予的强大力量下，这些散落分布在各个地域节点的民间信仰形态被连接起来，犹如一张疏而不漏的大网，在阡陌纵横中交织、互动，凭借互联网的特性快速扩散，形成了景观化的文化发展态势。互联网集文字、图像、短视频等视觉性元素于一体的优势，使民间信仰现象在互联网中的视觉传达效果得到了凸显和放大，网络祈福等现象在网络空间中触目皆是，表现形式更加直观多元。

二是功利性。钟敬文、乌丙安先生都曾经指出民俗具有功利性的特征，"民俗信仰的所有活动，都是从民众的现实生活需要出发的，具有相应的功利目的"[2]。在网络中，民俗信仰更为明显地呈现出向实用嬗变的变化规律。细察之，有哪些民俗与互联网技术嫁接从而能在互联网中滋生并生存？首先是适应了现代人的生活需要，满足了人们方便、快捷、实用的需求，如清明网上祭祀迎合了人们紧张快节奏的现代生活的需求，且网上祭扫取代传统的焚烧纸钱，更为环保、经济，为人们提供许多便利。互联网和新媒体的便捷性实现了技术赋权，个体可以自由地主动创造和表达，网上的民俗祭

---

[1] [法] 德波. 景观社会 [M]. 王昭风，译. 南京：南京大学出版社，2006：3.
[2] 钟敬文. 民俗学概论 [M]. 上海：上海文艺出版社，1998：204.

祀、祈福、占卜等活动，均是网民根据日常生活所需自发地流传于网络的信仰行为。

三是娱乐化。受当前社会娱乐化倾向的影响，有的网络信仰民俗中也增加了调侃、娱乐的消遣元素。有些信仰民俗与娱乐结合，神秘性、宗教性逐渐消退，衍生成为种种流行文化现象。2018年互联网中掀起了锦鲤热。锦鲤本来是中国古代一个吉祥、幸运的象征符号，现代商业力量的加持和捆绑炒作，使其演变成为互联网空间中能够带来好运的消费符号。在转发锦鲤得到好运的暗示裹挟下，网民的参与热情和消费需求被激发，掀起一场场全民娱乐的狂欢，转发锦鲤成为一种现象级的网络文化现象。

总之，网络中民间信仰的存在是民间信仰这一最古老的民俗形式"活态化"传承的有力证明。网络中的民间信仰虽然出现的时间不长，但其广泛存在却已是不争的事实，是传统民间信仰这一"历史遗存"在网络中的"再现"。网络民间信仰通过"神圣空间"的建构、符号建构的仪式认同以及数字化的情感纾解等方面，在参与者"想象"的建构和自我表述中获得暂时的心理寄托和精神安慰的弥补，并呈现出景观化、功利化、娱乐化的发展态势。

四、个案分析：从"洋民俗"到"现代俗信"：星座文化的传播

"星座热"是新媒体时代一种独特的文化现象。星座文化起源于西方，由占星术发展而来，是一种古老的宗教文化。自20世纪70年代传入中国，星座文化在中国民间得到了广泛的传播。中国的青年人尤其对这一文化表现出了巨大热情，各种与星座相关的话题融入他们的日常生活和社交领域中。进入互联网时代，在互联网技术的推动下，各类门户网站开设星座频道，各类社交平台中星座自媒体入驻，专业化的星座占卜网站和APP上线，星座文化的表现形式、传播渠道渐趋丰富，文化形态愈发兴盛。以"同道大叔"为例，2014年7月，他因在微博上发布以星座文化为内容的吐槽漫画走红网络。短短几年时间，"同道大叔"已发展成为拥有全网6 000万核心粉丝的IP新文创公司。按照目前发展之势，星座文化已在中国形成一股追捧的

文化热潮。可见，起源、发展于现实世界的星座文化在网络新空间中找到了合适的"转生"土壤，并迅速扩散传播成为一种网络流行文化。

如何看待当前互联网中的"星座热"，学界亦有不同的探讨。已有的研究主要着眼于心理学、社会学和传播学等学科对"星座热"的内外动因展开的分析研究。从俗信角度探讨星座文化的甚少，如学者曾一果从后亚文化理论的视角对网络流行的"占星术"进行了分析，他认为，网络空间上流行的"占星术"其实是一种"时尚的巫术"，它糅合和改造了东西方的传统占星术，并将其与当代哲学、心理学以及媒介学相结合，逐渐成为影响许多青年人思想和行动的"新俗信"。[1] 将星座文化视作俗信是一个新颖的视角，但该文并没有深究星座文化与俗信在变迁上的联系。

俗信是民俗学者为区分"迷信"和"民间信仰"而创造出的一个概念。乌丙安将俗信定义为："俗信原来在古代民间传承中曾经是原始信仰或迷信的事象，但是随着社会的进步，科学的发达，人们的文化程度的提高，一些迷信事象在流传中逐渐失去了原来的神异色彩，失去了神秘力量，人们在长期生产与生活的经验中找出了一些合理性，于是把这些事象从迷信的桎梏中解放出来，形成了一种传统的习惯。这些传统习惯无论在行为上、口头上或心理上保留下来，直接间接用于生活目的，这便是俗信。"[2] 钟敬文在《民俗学概论》中概括了民俗信仰的俗信化趋势，"为了迎合社会生活发展的需要，民俗信仰也不断顺应历史、完善自己、改变自己，即迷信成分越来越少，神秘色彩淡化，健康成分不断掺入，而且经常增加新的内容。从而使一些纯粹迷信的东西从宗教的桎梏中解脱出来，变成一种比较健康的、无害的传统习惯，成为人们喜闻乐见的社会生活的重要内容"[3]。陶思炎认为，"俗信"是指与巫术、宗教相联系，但在长期的传习中已融入风俗习惯的古代信仰……没有或较少有有害成分，相

---

[1] 曾一果. 网络社会的"新俗信"：后亚文化视角下的"星座控"[J]. 西北师大学报（社会科学版），2020（4）：20-28.
[2] 乌丙安. 中国民俗学[M]. 沈阳：辽宁大学出版社，1985：240.
[3] 钟敬文. 民俗学概论[M]. 上海：上海文艺出版社，1998：206.

反因其特殊的文化功用，反而成为人们生活的调剂与补充。[1] 2001年，刘德龙、张廷兴、叶涛在《论俗信》一文中指出，"俗信是民俗的重要组成部分，是民众精神生活的一种表现形式"，并进一步概括出俗信"以心理信仰为特征"，具有"群体性、功利性、多义性、经验性、变异性"的特点。[2]

以上学者的观点从不同方面概括了俗信的基本内涵，总起来看，至少有三个方面值得借鉴——首先，俗信属于精神民俗，因而它体现了民间信仰的本质属性和特质，即带有趋吉避凶的功利性目的。其次，俗信与迷信有联系又有本质上的区别。俗信的产生多少与迷信有些关系，带有宗教和神秘色彩，但是随着与人们的生活日渐渗透普及，里面包含的迷信成分已渐趋消失。最后，俗信已内化为人们的一种生活惯习，服务于人们的生活所需，成为一种风俗传统。

中国是有着悠久历史的民俗传统的国家，星座文化被引进中国后，在发展过程中与中国的传统文化有何关联？经历了怎样的文化流变？具有哪些新的俗信特征？下面将从俗信的视角分析新媒体语境下星座文化的传播特性，探讨星座文化由"洋民俗"演变为"现代俗信"的生成过程及其背后的原因。

（一）"洋民俗"：星座文化的源流及传播

根据文献考证，星座文化的思想渊源可以追溯到西方星象学，也叫占星术（astrology），起源于公元前18世纪的古巴比伦，后来传入希腊、埃及、印度等国家。占星术在西方是受宗教神学思想支配的一种占卜文化，是建立在人们对神秘的自然力量崇拜基础上的文化信仰。千百年来，占星术之所以在全世界许多国家广为流传，与人类在面临未知多变的环境时感慨自身力量弱小而产生的对天人关系的思考有关，反映了人类内心深处对自然神秘力量的敬畏感。但正因为其命理的非科学性，占星术的真伪受到了西方科学界、哲学界的质疑和反对，一直被阻挡在科学的大门之外。到了20世纪，占星术又活跃了

---

[1] 陶思炎.迷信、俗信与移风易俗：一个应用民俗学的持久课题［J］.民俗研究，1999（3）：6-12.

[2] 刘德龙，张廷兴，叶涛.论俗信［J］.民俗研究，2001（2）：1-13.

起来，一直到20世纪末，星座文化作为西方占星术中的组成部分逐渐发展，并越来越广泛地深入到人们的日常生活里。

星座文化在中国的形成、发展和演变是一个典型的跨文化民俗传播现象，这既与占星术这一西方文化本身的独特性直接相关，又与中国命理文化环境及社会生活方式的相似性有关。星座文化自改革开放后引入中国，并与中国本土文化之间经历了从融合、冲突到接纳的过程，它是占星文化在融合和整合了中国占星术、风水命理以及十二生肖等文化事象后逐渐形成的。

首先是与中国占星文化的渗透。占星术在中国古已有之。《周易》中有记载，"观乎天文，以察时变；观乎人文，以化成天下"。殷商出土的甲骨卜辞中也有占卜天象的记载，如《殷契佚存》："癸酉贞日夕又食，佳若？癸酉贞日夕又食，匪若？"人们通过观天象的形式问天意、测吉凶，用来安排指导生产和生活，反映了古人对天、地、人关系的认识。中国古人根据观察天象变化以占卜人世吉凶祸福的数术，形成了中国古代的独特文化信仰。[1] 这一点与西方占星术有着不谋而合的一致性。二者的缘起与发展相似，文化渊源相近，解决现实需求的文化心理又如此相似，且有着相似的文化基础，这就使得西方占星术传到中国后，国人并没有将其作为一个"他者"的异质文化对待，而是与中国占星文化互相碰撞与渗透，共同融入中国的传统文化语境中。这表现在，当改革开放后随着中外文化的互动交流，西方星座知识初入国人视野时，人们并没有表现出明显抵制的态度，反而在书籍、报刊等主要传播媒介的积极推动下，逐渐对这一具有神话和占卜色彩的"洋民俗"有了初步的认识和了解。后来在广播、电视直至互联网等大众传播媒介传播的助力下，中西方占星术的内容广泛传播开来，两者相互交叉杂糅，逐渐成为中国特色星座文化体系中的重要内容。例如，关于中西方占星文化体系比较的话题，成为互联网和社交媒体中非常受欢迎的星座文化话语资源。网站及自媒体对"中西方占星文化"的报道如表1所示（"斗数"指中国占星学，"占星"指西方占星学）：

---

[1] 鲁子健. 中国历史上的占星术 [J]. 社会科学研究, 1998 (2): 113-118.

表1　网站及自媒体对"中西方占星文化"的报道

顺序	标题	来源	时间
1	紫微斗数与西方占星术的区别	豆瓣用户"逆流小筑"	2018-10-11
2	占星学与紫微斗数、易经八字的区别	风水八字同城网	2020-06-22
3	占星和斗数的关系	灵异玄学网的博客	2013-06-08
4	星座？斗数？你不知道的中西占星文化	微信公众号"锤子太郎"	2020-04-26
5	西方星座学与紫微斗数占星术的区别	魔灵星座网	2020-03-03
6	占星术和紫微斗数哪个更准？	百度贴吧	2010-05-16
7	占星术与紫微斗数融贯通考——排盘初考	知乎	2020-12-17

从以上标题可以看出，网站及自媒体通过将二者相比较的传播方式，强化了西方占星术在中国"星座热"群体中的认知，尤其在社交媒体平台的互动交流中，逐渐获得这一群体的广泛关注和认同，极大地提升了西方占星术在中国的知名度和影响力。

其次是与中国风水命理文化的交融。风水又称堪舆，或称地理、青囊、相宅等，是几千年来根深蒂固地扎根于中国传统文化的习俗。由于受域外文化影响比较早，将星座文化与风水相结合，在早期阶段港台地区走在了内地（大陆）的前面。20世纪八九十年代，港台地区在综艺节目中设置星座板块或直接开设星座类综艺，如台湾相亲类综艺节目《非常男女》、星座类综艺节目《开运鉴定团》、命理节目《命运好好玩》等。节目内容不仅包括星座运势、爱情配对、性格、人际关系及事业前程测算，还将星座内容与内地的各类手面相、风水、紫薇、命理占卜等内容结合。节目播出后，这些大众媒体刻意设置的议题很快成为当时社会流行的热门话题，并作为港台流行文化的一部分传入内地。媒体对星座文化有意识的建构，同港台地区历史比较悠久的风水命理文化传统有关，也与港台地区综艺节目借星座文化这一舶来品追求高收视率有关，这为西方星座文化在中国的流行打开了一扇窗口。

最后是与中国十二生肖的契合与补充。20世纪90年代，日本动画《圣斗士星矢》在中国的热播，让中国的年轻人第一次接触到了希腊神话中的十二星座。一位豆瓣用户说："我对星座的研究，是从这部动画开始的。那个时候，没有人知道什么叫星座，只知道十二生肖。"据史料记载，我国的十二生肖文化可溯源到先秦时代。《诗经·小雅·吉日》有记载："吉日庚午，既差我马。"东汉王充的《论衡》卷三《物势篇》最早完整地记录了十二生肖。[1] 可见，十二生肖是中华民族数千年传承的一种土生土长的传统民俗。两种文化存在着很多共性之处：首先二者都与研究天文历法有关。十二生肖是古人以常见的十二种动物来代表十二地支，将个人出生的年份定义为每个人的属相；西方十二星座则按照出生日期时段的不同，将个人分属于十二个不同的星座阵营。其次二者都具有占卜人生命运的功能。十二生肖被中国的方术巫神之士用作测生辰八字；西方十二星座同样被用作分析性格、预测运势。由于在文化渊源上都具有较强的关联性和相似性，顺应中西文化的同化发展趋势，在长期的文化交流、碰撞中，星座文化就自然而然地进入了人们的视野，并结合实际生活的需要进行有效交汇、融合，成为星座文化传播话语资源的一部分。

至此，星座文化完成了与占卜术、风水学和十二生肖的整合，内容逐渐得以充实丰富。对西方的星座文化而言，即使是一种异域民俗，自它闯入中国文化的疆土后，在大众传播媒介的推动下，便很快与中国本土文化相融合，经过引进、修正、补充新的内容，彼此达成了共识，逐渐完成了中国本土化的改造，形成了独具内涵和独特个性的星座文化理论体系。

（二）新媒体语境下作为俗信的星座文化

20世纪末，星座文化与中国互联网的"联姻"进一步推动了星座文化向多元化、个性化发展。星座文化内容包罗万千，推测星座与血型、性格、爱情等运势都是经久不衰的热门话题。在百度贴吧分类中，以星座运势为主题的贴吧有四百多个，分为星座、塔罗牌、算命

---

[1] 赵伯陶. 中华民族十二生肖[M]. 北京：气象出版社，2012：11-20.

解梦、风水、其他共5类,可见其存在巨大的用户市场。其中"星座"吧是百度人气最火的贴吧之一,至2021年10月30日,关注用户132万名,累计发帖1 685万个。在星座网站、APP和社交平台的助力下,星座文化热度有增无减,已经发展成为烫手的产业。在门户网站星座频道、专业星座网站、社交平台等的深耕下,星座文化变迁发展的步履加快,逐渐脱离了其初始的宗教色彩,转变为一种根植于普通青年人日常生活的文化信仰实践。

1. 知识内容上呈现生活化

随着在互联网中的扩散和传播,星座文化的应用范围、内容种类越来越丰富,知识版图也得到了延伸扩大。它的知识无所不包,来自"生产与生活经验的累积",衣食住行、恋爱婚姻、事业学习、生产和生活领域方方面面无不与星座有关,几乎是青年人一门"百科全书式"的生活学问。比如自媒体"星座不求人"的文本内容就多以青年人的日常生活和工作场景为主。

对于青年人来说,社交网络平台给他们的日常交流互动提供了便捷。从他们接触、关注星座的初衷看,当职场工作、恋爱情感、婚姻家庭、财运、学业和健康等方面受到了困扰,他们往往希望从星座上找到寄托。于是,当星座文化在网络上口口相传的时候,它就悄无声息地融入青年人日常生活的方方面面,成为其生活方式的一部分。这正体现了"民间俗信与日常生活是互为表里的互融共生关系","生活属性是民间俗信最基本的品性和特质"。[1]

星座文化成为青年人群体的一种生活方式,与网络时代大众传媒对消费文化的大力推动有关。费瑟斯通认为,"生活方式"一词,在当代消费文化中,它则涵蕴了个性、自我表达及风格的自我意识。[2]星座文化打造了一个充分展示青年人个性化生活方式的空间。在商业资本的介入下,星座文化热潮汹涌,伴随而来的是热衷于星座文化的队伍滚雪球式的不断壮大,青年人依赖网络生存愈加成为生活常态。

---

[1] 梁家胜. 互为表里的生活与俗信:从宿命观念和风水信仰切入[J]. 青海民族研究, 2011 (3): 100-104.

[2] [英]迈克·费瑟斯通. 消费文化与后现代主义[M]. 刘精明,译. 南京:译林出版社, 2000: 121.

显而易见，星座文化并不是对人们日常生活的简单嵌入，其部分文化基因已深深植入到互联网这一肥厚的土壤，在逐渐增大的星座用户群体和商业资本的呵护下不断生根发芽并慢慢释放价值，并在互联网的生态环境中获得了巨大的发展空间。

2. 思想内涵上趋向功利化

功利性与实用性是俗信的一个重要的文化特质。对星座文化而言，思想内涵上的功利化也是理解其快速发展的一把钥匙，是星座文化在互联网中存在和发展的内在原因。星座文化从产生伊始就带有非常明显的实用功利性色彩，突出地表现在：其一，星座文化的命理测算知识满足了人们的自我认知的心理诉求。现实生活中人们对自己未来命运的发展充满了不确定性，迫切需要在外在环境和机制中寻找安全感，星座文化就成了他们寻求心理安慰的一剂良药。其二，满足了人们健康平安、趋利避害的需求。受普通民众"趋利避害"的人性本能驱使，星座文化在传播内容题材的选取上，多是以贴近日常生活本质的内容为主，比如对爱情、事业、财运、健康等的预测和分析，满足了人们为了切身的利益而进行祈福或避祸的祈求。这类题材的功利目的主要体现于对爱情婚姻、经济财富与社会地位及健康的追求上，物质和精神层面兼而有之。也正是这种关注日常生活、功利化的直白诉求，造成了星座文化"俗"的传播态势。其三，满足了情绪心理诉求。一名女生表示，"伤心的时候看星座内容，喝鸡汤、打鸡血、找安慰"。星座媒体也经常设置议题吸引用户，如"适合十二星座不开心时候的消遣方式，看看都是什么？"文中对每个星座都给出了忠告和建议，如白羊座是旅游，金牛座是赚钱，水瓶座是朋友聚餐，等等。这些内容一定程度上能够帮助用户纾解情感，起到心灵减压的作用。总之，从思想内涵和内容表现上，星座文化从人们的生活需要出发，最大限度地包容了人们的功利需求，体现出鲜明的功利化趋向。

3. 价值取向上走向娱乐化

星座文化的热度不减，使之成为商家追逐的对象。在传媒和商业的联手推动下，星座文化的生产和传播被纳入商品生产与销售的环节，这就意味着它的传播要遵循新媒体时代的法则，即以受众的喜好为出发点,"娱乐至上"成为不二法则。

星座文化的娱乐化表现在三个方面:一是生产娱乐化的星座内容。除了一些专业化的占卜网站会提供占星内容和服务,在很多自媒体账号传播的内容集知识性与娱乐化于一体,星座预测和占卜的内容所占比例很少,占较大比例的是趣味性、娱乐性的各类"软知识",即星座知识和星座故事。他们通常的做法是,或是挖掘自身蕴含已久的星座文化内涵,或是挖掘十二星座的奇葩故事,将这些资源巧妙地融入恋爱、婚姻、职场、求学等情境中,唤起人们对星座的注意和兴趣,达到传播的目的。二是星座文化娱乐化的表达方式。在商业利益的驱使下,很多自媒体有意识地规避深奥难懂的理论部分,运用娱乐化、故事化的改写创作手法,以比较浅显、通俗的表达策略贴近人们的生活,甚至使用吐槽、恶搞等手段对星座知识进行戏谑性的表达。原创漫画、动画视频、直播、音乐、绘本等多元表现形态层出不穷。从受众角度来看,除了少量出于占卜预测的需要,他们参与星座文化的目的可能更多的还是将其视作一种娱乐化消遣,从参与星座文化线上线下的活动中获得愉悦感和情感上的满足。"同道大叔"推出的"大叔吐槽星座"系列,就是以诙谐幽默的方式吐槽十二星座的优缺点,首先在微博以一个星座为话题发起讨论,然后根据粉丝们的互动评论,将十二星座的吐槽点加以梳理并绘制成漫画在微博中发布。幽默诙谐的文字及配图,专属的十二星座形象,吸引了大量"星座控"网友,每篇博文都会引起大量转发,成为微博平台星座知识生产和传播的现象级案例。诸如此类的娱乐表达方式还有"戏说十二星座""十二星座趣味游戏""十二星座趣味小测试"等,星座文化从内容到表现形式都呈现出越来越娱乐化的趋势。三是打造星座综艺节目。近年来,网络综艺发展风生水起。网络综艺的主要受众是年轻人,为迎合他们的娱乐需求,相比电视综艺,网络综艺在内容方面更加细分垂直,题材多元化。在此背景下,"星座爱搞杀""你好明星"等星座综艺纷纷推出,邀请粉丝和明星共同探讨亲情、爱情、友情、职场等与星座相关的话题,迎合和满足了星座群体观众的内容需求。

总体而言,星座文化在中国近四十年的传播扩散,无论是经过了人为改造还是自然汰选,一些非科学的东西在慢慢减少,传统的占卜色彩也在逐渐淡化。星座文化经过本土化的改造和现代转换,已被重塑为融入现代青年人生活的一种风俗惯习,成为联结着青年人的精神和意识。星座文化在知识内容上贴近青年人的现实生活,在思想内涵上凸显功利化和实用性,在价值取向上注重娱乐化的走向,所有这些,无疑是对其成为现代俗信的良好诠释。

第五节 "转生型"游戏娱乐

"转生型"游戏娱乐类民俗的代表形态是网络中的民间竞技、民间游戏、民间杂艺等。其中网络杂艺的范畴很广,主要包括段子及音乐、歌舞、游戏、曲艺、戏曲等。

民间游戏娱乐类民俗亦称游艺民俗,被视为民俗四大类之一,是指流传于广大人民生活中,在具备物质生产需求基础上为满足精神需求而创造的民俗活动。民间游戏娱乐产生于民间、流传于民间,主要以消遣、调剂身心为目的,构成了民众丰富多彩的生活的一部分。乌丙安先生在《中国民俗学》一书中将"游艺的民俗"(民间游戏是其主要内容之一)单列为中国民俗事象的一大类,提出"凡是民间传统的文化娱乐活动,不论是口头语言表演的还是动作表演的、或用综合的艺术手段表演的活动,都是游艺民俗,当然,游戏、竞技也不例外"[1]。用以上民俗的视角关照网络中的游戏娱乐类民俗,可以分为网络竞技游戏和网络才艺两类。

一、网络竞技游戏:传统民间游戏与竞技的焕新

民间游戏和民间竞技是游戏娱乐民俗事象的重要组成部分。钟敬文认为民间游戏是指流传于民间,以嬉戏、消遣为主的娱乐活动。乌丙安认为"民间游戏是指流传于广大人民生活中间的嬉戏娱乐活动,俗语称'玩耍'"[2]。与传统民间游戏一样,网络空间中的网络游

---

[1] 乌丙安. 中国民俗学 [M]. 沈阳:辽宁大学出版社,1985:317-318.
[2] 乌丙安. 中国民俗学 [M]. 沈阳:辽宁大学出版社,1985:343.

戏也包罗万象。据中国音数协游戏工委发布的《2021年中国游戏产业报告》显示，2021年中国游戏用户规模保持稳定增长，用户规模达6.66亿人，同比增长0.22%。[1] 这说明网络游戏已成为一种普遍的大众娱乐休闲方式，并在网民的文化生活中占据越来越重要的地位。从民俗学的视角看，互联网中的网络竞技游戏基本可以分为三大面向。

第一类是传统民间竞技游戏的虚拟化。移动互联网技术和5G技术的发展为人们通过手机游戏获得流畅的娱乐体验提供了极佳的条件。许多休闲类、棋牌类网络游戏被搬到了网络中，在一些网络流行的热门竞技游戏中能够找到人们熟悉的民间游戏的影子。

"斗地主"是中国传统的纸牌游戏，这种扑克牌游戏操作简单又富有技巧性，娱乐性强，很受人们喜爱，成为广泛流传于民间的大众娱乐休闲方式。在网络发达的今天，这款原本是线下的娱乐方式被搬到了线上，被开发成了棋牌类手游"欢乐斗地主"。游戏充分利用仿真元素，精心营造出一个与线下相似的多维环境，辅之以欢快的背景音乐，几乎与线下逼真的界面带给玩家沉浸式的刺激体验。网民只要有空暇时间便可以在手机上组局，方便快捷，既打发了时间又收获了快乐，成为深受网民欢迎的游戏APP。

麻将也叫"麻雀""雀牌"，是中国古代发明的历经千年不衰的娱乐活动。麻将集益智性、趣味性、博弈性于一体，一直以来深受国人喜爱。腾讯游戏用虚拟的方式将这一国粹在网络中传承发扬，开发出"欢乐麻将"游戏。"欢乐麻将"的游戏界面临场感强，玩法亦非常丰富，游戏开发商针对不同地域的玩法规则分别开拓出四川麻将、广东麻将、武汉麻将等地方麻将，玩家可选择自己熟悉的玩法随时随地实时对战。"欢乐麻将"游戏把线下的娱乐体验实景复刻到更为开放的网络世界，满足了人们闲暇时间的娱乐需求。较之线下，网上打麻将的人数更多，普及率更高，是将这项重要的民间娱乐活动发扬光大的又一形式。

除了以上"欢乐斗地主""欢乐麻将"，还有技巧竞技类游戏中

---

[1] 2021年中国游戏产业报告[EB/OL].（2021-12-20）[2022-07-12]. http://www.cgigc.com.cn/details.html?id=08d9c37e-e046-495c-8348-3dd4185ab794&tp=report.

的打弹珠、拔河、跳马、老鹰捉小鸡等；益智类游戏中的猜谜语、拼七巧板、小猫钓鱼；下象棋、围棋、五子棋以及"斗地主"、"拖拉机"、"争上游"等各种棋牌类游戏。还有一些与节庆民俗结合的游戏，如放爆竹、点花灯、猜灯谜、放风筝、赛龙舟等。这些竞技游戏除了形式是虚拟的，在组织方式、活动程序和活动规则上都与传统的竞技游戏基本无异，是对传统民间竞技游戏内容的移植和复制，在本质上都体现了传统竞技游戏的属性。

第二类是对传统民间竞技游戏创造性的改造及延伸。这类游戏在延续传统民间竞技游戏根基的基础上，结合当下游戏的新玩法以及流行元素，将经典和流行相结合，在外在形态、手段方式、功能属性等方面进行了改造，是中国传统竞技游戏文化的崭新呈现。有的保留了原来的游戏机制，在游戏场景上进行了改写，有的对传统竞技游戏的母题、主题做了改造。如支付宝中的蚂蚁森林、小鸡庄园就改变了常规的养鸡程序，增加了一道消费关卡，用户需要通过支付宝里的支付功能才能获取饲料，完成每日饲养小鸡的任务。

近年风靡网络的虚拟农场，将日常农民的农耕生活场景搬到了网上，体现了中国历史悠久的农耕技术民俗，是传统农业民俗与新媒体技术的直接产物。虚拟农场包括网络养鸡、种树、种菜、偷菜等类型。玩家只需动动手指，即可完成种植、浇水、收获等农业耕作过程，特别是偷菜环节的设计，因互动有趣且带有破坏性的心理满足，许多玩家乐在其中。为迎合网民需求，商家后来又开发出许多类似功能的新游戏种类，比如时下又出现的一款强制用户不玩手机的社交类游戏"微信种树"，这个APP巧妙地将人们专注力的培养与树的成长周期联系起来，一棵树从种子种下到长大，期间手机只能接电话，不能玩手机，否则树便停止生长枯萎而死。玩家可与亲朋好友一起相互监督种树、发起挑战，分享成就感。这些游戏包含着鲜活的农耕文化元素，通过网络游戏平台与现代生活融合交织，反映了都市民众对田园生活、回归自然的向往和追求，有助于帮助青年人学习和理解传统农耕文明所蕴含的思想观念和文化精髓。

第三类是与中国传统民间竞技游戏有着深厚的文化历史联系，沿袭了传统的游戏精神，但是在游戏玩法上已完全焕新，向竞技化、专业化趋势发展的游戏竞技，被称作"电子竞技"。电子竞技体现了网络游戏发展过程中的体育竞技属性，从性质上被建构为一项体育项目，是电子竞技与普通网络游戏竞技最大的区别。

近年来，中国战队在一系列国际电子竞技赛事中夺冠并捷报频传，引发了国内社交网络刷屏狂欢，电子竞技的影响力和关注度与日俱增。例如，2021年11月7日，在英雄联盟赛事中知名度最高的全球总决赛中，中国EDG战队夺冠，创造了中国电子竞技又一里程碑式的历史性时刻，国内官方直播观看次数达1.5亿次，央视也转发微博向EDG战队道贺，电子竞技为国争光的积极形象再次博得国人认同。

电子竞技成为体育运动会的正式竞赛项目，也逐渐成为当前的热门研究领域。那么，电子竞技是不是民俗？民俗学者张举文指出，近些年来，以互联网为媒介形成的网恋、网红、玩梗（抛梗、接梗）等现象，以及电子竞技等新竞技民俗，都可以从民俗学的角度，借助心理学、社会学等多学科理论与方法进行研究。[1] 他的看法足以说明一个观点：电子竞技是新竞技民俗。这一界定开启了把电子竞技作为民俗加以审视的可能性。

目前国内学界把电子竞技视为民俗并探讨二者之间关系的文献甚少。有学者提出，传统民间游戏必须满足以下几个条件：一是传统性，即必须是世代相传、经历一定时间跨度的，并且得到某些地域或阶层群体的广泛认可、约定俗成的；二是民间性，是在劳动人民中间、主要是下层民众之中广为流传的；三是游艺娱乐性，具有很大程度的自主、娱乐特征，即便有较强的竞技特征也不属于正式的比赛项目。[2]

按照以上条件来看，首先，电子竞技虽然是一种虚拟的竞技形态，但是在本质上与中国传统的民间竞技有着一脉相承的游戏精神。游戏是人的天性，是人们精神生活中的重要组成，展现了人们日常生活的另一面。无论是民间竞技还是电子竞技，其竞技精神都追求公平、公正、平等、自由，体现了尊重对手、团队协作、奋勇拼搏和追

---

[1] 张举文. 探索互联网民俗研究的新领域[J]. 西北民族研究，2021（1）：102-109.
[2] 王德刚. 传统民间游戏的源流、价值和保护[J]. 齐鲁学刊，2005（3）：51-55.

求卓越的内涵。其次,在民间性上,电子竞技主要的发起者、参与者以广大青少年为主,只能说部分体现了民间性,而且在电子竞技的发展因素中起重要作用的是来自国家层面的推动。但是具体分析便可得知,传统游戏民俗产生的社会条件是源于少年儿童自小所处的社会环境,且基于早期启蒙、益智、锻炼体能和娱乐等需求而产生并发展。相比之下,当下儿童及青少年更多处于数字化环境中,电脑、iPad等数字产品已在生活学习中不可或缺,那些传统的线下游戏已经与他们的日常生活渐行渐远,伴随他们成长更多的是游戏的升级和进化——网络游戏。从电子竞技目前受大众和玩家的普遍欢迎和参与程度来看,显然,电子竞技的受众人数比现实世界中参与游戏的人数更多,普及面更广。电子竞技能够给玩家带来全身心的娱乐互动体验。从更广的范畴看,这些特征都清晰地表明了电子竞技的普及性。最后,"属于正式的比赛项目"就不是民俗,这一观点需要商榷。现代足球如今是深受全世界喜爱的体育运动,但足球最早的形式是中国古代的民间娱乐活动——蹴鞠。再如,象棋是在中国流行极为广泛的一种棋艺民俗,但是从它的发展来看,1956年象棋就被认定为中国正式开展的体育运动项目,显然这之后并不妨碍人们对象棋是一种民俗这一共识的达成。

总体来看,竞技游戏民俗延续了不变的游戏精神,体现了民间性,具有娱乐的价值与功能,因此,也可将之视为一种"转生型"竞技游戏民俗。

二、网络才艺:民俗景观的"再现"与"想象"

民间才艺是中国文化中源远流长的民俗展演形式。从村落空间的口头传播到互联网为主的视觉传播时代,民间才艺的传承方式根据媒介的更迭和逻辑演变自发地进行着调适,营造出符合时代发展的崭新的媒介景观。进入互联网时代,越来越多的民俗文化集聚"再现"于网络平台,走进更多人的生活。民间才艺在网络中的蓬勃发展并非偶然,而是有诸多因素。

第一,短视频催生了民间才艺的视觉化传播。美国传播学者尼古拉斯·米尔佐夫曾论及视觉传播时代的特征:"现代生活就发生在屏幕上……人们的经验比任何时候都要更具视觉性和更加视觉化。"[1] 互联网和自媒体、社交媒体成为信息主渠道的语境下，带有娱乐导向、个人化、互动性的短视频集低门槛、低成本等优势于一体，为个体多元文化的表达提供了一个开放、自由的空间，建构了一套视觉传播时代符合民众审美要求的民俗文化传播模式。适应短视频碎片化的传播特征，普通人都可以进行短视频的制作、传播与分享。在抖音等短视频平台中，油纸花伞、盘纸艺术、古琴艺术、竹编技艺、刺绣技艺、秦腔、秧歌、面人儿等地方特色"非遗"文化到处可见。

第二，传承人的创作共享革新了民间才艺的文化魅力。著名荀派京剧传承人、京剧表演艺术家孙毓敏在抖音上用中、英、日三个国家的语言演唱《苏三起解》选段，创新传承戏曲文化的形式，引来众多青年人自发点赞。中国传统艺术戏曲、书法、绘画等也登上了短视频平台，许多藏在"深闺"的民间传统艺术瑰宝被录成短视频上传到网络，让网民感受到了中国民间传统艺术瑰宝的魅力。铁芯子是在甘肃皋兰县流传数百年的地方年俗，由儿童装扮成故事中的人物，固定在铁支架上悬立空中，表达了民间辟邪除灾、迎祥纳福的美好愿望。有关视频在抖音上发布后引发网民纷纷惊叹："如果不是抖音，我可能都不知道还有这样奇妙的民俗。"

许多微信公众号中也有社会底层民众集体自发创造的民间文化。2020年抗击新冠肺炎疫情期间，"浙江乡音"微信公众号发布了一系列用方言创作的作品，包含鼓词、道情、说唱、戏曲等13种艺术形式，使用赋、比、兴的修辞手法，既有民间艺术也有对流行音乐进行改编创作的作品。如著名曲艺演员陈春兰演唱的温州鼓词《众志成城抗疫情》，曲调细腻柔和，将防疫注意事项娓娓道来；金华道情"非遗"传承人朱顺根之子朱跃文演唱的《抗击新冠肺炎》，曲调平缓，带有哀怨愁苦之音；还有宁波走书《群防群治冠状病毒》、绍兴莲花落《同舟共济抗肺炎》、宁海平调《众志成城》、杭州小热昏《杭城防疫斗志高》等，以及人们熟悉的越剧、婺剧等艺术形式。这些作品由各地普通民众及民俗文化代表人自发创作，不仅让人们了解

---

[1] [美]尼古拉斯·米尔佐夫. 视觉文化导论[M]. 倪伟，译. 南京：江苏人民出版社，2006：1.

到新冠肺炎疫情的情况与防疫知识，还能够感受到民间艺术带来的美的体验，成为新冠肺炎疫情防控期间的一大民间话语景观。

第三，民众的审美需求造就了民间才艺的审美期待。尼尔·波兹曼说："和语言一样，每一种媒介都为思考、表达思想和抒发情感的方式提供了新的定位，从而创造出独特的话语符号。"[1] 来自民间娱乐化、通俗化的民间才艺消解了以往精英话语的宏大叙事，被纳入"他者"文化景观的视野，在广泛的传播和流通中获得更多"可见"。比如，各种戏谑的段子、民间歌舞表演，这些原生态、个性化、带有烟火气的视频更接地气，也更为真实，迎合了人们对民间文化的审美期待。"大衣哥""拉面哥""煎饼奶奶""张同学"等系列短视频呈现了原汁原味的农村文化生活，有意无意地凝结了人们对乡村民俗生活的想象力参与，成为抖音短视频平台上最火的民俗景观。还有被称作"土味文化"的土味情话、土味视频、土味情歌及"喊麦"等，呈现的多是市井及城乡居民的生活内容。因为褪去了华丽的包装，保留了自然、质朴的"土味"，解构了精英文化，被认为是具有"审丑"意义的网络亚文化。这些 UGC 视频虽然不如 PGC 制作精良、质量高，有时甚至存在一些粗俗、格调不高的内容，但多种网络才艺的丰富和发展，既为现代生活中的人们发泄情绪、释放压力提供了途径，也展现了网络民俗文化生态空间的生机和无限潜能。

三、游戏娱乐民俗：具身性、仪式展演与社交的特征

互联网技术的革新及社交平台的蓬勃发展，推动了广大网民自下而上的自发创造。游戏娱乐类民俗顺应了当下娱乐化、互动化、个性化的大众需求，正是对日常生活压力的一种宣泄的表达，体现了现代社会网络生活多姿多彩的面貌。

（一）场景转换与具身性在场

美国传播学者梅罗维茨认为，伴随着电子媒介的发展，场景的分

---

[1] [美] 尼尔·波兹曼. 娱乐至死 [M]. 章艳, 译. 桂林：广西师范大学出版社, 2004：17—18.

离和融合重新定义了人类的认知和行为。传统的游戏竞技需要亲身参与，通常在人与人之间面对面的交流场景中进行，网络中的玩家则被置身于数字化的仿真场景中，以具身化的姿态参与。网络游戏尤其"电子竞技实践是指一系列与竞争、虚拟环境或世界相关的独特活动，是一种建立'感知'（perceptual）和'具身化'的现象"[1]。置身于虚实交织的网络空间里，新兴的 VR、人工智能等技术建构了更加逼真、实时与交互的人机界面，网民通过操控游戏竞技的角色实现"身体在场"，消弭了传统游戏场所的物理空间区隔。2016、2017年谷歌人工智能 AlphaGo 机器人两次击败人类围棋高手，证明了人工智能的应用将为游戏竞技领域的发展带来更多的可能。从现实生活中的场景到以网络为媒介的流动的场景，体现了游戏的发展与变迁对现代媒介技术的依赖性，正如加拿大媒介大师麦克卢汉所认为的："任何游戏，正像任何信息媒介一样，是个人或群体的延伸。"[2]

英国社会学家齐格蒙特·鲍曼指出，当今社会是"流动的社会"，由于现代人的生活方式和人际交往互动方式都在流动，个体的存在方式正在从"定居"转向"游牧"。[3] 互联网技术使得游戏竞技的互动性、仿真性和竞技性大大增强，活动的整个过程使用匿名或虚拟身份，抹去了现实生活中所熟悉的社会身份认同。这正契合了德里达所说的信息时代的电子书写，突破了虚拟和现实之间的隔阂，建构起电子化的虚拟身份或想象主体身份。在网络语境下，基于其游戏时间可控、游戏规则公平、自由开放的形式，创设了一个交互性的虚拟世界，参与者在现实世界中无法施展的潜能和激情在其中得到了激发和释放。

（二）仪式的展演与参与式快乐

传统游戏娱乐民俗活动的施展，需要在特定的场域中按照一定的

---

[1] Ekdahl, D., Ravn, S. Embodied involvement in virtual worlds: the case of eSports practitioners. *Sport, Ethics and Philosophy*, 2019, 13(2), pp. 132.

[2] [加] 马歇尔·麦克卢汉. 理解媒介：论人的延伸 [M]. 何道宽，译. 北京：商务印书馆，2000：242.

[3] [英] 齐格蒙特·鲍曼. 全球化人类的后果 [M]. 郭国良，徐建华，译. 北京：商务印书馆，2001：77.

仪式、规则进行，体现了鲜明的仪式展演性。网络的出现消解了现实世界构筑的秩序法则，改变了人们的娱乐化生存方式，建构起更为包容、自由开放的话语表达空间。美国民俗学者安东尼·布切泰利指出，相较于面对面的交流形式，"社交媒体使得数字环境下的创造性表达越来越具有表演的功能"[1]。因而相较于传统的游戏娱乐民俗，无论电子竞技赛事还是网络才艺的展示，其仪式展演更具表演性、互动性和象征性。

电子竞技的仪式文化功能表现在电子竞技赛事在特征、形式、内容、场景等方面都与仪式展演类似，具有美国传播学者罗森布尔所称的"作为仪式现象的传播"[2]的特征。在电子竞技的仪式传播中，赛事举办方通过比赛场馆的选择、赛事的解说、赛程的程式化、颁奖典礼举行等方面的符号搭建，构成了这一体育赛事的仪式空间。仪式往往具有表演性，电子竞技选手在这一赛事仪式语境编制的意义之网中，遵循着对抗、征服、加冕等赛事流程，决出比赛胜负，见证"英雄"的诞生，一步步完成仪式的展演。观众也在电子竞技的仪式展演与参与中，体验到竞技文化的强大势能。

民间文化在互联网短视频平台上蓬勃发展，在内容、形式、功能等方面呈现出娱乐性、技艺性、可模仿性、新奇性的特点，抖音、快手等具备表演特性的媒体平台提供了特效制作、背景音乐及强大的滤镜等功能，为每个参与其中的个体或群体搭建了梦想的舞台。这正体现了理查德·鲍曼的"表演理论"："表演是一种独特的、艺术性的交流方式，特别强调言语交流过程中言语生产行为的完成方式。"人们在其中的才艺展示都可视为一种文化表演，在由表演者、表演场景、音乐及观看者构成的表演情境中完成自我表达。同时，这些才艺的表演样本并不是固定的，相反，他们具有极强的创造性，能够根据自己的生活经验和评论区的即时反馈，对自己的表演进行审视，适时地调整表演内容和表演技巧。拥有超过 1 800 万名粉丝、火爆全网的

---

[1] [美]安东尼·布切泰利. 表演2.0版：对迈向数字民俗表演理论的思考[J]. 贾志杰，译. 西北民族研究，2021（1）：82-101.

[2] Rothenbuhler, E. W. *Ritual Communication: From Everyday Conversation to Mediated Ceremony*. Thousands Oaks, CA: SAGE, 1998, pp. 176.

抖音博主"张同学"在接受采访时就强调自己做短视频的表达初衷很简单:"我感觉不要把自己装成一个什么样的人,现实生活当中是啥样就是啥样,包括以后身边发生的一些事情,我也会表达出来。第一不做作,第二不用去装……"[1] 这正反映了大部分普通人的创作心态,短视频中的表演方式,不仅是个人表演中面对摄像头的言语诉说,也不仅局限于评论区的互动交流,而是通过这种形式,表达表演者对日常生活和梦想的热爱以及对新时代生活的美好诉求。

(三)共享、自娱的社交特征

随着社交需求在网上的扩散,游戏娱乐类民俗呈现出共享、自娱的社交特征。

首先,在现代社会激烈的竞争和紧张的生活节奏之余,人们需要通过娱乐和放松以缓解生活的压力。网络才艺所依附的抖音、快手等社交媒体的存在意义,就是满足用户日益增长的社交互动及娱乐需求。在技术赋权下,来自五湖四海的用户聚集到一起,将来自各地的民间才艺发布到网络中,在共享中一起体会百花齐放的传统民间文化的魅力,并通过视频评论与他人互动。很多"非遗"手艺人还在抖音、快手短视频或直播平台上注册账号,将自己的手工艺搬上网络"炫技"、教学等,在自己的文化交流实践分享中传播民间文化。

其次,游戏竞技的本质属性就是为人们提供消遣、娱乐的功能。游戏对人类生活领域的意义,正如德国诗人席勒所描写的:"只有当人在充分意义上是人的时候,他才游戏;只有当人游戏的时候,他才是完整的人。"[2] 游戏从根本上满足了人的精神需求,能够给玩家带来分享的快乐,充分体现了游戏的社交属性。游戏无疑是引发交流和沟通的媒介。从参与游戏的动机看,玩游戏的过程也是社交的过程,"独乐乐不如众乐乐",赛前与好友预约游戏,游戏中与其他玩家建立互动合作关系,以及游戏体验中的心得和体验交流,购买游戏装备后的炫耀和分享,游戏内容的迭代关注等,每个与游戏有关的环节都

---

[1] 耿子叶,朱清华."张同学"走红以后[EB/OL].(2021-12-06)[2022-07-12]. http://epaper.bjnews.com.cn/html/2021-12/06/content_ 811845.htm.

[2] [德]席勒. 美育书简[M]. 徐恒醇,译. 北京:中国文联出版公司,1984:90.

是游戏社区里津津乐道的热门话题。从游戏开发商的利益角度来看，每款游戏无疑都是精心设计的产物，这种设计依托社交平台，以满足用户社交需求为中心，不仅对游戏进行画面、音乐、玩法、娱乐功能等方面的设计，让玩家获得不同的体验和乐趣，还在游戏机制中设定一些小花样来引发分享，例如在游戏中玩家一旦抽到一款稀有皮肤，平台就会立即弹出页面鼓励玩家一键分享到微信朋友圈和微博。网络游戏《绝地求生：大逃杀》中，每当获胜夺得第一就会有一段台词出现："大吉大利，晚上吃鸡"，"吃鸡"由此成为网络社交热词。经由社交媒体的分享、转发等形式，更加快了游戏文化的传播和扩散速度。

网络中的游戏娱乐类民俗带给人们的不仅仅是娱乐，而且是一种生活方式与文化的交织。在民众的精神空间与舞台中，改变民众对网络游戏竞技的认知，客观全面地传播民间才艺与时代接轨，使之焕发出新的生机，既为民众带来更多的快乐，也极大丰富了网络游戏民俗的文化价值。

第六节 "转生型"网络民俗的生成机制

21世纪，互联网技术高速发展，人类社会进入了曼纽尔·卡斯特所称的"网络社会"。作为现代网络社会中的文化景观，"转生型"网络民俗的生成既有内在因素，亦有来自技术、民众、政府、市场等外力因素，是多种因素合力的结果。正如日本民俗学家岩本通弥所说，"无论民俗学还是人类学，都以文化是无意识地传承为前提。但是，现代传承开始变成一种有意识的行为，一种有意识地创造记忆的时代"[1]。"转生型"网络民俗的生成机制可从以下四个方面展开分析。

---

[1] [日]岩本通弥. 作为方法的记忆：民俗学研究中"记忆"概念的有效性[J]. 王晓葵，译. 文化遗产，2010（4）：109-115，158.

一、媒介技术与民俗的互动发展

媒介技术与文化传承的互动发展,是推动民俗网络"转生"发展的根本动力。学者赫尔曼·鲍辛格在《技术世界中的民间文化》中指出:"技术世界肯定有拒绝民间文化的精密装置,而民间文化也有拒绝技术世界的种种形式——但从整体上来看,它们有紧密的关联。"[1] 民俗文化已经在互联网空间中生根发芽,形成一个联结的网,在每个结点处开枝散叶,有的还得到发扬光大,构成了一道民间文化的亮丽风景,这都得益于媒介技术与民俗的融合互动。

一方面,新技术催生新民俗。互联网时代借助于信息技术开辟了新的生活体验和社会生活空间,为民俗在互联网空间中的传承发展提供了新的场域。尤其是移动互联网、大数据人工智能、云计算等科技的发展,必然对民俗的传承与发展产生深刻的影响。在技术的推动下,民俗文化的传播不再囿于原有的地域因素,而是在互联网平台中不断拓展出新的空间,构建出新的媒介传播场域。数字时代的移动互联网技术正在加速改变人们的生活方式、出行方式、购物方式、交流方式、就医方式等,人们的生活面貌正在发生着日新月异的变化。在抖音等短视频平台中,许多濒临灭绝的传统技艺得到了展演的机会,在被发现、被认可的同时让人们重新意识到了其文化价值,使其有了进一步传承下去的可能。民俗文化的交流共享也进一步得到了强化,由面向家族、小团体人群、局部地区转变为面向整个民族社会,拥有了口头传播和传统媒体时代无法比拟的海量受众的优势,传播范围前所未有地扩大。多元民俗文化的频繁交流、交融,促进了文化共识的达成和文化认同。概言之,数字化时代,凭借互联网媒体跨时空的特性和强大的分享、互动机制,民俗文化的传播表现出了强大的传播力和生命力。

同时,技术也在创新着民俗的形式,促进民俗的创造性转化。美国民俗学家阿兰·邓迪斯在《谁是民俗之"民"》中提出:"技术并没有窒息民俗;相反,它正在变成增强民俗传播的活力的因素,它作

---

[1] [德]赫尔曼·鲍辛格. 技术世界中的民间文化 [M]. 户晓辉,译. 桂林:广西师范大学出版社,2014:14.

为刺激源正在提供新生代民俗所需要的灵感。"[1] 如前面所述的生活习俗类、节庆习俗类、网络信仰习俗类、游戏娱乐民俗类等事象，为了适应互联网的生存法则，这些民俗在遵循"传统"和沿袭传统民俗心理的前提下，在民俗形式、内在机制、功能等方面做出了相应的调适和改变，体现了传统民俗在互联网时代的传承与创新。

学者张多曾经探讨过移动短视频对中国神话传统的重构，这是互联网对民俗文化重构的显著例子。他将抖音平台上的神话短视频分为漫画配音讲解神话、动画配音讲述神话、影视桥段配音讲解神话、真人主播讲述或讲解神话、神话仪式的现场视频、生活场景中神话元素的视频记录等六种类型。经过分析，他认为短视频技术对传统神话表现形式的改变，表现在数字化的用户生成、短篇幅的指间划动、神圣性问题的消解、算法推送神话等方面。[2]

另一方面，民俗文化的发展对媒介技术的作用也不可小觑，媒介技术正是借助于文化生生不息的力量实现迭代的变革与发展。这主要体现在互联网技术的文化属性上，人们是通过网络传播技术进行相互间的交往。或者说，媒介技术正是为了满足人类对信息交流和情感沟通的需求而创造出来的。星座文化在中国的走红，正得益于它与网络文化的契合。二者之间的互动更多地体现在星座文化与网络文化的主动接轨和接纳中。起始、兴盛均与互联网有着不解之缘的星座文化，其发展显然要受到网络文化生态的影响。互联网发展的1.0到3.0的每个时代，网络文化都与星座文化的文化特质发生交织、渗透。在星座知识的生产、传播以及嵌入青年人的生活等方面，互联网自始至终扮演了重要的角色：互联网海量信息的传播优势和及时互动的交流特性为星座文化在虚拟空间的发展和沉淀提供了合适的土壤。同时，新媒体时代，贴吧、豆瓣、微信、微博等社交平台聚集起了一批"占星迷"群，他们大量集聚在各个互联网平台，既享受着星座文化带来的生活中的便利，又通过开展星座资讯获取、交流分享创造、线下

---

[1] [美]邓迪斯. 谁是民俗之"民"[M]//高丙中. 民俗文化与民俗生活. 北京：中国社会科学出版社，1994：229.

[2] 张多. 抖音里的神话：移动短视频对中国神话传统的重构[J]. 西北民族研究，2021（1）：110-122.

开展社交等文化实践，为星座文化的传播和发展提供源源不断的网络文化素材。星座文化与网络文化便是在不断进行的文化再生产中关系不断紧密从而共生共存，在形式、内容上不断接纳和融合，共同成为网络文化生态的组成部分。

2021年"元宇宙"一词出圈，引发各界广泛关注，意味着民俗文化在互联网中的传承即将面临着又一新境遇。清华大学新媒体研究中心发布的《2020—2021年元宇宙发展研究报告》中提出："元宇宙是整合多种新技术而产生的新型虚实相融的互联网应用和社会形态，它基于扩展现实技术提供沉浸式体验，基于数字孪生技术生成现实世界的镜像，基于区块链技术搭建经济体系，将虚拟世界与现实世界在经济系统、社交系统、身份系统上密切融合，并且允许每个用户进行内容生产和世界编辑。"[1]"元宇宙"虽然还没落实，只是人们虚拟中的一个概念，但是从目前的各种描述中可以勾勒出一个未来虚拟世界的生活场景。正如电影《头号玩家》所描述的，在未来的某一天，人们可以穿越空间壁垒，在现实世界和数字世界中自由地切换，在"元宇宙"搭建的真实虚拟世界中完成衣食住行的日常生活。

"元宇宙"的出现为我们看待媒介技术与民俗的互动关系提供了无限可能。当前中国民俗文化与互联网的融合尚处于起步阶段，就已经对民俗文化的变迁产生了翻天覆地的冲击。"元宇宙"虚实结合的特性，与民众生活存在直接交集，与之相应，适应人类社会生活需要而产生的风俗习惯，必将因为虚实结合的生活体验遭到强烈的冲击和影响。客观上来看，在民俗文化的呈现方式上，"元宇宙"能够让民俗形态更为丰富，AR、VR等交互技术的使用，将改善一些民俗陈旧、单一的表现形式，提升网络民俗场景的沉浸感和数字化表达，给网民带来不一样的互动体验，增强民俗文化的吸引力。同时民俗文化生存的空间也将发生转变，"元宇宙"构建出的虚幻的民俗世界，将造成民俗与生活场景的割裂，表现的是媒介技术加诸其上的文化想象而非真实的生活世界。原本植根于民间本乡本土原生土壤的民俗，传承轨迹将不再是"从民间到民间"的场景化，可能要面临的是"从

---

[1] 清华大学.2020—2021年元宇宙发展研究报告[EB/OL].(2021-09-22)[2022-07-12].https://www.sohu.com/a/491309561_120855974.

现实民间到虚拟民间"。如此，民俗如何又真正回归生活世界？这些都是未来媒介技术与文化互动发展带来的机遇和挑战。

二、民众的现实需求与主动建构

民俗的网络"转生"与互联网之间的深厚渊源，与新媒体时代参与式文化背景下民众基于实际需求出发的主动传承有关。这是民俗变异演进过程中主体自觉性的根本体现，也是民俗自身稳定性和适应性的充分体现。

早在1977年，美国民俗学家阿兰·邓迪斯就在《谁是民俗之"民"》一文中指出：随着新群体的出现，新民俗也应运而生。显而易见，与传统乡土时代的"民"相比，网络新俗"民"呈现出截然不同的特征。因为中国互联网发展三十多年来，网民一代代成长，总体越来越年轻，教育水平相对也逐渐提高。受互联网上多元文化思潮的影响，他们的思想观念、生活方式、风俗习惯等方面已经发生了潜移默化的变化。如果说在传统的民俗活动中，个体因为年龄、性别、身份等原因在家族文化中无法表现出更大的自主权，那么在互联网空间中，脱离了传统群体与习俗体系的约束，就容易影响和塑造出具有更多自主意志和主体意识的新主体。这些以新"民"身份存在的网民个体，年轻、个性，具有追求个性自由、敢于表达自我的理念。在改革风潮和现代意识的冲击下，他们逐渐摆脱了家族共同体的禁锢，日益被卷入纷繁复杂的现代生活中，由于经常上网接触多元文化思潮，个体意识被唤醒，在面对民俗的传承上，他们往往不会墨守成规，在传承的观念、行为、认同等方面具有自己的理解和看法，容易创造出更丰富、更鲜活的民俗事象内容。适应"网络化生存"的需要，民俗逐渐被融入了日常生活中。互联网赋权关注到俗民的个体性，为传统民俗在网络中的转生、孕育民俗新气象提供了可能。

民俗的传承与变迁始终与人们的生活方式紧密相连。在技术赋权下，网民热衷于创作富有个性化的媒介文化文本，追求个人价值的满足。网络民俗的多样态存续，离不开多元主体的理解与自下而上的主动建构。民俗事象进入了网民的日常生活，适应了现代人的生活节奏，在继承创新的内容及形式上，就不可避免地会发生一些转变。民众通过个性化、多样化的需求与表达参与到民俗文化认同的建构中。如前面所述,与传统的民俗个体相比,新民俗个体具有更明确的主体性和创造性,在人格上更加趋向于现代化,更容易成为文化的参与者而不再是旁观者。互联网情景下的俗民在文化形态的选择中自主性逐渐增强,他们并不热衷于通过一系列繁缛的仪式礼节完成对传统民俗的挖掘和传承,而是更直接面对并思考如何更好地嫁接、服务于现实生活。在这种情况下,当生计方式、生存方式发生了变化,都会对民众文化传承的意识、文化的选择认同等产生一定的影响。

传统民俗向互联网空间延伸,使很多传统民俗被改造加工,逐渐演变成种种"新民俗"现象,折射出现代生活中诸多"草根民众"的种种诉求。具体而言,在生活习俗方面,在消费观念不断变化的今天,适应互联网时代背景下的生活语境,来自不同区域的人们汇集于虚拟空间,通过主动分享展示各自经营的日常生活,各自不同的生活态度、生活习惯与消费观念,在不断地交流冲突融合中,生活空间关系得以互嵌与重构。人们对于生活方式的选择虽然体现了对环境的一种适应,但也体现出了他们朴素的日常生活情趣和对美好生活的一种美好祝愿。网络节庆晚会虽然是传统节庆晚会的延续,但能很快融入春节的氛围中,成为具有年俗性的文化盛宴,并逐渐成为网民日常文化生活的一部分,正得益于它是广大网民参与创造、享用的文化晚会,反映了网民的集体心态,满足了网民的审美需要和文化心理。

总体来说,民众在"转生型"民俗文化意义的生成与建构上都发挥着重大功用。这些"转生型"民俗由于有传统民俗强大的内在根基为前提,又适应了人们互联网时代生存的需要,在功能上将传统与现代衔接了起来,这就更容易获得广大民众的认同和接受。民俗文化沿袭千年代代不息的历史传承证明,正是由于民众丰富的民间智慧和调适能力,才能坚守传统,民俗的传承发展才能够完成现代转换,生生不息,获得旺盛的生命力,甚至赋予新的时代内涵。

三、文化转型下民俗的自发传承

20世纪以来中国社会经历了从农耕文明到工业文明、再到信息文明的剧烈转型,文化的多元、冲突、演变成为社会生活的常态现象。基于民俗生活的现实需求，现代化城市生活中的人们不断地探寻弥合传统与现代割裂、延续传统民俗的各种方法和路径。"在现代性日益渗透到日常生活的方方面面时，作为关注生活文化的民俗学，需从过去的以民俗事象为研究对象的藩篱中走出来，而将目光投向日常生活整体。"[1]

随着感性化、娱乐化为特征的大众文化的强势崛起，中国社会各领域的娱乐化倾向愈加明显。新媒体时代，以用户至上为尊崇法则的新媒介在信息传播中表达并放大用户的信息、文化等多元需求，民俗文化的发展自然难逃其辐射。作为媒介文化相关的文化现象，民俗文化"一方面是对常态生存与民间传统的反抗性戏谑，更深层的则是对文化转型思潮与当下社会权威的迷茫性质疑"[2]。在这样的文化背景下，传统民俗在传承方式上充分体现了这一转生"复活"的需求，完成现代性转型和再造就成为一种必然。

学者田川流在论及传统文化与现代文化的碰撞及融合时认为："现代文化具有多元性。作为现代文化的形成，一般来自于三个方面，一是传统文化的延续，亦即在传统文化的样式和品类的基础上加以改造和翻新，使之成为当代人们喜爱和接受的文化样式；二是外来文化的影响，即指对外来文化样式的接受与移植，或者对其内在元素的吸纳，改造成为符合本土大众需求的样式；三是在当代生活的土壤中派生，主要基于人们的创新，大量体现时代精神的，以及时尚的、流行的文化样式将汹涌而至。"[3]

随着社会的急剧变迁与转型，民俗文化在与其他文化碰撞、冲突和融合的基础上，通过迎合、协调、改造等方式完成自身的转型。如，新媒体语境下星座文化发展兴盛之时，星座文化和精英文化、主流文化的碰撞与融合就成为人们关注的问题。一直以来，在星座占卜偏重封建迷信还是注重现实生活指导的问题上，迄今仍有不同的声

---

[1] 李向振. "通过民俗"：从生活文化到行动意义的摆渡：兼论当代民俗学研究的日常生活转向 [J]. 云南师范大学学报（哲学社会科学版），2018（1）：88-94.

[2] 孙正国. 文化转型催生狂欢化新民俗 [J]. 中央民族大学学报（哲学社会科学版），2004（1）：99-101.

[3] 田川流. 论传统文化与现代文化的碰撞及融合 [J]. 齐鲁艺苑（山东艺术学院学报），2016（4）：4-9.

音。有的认为星座是一种现代迷信，严重侵蚀大中学生、年轻人的心灵，危害他们的身心健康；有的将星座占卜直接与网络算命等同起来，认为其并没有起到生活指导的意义。这些认识和分歧本质上来源于对星座文化本土化传承的规律及其文化特质认知的差异。在后亚文化理论流行的语境中，作为星座文化的主体，在标新立异中成长起来的青年群体追求独立、与众不同，渴望展现个性，具有更强的主观能动性和创造性。从他们使用星座文化的动机来看，在大众传媒的启蒙、传播语境下，他们基于自身的社会化成长需要，在知识的共享、交流互动中不断地获取意义，强化对星座文化的认同和理解，与此同时，他们用星座知识来解释、指导日常现实，建立起属于自己的亚文化空间。虽然与主流文化有一定的抗争意味，但星座文化积极地适应现代社会做出调适，主流文化也在努力协调与亚文化之间的碰撞与冲突，二者在融合发展中存在求同存异的可能。

多层次、全方位的网络文化生态环境的创建，是民俗文化可持续发展的源头活水。当前民俗传承的一个方向，是依靠互联网建立起不同媒体平台的文化传承模式。比如抖音平台承载了大量来自民间的艺术和民间文化，许多文化艺术种类平时很难有机会被更多的圈层人群尤其是年轻人所知晓、认同。比如中国古老的戏曲剧种昆曲，被称作"百戏之祖，百戏之师"，于2006年被列入第一批国家级非物质文化遗产名录。"90后"昆曲传承人蒋珂在抖音上发布的古风红曲《我的将军啊》意外走红，让昆曲重新焕发光彩，激发了许多年轻人的兴趣。不只是戏曲，还有很多极具特色的民间传统文化也重新在互联网上焕发生机。

尽管互联网空间环境发生了根本的变化，但依托传统民俗土壤成长起来的"转生型"民俗，依靠内在功能和发展动力传承依然是变迁传承的内在动因。从某种意义上讲，民俗的变化反映了社会生活的变迁，正是现代社会生活方式和观念节奏的快速发展，催生出了各种新型的民俗文化。这正说明民俗并非千古不变，而是与社会生活不断适应、调节、契合，是民俗文化自我调整的结果。纵观民俗的历史衍变，民俗文化的代代相传从未被磨灭，表明了民俗的生命力之顽强，这种强大的内驱力正是其自身发展的客观规律使然。

四、功能认同与政府力量的推动

毫无疑问，国家在民俗传承的工作中发挥了重要的作用。作为产生于当代文化转型思潮下的新兴民俗，尽管其民俗形态千差万别，就其核心本质来看，民俗文化都具有社会整合、伦理教化、强化社会价值体系的功能。孔子曾经说过："移风易俗，天下皆宁。"这句话强调了民俗在社会功能方面是调节社会生活、实现社会和谐的重要形式。但是在现实中，一方面，随着社会的急剧转型和家族聚族而居结构的瓦解，传统的民俗活动遭到严重的挑战。"作为民众创造、享用和传承的生活文化，民俗传统在当代社会呈现出中断与传承并存，断裂与延续交织的复杂局面。"[1] 另一方面，在西方文化的强势冲击之下，近年来传统民俗的文化内涵和内在精神在逐渐消解，这些也对传统民俗的保护性传承提出了难题。因而，如何推动现代社会中民俗合理化的传承，最大化发挥民俗文化的价值，是当前政府面临的主要问题和挑战。

国家主要通过在宏观层面制定文化政策等措施积极推动民俗文化的保护传承，比如建立非物质文化遗产保护机制。2004 年，我国加入联合国教科文组织的《保护非物质文化遗产公约》，之后我国又出台了一系列重要政策，进一步健全我国的"非遗"保护体系。在国家层面的推动下，"非遗"在互联网中的发展和推广越来越受到重视。短视频和直播的传播特性及民俗文化的可复制性为民俗事象在互联网虚拟空间的"再现"成为可能，且与传统物理空间民俗文化的传承相比，网络空间能够跨越时空，传播范围更广，受众面更大，传播效果也显著扩大。在文化和旅游部非物质文化遗产司的支持下，2019 年 3 月快手推出"非遗带头人计划"，2019 年 4 月抖音推出"非遗合伙人"计划，两大短视频平台通过流量扶持等多种手段助力传承"非遗"技艺的传播，实现"非遗"与短视频平台的互利共赢。2022 年 1 月 5 日抖音发布的《2021 抖音数据报告》显示，2021 年，1 557 个国家级"非遗"项目中，抖音目前的覆盖率已经高达 99.42%。抖音最受欢迎的十大"非遗"项目分别是豫剧、越剧、黄

---
[1] 周锦章. 数字化平台与传统民俗文化的保护 [J]. 红旗文稿，2011 (5): 31-33.

梅戏、秦腔、相声、京剧、花鼓戏、柳州螺蛳粉制作技艺、陕北民歌、川剧。其中，豫剧获赞7 743万，越剧获赞5 789万、黄梅戏获赞5 305万。[1] 可见，"短视频+非遗"的模式大大拓展了传统"非遗"的生存空间，同时丰富了民俗文化的传播路径。

政府还积极推动线上民俗文化传播模式的构建，大力倡导各类民俗活动的线上开展，对传统民俗在网络中的传承也起到重要作用。每年清明节，上至国务院，下至各级地方政府，都大力提倡"文明祭扫"，倡导采用鲜花祭扫、网络祭祀、网上追悼等绿色、环保又低碳的祭祀方式缅怀逝者，告别祭祀陋习，树立文明新风。此外，近年来全国各地举行的传统大型祭祀庆典文化仪式也采取多种形式开展线上活动。2020年，甘肃的民间祭祀中华人文始祖伏羲典礼、祭祀女娲典礼，陕西的公祭轩辕黄帝典礼，山西的大槐树寻根祭祖大典等活动，都采取线上方式面向全球举行。海内外的人们可以跨越时空在网上献花、祭祀、祈福。诸如此类的活动不一一列举。在政府主导的民俗传承保护机制的构建中，我们看到"移风易俗"过程中政府主体力量的在场和不断介入，这些都成为民俗传承发展和文化认同建构的重要参与和推动力量，在很大程度上起到了民俗传承保护的作用。事实表明，开展传统民俗文化的线上活动，不仅有利于保护传统文化，而且有利于提高民族认同感，是增强社会凝聚力、维持社会稳定以及促进经济发展、文化交流的重要纽带。

除了信仰类民俗，其他民俗的网络"转生"和发展也都离不开国家政策的扶持。在网络竞技游戏领域，电竞得以快速发展与国家的扶持政策密不可分。虽然近几年电子竞技才在国内大放异彩，但是自2003年国家体育总局将电子竞技列为正式体育竞赛项目开始，电子竞技被纳入体育赛事的历史实际上已近20年之久。如今电子竞技勃兴发展的同时，官方也开始以各种名义为电子竞技的体育竞技属性"正名"。一个突出的例证是，2020年12月16日，亚洲奥林匹克理事会宣布电子竞技项目成为亚洲运动会正式比赛项目，针对电子竞技的利好不断出现。近年来，网络跨年节庆晚会频频成为高水平的

---

[1] 抖音发布2021数据报告．豫剧为年度最受欢迎非遗项目[EB/OL]．(2022-01-06)[2022-07-12].https://www.sohu.com/a/514772252_120072258.

"爆款",得益于以《人民日报》、中央电视台为代表的主流媒体或地方卫视与互联网平台的携手打造。2020年B站跨年晚还会被《人民日报》《中国青年报》等主流媒体评价为一场"很懂年轻人"的晚会。可以说,互联网节庆晚会新业态的构建,得益于主流文化以包容的姿态将亚文化纳入自己的视野,使之成为当代互联网文化生态中的一块重要版图。总之,在政府的推动下,互联网中虚拟空间的民俗呈现已成为民俗文化传承的一种常态。

五、商业主义的力量

民俗的变革与社会经济的发展紧密相关。在全球消费和互联网的文化语境中,商业文化与民俗之间的联系更为紧密。一方面,受商业属性的制约,民俗的发展嬗变要受到不同社会和时代消费文化的影响,特别是近些年由于经济的推动,习俗方式的变革受到巨大冲击,与过去比较,表现出涉及面广、变化快、影响更深远等特点。另一方面,因为民俗同时又具有文化属性,商业与民俗的接轨融入了社会习尚及流行元素,消费日益与社交联系在一起,又给民俗的发展带来了新气象。

星座热的产生是星座文化与商业主义密切捆绑在一起的结果。近几年来伴随着星座热,在商业主义推波助澜中,星座文化从一个名不见经传的小众亚文化,迅速爆发跃升为青年人追捧的流行文化。星座文化也开始与商业资本产生勾连,在文化资本的支配下,星座文化已发展成为庞大的星座消费产业。"同道大叔"就是商业资本与星座文化结合的典型示范。2015年4月,"同道大叔"获得红杉资本中国、创东方资本等多家机构的投资,2016年上半年获得美盛文化3 000万元投资,2016年12月,美盛控股以2.17亿元收购同道文化72.5%的股份。[1] 在资本的推动下,"同道大叔"开淘宝店、卖广告、做品牌营销,着力推动星座文化的IP产业链化。星座媒体平台和商家通过星座与网游结合、图书出版、周边开发、广告营销、网剧网综制作

---

[1] 钛媒体APP. 网络占卜"收割"年轻人[EB/OL].(2021-10-30)[2022-07-12]. https://tech.qq.com/a/20161209/012999.htm.

等方式，大力助推星座文化的商业化传播，星座文化越来越平民化、大众化，成为日常生活中随处可见的"文化符号"。

在资本的利用下，直播带货被改造成了"围观"狂欢中的商业展演。"天下熙熙，皆为利来；天下攘攘，皆为利往。"直播购物已经成为人们日常化的一种生活方式。通过观看一场场有趣的直播下单消费，正在日益成为城镇居民生活的调味剂。有些明星、演员转行做主播，他们有着自然的表演才能，有着各自独特的表演风格，懂得如何与自己的粉丝互动，所以对他们来说，直播间就是综艺节目的演播厅，影视剧的拍摄现场，演艺圈的新阵地。即使直播流程再复杂，"演艺+带货"结合的方式他们也能轻松驾驭。当然，为了提高直播带货销量，主播们在直播间施展个人才艺无可厚非，事实上，有许多充满正能量的主播做出了表率。也有影视演员在其直播带货的流程中，根据剧情现场演戏。还有的事先与品牌商合谋演"戏"，在直播中临时提出加货、加量需求，增加跳楼式砍价的戏码。演员在直播间还原电视剧中的经典造型，直播开业邀请明星剪彩，安插访谈环节，分享明星生活点滴等，这些眼花缭乱的"展演"方式更能吸引粉丝注意力，助推流量变现。主播在同用户交互中建立人设，并维护人设的稳定性以强化对带货商品的专业性和权威性。只有探索和建立起直播电商与明星生态的良性互动机制，才能为这个产业在未来的可持续发展创造更多的可能性。

资本对网络竞技游戏的利用也是显而易见的。网络游戏呈现快速发展态势，被业内人士称为"在睡觉时都能赚钱的产业"。许多游戏中，玩家必须在规定的时间内收集一些游戏道具、装备等必备物品，这些都需要用虚拟货币购买。为了改变在网络游戏中的地位和权力，很多玩家一掷千金。从布尔迪厄的场域概念出发，在网络游戏场域中，游戏玩家的终极目标是通过沉浸式的游戏体验换取游戏知识、技能、经验甚至情感，完成文化资本的转化与积累，从而实现在社会中与同侪和社群的互动与自我认同。因此拥有较丰厚的文化资本成为许多游戏玩家的动力。随着电子竞技风靡全球，电子竞技产业也成为资本追逐的风口，发展尤其迅猛。据艾媒数据中心统计显示，2021 年上半年中国电子竞技行业共发生投融资事件 5 起，累计金额为 11.24 亿元。[1] 在资本的纷纷布局下，商业力量全方位介入到电子竞技生产和消费的过程中，中国电竞产业已成为有着超 5 亿用户的全球第一大电竞市场，横跨文化、体育、互联网多个领域，在产业化的浪潮中大众化、商业化的趋势愈加明显。

第七节　关于"转生型"网络民俗的几点思考

硅谷精神教父、科技商业预言家凯文·凯利在《未来 20 年商业趋势与中国机遇》演讲中说：你看那边是"互联网+"，我们知道要走到那边去，但是要摆脱我们现在的模式，要走到另一座山峰上去，这是一个漫长又复杂的过程。网络民俗的发展何尝不是如此。以历史的眼光，站在未来看现在，民俗在互联网"转生"的意义，在于承继了民俗求"变"的本质属性，是传统民俗"活态化"的具体表征。

应该看到，许多优秀的传统民俗"转生"到互联网平台后得到了更大程度的传播与普及，但是民俗的变异往往具有两重性，既有良俗发扬光大的一面，又有陋俗滋生蔓延的一面；民俗文化异彩纷呈的同时，也容易因为脱离本真生活场域而产生许多民俗"奇观"。正确处理民俗变异与社会发展的互动关系，使其进入良性循环，是当代移风易俗的基本内容。

一、"日常生活"的重塑

"转生型"民俗是民俗在现代化传承中"面向日常生活"的重要呈现方式。

互联网对人们的生活持续深入地渗透所带来的变化，对人们原本已经非常熟悉的生活空间及生活方式产生了巨大的冲击。这种变化表

---

[1] 艾媒咨询.2021 年中国电子竞技产业运行监测报告[EB/OL].(2021-06-16) [2022-07-12]. https://report.iimedia.cn/repo13-0/39416.html? acPlatCode=IIMReport& acFrom=recomBar_1061&iimediaId=80748.

面上看似乎波澜不惊，因为它是几千年来相对稳定的物质生活习俗映射在互联网中的烟火气，但背后是对人们"日常生活"的重塑。

（一）从习俗调适到新惯习养成

当前在多元主体的共同参与中，民俗与互联网的空间特性契合，文化传承的"流动性"特征日益明显。"流动性"意味着流动的空间、流动的日常、流动的传统，这是网络社会民俗文化多元存在的常态。在这样的背景下，个体唯有在社会化成长中不断适应外界的变迁，在行为方式调整、消费观念与时俱进等方面进行潜移默化的调适，融入网络生活空间场域实践并形成新的惯习，才能积极应对数字化生存与发展带来的挑战，完成对日常生活的重新整合与再塑。

人们的生活惯习是受到日常生活场域的结构影响型塑而成的，是个体或群体在一定的时期内为满足生存需要而建构起的生活观念、生活习惯和行为方式，生活惯习养成的因素可能包括社会文化、地域环境、经济条件、家庭环境等方方面面。同时，惯习又有历史性，人们日常生活的惯习既体现了对传统的历史延续，又体现了现代的创造性转化，是一种在实践中不断地被处于型塑的生成性结构。换句话说，正因为长期以来内化于个体的相对稳定的生活"旧惯习"的存在，才使得人们在面对变化的社会新秩序与新规则时不至于无所适从，反而能够通过语言、行动等策略发挥作用进而转化为实践，创造性地进行适当地调适、转换，进而习得、培养出生活"新惯习"。

网络购物、网络约车、网络就诊、网络祭祀……这些网络新习俗之所以获得人们的青睐，就在于其迎合了人们长期积淀而成的追求实用、方便的功利性生活惯习。基于互联网媒介的传播特性，人们的生活交流空间得到了极大地延伸，个体行动维度得到了扩展和自由，这些作为生活场域的改造性力量在潜移默化中突破了人的刻板思维和实践，对人们的生活方式进行了重构，并以此逻辑建构起了"新惯习"与规范。具体地说，通过点评理念的传播，逐步促进人们数字化生活习惯的深入养成；通过衣、食、住、行方面标准的普及，培养人们注重品质的消费观念和多元化、理性化的价值观念的确立等。总之，"新惯习"的养成皆可通过多维互动的互联网空间实践实现，帮助人们克服"数字鸿沟",更主动地参与并适应数字化时代的挑战。

(二)仪式传播的常态化

传播的仪式是"建构并维系一个有秩序、有意义,能够用来支配和容纳人类行为的文化世界"。[1] 从仪式传播的视角考察网络祭祀、网络节庆、网络竞技等民俗事象可以发现,这些网络民俗事象不仅维系着传统的仪式,即民众以共同体的形式聚集成"想象的共同体"一起参与到活动中,而且得益于互联网的媒介属性,仪式的特征表现得更为明显,且民俗的仪式也变得常态化。

例如,节庆晚会连接过去和未来的功能就突出地体现了仪式的特性。每年节庆晚会盛典的上线,也是互联网平台的高光时刻。对互联网平台来说,作为一年辉煌历程的回顾及对未来的展望,举办一台成功的网络节庆庆典,通过节目主题设定、特色文化符号打造、舞美灯光设计、音乐道具选择等方面的精心设计,构建起节日的仪式感,能够让创作者及网民在庄重的仪式感中,强化与互联网平台之间的情感共鸣和文化认同。仪式是"受规则支配的象征性活动,它使参加者注意他们认为有特殊意义的思想和感情对象"[2]。如此一来,节庆晚会仪式传播便演绎成为一场场以互联网为载体、以歌舞为内容的新"团拜"仪式。在多个互联网平台主体的共同参与建构中,节庆晚会逐渐渗透到人们的日常生活之中,晚会仪式传播的"常态化"特征日益明显。作为现代节庆晚会与互联网平台结合的产物,节庆晚会仪式庆典的制作水平是各大互联网平台实力和水平的展现,同时,晚会的口碑、有价值的内容也会在线上线下引发大量的传播,背后带来的宣传效应不容小觑,因此,互联网平台往往舍得下大气力,努力打造一台高质量、高规格的晚会,发挥其强大的传播力和影响力。单2020年一年,9月有"百度好奇夜";10月有"抖音美好奇妙夜";11月更是热闹异常,天猫、苏宁、拼多多、京东四大电商携手五大

---

[1] [美]詹姆斯·W.凯瑞.作为文化的传播[M].丁未,译.北京:华夏出版社,2005:7.

[2] [美]保罗·康纳顿.社会如何记忆[M].纳日碧力戈,译.上海:上海人民出版社,2000:49.

省级卫视同步开启直播晚会，决战"双11"之夜；12月又有"爱奇艺尖叫之夜"。大大小小的网络晚会层出不穷，让网民应接不暇。

相对于传统民俗，"转生型"民俗的仪式传播也有许多改变。在仪式的空间上消弭了现实空间到虚拟空间的界限，在互联网所构建的"天涯若比邻"的特殊时空里，无论个体还是群体置身其中联结成了一个"共同体"。在仪式的流程上也有所变化，或淡化了原有宗教仪式的"神圣性"，或增强了现代社会语境下的"娱乐性"，或强化了传统的"功利性""节日性""竞技性"等。另外，正因为仪式的常态化，仪式的文化记忆功能也得到了强化。许多民俗活动通过文字、图像、视频、超链接等丰富多彩的象征符号，建构起具有全球意义和国际视角的民俗仪式，经过互联网中多种传播介质不断地重复和记忆，将一项项地方性的民俗活动转化为互联网时代共同的集体记忆"永存"，更加全面立体地凝聚起全国乃至全球华人对家园、民族和文化的归属感、认同意识，从而创造了新的文化记忆方式。

二、文化空间的拓展

"转生型"民俗文化建构了新的公共文化空间，异彩纷呈的民俗文化形态的出现，孕育了民俗的新气象，让网络文化生态充满生机。

（一）文化空间的存续

在充满变化的互联网时代，万物皆可链接。作为全新的民俗文化空间，互联网空间重构了民俗文化的生产逻辑和运行机制，以特定的空间特性介入到人们的日常生活中，助推了民俗文化的创造性生产与传布。互联网与民俗文化的搭档虽然仍处在发展阶段，但是日益增长的影响力加快了民俗文化在虚拟空间的移植和传播。它顺应了网络时代发展的需要，体现了民俗的传统，突出了新时代直播、互动的特性。一股更明显的趋势是，数字化时代，互联网正在成为深度开垦的民俗文化舞台——民俗文化的形态越来越丰富多元，并且朝着更为开阔和包容的格局传播民俗内容、诠释圈层文化，力图成为互联网文化生态的一部分。

"网络+民俗"模式这一现代文化语境中民俗传承的新尝试，是当下民俗文化传承正在发生的一个重要转向。鉴于民俗事象在网络中的勃勃生机，以及在民众生活中越来越重要的趋势，挖掘探析其深层次的内涵就格外迫切和重要。尽管很多民俗事象早已进入民俗学的视域，但迄今为止在研究视野和重点方面依然有所偏重，某些民俗事象没有得到充分关注，比如游戏娱乐民俗的研究就一向处于边缘的地位。但在当代，对游戏娱乐民俗的研究是"当代科际整合研究趋势中一个不可忽略的支点"[1]。故在互联网赋能的趋势下，民俗事象的网络传播，极大地改善了部分传统民俗的文化孤岛现象，即改变了以前由于信息闭塞、地理区隔而造成的文化自给自足、自娱自乐的封闭状态，不失为民俗文化在当下赋权与突围的一种传承新路径。

（二）民众精神空间的拓展

人对精神空间的寻求自古有之，不同阶层的人追求精神生活有着不同的方式。对寻常民众而言，如果追求曲高和寡的高雅文化等更高层次的精神生活，就意味着高昂的文化消费成本，这对大部分人来说是难以企及的，因而他们只能将目光投注于"俗"文化，让自己的精神生活丰富起来。现代社会中，随着工作、生活节奏的加快，人们的焦虑情绪日渐增加，对娱乐功能的多样性、丰富性的需求也远远甚于以往。在这样的情况下，再去审视网络中一道道真实生动的民俗文化景观，就有了存在的合理性。如生活习俗中的网络订餐、美食团购、直播购物，满足了人们对美食的需求和购物愿望；在节庆晚会直播中建立起即时交流和互动的社交机制，同时启发对民俗文化的认同感，建立起民族凝聚力空间；在网络祭祀平台中建立起神圣、庄重的祭奠空间，让人们随时可以怀念亲人、寄托哀思，弥补不能回家的遗憾；通过游戏竞技，让人们日常生活中因苦闷和压抑消解或问题得到解决而更觉心情舒畅等。这些都是有必要的，它们适时地满足了人们的生活需求、娱乐需求和审美需求，培养了人们的精神趣味，可以说大大拓展了民众自我构建的精神空间。精神空间的拓展又进一步为优

---

[1] 张士闪. 游艺民俗：当代科际整合研究趋势中一个不可忽视的支点：《中国民间游戏与竞技》读后 [J]. 民俗研究, 1997 (3): 102-103.

秀民俗的创新传承提供了广阔的平台。

三、复活民俗经验，延续文化记忆

自发的、持续的变迁传承是民俗的本质属性，是民俗自身成长中的必然现象。无论哪种民俗的继承改造，都是与自古以来民俗文化传承变迁的规律一脉相承的。民俗传承的主体、形态、机制、意义、功能等，本身就是随着社会的变化而变化。能够达成共识的是，互联网技术的变革进步引发了人们生活方式和价值观念的转变。作为与技术变革有密切关联的文化形态，这些"转生型"民俗事象复活了民俗经验，它们深植于传统民俗的文化土壤，在互联网中找到了适宜的栖居空间，在传统的民俗文化中都可以找到它们的影子。正是传统民俗的文化精神、内涵与社会发展中人们的现实需求结合，产生了适合互联网生存的更加实用鲜活、自在自为、有生命力的新民俗文化。

"转生型"民俗还凸显了过去与现在的"连接"，保持了民俗记忆的延续。民俗得以传承的背后，其实是一种书写历史、延续现在的传承机制在起作用。作为民俗传承记忆的重要载体，网络新媒体突破了地理媒介和地域的限制，利用影像等多媒体的优势，帮助民俗完成了传统民俗记忆型塑载体的华丽升级，既复活了民俗经验，又延续了文化记忆。民俗记忆通过语言交流、民俗行为展演、文本书写以及符号传播等方式实现记忆的超时空传承和扩散。这些民俗形态在互联网空间中的每一次传布，都是个体记忆不断被唤醒、被激发的过程。也只有在这一次次的记忆建构与强化中，在过去与现在"连接"中构建起共同的民族想象，民族文化认同才会成为可能。

四、民俗传承的异化

作为民俗现代转型的一个侧面反映，对"转生型"民俗传播、认同与创新中折射出的一些问题，应给予包容的态度和合理的生存空间。但封建迷信意识的蔓延、商业逻辑的侵入、过度娱乐化等问题则应格外注意，不能忽视。处理好文化传承与文化消费之间的关系，是"转生型"民俗可持续发展的题中应有之义。

（一）封建迷信和恶习陋俗的蔓延

中国地大物博，孕育了各地风格迥异又异彩纷呈的特色习俗。互联网中也逐渐涌现出了许多人们闻所未闻的奇风异俗。这些习俗内容反映了各地的社会、历史、文化风貌，具有很高的文化意义和价值。但是同时也要警惕封建迷信和恶习陋俗的滋生和蔓延。封建迷信是非理性、反科学的信仰，对人类社会发展有害，是社会的一剂毒药。

可以肯定的是，网络中形形色色的民间信仰中就有封建迷信和恶习陋俗的元素。在社交平台上，经常看到各种迷信又活跃起来，如看相、算命、占卜、测字、看风水等，相命先生、风水师以及各类"神仙高人"等"灵媒"职业人重操旧业、再现江湖，颇有封建迷信"死灰复燃"的感觉。

比如星座文化，虽然是一种"现代俗信"，但它毕竟是从国外的宗教信仰文化发展而来，在本质上是一种带有宿命论色彩的唯心主义思想，这与科学和理性的精神相悖。新的历史时期，要充分考虑星座文化的文化本质、文化属性与价值体现，积极对其发展做出适时的引导，使之更加符合新时代社会和大众的精神文化需求，才会使其在中国特色社会主义文化建设中发挥更大的价值。

（二）商业逻辑的侵入

在消费文化语境中，消费主义的强化和蔓延，像一只"看不见的手"，无形中支配着社会的方方面面，"转生型"民俗文化也不可避免，呈现出日常化、碎片化的消费景观。

鲍德里亚认为，消费社会中人们"不再是对物品功能的使用、拥有等，不再是个体或团体名望声誉的简单功能，而是沟通和交换的系统，是被持续发送、接收并重新创造的符号编码，是一种语言"[1]。他批判了人们对物的消费不再以满足物质需求为前提，而更多在追求一种精神上的需要。消费主义时代，直播平台提供了符号的庞大堆积，很容易操纵人们的理性思维，在感性意识支配中作出模仿、从众的感

---

[1] [法] 让·鲍德里亚. 消费社会 [M]. 刘成富, 全志钢, 译. 南京：南京大学出版社, 2014：177.

性选择。面对满天飞的直播带货和层出不穷的营销方式，我们也要冷静下来思考，是否忽略了自己的真实需求，而满足于马尔库塞所说的"虚假的需要"，即"出于特定的社会利益从外部强加于个人身上的种种需要"[1]，落入了主播和商家们精心准备的消费陷阱里。

直播产生的种种问题容易引发信任危机，亟须提高民众的风险认知。直播电商中，买卖成立更多的是建立在买家对卖家的信任基础之上。表面看起来是形式的变化，实质是买卖关系的改变。电商毕竟是商，虽然内容形式和载体变化，但不变的是颠扑不破的供需关系。流量数据造假、商业价值观混乱、售后问题不断、直播伦理与商业伦理问题频发，正成为影响直播电商行业发展的最大障碍。一场高质量的直播，流量不是唯一指标，用户真正支持和期待的，应该是以可靠的产品质量和价格为核心，与用户共同构建一种健康的商业形态，甚至是一种生活方式。当今时代，现代商业模式功利性大大增强，这是毋庸置疑的事实。直播电商再有吸引力，它本质上还是一种商业交易，绞尽脑汁调动消费者的欲望，追求物质利益最大化，才是它的目的。所以，置身光怪陆离的消费社会，要警惕不被裹挟进直播电商带来的光环中，注重自己的内心和实际需求，提高消费理性，不盲目跟风，避免超前消费和过度消费。

星座文化的商业利用与改造，也要一分为二地看待，一方面，它使星座文化在当代年轻人生活中发挥出较大的作用，文化的生命力得到延续；另一方面，在消费主义的诱惑之下，良莠不齐的星座文化传播、培训机构，一些属于糟粕的文化元素及恶搞、低俗内容的传播，这些都在文化的融合中形成鱼龙混杂的态势，在一定程度上造成文化内涵意义的曲解与消解，造成星座文化沦为纯粹消遣式的消费，也会对其长远发展带来负面影响。

在消费社会语境下，网络节庆晚会的打造是主流文化、商业资本以及网民多方权力话语建构的结果。而其中互联网平台的商业属性决定了晚会内容必然要迎合当代社会泛娱乐化的趋势，因此在消费主义看来，晚会无非是资本支配下消费符号的狂欢。从20世纪90年代

---

[1] [美]赫伯特·马尔库塞. 单向度的人：发达工业社会意识形态研究[M]. 刘继，译. 上海：上海译文出版社，2008：6.

起，央视春晚就因逐渐走向商业化运作遭来各界批评。如果说"一次春晚，就是一次商业包装的国家意识形态召唤"[1]，那么，网络节庆晚会"娱乐+商业"的生产逻辑，将节庆文化与商业之间的关系变得更为复杂与密切。网络节庆晚会毕竟是一种艺术形式，而艺术创作对价值和意义上的追求与商业利益的平衡总是存在矛盾。消费文化语境下，面对互联网经济的快速发展，网络节庆晚会如何平衡商业逻辑和文艺创作的价值追求，打造娱乐与文化内涵兼具的节俗文化品牌，实现全民喜爱与认同，成为亟待破解的新命题。

（三）娱乐的狂欢与迷思

无论是网络节庆晚会还是网络中的游艺民俗，对参与其中的网民而言，内容的生产制作和直播交互的赋权，让他们从传统民俗中的"观众"角色变为具有一定话语权的"主体"角色，脱离了现实世界的日常角色，沉浸于高度仿真的虚拟空间，很容易制造出一场场全民的娱乐狂欢。过于强调娱乐属性，将导致美国学者约翰·菲斯克所说"意义与快感的流通"，而这种快感是一种对主流社会规训的逃避"。[2]在狂欢的背后容易陷入狂欢迷思，人们的欲望被屏幕挑动，现实生活中的真实情感却往往被淡漠、忽视。

特别是年轻一代，很多人并不知晓节庆仪式的来历、内涵。"节日文化的灵魂是什么？是信仰，是信仰仪式中包含的道德、伦理观念。失去信仰的节日必然名存实亡。从这种意义上讲，我们现在的许多节日是名存实亡的。"[3]节日并非只有欢乐，还有对蕴含其中的民族情感、伦理道德等文化价值的认知、认同。德国思想家本雅明曾预言："人类艺术彻底进入'机械复制时代'，一个大众皆可参与肤浅文化艺术的时代正在来临。"[4]在互联网技术不断迭代进化的新时

---

[1] 郭镇之. 从服务人民到召唤大众：透视春晚30年 [J]. 现代传播（中国传媒大学学报），2012（10）：7-12.

[2] 陆道夫. 电视观众：意义和快感的生产者：试论约翰·菲斯克两种经济的电视文化理论 [J]. 广东技术师范学院学报，2004（12）：61-66.

[3] 陶立璠. 农耕仪礼、春节文化与传承保护 [J]. 艺术评论，2013（3）：2-4.

[4] [德] 瓦尔特·本雅明. 机械复制时代的艺术作品 [M]. 王才勇，译. 南京：江苏人民出版社，2006：361.

代，资本以基于市场需求为由，将节庆晚会纳入工业化生产的轨道，成为迎合资本市场的"流水线"产品。网络节庆晚会生产泛滥的后果，必将导致晚会在节目区隔定位、嘉宾阵容、内容模式等方面的雷同，造成一定程度上的人文意义的消解，在一场场大众狂欢中降低网民对节庆的感知能力，导致节日民俗特性的淡化。

此外，还要处理好"俗"与"媚俗"的关系。民俗的"俗"是面向大众的，这个意义上的"俗"显然与"媚俗"有着本质区别。无论民间生成的民俗内容是高雅的还是粗俗的，都体现了民众真善美的追求，是一种健康的审美形态。而"媚俗"是一种或出于商业利益或出于恶搞等目的，迎合部分民众低级趣味的行为和现象。互联网环境中，这种过度娱乐导致的媚俗现象并不鲜见，很多人对此还乐此不疲。这些风气都不利于民俗文化的可持续发展。很显然，我们应该以审视的态度客观批判和辨析，以理性的价值观和使命感，创造和构建充满活力的新时代新民俗。

五、现实生活体验的弱化

英国社会学家安东尼·吉登斯提出了"时空分离"和"脱域"的概念，"指的是社会关系从彼此互动的地域性关联中，从通过对不确定的时间的无限穿越而被重构的关联中'脱离出来'"[1]。按照他的观点，现代社会中人们的活动不再受时空的束缚，可以从物质实体的日常生活空间中出来，进入到互联网这一虚拟空间中，在"身体缺场"的情况下完成日常生活中需要"身体在场"的行为。生活本来就如万花筒，面对数字化生活的机遇，每个人都有权力寻求最适合自己的有品质的个性化的生活方式，尽情享受现代生活方式带来的便捷。

数字化冲击下的互联网生活空间承载的内容层次逐渐丰富，人们的购物、出行、社交、医疗、教育方式都发生着变化，生活方式的蝶变让人们对未来的社会生活充满了想象。在这种转变之中，线上线下

---

[1]［英］安东尼·吉登斯. 现代性的后果［M］. 田禾，译. 南京：译林出版社，2000：18.

空间的交叠，推动着空间功能上的融合与改变，重塑了人们的民俗体验，同时也容易导致现实世界与虚拟世界边界的混淆。在身心获得愉悦的同时，要警惕"玩乐"这一精神需求在当代的无限放大，过多沉溺于虚拟世界的五彩斑斓，忽略现实生活中面对面的交往与接触，会导致线下的现实生活体验逐渐弱化。

比如，从星座文化的意义上来讲，青年人的这些文化实践都是星座作为一种"现代俗信"指导现实生活的积极意义所在。但是，倘若在精神生活中过度迷恋、依赖星座文化，把它当成指导人生的"精神导师"，缺乏对人生和社会的深层次思考，甚至沉浸于星座预测带来的幻想愉悦而一味逃避现实、忽略生活本真，将导致青年信仰功利化的风险，是建设社会主义精神文明应该警惕的。

民俗文化是需要沉淀的，网络中的民俗文化亦是如此。互联网对中国民俗文化的变迁与重构，导致互联网中的民俗资源更加丰富，人们接受到的信息数量日益增长。但在当今信息时代，民俗知识相对而言是一种认知性的信息，很多情况下，具有碎片化传播的特点。这必然导致民俗文化的传播内容趋向分散，难以吸引快餐式阅读时代人们的注意力。从传播效果的层次来看，按其发生的逻辑顺序分为认知、态度及认同三个层面。从这一视角来看待民俗文化的传播，我们会发现，即使很多民俗能够有效地"被看见"，实现人们对它认知层面的效果，即把人们的注意力引导到特定的民俗上，扩大人们的认知体系，但从更深层次的效果看，在体会蕴含其中的民俗意味和富于民间底色的内涵层面，很难进一步引起人们的深度思考，更遑论在认同中将其沉淀为一种体现新时代风格传承的"新民俗文化"。因此，"沉浸式的体验"并不能完全取代现实生活中的真实体验，正如有学者批评："（短视频）图像、声音、文本的融合非但没有让人的感官更敏感、感知更强烈，反而是过于唾手可得的视听综合符号资源和粗陋的意义生产实践逐渐让综合性感官体验成为了不被感知的日常。"[1]如此种种，构成了民俗文化在互联网中"移风易俗"的一种挑战和考验，应引起我们的理性思考和重视。

---

[1] 张慧喆.虚假的参与：论短视频文化"神话"的幻灭[J].现代传播（中国传媒大学学报），2019（9）：114-118.

第六章

网民衍生创造与"再生型"网络新民俗

变异性是民俗的显著特征。民俗在传承和扩布的过程中为不断适应周围环境会自发产生变化，这是民俗的自身调试，也是民俗的生命力所在。[1] 综观整个民俗系统的变迁可见，现代社会生产力的科技发展始终是推动民俗变异的很重要因素，进入21世纪信息化时代后，这一点尤其突出。根植于信息科技的互联网业已成为现代社会的普遍技术范式，它加速重构现代中国，带来了新的社会现实和生活方式，也不言而喻地嵌入了民间文化[2]。

第一节 "再生型"网络新民俗的概念及特征

2005年，一首用武汉话写成的RAP歌曲《信了你的邪》被贴遍各大网站广为传播，这首武汉方言歌曲用俏皮、辛辣的地道"汉味"歌词，配以台湾饶舌歌手哈狗帮《让我来RAP》的音乐节奏，对娱乐圈中的绯闻八卦进行讽刺，让人忍俊不禁。与此同时，这首歌曲的创作者曾经创作并演唱的武汉方言版歌曲《卖豆皮》也迅速走红，歌曲借用周杰伦《双截棍》的旋律展现身边事身边景，不仅在互联网上受到欢迎，还唱进了中央电视台的《非常6+1》节目。

钟敬文对民俗类型中的"民间音乐"曾做过如下界定——由广

---

[1] 钟敬文.民俗学概论[M].上海：上海文艺出版社，1998：18.
[2] [德]赫尔曼·鲍辛格.技术世界中的民间文化[M].卢晓辉，译.桂林：广西师范大学出版社，2014：260.

大民众自己创造、并广泛传播于民间，包括民间歌曲，民间歌舞，说唱、戏曲、民间器乐等在内的诸类音乐。依此来看，方言歌曲《信了你的邪》和《卖豆皮》，当然可被看作是民间音乐，归属于民俗的范畴，但其和传统民间音乐又有诸多不同。譬如，传统民间音乐是一种口耳相传的民间艺术，具有叙述历史、组织劳动、体现民间习俗规程等强大的社会功用，在现实生活中有着极其宽广的传播范围，从"农、牧、渔业体力劳作"到"婚、丧、喜、庆诸种礼俗"，从"山乡田野"到"城镇舞台"，从"农、牧、渔民"到"市民等社会阶层"皆有其传播场所。[1] 相比而言，《信了你的邪》和《卖豆皮》则依托网络技术手段进行传播，使用由文字、图标、图片、标点、表情符号等组合而成的网络语言，以戏谑的口吻、夸张的情节和无厘头的唱词娱己娱人、抒发情志、针砭时弊，是生成于互联网语境的在线民俗事象。有关此类依托互联网思维发展变异的新形式民俗，即可称之为"再生型"网络新民俗。

类似方言歌曲《信了你的邪》《卖豆皮》等"再生型"网络新民俗事象在互联网中并不鲜见，甚至溢出到了现实领域，如深受年轻人喜爱的网络社区 B 站中就有不少取材于民间歌谣的"音 MAD"[2]，很多基于方言俗语生成的网络流行语已然成为新兴的社会方言。可以说"再生型"网络新民俗已经和民众的生活紧密相连，但要对其下一个准确的定义却还是困难的。简言之，"再生型"网络新民俗是民俗与互联网两者相互涵化的产物，是网民运用互联网技术和信息化手段，依托互联网思维，对传统民俗进行衍生再造后形成的新的在线民俗类型。具体来看，可以从三个层面理解"再生型"网络新民俗的含义及特征。

首先，"再生型"网络新民俗的形成和传播离不开互联网语境中的平台和渠道，要借助互联网思维方式和持续迭代的网络信息技术。

随着移动互联网技术的深入推进、入网人数的持续攀增，网络化生存时代已经到来，"网民"成为民众的大多数，"在线"成为民众

---

[1] 钟敬文. 民俗学概论［M］. 上海：上海文艺出版社，1998：328-329.
[2] 音 MAD 是一种使用音频素材中的乐器还原曲的视频形式。音 MAD 的核心是音频，其音频有两大组成部分：一个是所选的原曲，另一个是素材中的乐器声音。

生活的主流状态。[1] 网民利用网络的便捷操作、多元发布、实时传播、超越时空等技术特性即可轻松实现民俗的生成、删改、转发。有人认为互联网技术将导致民俗的消亡，对此美国民俗学家阿兰·邓迪斯在《谁是民俗之"民"》中认为"其实不然"——

> 技术，特别是当它渗透到大众传播方式中去以后，被人们认为是导致民俗终结的一个因素。其实不然！恰恰是电话、无线电、电视、复印机等的技术大大增加了民俗的传播速度……并且，技术本身也成为了民俗的题材。
>
> 因此，技术并没有窒息民俗；相反，它正在变成增加民俗传播的活力的因素，它作为刺激源正在提供新生代民俗所需要的灵感。计算机的发展标志着科学技术对现代世界的冲击。我要说的是，存在计算机民俗和涉及计算机的民俗。[2]

社会的变革带动了民俗环境的变革，如今"互联网+"已经发展成为时代新思维，"民俗学家和相关学者的游戏规则"已被改变，"文化和我们应该思考的方式"也已在"根本上"发生了变化[3]。民俗变异在互联网中变成了"自觉"的行为，新的网络民俗文化生态已逐步形成。"再生型"网络新民俗就形成于这样的生态中，它"遗传"了互联网技术特性和思维规律，利用信息通信技术和互联网平台将传统民俗与互联网深度融合，是科技与人文相结合的新的民俗类型。这一点在网络接龙小说——一种"再生型"民间文学中可见一斑。这类小说以源源不断地写作接续为目的，以计算机编码写成的计算机标识语言为基础，以超链接为技术条件，运用窗口的隐藏与呈现功能，实现文本信息的超大量组合与存储，给传统的小说叙事方式和文本生成方式带来了巨大的变革。

---

[1] 高艳芳. 网络民间文学：民间文学的当代继承与发展 [J]. 云南社会科学，2019（4）：172-177.

[2] [美] 邓迪斯. 谁是民俗之"民" [M] // 高丙中. 民俗文化与民俗生活. 北京：中国社会科学出版社，1994：229.

[3] Blank, T. J. *Toward a Conceptual Framework for the Study of Folklore and the Internet*. Logan: Utah State University Press, 2014, pp.19.

其次,"再生型"网络新民俗深植于传统民俗文化,成长于当今社会生活环境。

民俗是"历时性"与"共时性"的统一。"再生型"网络新民俗并非横空出世、不可捉摸,而是有源之水、有本之木。这可从民俗的又一显著特征"稳定性"说起。钟敬文教授认为,民俗是民众在长期社会实践中创造、共享并传承的文化事象,具有相对的稳定性。也就是说,民俗一旦产生便会伴随民众的生产生活方式相对长期地固定下来,成为民众日常生活的一部分。民俗文化由一定的政治、经济、社会、文化决定,只要社会稳定,民众的生产生活方式不发生剧烈的变革,民俗文化的稳定性就会得以维持或更为强大;即便是社会发生较大变革,只要经济基础不变,在较长时间内民俗文化仍然可以保持稳定;民俗文化的传承还受传统观念的制约,社会变革如果不和观念的变革结合起来,民俗文化也不会失去传承的思想基础,进而持续稳定。[1] 陶立璠教授将民俗在传承过程中内容和形式上的连续性和稳定性看作是民俗的"传承性",它体现某一民俗的历史发展,即纵向的延续。[2] 陶立璠教授认为,研究民俗的传承性可以更好地把握现今仍在流行的民俗与传统民俗的渊源关系,也可把握某一民俗事象在空间上的传播规律,以及各民族民俗之间的相互交流和影响。陶立璠教授说,民俗文化是一种历时持久、由社会所传承的文化形式,绵延不断,成为了时空文化的连续体;传承是民俗得以延续的一种手段,在民俗的形成和发展中起着承上启下的纽带作用;即便是很久以前产生,已经历漫长而复杂演变过程的民俗事象,其核心和"母题"部分依然可以顽固地保留着,而且会形成比较固定的形式。[3]

民俗具有稳定性和传承性,决定了"再生型"网络新民俗与传统民俗文化之间有着必然的承继关系,变异之中有着文化历史渊源的驱动。以"再生型"网络新民俗事象"拜马云"为例:2015年"双11"前夜,广州某电子商业园区悬挂起了国内电商巨头马云的卡通画像,画像前的桌台上摆放着供品,电商们排着队磕头跪拜,祈求

---

[1] 钟敬文. 民俗学概论 [M]. 上海:上海文艺出版社,1998:17.
[2] 陶立璠. 民俗学:修订版 [M]. 北京:学苑出版社,2018:46.
[3] 陶立璠. 民俗学:修订版 [M]. 北京:学苑出版社,2018:45.

"双11"大卖。画像中的马云将印有"双11"的牌子举于胸前,桌台上摆放着三排啤酒、两只红蜡烛、三炷高香、一束鲜花,正中央还有一只招财猫,供品的前面一字排开写有"别库存""别扣分""别差评""别退款""别爆仓""别退货"的牌子。[1] 自古有云"天下百工圣人作""三百六十行,无祖不立",即各行各业皆有自己的祖师爷,如武行拜关公、木匠拜鲁班、读书人拜孔子。拜祖宗、拜神明是中华传统习俗,可上溯至原始宗教中的"偶像崇拜",后世民众在长期的历史发展过程中自发生成了一套神灵崇拜观念、行为习惯和相应的仪式制度,这种流传久远的民间信仰内容丰富、种类繁多。但活鱼儿是要在水中看的,这种民间信仰在不同的历史境遇、社会文化等外在因素的襄助下持续发展变化,型塑出不同形式、特点和功用的民俗事象。因此"拜马云"并非凭空设想,而是民俗文化血脉的留存与延续,加之新语境下的变异调适,应被历史地看待。社会是文化的必要条件,文化是一定的社会生活培养出来的,"拜马云"这一流行习俗成长于当下的经济社会环境,必然展现出不同于以往的行为模式和文化内涵。

再次,"再生型"网络新民俗是网民对传统民俗的改造性再利用和衍生创造,建构了朝向当下的新型文化生活和生活文化。

不同于其他类型的网络民俗,"再生型"网络新民俗不是通首至尾地将传统民俗搬运到互联网中,而是传统民俗的延异。延异是德里达解构思想的核心,意味着颠覆和视角转换。德里达强调延异并非否定原作者的创造性和原作的历史价值,而是要借此将人们的注意力转向思想文化的创造与发展,以使原作延续生命力,使传统不断被创新。[2]"再生型"网络新民俗是对传统民俗的解构,它的创造方式、存在方式和传承方式都已经与农业社会、工业社会有很大差异;"再生型"网络新民俗也是朝向当下的民俗文化的建构,它整合互联网思维方式、技术手段、渠道资源、传播符号、资本创意,通过"线上+线下""在线+在场""现实+虚拟"的文化实践活动,实现对传

---

[1] 张学本. 从拜关公到拜马云 [J]. 人力资源, 2016 (1): 76-78.
[2] 鲁枢元, 刘锋杰, 等. 新时期40年文学理论与批评发展史 [M]. 杭州: 浙江文艺出版社, 2018: 695-698.

统民俗的改造性再利用和再创造，重构协调和建构社会关系的行为模式并被广为传习。

民俗素有观风、采风的传统，所以"再生型"网络新民俗虽与传统民俗之间有着血脉传承，但其只是借传统民俗文化的由头，实则展现的是新时代新风貌。高丙中说："意义产生在事件之中，是主体对活动价值的体验，撇开事件的主体，也就无所谓意义。"[1]"再生型"网络新民俗使得新民俗事象既有传统民俗的特质，又从内到外透着时代特征、网络特征和民俗文化的活性状态，是网络俗民生活和情感的直观表达，折射出21世纪潜在的社会欲望与发展动力，并日渐成为新型文化生活和生活文化。以李子柒在互联网中发布的古风美食短视频对传统生活习俗的改写为例，李子柒用镜头记录了四川山区的乡村日常生活，在衣食住行等所涉的诸多事象中皆能嗅到传统的"俗味"。传统的"俗味"即应和岁时节令的民俗文化气息，譬如清明时节做青团，端午时节包粽子，七夕时节做巧酥，辞旧迎新时写春联、贴福字、用红色元素装点庭院。这些"俗味"突出表现在饮食、衣饰和手工劳作方面，一定程度上再现了乡村的习俗惯制，传递了中华文化基因和传统民俗内涵。然而回溯李子柒的短视频创作及其短视频事业的发展过程，却又能看到在李子柒的短视频再现中习俗的惯例规则被改写、习俗内涵被视觉的美学所掩盖等民俗被改造性再利用和再创造的现象。2016年，李子柒之所以开始涉足短视频的制播，主要是为了给自己的淘宝店积攒人气以提高店铺的生意。起先她单打独斗，其后签约了短视频公司"微念科技"，获得了资本的支持并配备了专业的摄影摄像团队，开始了正式的短视频商业化运营和专业化操作。李子柒成为炙手可热的网红离不开其背后专业团队的运营，从最初的利用美拍网络达人转发、登上美拍官方热门推荐，到开设微博账号，由博主们广泛传播视频中的精彩片段，每一步的跨越和传播网的形成，均能看到以市场为指挥棒迎合民众的操作。不妨说，李子柒短视频所呈现的乡村生活景观，实际上是一个由文化策划家参与、改造后为其所用的新型传播文化，它虽保留了民间文化心理和诸多民俗原

---

[1] 高丙中. 日常生活的文化与政治：见证公民性的成长 [M]. 北京：社会科学文献出版社，2012：37.

型，但又不再只是原型的"保存"与"回忆"，而是将其进行了适合社会文化、短视频制传、新媒体传输以及移动互联网时代网民特点的"修订"，成为一个由多元因素融构成的真实与想象并存的拟态的环境，模糊了乡村生活习俗固有的轮廓。李子柒以其古风美食短视频建构了站在城市生活另一面的乡村日常生活，她还原几近失传的古法手作，再现正被淡忘的乡村生活，重组了"土味"的乡村生活习俗，也缔造着都市新"时尚"。

民俗在长期的历史发展过程中形成了不同的类型，对民俗类型的探讨不仅有利于梳理民俗事象的演变与走向，而且有助于分析民俗的扩布与传承。民俗的类型划分取决于民俗学的研究对象和研究范围[1]，前者即民俗事象，后者由于民众生活领域的拓展、民俗内容的持续扩大，已经"延伸到当今社会生活的各个领域"，即民间文化中具有"集体性""传承性""模式性"等基本特征的现象皆可划归其中。因此民俗事象"纷繁复杂"，从经济活动到社会关系，再到上层建筑中的各种制度、意识形态，大都具有"一定的民俗行为"或"有关的心理活动"。[2] 如今互联网中也深藏着丰赡的民俗内容，"再生型"网络新民俗事象也已扩散至网络化生活的各个领域，数量庞杂，类繁多，如"再生型"网络民间信仰、网络民间音乐、网络民间美术、网络民间语言、网络民间文学，形成了多种民俗文化流动和构成的复杂状态。对"再生型"网络新民俗进行分类整理与研究，是这一民俗现象研究的基础性工作，有助于正确、全面地了解其历史渊源和发展现状，并展开民俗学阐释，进一步探讨其民俗学价值。

钟敬文教授将民俗事象大略划分为四大部分：物质民俗、社会民俗、精神（心理）民俗和语言民俗，各部分还有若干细分类型。[3] 陶立璠教授对中国各民族的民俗的划分大体相似。[4] 据此，我们结合互联网形构民俗的特点，将"再生型"网络新民俗事象大致划分为四个部分："再生型"网络民间信仰、"再生型"网络民间文学、

---

[1] 陶立璠.民俗学：修订版［M］.北京：学苑出版社，2018：51.
[2] 钟敬文.民俗学概论［M］.上海：上海文艺出版社，1998：5.
[3] 钟敬文.民俗学概论［M］.上海：上海文艺出版社，1998：5.
[4] 陶立璠.民俗学：修订版［M］.北京：学苑出版社，2018：57.

"再生型"网络民间艺术、"再生型"网络语言民俗等,各部分还可进一步细分出一些子类别。各部分各类别之间既有差异又相互关联,相互影响,共生于网络社会生活中,也随着网络社会的发展而不断改变。

第二节 "再生型"网络民间信仰

学界对"民间信仰"的界定不一而足,界定的难点在于如何认识民间信仰与制度化的宗教之间的关系。民间信仰与制度化的宗教是有区别的,民间信仰是民间流行的对某种精神观念和有形物体信奉敬仰的心理和行为,包括普遍的俗信及一般的迷信。民间信仰的思想基础主要是万物有灵论,所信奉的对象较为庞杂,所体现的主要是唯心主义,但也含有唯物主义和科学的成分,特别是民间流行的天地日月等自然信仰。相比之下宗教有明确的传人、严格的教义、严密的组织等,更多地强调自我修行。

俗信是人们的民间信仰习俗,是人们在生产、生活、交际中自发累积的思维、观念、经验和习惯,如"人误地一时,地误人一年"是农民对农时季节、生产规律的认识。俗信的源起与迷信、原始崇拜、生产生活、历史事件等均有关联,历经漫长岁月的传承、演变,伴随时代的进步、科学的发达、社会文化程度和人们生产生活水平的提高,一些迷信事象逐渐失去了原来的神秘色彩和神秘力量,一些合理的观念、经验等从迷信的桎梏中被解放出来,成为人们的习惯,并直接作用于生产生活,这样俗信就产生了。俗信表现出经验性、集体性、功利性、多义性、变异性等特点,具有整合社会、指导实践、制衡心理的作用。[1]

相比之下,将民间信仰看作是"准宗教"的观点更具合理性。民间信仰包括在民间传承的原始宗教、人为宗教和民间普遍的俗信及一般的民众迷信。作为一个整体的文化现象,民间信仰与制度化宗教

---

[1] 张廷兴,董佳兰.民间俗信[M].济南:山东教育出版社,2017:1-16.

既有联系又有区别，介于制度化宗教和一般信仰之间。民间信仰具有宗教的特征，如信仰某种超自然力量，但又与宗教有所不同，比如民间信仰不以追求超验的彼岸幸福为基本诉求，而是功利地服务于人们求吉避祸的现实诉求，融化在了人们的日常生活中，是人们生活中的实用性信仰。[1] 互联网加剧了民间信仰的流变，传统民间信仰在这一空间中被改造、被重铸，以致"再生型"网络民间信仰炽盛。"再生型"网络民间信仰在本质上与传统的民间信仰大体相同，但在表现方式上大有不同。在"再生型"网络民间信仰活动中，信仰对象、信仰媒介和信仰观念的一系列变化也在这些方式中表现了出来。

传统民间信仰主要表现为预知、祭祀、巫术三种方式。预知活动通过已有现象预卜未来以达到防患于未然的目的，祭祀活动是民众乞求民间神祇福佑或趋避灾祸的行为惯制，巫术则是希望借助超自然的神秘力量影响人或事物以实现某种目的。[2]

互联网中的民间信仰也大体表现为预知、祭祀、巫术三种方式，其中预知活动与传统民间信仰中的预知极为相似，网络"大小仙"通过网络站点为网民看风水、预卜发展趋势或成败，如网络论坛"周易天地""元亨利贞""龙隐"，预测基础基本还是古代的术数理念，如相术、择吉、八字术、风水术、姓名学、星相术等。相比之下，祭祀和巫术在互联网中再生出了新的表现方式，折射出的信仰观念也与传统民间信仰有所不同。

一、"再生型"网络祭拜

传统祭祀是华夏礼典的一部分，是民众尊敬神灵、祈求福报、答谢神恩的活动，被看作是"通神"的主要手段。传统民间信仰中的各路神灵大都是民众的祭祀对象，如天界神灵日神、月神、雷神、雨神，地界神灵山神、水神、石神、火神，人界神灵祖先神、圣贤神、行业神、起居器物神等。传统的祭祀活动具有严格的等级制度、祭祀程序、规范礼仪，有着明确的祭祀对象、主祭人和陪祭人，会对神灵

---

[1] 陈勤建. 当代民间信仰与民众生活 [M]. 上海：上海世纪出版集团，2013：7-8.
[2] 钟敬文. 民俗学概论 [M]. 上海：上海文艺出版社，1998：199-202.

有所奉献，经常运用法术，有时也会使用巫术。[1]

"再生型"网络祭拜是传统祭祀活动在互联网中的变异，主要表现为以虚拟的互联网为祭坛，网民为主祭人或陪祭人，以网民所崇拜的偶像为祭拜对象，以限时贴出或转发网帖以及好运签到为祭拜过程和祭拜法术，跟帖留言即被视为祭拜求福，祭拜目的直接与网民的日常生活密切关联。这类祭拜活动一般发生在网络社交平台，如微博、贴吧、QQ空间、朋友圈，也有专门的拜神网站，只要注册成功就可以在网站拜神。在通过贴出和转发网帖祭拜的活动中，被贴出和转发的一般是祈运类文字和求好运图片。图片是各类"神仙"的画像，多为被祭拜的对象，种类繁多；文字内容一般都包含心理暗示和时间压迫，句式主要是"转走××就会带来好运""据说看到××，××秒内转发会有好运"，如"转走这条锦鲤大王！整个二月好运连连""见佛即转，佛光普照，驱除邪恶，祈福平安""据说看到这只粉色海豚的十秒之内转发，接下来的三天必定会有好事发生""据说看到这篇文章的人明天会得到好运"。每日好运签到，声称日常祈愿好运必灵，一般也是要求网民每日登录并转发相关祈愿内容。

转发、签到的便利突破了传统祭祀中等级制度的严格约束，将曾经浓墨重彩的仪式程序轻描淡写地一笔带过。诸多新的祭拜方式的出现也使传统祭祀观念泛化，使网络信仰观念和行为呈现出浅表化、娱乐化的特点，尤其是在祭拜对象的选择和塑造上，网络祭拜的"再生型"特征凸显，更为多元的对象被赋魅成为数亿网民的祭拜对象。

传统民间信仰中的祭祀对象种类繁多、兼容并蓄，从自然领域的自然物拓展至社会领域的各类人物、符号，大略分为天神、地祇、人神，如星神、风云诸神、社神、动植物诸神、祖先神、商贾神等。诸神灵中，既有如关帝一般在全国范围得到祭祀的全国神，也有仅在某一区域受到祭祀的地方神，各地祭祀地方神的仪式习惯体现了各地祭祀观念、祭祀活动的差异。无论是自然领域的现象和动植物，还是社会领域真实或虚构的人物以及抽象的符号，祭祀对象都具有超自然神

---

[1] 钟敬文. 民俗学概论[M]. 上海：上海文艺出版社，1998：200-201.

力和超人神力。[1] 这些对象都是民众集体创造的，民众依据内心的需要赋予他们一定的神灵观念，相信他们都是具有超验性的神灵，并自发地产生了对他们的崇拜。千百年来这些信仰对象被不断加工丰富，长久流传，被世世代代的民众普遍崇信。比如闽南、台湾一带最受尊奉的生育之神送子娘娘是掌管妇女怀孕、生产的神，是许多不孕妇女或怀孕妇女的信仰寄托。

"再生型"网络民间信仰在神圣性与现世性之间穿行，祭拜对象不再局限千百年来世代崇拜的具有超越性的人格化神灵、神化祖先和圣人，而是有更为多元的事象被赋魅成了祭拜对象，大大拓展了"万灵崇拜""多神崇拜"的对象范围。并且，更多的地方神、行业神成了网民祭拜的共神，神灵之间的界限消失，网民的心理边界逐渐淡化。"再生型"网络民间信仰依旧强调天地有道，承袭神灵崇拜、圣人崇拜，但互联网强大的包容性、自由性为个人崇拜、兼祀诸神提供了生存土壤。在互联网中网民热衷造神运动，他们将自己的人生理想寄托于各式各样的偶像，譬如娱乐明星、学界泰斗、业界翘楚、网络虚拟人物、占星学中的星座、生活中的幸运儿等，以此表达自己认可的价值理念和生活憧憬。网民对偶像都有着极度的热忱，会付出狂热的情感，在时间、情感、钱财等方面都有着超常投入，不管其身在何地何邦。这些被信奉的偶像并不位列古代天神，也未经过长久的世代传承，网民为求一己之福祉，会将偶像神格化，大有"神祇泛化"之势。也就是说，在"再生型"网络民间信仰中一切皆有可能成为祭拜的对象，譬如网民信小呆、歌手李宇春、论坛好运帖等。

2018年，网民信小呆成为支付宝"中国锦鲤"活动的幸运儿获得丰厚奖品，引发无数网民羡慕，之后信小呆每一条微博的转发量都以万计，网民视其为好运锦鲤加以崇拜，试图通过转发其微博分享她的好运。锦鲤文化由来已久，锦鲤在我国传统文化中有着吉祥的寓意，如姻缘美满、生财晋升、祝殖祈育；不过与互联网结合后，锦鲤出现了"变体"——人形锦鲤。除了信小呆，艺人杨超越、模特奚梦瑶、商人王思聪、电视剧人物魏璎珞等也都曾被网民幻化为锦鲤加

---

[1] 向柏松.传统民间信仰与现代生活［M］.北京：中国社会科学出版社，2011：5.

以祭拜，各行各业各种类型的锦鲤层出不穷，如"城市锦鲤""美妆锦鲤""游戏锦鲤"。这些人形锦鲤引发的"转发有好运"热潮，至今未息。

歌手李宇春成为网民祭拜的对象源于她在草根选秀中一举夺魁，因她中性风格的打扮，网民以"纯爷们"的形象调侃其为"春哥"，声称"信春哥，得永生"，并戏称信奉"春哥"的粉丝群体为"春哥教"。作为信仰元素的"春哥"主要流行于网游迷和学生群体中。在网游世界中"春哥"指代"炽热防御者"，形容重生。学生祭拜"春哥"是因为他们认为"春哥"很能干，希望通过焚香膜拜祈求"春哥"福佑通过考试。最初是四川的大学生在寝室贴上了一张巨大的李宇春海报，两侧的红对联上写着"信春哥，不挂科"，对联前方是一张铺着红布的长方形桌子，桌上摆放着水果和香炉，海报前学生手持燃香鞠躬祭拜。"春哥"祭拜后来更多演变为恶搞，"信春哥"本质上是满足了人们的猎奇心理和戏谑心理，祭拜的神秘性大为削减。

拜"春哥"后又演变出了拜"考神"。拜"考神"自古有之，这一民间信仰活动与古老的星辰崇拜有关，比如古代考生会祭拜掌管读书人功名利禄的文昌帝君、掌管文章文运的魁斗星君，还会在考前到孔庙祭拜大儒孔子。"再生型"网络祭拜中的"考神"与传统"考神"大不相同，他们是网民创造、用来供考生膜拜，希望能保佑考生通过考试的网络虚拟人物，全名"考试必过神"。考生在考试前到相关主页发帖留言，写下自己即将考试的相关内容和愿望，祈祷考试顺利。拜"考神"热兴起后，"百度拜神帖""考神公共主页"等网络平台应运而生，如今考前发帖拜"考神"、转发"考神"像已经成为一种流行的祭拜活动，甚至有人还会每天到"考神"主页通过打卡膜拜，祈求"考神"庇佑他们在考试中无往不胜。"再生型"网络祭拜中的"考神"形象不拘一格，古今中外的多位名人被网民塑造成了各学科的"考神"，如新闻学子考前拜传播学奠基人施拉姆，医学生拜"外科圣手"华佗，考历史拜司马迁，考地理拜竺可桢，考英语拜莎士比亚，考数学拜高斯，考物理拜牛顿，考化学拜居里夫人，考生物拜达尔文，甚至中国古代活到老考到老的秀才范进也被封为了"考神"。网络拜"考神"欠缺了对于神灵的敬畏，更多的是被当作娱乐和宣泄的手段，用于考前的心理慰藉。随着经济社会的发展，由拜"考神"又演变出的拜"股神"。拜"股神"是炒股网民用来祈愿股票上涨的网络祭拜活动。一些股民为求好运会"每天开盘一炷香"，一些拜佛网站、炒股论坛上每天都会有相关网帖。

商贾祭拜自古有之，关公就是商贾一直以来尊崇备至的祭拜对象，被称为"武财神"。在中国传统社会中，商贾祭拜关公有着严格的仪式规则，比如供奉关公像要选吉日，香炉、烛台要铜制，一对烛台上要有两只红灯，关公像眼光所及之处不可有尖物，像的底座与祭拜者的头平齐。当2009年"双11"网络促销兴起，全民投入网购狂欢的浪潮后，电子商务巨头马云、刘强东、黄峥等成了当代商家祭拜的对象。拜马云、拜刘强东等不仅仅是祭拜场景的位移，更是情感、仪式的变动。传统商贾祭拜中庄重肃穆的行为习惯被省略，商家通过轻点鼠标转发马云、刘强东等人的各种画像，祈求在"双11"达成商品大卖的心愿。一系列的祭拜活动将马云、刘强东、黄峥等人推上了商界神坛，他们被封为"行业祖师"，各种画像在网络中被疯狂转发。[1]

论坛跟发好运帖被称为"接棒"，起初是指在育儿亲子论坛流行的"好孕棒"跟帖行为，即有人备孕成功后在论坛发帖报喜，网民中渴望备孕成功的人纷纷跟帖庆贺并表示要接"好孕棒"。"好孕"谐音"好运"，"好孕棒"即为"好运接力棒"，网民跟帖表示希望沾上喜气有好运。之后论坛中又涌现出了有关升学、就业、竞赛等内容的"好运棒"，比如"offer棒"等。

二、"再生型"网络巫术

巫术建立在万物有灵且可以相互感应的基础上，是民间信仰中信奉借助超人的神秘力量对人、事、物施以控制影响的方术。巫术的存在是基于民众幻想出来的鬼神世界，实施巫术活动有一定的咒语和行为，具有一定的功利目的。巫术以巫觋、术士等为媒介，他们能

---

[1] 张学本. 从拜关公到拜马云 [J]. 人力资源, 2016（1）: 76-78.

"通鬼神、事无形"，通过作法扶乩替人祈祷，是巫术活动的专门执事人。[1] 古代的中国是一个巫风炽盛的国度，频繁的巫术活动和浓重的巫术意识，对中国古代的政治、文化、价值观念等产生过深刻的影响。互联网中也有巫风、巫习的传播。前文所述的转发各类祈愿图片的行为可以看作是"再生型"网络巫术活动，转发者身兼祈愿者和巫觋双重身份，被转发的各类图案、画像则是网络图腾，随图案、画像转发的表达心愿的语言可看作是网络巫辞。巫术在互联网中的"再生型"变异突出表现在网络图腾和网络巫咒两个方面。[2]

图腾在巫术活动中占据着重要位置，图腾崇拜有着极其强烈的巫术礼仪色彩，"再生型"网络巫术中网络图腾也是必不可少的元素。原始先民认为，每个氏族都与一定动植物或某种自然物有血缘关系，因此在传统的图腾崇拜中，民众会将动植物等特定物体视为本族象征或保护者，给它们赋予某种灵性或神秘力量，会用绘画、雕刻等方法制作成图腾徽章、图腾标志，将其置于帐篷、房屋、旗帜等器物上，还会举行相关的祭祀活动，以表达对图腾的崇拜，并求神问卜或祈求获得超自然力量的庇佑，抵御天灾人祸的侵扰。传统民间信仰中的图腾崇拜有着群体团结、组织识别等作用，是一种精神寄托。传统巫术活动中的图腾崇拜有严格的仪式和准则，"再生型"网络巫术活动中的图腾崇拜简化或忽略了这些准则与仪式规范，网络图腾的存在不只是传统图腾思维的惯习与延续，更是适应互联网传播特点的创新求变，祈愿图片的转发给网络巫术活动创造了极大的便利。"再生型"网络巫术活动中的网络图腾主要是传统图案和各类人物画像。

传统图案以动物、植物为主。动物图案种类颇多，如狗、猫、蛇、锦鲤、海豚、孔雀、金钱豹等。被转发的动物图案多多少少都经过了网民的改造，更符合网络时代的配图特色。譬如金钱豹图案的原型是电视剧《西游记》中的豹子精"南山大王"，经网民美颜修饰后，呈现出来的是一只眉清目秀金钱豹，它通体金灿灿，表情中略带邪魅。连长相骇人的蛇在网络图腾中也被修饰成了黄金蛇或卡通蛇。

---

[1] 钟敬文. 民俗学概论 [M]. 上海：上海文艺出版社，1998：193，202.
[2] 陈旭霞. 中国民间信仰 [M]. 石家庄：河北人民出版社，2013：92-93.

动物图案中知晓度最高、被转发最多的是锦鲤图案。我国传统民俗文化中一直有以鲤为祥瑞的习俗，鲤鱼被赋予了丰富的文化内涵。锦鲤爆红互联网的触发性事件是 2018 年国庆期间支付宝微博中推出的中国锦鲤转发活动。传统植物崇拜中，对森林、树木的崇拜最为突出，其次是花草崇拜、谷物崇拜。在花草崇拜中，较为普遍的是将葫芦、药草、牡丹、菊花、兰花、梅花、桃花等视为神圣之物加以崇拜。[1] 网络图腾中的植物图案主要是各种花草，其中以四叶草图案为多，这与西方人认为能找到四叶草是非常幸运的有直接关系。互联网促进了中西方文化的交融互通，西方人视为珍宝的四叶草也随着互联网的互联互通走进了我国的民俗文化。

作为网络图腾的人物画像主要是有关娱乐明星、学界泰斗、业界翘楚、网络虚拟人物、生活幸运儿的画像，譬如前文所述的"人形锦鲤"、歌手李宇春、考神、股神，以及电商巨头马云、刘强东、黄峥。这些在前文中已有详细阐述，此处不再赘述。

巫咒是巫术仪式过程中的咒语，与巫术活动相伴随，用来召唤神灵，可以简单的方式表述仪式的性质和目的。我国古代的巫术咒语大致经历了两个发展阶段。先秦至西汉阶段，咒语开头一般有一声呼号或一个感叹词，总体简单、质朴。东汉开始，咒语在结束处加上了一句比较固定的催促语，整体上整齐、繁复。东汉之后一套完整的咒语主要由示威语、惩戒语和催促语三方面构成。咒语在传统巫术活动中的使用非常普遍，民众认为这些咒语具有一定的超自然力，巫觋在施行巫术的过程中可借助咒语沟通神灵，增强巫术的功效。总的来看，巫咒主要有两方面作用：其一是订立人与人之间的诺成合同时向神灵赌咒发誓，由神灵来保证实施，如果所诺之事未完成则订立人会受到惩罚；另一个作用是祈求鬼神使用超人的神力和法术帮助自己，或惩罚自己无力惩罚的仇敌，或约束对自己不利的鬼魅。[2] 我国古代的巫术咒语种类繁多，甚至可以说有多少种巫术就有多少种咒语。[3]

---

[1] 乌丙安. 中国民间信仰 [M]. 长春：长春出版社，2014：76-82.
[2] 刘汉东. 术：攻防与蛊惑 [M]. 广州：广东人民出版社，1996：212-213.
[3] 刘黎明. 灰暗的想象：中国古代民间社会巫术信仰研究 [M]. 成都：巴蜀书社，2014：226-227，271.

同时，巫觋念咒时的仪式规则也很多，有时还会配上癫狂出格的行为以示巫术活动的通灵效果。在"再生型"网络巫术中依然有巫咒在传播，只是网络巫咒去繁从简，在形式和内容上都呈现出高度的模式化、同质化，譬如"水逆退散""厄运退散""一切顺利""见者转发，好运连连，福气冲天！财源滚滚！""见图即转，转发好运连连""据说看到××，××秒内转发会有好运""这四种动物极具灵性，看见就是预示好运即将来临"。"再生型"网络巫术中，网民对于巫咒的运用更多是根据本人对传统巫辞的理解来施行，只是认为这是祈福仪式中的一些必要环节或者只是简单想表达本人的愿望，配上网络平台双手合十的表情代替自己的朝拜。这些咒语欠缺传统巫咒强烈的心理震慑力，更多体现的是群体互动带来的非理性盲从，它们助推娱乐成了"再生型"网络巫术活动的文化特征。

第三节 "再生型"网络民间文学

文化生态对民俗的形成、演变发挥着重要作用，一定的文化生态总是对应一定的民间文学现象。[1] 网络文化生态下互联网与民众生活、文学创作辅车相依，网络文学风生水起，作为网络文学一部分的网络民间文学也异军突起，形成了不同于传统民间文学的新民间文学风潮，"再生型"网络民间文学即是这股风潮中的一员。

一、"再生型"网络民间文学的界定

当前，网络文学已经成为备受关注的社会文化现象，是新时代的大众文学、网络化生活的重要内容。作为网络互联技术与文学作品的结合体，网络文学可以从是否生成于网络来分为两大类：移植型网络文学和原创型网络文学。前者首发于其他类型媒介，后又登陆互联网进行传播，主要驻留在文学网站；后者首发于互联网，常活跃于社交

---

[1] 高艳芳. 网络民间文学：民间文学的当代继承与发展[J]. 云南社会科学，2019（4）：172-177.

空间，是互联网中特有的文学符码和符码编制过程，创作者多为普通网民。网络文学不能等同于网络民间文学。移植型网络文学作品的"文人化"色彩浓重，属作家文学范畴，相比之下原创型网络文学更具"民间化""网络化"特质，但也不排除作家创作的可能。所以在原创型网络文学中，由非专业作家的普通网民自发地在网络生活中基于民间性立场创作、传播、共享的那一部分才可称为网络民间文学。

网络民间文学由社会、科技、艺术、文化等诸多因素合力形成，其中一部分是传统意义上的民间文学在互联网中的转生形式，即网络化生存的传统民间文学，其在主题类型、表现方式、语法习惯等方面都与传统民间文学高度相似；另一部分则是互联网中所独有的"再生型"网络民间文学，它们在主题内容、表现形式、语言范式、语境创设等方面都与传统民间文学有着较大差异。"再生型"网络民间文学以传统民间文学为根基，以鲜活的网民生活为取向，以网络为创作和传播媒介，既能反映网民的日常生活与思想感情，也能使民间文学通过网络继续活跃于民众生活，是民间化网络文学，是对传统民间文学形态范式在本体论意义上的解构与重建。[1] 网络民间文学重构了一套基于互联网技术的"生产—流通—接受"模式，有着浓郁的网络化特质。

二、"再生型"网络民间文学的主要特征

"再生型"网络民间文学兼具传统民间文学属性和网络属性，与传统民间文学相比，在创作形式、传达方式、表达主题等方面差异明显。

首先，创作形式方面集体共创深化、个体创作鲜明。传统民间文学产生于平民和社会下层劳动者之中，由群众集体创作、集体流传，一些具有特殊才能的演唱者和讲述者也会对创作和传布产生重要影响，但这些民间创作没有个人著作权也几乎没有最后定本，一经流传就成为所有人共同享用的精神财富。[2] 至网络民间文学阶段，这一

---

[1] 高艳芳. 网络民间文学：民间文学的当代继承与发展 [J]. 云南社会科学, 2019 (4): 172-177.

[2] 张紫晨. 中外民俗学词典 [M]. 杭州：浙江人民出版社, 1991: 164.

状况有所不同。网络民间文学深化了传统民间文学的"集体性"特征，与此同时还可凸显个体的创造性，一定意义上实现了传统民间文学的集体性与个体性的"融通"与"超越"[1]。互联网的无中心设计建构了"一个连接一切"的传播生态，其技术优势实现了文学话语权向全体大众的回归，赋予了大众分发信息、表达观念、自由创作的平等权利；并且，多样化的传播平台和传播方式也为全民创作网络民间文学提供了更多的可能性。网络文化生态的众声喧哗凸显了网络民间文学的集体性标识，也在某种程度上将有特殊才能的演唱者和讲述者推上了舆论的高点，因为互联网空间中每条信息的生成和传播都会留下痕迹，都可被追根溯源。不过有别于传统民间文学中创作个体的"被动无名"，网络民间文学中的创作个体往往选择主动隐瞒自己的真实身份，一般是在作品引发关注后，创作个体的声名才会凸显于互联网，创作个体才会从隐匿走向显明，有的甚至还会从普通大众走进作家行列。因此网络民间文学也在一定程度上"扬弃"和"内化"了传统民间文学与作家文学之间的"对立"。[2]

其次，传达方式方面综合语言表达、文本载体传播。传统民间文学是一种口承文化，由人民群众口头创作，主要通过口耳相传、口传心授的方式表现和传播，同时也由口头讲述派生出了书面记录这样一种方式，但其往往很难全面反映口头讲述的特点。网络民间文学突破了传统民间文学口头传播的时空局限和书面记录难以充分生动地反映口头讲述蓬勃生机的问题。网络民间文学是流于"键盘"和"指头"的新民间文学，以数字化文本载体形式传播，多媒体网络语言赋予了其更为丰富的表现手段，同时网络化的存在也使其成了一种可以保存的言说方式。[3] 以视觉化传播为代表的传播方式的创新在网络民间文学的传达中起着关键的作用。当代文化正在经历视觉化的转向，互联网的 Web 技术也为网络传播的视觉化转向提供了技术支撑，因此

---

[1] 程丹阳. 网络民间文学：民间文学的新形态［J］. 江西社会科学，2017（6）：102-108.

[2] 程丹阳. 网络民间文学：民间文学的新形态［J］. 江西社会科学，2017（6）：102-108.

[3] 高艳芳. 网络民间文学：民间文学的当代继承与发展［J］. 云南社会科学，2019（4）：174.

相较于传统民间文学，网络民间文学的创作和用户群体在视觉文化生活中深度浸染，网络民间文学的传达必然会带上更为强烈的视觉化特征。视觉化传达不仅仅是以视觉因素占主导的现象，更意味着思维方式的转变，意味着文字、标点、图片、视频、表情等多媒体网络语言的综合运用，可实现图文并茂、视听融通、音画两全。[1]

第三，表达主题方面娱乐精神凸显、个体情绪倾诉。传统民俗普遍具有教化、规范、维系和调解的社会功能，传统民间文学也不例外。比如神话，可以规范人们的信仰、道德和行为，保障社会制度的实行；比如传说，既可以传播历史知识，又具有激励的作用。即便是仅供消遣娱乐的笑话，其讽刺性的故事也多包含抨击反动腐朽的社会现象的目的。不可否认传统民间文学也有较强的娱乐性，但也应看到其以娱乐为手段、以道德劝导为旨归的寓教于乐的功效。传统民间文学传递了民族精神、伦理道德，是民众进行自我教育的最方便、最常用、最形象、最普及的教科书。[2] 网络民间文学弱化了教化、规范等社会功能，青年人是创作者的主体，他们常使用自白式的叙述和素描式的描写有感而发、自由联想，有很多还是即兴发挥，充分体现了劳者歌其事、饥者歌其食、穷者歌其哀的精神代偿性。欧阳友权曾就网络文学普遍存在的这一情感结构总结道：

> 由于网络这个自由的赛伯空间犹如马路边的一块心情留言板，谁都可以在上面信手涂鸦，它给网络写手提供了发表作品的圆梦阵地，也给恣意灌水的文字垃圾提供了抛洒的乐园。随心所欲的杜撰，漫不经心的表达，即兴式的发挥，情绪化的宣泄，装腔作势的做作，抖机灵儿的调侃，无病呻吟的抒情，乃至粗鄙的谩骂，肉麻的吹捧，词不达意、文不对题的言说，不负责任的讥讽，乃至错别字、生造字、符号代码字等在网络作品中可谓比比皆是。写手们多是感怀而遣笔，心仪而诉求，自娱以娱人，文笔随性，纵横无忌，结果

---

[1] 宁胜克.网络传播与新民间文学［J］.当代传播，2007（4）：54-56.
[2] 徐金龙.试论民间文学对于传统美德养成的教育意义［J］.文学教育，2014（10）：22-23.

是宣泄多于艺术，粗疏多于精致。[1]

基于互联网的自由开放、资本的裹挟和泛娱乐文化的包抄，如今的网络民间文学俨然已成为类型化通俗文学一统天下的"快乐大本营"，"爽"成了唯一王道，倾向以快感为目的的娱乐性，且张扬个体性。[2] 譬如以调侃谐谑的方式建构消遣娱乐的幻象，以日常生活作为元叙述，重视表现个体在日常生活中随性的情感，打造日常生活的审美图景和自我想象与个性想象，隐秘的欲望被更多地拖拽至"前台区域"。[3]

另外，搭载全球性信息传播媒介的"再生型"网络民间文学更具广域性，且因为中国网民主要集中在城市，"再生型"网络民间文学更多地产生于都市之中，所以其创作和传播不可避免地与公共文化意识、公共生活空间、公共生活事件、公共传播媒介建立了密切的联系。[4]

三、"再生型"网络民间文学的典型类别

"再生型"网络民间文学多依托网络博客（博客和微型博客，博文）、网络论坛（帖文）、网络社区、网络聊天室、文学网站等平台发表。立足"再生型"网络民间文学内容和形式上的特点，结合传统民间文学的分类方法，可将"再生型"网络民间文学大致分为网络故事、网络庄语、网络谐语、网络韵语。

（一）网络故事

传统民间文学中的神话、传说、民间故事是既有联系又有区别的体裁形式，它们都讲述主题鲜明的故事，都具有一定的现实意义，但所述内容各有偏重：神话通过将自然和社会形象化讲述人类认识自

---

[1] 欧阳友权. 网络文学的学理形态 [M]. 北京：中央文献出版社，2008：80.
[2] 邵燕君. 在"异托邦"里建构"个人另类选择"幻象空间：网络文学的意识形态功能之一种 [J]. 文艺研究，2012（4）：16-25.
[3] 陶东风. 畸变的世俗化与当代中国大众文化 [J]. 探索与争鸣，2012（5）：3-5.
[4] 欧阳友权. 网络文学词典 [M]. 广州：世界图书出版广东有限公司，2014：46.

然、征服自然的幻象故事；传说是关于历史上特定的人、事、物、地的故事；民间故事不如神话、传说来得严肃，它从生活出发又不局限于现实情况，题材广泛、内容虚构，多带娱乐性，有些地方称其为"瞎话""古话"。[1] 不过在互联网时代，神话、传说和民间故事的差异性不分明，彼此渗透，界线变得模糊和被淡化。这既与我国当下现代、后现代杂糅的社会景观相契合，也得益于互联网便捷的多媒体演绎，以及超文本链接对后现代的解构叙事、拼贴融合和狂欢表达的加速扩散。网络故事的内容和体裁以新奇为主，各故事类型往往可见对各类传统民间文学体裁的多元吸收和转化，杂糅性明显，故事中还充斥着网络流行语，如缩写词汇、表情符号等。

以讲述玄幻故事的网络小说为例。近年来网络玄幻小说已成为网络民间文学的主流，它杂糅了神话、传说、民间故事、民间游戏、民间信仰等传统文化元素，是早些年的线下玄幻小说在互联网中的再生。《通俗文学十五讲》中提出"黄易发明了一种'玄幻小说'，力图结合科学与玄学"。[2] 作家叶永烈也认为，玄幻小说的兴起可追溯至20世纪80年代香港作家黄易的小说。

> "玄幻小说"一词，据我所知，出自中国香港。我所见到的最早的玄幻小说，是1988年香港"聚贤馆"出版的黄易的《月魔》。当时，"聚贤馆"也准备出版我的作品，出版商赵善琪先生送给我一本香港作家黄易的小说。赵善琪先生在序言中写道："一个集玄学、科学和文学于一身的崭新品种宣告诞生了，这个小说品种我们称之为'玄幻'小说。"这是"玄幻小说"一词首次亮相，并有了明确的定义。[3]

但玄幻小说在进入互联网后发生了极大的改变。网络玄幻小说尚没有确切的定义，但它已不同于赵善琪先生所说的"集玄学、科学

---

[1] 钟敬文. 民俗学概论 [M]. 上海：上海文艺出版社，1998：241-246.
[2] 范伯群，孔庆东. 通俗文学十五讲 [M]. 北京：北京大学出版社，2003：274.
[3] 叶永烈. 奇幻热、玄幻热与科幻文学 [N]. 中华读书报，2005-07-27.

和文学于一身"的线下玄幻小说,它所展示的是更为宽广奇特的玄虚境界。叶永烈认为中国当今的玄幻小说并无玄学和科学可言,而是"玄想"——"只是沿用了黄易创立的玄幻小说的躯壳,而舍弃其内核,中国当今的玄幻小说,其中的'玄'不再是指玄学"[1]。因此网络玄幻小说可以理解为是不受科学与人文的限制,以恣意纵横的思维想象为基础,对超经验、超自然的力量进行演绎的幻想体裁,其创作背景多为有别于人类现实生存世界的不可预测的虚拟世界,融合神话、武侠、言情、科幻、历史演义等多重因素,叙述具有特异能力的人物与事件,内容多为魔法、剑、神、先知等。中国最早的网络玄幻小说出现在20世纪90年代,不过当时以转载作家纸质作品为主,其后众多网民写手加入,在经历了从模仿到本土原创的历程后,至2005年,网络玄幻小说走入了纵深发展的黄金期。从外在来看,中国网络玄幻小说受到了西方奇幻文学、网络游戏、日本动漫等的影响;从内在来看,则深受中国古典文学中的志怪神魔、中国民俗文化中的神话寓言、中国现代武侠小说中的侠义精神等因素的影响。如今的网络玄幻小说是个大杂烩,题材风格极为丰富多样,修真斗法、灵异神怪、魔法科幻、仙道仙侠、传统武侠、恐怖惊悚、时空穿越、推理侦探、战争幻象等皆被归入其中。[2] 诚如网络玄幻小说《飘邈之旅》开篇所述:

> 在书中/也许会看到古代中华的延续/也许会看到先进的文明/也许会看到诱人的法宝/也许会看到仙人的遗迹/也许会看到西方中世纪的古堡/也许会看到各种稀奇古怪野兽

网络故事具有先天性的猎奇元素,主要以博客、微博、网络群组、论坛社区为载体,网民可以实时回复、评论和投票。网络故事的内容主题包括穿越、玄幻、探险、悬疑、惊悚、仙侠、都市、网游、耽美、同人等,形式上主要有网络小说、网络段子、网络杂谈等,其中网络段子在很大程度上涵盖了杂谈、诗歌、散文和微型小说所表达

---

[1] 叶永烈. 奇幻热、玄幻热与科幻文学 [N]. 中华读书报, 2005-07-27.
[2] 梅红等. 网络文学 [M]. 成都:西南交通大学出版社, 2010:143-146, 151-152.

的故事内容,内容奇特、灵异、恐怖,扣人心弦。

(二) 网络庄语

庄语一般是指严正的议论。网络庄语是互联网中由网民创作的,有关自然、社会、人生的具有启发意义的"正经话",包括互联网中被称为"网络妙文""网络妙语""网络语录"的类型化语篇。网络庄语注重激发情感共鸣而非引起深度思考,表现为短小精悍的句子或语段,不重文采和篇章结构。

妙文、妙语和语录并非互联网独创,原是在各自领域内有一定影响力的言情述意的智慧语言,如《论语》《朱子读书法》,是讲学、传教、论道等社会语言生活实践的言语产品,大都被贴上了圣贤宗师学说的标签,其中凝结着儒释道经典文化意义,虽是高度凝练的只言片语,但内涵丰富、意蕴隽永、耐人寻味。[1] 过去普通人也有可能妙语连珠,但囿于口耳相传的局限,传播范围十分有限,只有精英群体的言语能以撰文著书、开坛讲演等方式广为传播。在互联网中这一状况发生了极大的改变。民间的智慧语言有了广而告之的便捷渠道,妙文、妙语、语录的权威性、神圣性被消解,它们已不再只是圣贤哲人的经典言语或经典著作,而是所有网民讲述的一切能够引起人们共情、吸引人们广泛关注的话语,表达平易生动、温情暖心,且和日常生活更为贴近。网络庄语数量庞大,有许多站点专门收集这类语篇,内容涉及国内外政治、经济、文化、教育、娱乐等各个方面,从不同角度诠释着当代人对社会各个领域的认知。[2] 譬如:

富有不代表尊贵;学历不代表素质;形象不代表内涵;贫穷不代表自卑;年龄不代表自信!

人生就像迷宫,我们用上半生找寻入口,用下半生找寻出口。

铁杵能磨成针,但木杵只能磨成牙签,材料不对,再努

---

[1] 祝克懿."语录体"的源起、分化与融合考论 [J]. 当代修辞学, 2020 (4): 63-79.
[2] 王美雨. 2014 年语录特征研究 [J]. 贵阳学院学报(社会科学版), 2015 (2): 55-58.

力也没用。

网络庄语中的大部分是网民结合自身经验、切身体会概括总结的智慧语言,也有许多来源于网民对既有妙文、妙语和语录的创造性改编,以及将网络元素与既有歌词、广告语和影视剧台词相结合后所进行的再创作。不过为了在互联网的信息洪流中脱颖而出博得更多关注,网络庄语有些往往会走极端,由社会洞见走向社会偏见。如"现在什么都是假的,只有骗子是真的",这显然是与事实不相符的非理性话语,但却迎合了一定的网络情绪。[1]

网络红段子是典型的网络庄语。段子一般表示大鼓、相声、评书等曲艺中可以一次表演完的节目。网络段子从内涵到外延均已发生改变,是有着独立情节的语篇,擅长使用夸张、反讽、戏仿等手段来娱乐生活、褒贬世风、表达爱憎,发人深省或自我解嘲,贴近社会热点和民众生活,有着很强的针对性、时代性。网络段子大多短小精悍、精练通俗,但却有着四两拨千斤的作用,它们有雅有俗,在形态上不仅仅表现为文字,还包括图片、漫画、视频等。按照内容性质的不同网络段子主要可以分为红段子、黑段子、灰段子等。网络红段子是传播积极、健康、向上的励志内容,比如赞美时代英雄、宣传党的好政策、歌颂农村新变化,是主流文化对网络话语空间的渗入,主要服务于党和政府的工作大局,可以助推社会文明建设,弘扬主流价值观,起到正面引导社会舆论的作用。譬如:

最重要的不是丰厚的奖品和荣誉,而是在基层的工作得到肯定。[2]

除此之外,另有众多网络红段子传达的是人生哲理、处世哲学,以启迪人生、催人奋进,指导人们认识世界、处理人际关系。譬如:

我觉得坦途在前,人又何必因了一点小障碍而不走路

---

[1] 龚丹韵. 网络语录:非理性的才流行?[N]. 解放日报,2011-05-13.
[2] 黄丹羽. 红段子背后的非常生活[N]. 中国青年报,2010-12-17.

呢？未来是光明而美丽的，爱它吧，向它突进，为它工作，迎接它，尽可能地使它变成为现实吧！伟人之所以伟大，是因为他与别人共处逆境时，别人失去了信心，他却下决心实现自己的目标。

这些红段子既有"生活的质感"，又有"理性的智慧"，它们坚持主流文化的主导地位，以先进文化引导大众，有利于振奋精神、鼓舞斗志，是"当代社会思潮的真实反映"。[1]

（三）网络谐语

谐语即诙谐戏谑的语言。网络谐语是言简意赅的搞笑语段或对白，在搞笑的方式上强调"含蓄而充满机智"，是"大众娱乐消费的游戏式写作"[2]，有着引人发笑的滑稽性和否定严肃的颠覆性，被看作是社会问题和大众心理的晴雨表。网络谐语主要以网络灰段子、网络恶搞和网络滑稽传（用史记的形式记述人物）等形式呈现，其内容与网络热词、社会热点相关联，荒诞风趣。

网络谐语在功能方面表现为消遣娱乐，譬如：

蜈蚣被蛇咬了，为防毒液扩散必须截肢！蜈蚣想：幸亏偶腿多！！大夫安慰道：兄弟，想开点，你以后就是蚯蚓了。

网络谐语在功能方面也表现为宣泄情绪，譬如：

名人用过的东西叫文物，凡人用过的东西叫废物。
老子不打你，你不知道我文武双全。

网络谐语在功能方面还表现为"针砭时弊"，譬如：

---

[1] "红段子"：反映社会思潮 [N]. 浦东时报，2011-07-05（4）.
[2] 李哲峰. 网络段子、段子化社交、"段友"："内涵段子"的网络亚文化景观 [J]. 视听，2020（4）：144-145.

> 有人说:"世界上两件事最难:一是把自己的思想装进别人的脑袋,二是把别人的钱装进自己的口袋。前者成功了叫老师,后者成功了叫老板,两者都成功了叫老衲。"

网络灰段子即灰色幽默,是典型的网络谐语,常以讽刺夸张、揶揄调侃的方式表达大众希冀、不满、抗争、无奈、颓唐的心理状况,具有一定的趣味性和启发性,能让人在欢笑过后有所思考。但也要注意,很多语境中的网络灰段子与幽默本身并无关联,而只是专从消极面对某一题材做解读的一种草根文化,且难免流于低俗和戏谑,如"针砭时弊"实则是以玩世不恭的态度自嘲或嘲人。[1] 陶东风教授认为灰段子是"弱者的黑色幽默",语体通俗且通常讲究对仗押韵。[2]

网络恶搞是网络狂欢的一种形式,缘起于 2006 年胡戈恶搞电影《无极》的短片《一个馒头引发的血案》,短片一经发布迅速引发无数网民浏览下载。随着互联网的高速发展,网络恶搞出现的频率要比以前高出很多。网络恶搞是网民以网络为平台,针对有一定影响力的事象,应用各种手段炮制出来的、违背常理的、通常让人啼笑皆非的网络恶作剧。网络恶搞惯以滑稽的、莫名其妙的无厘头戏仿和反讽手法,颠覆、重构原有面貌,以达到调侃、侮弄和引发围观的目的,常以文字、图片、音频、视频为主要手段。作为"再生型"网络民间文学的典型类别的网络恶搞主要是指文字类的恶搞。网络恶搞是一把双刃剑,既能传达网民诉求,也会滋生非理性的低俗内容。"杜甫很忙"就是典型的例子。2012 年 3 月适逢诗圣杜甫诞辰 1 300 周年之际,语文课本上被人涂鸦、恶搞的杜甫画像在互联网出现了病毒式传播。

网络滑稽传是用《史记·滑稽列传》的形式记述人物的喜剧性文章。滑稽原指"吐酒终日不已"的酒器,后世指像滑稽吐酒一样词不穷竭、出口成章的俳优。滑稽的基本特点是,通过嘲笑、插科打诨甚至越出常规的荒诞方式揭露自相矛盾和悖理之处,从而达到揶揄、批评与讽刺的目的。《史记·滑稽列传》是记述滑稽人物淳于

---

[1] 冯壮. 网络段子的传播学分析. [J]. 新闻研究导刊, 2017 (2): 273.
[2] 陶东风. "灰段子"是弱者的黑色幽默 [J]. 人民论坛, 2010 (06): 18-19.

髡、优孟、优旃的作用和价值的类传,他们机智聪敏、能言善辩,"不流世俗、不争势利、以道之用",通过借事托讽以滑稽的语言和计谋微言劝谏,阻止了君主荒诞的行为。网络滑稽传模仿《史记·滑稽列传》的形式记述人物,"滑稽"一词多含贬义。譬如百度"滑稽吧"中的一则案例。

滑 稽 传
作者:民族乐器古月琴

滑稽者,字号不详,生年未知,百度贴吧人氏也。因其状貌奇特,身怀绝技,故受时人喜爱,火热至今。夫滑稽之形似泡非泡,似球非球,其脸嘟嘟圆,其嘴微微扬,其面常现泛红,有微醉之意,其双眼泛白,眼珠右斜,眉头微挑,见者无不称奇!有尝见滑稽者云:观其脸,觉有萌萌哒之感,观其面,有无端暖意自心而生。又言,其右视双眼,上挑双眉,施人以欢乐之意。

稽有一癖,生性喜更衣,一日千换。余尝问其故,曰:否则浑身痛痒,难受至极。其换衣速度之快,非文字所能描也!稽少时尝练变幻之术,学有所得,可随己意变幻身体之色,亦可幻化其他。人观之,皆言奇也!稽亦博学多才,凡世间之事无所不晓,无所不会,知之者皆竖指称赞也!

稽素有大志,尝云:吾有一志,期愿全吧上下无处不帖吾之肖像。时人不信,以为吹牛,皆讽之。经其数年努力,今贴吧上下果然无处不帖稽之肖像,余以为其大志成矣。

稽有一邻,名曰阴险。常无故谤稽,余究其原因,乃是阴嫉妒稽之容貌也,故而时常无故谤稽。阴尝曰:吾亦有同稽之绝技,吾之姿势水平亦不在稽之下也,然吾与稽之容貌相去甚远,此乃吾不如稽之者,不然,吾定超稽,呜呼哀哉,吾恨矣。常有传言,曰贴吧之地将封杀稽也,后皆证实乃稽之邻阴险者无故造谣也。

立传者言:鉴于滑稽其人带与众位诸多欢乐,余今载诗一首,以示赞扬!

诗曰:

粉脸嘟嘟富内涵,微扬嘴角笑得欢。
双眸斜视萌萌哒,轻挑眉头喜感添。
一从百度生来日,便有滑稽代代出。
独步古今谁可比?纵然阴险也折服!

(四)网络韵语

韵语一般是指押韵的语言,指诗、词和唱词、歌诀等。传统民俗中的民间长篇诗歌和短篇抒情性的民间歌谣都是韵语。现在韵语指一般押韵的文辞,词句简练、朴实清新,格律上有独特的表现。互联网中有许多可用于标注韵脚的工具,只需在工具中输入特定的词语,文辞中韵脚的数量和押韵的方式就会被准确地标注出来,这大大方便了网民背诵、练习押韵,也为各种押韵方法的翻转组合创造了便利的条件,如单押、双押、三押、N押、夹韵、中间韵、连环韵、中文&英文。因此网络韵语与传统民俗的用韵形式相比较,韵式更为多样、押韵也更为宽松。总体来看,网络韵语主要包括网络诗歌和网络民谣。

1. 网络诗歌

这里所说的网络诗歌是指网民直接在互联网上创作、发表,其他网民通过互联网阅读、评论的诗歌作品。它们通过白话、生活叙事、可有可无的标点或数次回车键创作而成,与传统诗歌的神圣使命和审美内涵大相径庭,美学标准大打折扣。互联网中"诗人"比比皆是,互联网促使诗歌走下神坛、走进大众、走向全民,但在网络诗歌走过的二十多年间,梨花体、羊羔体、咆哮体、乌青体、口水诗、垃圾派诗歌、下半身诗歌等狂欢式写作范式一一登场,网络诗歌场域出现了狂欢景观。[1]

网络诗人写作水平的参差不齐导致网络诗歌的诗性被悬置,传统

---

[1] 张翠. 网络诗歌发生概述[J]. 河北北方学院学报(社会科学版), 2015 (6): 4-6.

诗人所坚守的诗意在这里变得面目可疑。欧阳友权教授总结道："由于作者身份虚拟和主体性缺位，写作的责任和良知、作家的使命感和作品的意义链也就无根无依或无足轻重，文学的价值依凭和审美承担成了被遗忘的理念、被抛弃的信念或不合时宜的观念。"[1]

2. 网络民谣

民谣伴随人类的劳动生活而产生，反映普通人的劳作、生活和情感，朴素风趣、易传易记。互联网的出现改变了民谣的内容需求、创作和传播形式。

"网络"与"民谣"二词的合并使用最早出现在诗歌刊物《诗刊》1982年登载的一篇文章《淮河新民谣》中，指借助互联网等新媒介创作和传播的顺口溜，有节律要求，情感真实。[2] 网络民谣是显示当代社会的晴雨表，其内容紧扣社会热点，能反映当代人的生存状态和精神风貌，也是民众情绪的集中宣泄。网络民谣注重警戒教化作用的发挥，常揭露社会丑恶现象，这一点尤其体现在针砭时事的民谣中。譬如网络民谣《没钱的时候与有钱的时候》[3]：

> 没钱的时候，养猪；有钱的时候，养狗。
> 没钱的时候，在家里吃咸菜稀饭；有钱的时候，在酒楼里吃咸菜稀饭。
> 没钱的时候，在街头巷尾打小弹子；有钱的时候，在高尔夫俱乐部打大弹子。
> 没钱的时候，在街上骑自行车；有钱的时候，在家里骑自行车。

网络民谣可归入"网络段子"一类，红段子、黑段子、灰段子中均有网络民谣，其与其他网络段子的鲜明区别在于不以逗笑为目的，而且讲求韵律性和节奏感。有关网络段子前文已有阐述，此处不

---

[1] 欧阳友权. 网络文学：前行路上三道坎 [J]. 南方文坛, 2009 (3)：41-43.
[2] 郭远. 网络民谣警世价值研究综述 [J]. 昆明理工大学学报, 2017 (3)：89-90.
[3] 网络民谣二则[EB/OL].(2019-08-19)[2022-07-13].https://www.wenmi.com/article/pwhqml04524s.html.

再赘述。

需要引起注意的是，互联网中言论成本低、言论环境相对宽松，难免导致格调低下的网络民谣得以传播。另外，网络民谣较传统民谣语言更犀利，形式更多样，流传速度更快，范围更广，因此需要严格监督其所产生的社会影响，正确引导使其成为疏通舆论的利刃。

第四节 "再生型"网络民间艺术

我国民众在漫长的历史发展过程中创造出了多种多样、灿烂辉煌的民间艺术。传统民间艺术是在社会中下层民众中广泛流传的音乐、舞蹈、美术、戏曲等，每一种都有自身古老的传承渊源，且与其他民间信仰活动以及生产劳动实践有着十分密切的关系。[1] 民间艺术在社会生活中有着不可替代的作用，但随着时代的变迁，民间艺术也在不断演变发展，新的内容和形式层出不穷。互联网时代就衍生出了"再生型"网络民间艺术。

网络传播媒介改变了纸媒传输、声音广播、舞台表演的既有样式，不仅为艺术作品的展示提供了更为宽广和便捷的平台，也对创作中所使用的艺术符码以及符码的编制过程产生了极大的影响。比如在电脑绘图中，人们就可以将平面图像转变为三维图像，将静态图像转变为动态图像；可以构造出圆形、方形、三角形、多边形等常见的几何图形，也可以绘出特殊形式的图形；可以使填色、色彩变化等易如反掌，且可以在一幅绘画上尝试不同的配色效果，并进行任意的调整、修改。网络传播媒介与既有的各种民间艺术相结合后，产生了不同于以往的新的创作方式，改变了过去由单一符码创制、单通道传递的样式格局，与此同时这样的结合也带来了别样的民间艺术类型。[2] "再生型"网络民间艺术就是这一结合的产物。"再生型"网络民间艺术通过数字图形和声音信号在互联网上传播，不仅将传统民间艺术

---

[1] 钟敬文. 民俗学概论 [M]. 上海：上海文艺出版社，1998：327.
[2] 徐国源，荀洁. 新媒体传播与文艺批评的维度拓展 [J]. 文艺争鸣，2016（3）：159-163.

中的现实物象重构为以电子形式存在的文本，而且利用多媒体技术、数字处理技术、网络传输技术等创造出了互动交融的综合性数字艺术，甚至可以将文字、图像和声音融为一体。[1]

利用数字化技术制作的"再生型"网络民间艺术主要表现为"再生型"网络民间音乐和"再生型"网络民间美术。

一、"再生型"网络民间音乐

传统民间音乐由普通民众集体创造并在民间流传，真实反映民众的生活情景，生动表达民众的感情愿望，素材广泛、生活化特点鲜明，一经形成就会有大范围的传唱，群众基础庞大。在数千年的发展过程中，我国各民族的民间音乐大致形成了五大门类：民歌、舞蹈、说唱、戏曲、器乐，每一种类别都有其产生、流行的社会历史背景，功能特色各异。传统民间音乐中有些缘起于情、随兴所至，只是歌手、乐手用于自我娱乐，兴尽则止；有些是职业、半职业艺人用以娱乐他人的手段；有些可以起到组织劳动、把握节奏、调节情绪的作用，如劳动号子；有些是民俗活动的一部分，用以体现习俗的某些规程，如哭丧和哭嫁；还有的被用来描述历史，发挥移风易俗、陶冶情性的社会功能。[2]

与传统民间音乐相比，"再生型"网络民间音乐在创作方法、表达内容、社会功能、表现形式等方面都有不同。文化部（今文化和旅游部）2009年发布的《文化部关于加强和改进网络音乐内容审查工作的通知》对"网络音乐"的定义和涵盖范围做了明确规定：网络音乐是指用数字化方式通过互联网、移动通信网、固定通信网等信息网络，以在线播放和网络下载等形式进行传播的音乐产品，包括歌曲、乐曲以及有画面作为音乐产品辅助手段的MV等。"再生型"网络民间音乐是网络音乐的一种，是普通民众以数字化方式创作、通过互联网传播的全新的音乐形式，主要反映当代人的生活、思想和心境等，是音乐内容与信息网络相结合的产物。与传统民间音乐的群体性

---

[1] 周晓峰. 论网络艺术的拟像性与交互主体性[J]. 装饰，2007（10）：54-55.
[2] 钟敬文. 民俗学概论[M]. 上海：上海文艺出版社，1998：328-329.

创作所不同，"再生型"网络民间音乐由个体或集体创作者创作成型后才广为传播，省略了传统民间音乐在流传过程中不断经受民众集体筛选、改造、加工，随着岁月流逝日臻完善的过程。[1]

"再生型"网络民间音乐的社会功能主要表现为自娱和娱人，即创作者是按照个人喜好和对生活、情感、音乐的理解创作的，最初动因是释放自己的心灵，但通过互联网的广泛传播在客观上起到了抚慰和舒缓更多人的作用，使成千上万的在内心深处渴望释放激情的民众得到娱乐。譬如歌曲《求佛》就是依托网络歌手誓言的个人经历与感悟创作而成，歌曲感心动耳，歌词"我在佛前苦苦求了几千年，愿意用几世换我们一世情缘"直击歌迷心灵，引发强烈共鸣，一时间家喻户晓。

"再生型"网络民间音乐拥有更为广阔的传播天地，以求新求异的方式维持着民间音乐绵延不绝的生命力，在适应网络社会生活、民众心理需求的过程中，不同的表现形式担负了各自的特殊功用。具体来看，"再生型"网络民间音乐中网络原创歌曲、鬼畜音乐、Flash音乐等形式在民众中具有较高的知晓度。

（一）网络原创歌曲

传统民间歌曲是由唱词和曲调相结合所形成的民歌，它伴随民众经历了人类社会的每个历史阶段，历史最为悠久。民歌主要产生和使用于各种集体劳动场合或茶楼、酒肆、书场等城镇市民生活场景，与自然、历史、社会、劳动、民间礼仪等有着广泛联系，内容包容广大，有鲜明的地域性，被看作是大众社会的"百科全书"。[2]

不过当音乐与互联网结合后，民间歌曲的创作、传播和欣赏变得更为简单易行。网络原创歌曲可以突破传统视听方式中的时间、空间、身份、经济条件等的限制，创作成本大大降低，传播推广无远弗届，欣赏评价方便快捷。网络原创歌曲一般是借助MP3、Flash等数字技术制作而成，与传统民间歌曲在产生和使用场合、创作方式、表

---

[1] 王丹丹. 对我国原生态民歌发展的思考［J］. 音乐天地，2007（7）：37-39.
[2] 钟敬文. 民俗学概论［M］. 上海：上海文艺出版社，1998：329-332.

达内容、音乐风格等方面都有不同。从音乐风格上来看，网络原创歌曲大都属于通俗音乐，一般都有便于记忆的简洁曲调、优美旋律、鲜明节奏，歌词普遍口语化，甚至大胆使用方言，易学易唱，内容紧贴现代都市年轻人的日常生活，主要反映他们在现代社会里的生活状况和思想情感，常伴有幽默、调侃、讽刺的味道，广受年轻人的喜爱。譬如凄婉沉重的网络歌曲《丁香花》就讲述了一个女孩的悲伤故事；曾经红极一时的网络歌曲《老鼠爱大米》用通俗的歌词、动听的旋律、动人的嗓音，反映了追求唯美爱情的年轻人的心理；曾经的网络金曲《QQ爱》旋律诙谐可爱，歌词将网络与现实结合起来，唱出了年轻人在遭遇网络恋情时复杂的心理状况。

数字化创作、网络化传播平台，为无法通过传统渠道发表作品的音乐爱好者创造了便捷的音乐平台。在我国，从1997年第一首网络原创歌曲《惠多》面世至今，大量网络原创歌曲和网络歌手得到民众的喜爱和追捧，相关赛事纷纷举办，引来参与者甚众，比如2004年新浪网举办首届中国网络通俗歌手大赛时就有五千多位民众报名参加。除了上文提到的歌曲，还有诸多网络原创歌曲广为流传，让人耳熟能详，如《东北人都是活雷锋》《网络情人》《你到底爱谁》《人在江湖漂》《我爱人民币》《别说我的眼泪你无所谓》《两只蝴蝶》《一万个理由》《当你孤单你会想起谁》《猪之歌》《求佛》等。不过网络原创歌曲也出现了泥沙俱下的状况，因此许多专业人士不时抨击网络歌曲"欠专业"，认为歌曲里"口水掺得太多，作品粗糙，品位低下"，甚至还有人发出了"网络音乐可以休矣"的感叹。但是网络原创歌曲并未"休矣"，反而像"盛夏的野草"一般蓬勃生长。因为中国大陆的流行音乐被刀郎风暴席卷过后，唯一站出来的一股新生力量就是被人们称为"网络歌曲"的音乐。这股力量势不可挡，因为从专业角度来考量有些欠专业的这些网络歌曲以及面孔有些陌生的演唱者，在大多数听众当中却成了新宠儿，得到了来自真正意义上的市场的认可与受众的追捧。随着移动互联网的普及，互联网与音乐的结合将更加紧密，互联网对民间歌曲的影响也会与日俱增。

（二）鬼畜音乐

鬼畜原指像魔鬼畜生一样残酷无情，之后随着使用范围的扩大出现了词义泛化，但大体都用以描绘具有猎奇、阴郁、病娇、恶搞、无厘头等特征的非常规行为。在 ACGN（动画、漫画、游戏、小说的合并缩写）相关视频网站中，鬼畜还是一种视频制作手法，主要特点是声音和画面高度重复，视频充满强烈的节奏感。

鬼畜音乐一般是作为鬼畜视频的背景音乐出现。鬼畜视频肇始于日本视频弹幕网站 Niconico（简称"N 站"），鬼畜视频在我国的异军突起也与 N 站直接相关——2008 年在 N 站斩下播放、评论、收藏三冠王的鬼畜视频《最终鬼畜蓝蓝路》被搬运至国内视频弹幕网站 B 站，掀起了观看、制作鬼畜视频的风潮，大量类似视频在我国视频弹幕网站 AcFun（简称"A 站"）和 B 站出现。

鬼畜视频离不开背景音乐的加持，比如《最终鬼畜蓝蓝路》使用的两首音乐都是同人领域中广受追捧的曲子；同时视频的广泛传播也令其中的背景音乐获得了较高的知晓度和美誉度。鬼畜音乐以电子音乐风格居多，一般节奏比较快，旋律不断重复，通过将非原创的音乐素材拆解后重新组合拼接产生新的音乐曲目。国内引发观看热潮的鬼畜视频《你那叫说唱厂牌吗？》，除了采用 1998 年央视版电视剧《西游记》中家喻户晓的音频素材制作成一首嘻哈音乐风的歌曲，还选取了一首 Trap type beat[1] 作为这首纯粹由技术创造而没有演唱者的说唱歌曲的编曲，颇为吸引人。

有歌词的鬼畜音乐其歌唱部分一般是以说唱形式表现。说唱并非互联网的产物，中国民间自古就有说唱艺术，唱腔中有着很重的说话成分，唱具有口语性、说带有音乐性，似唱似说、说唱兼用，用以讲唱历史、传说叙事和文学作品，表现形式多样。我国各民族以及民族内部各地区还有着多种多样的曲调、唱腔，如陕北说书、山东琴书、广东粤曲、东北二人转、温州鼓词、扬州弹词等。鬼畜音乐中的说唱

---

[1] Trap 是一种嘻哈音乐风格，具有很强的旋律性，在世界范围流行；beat 是 hip pop 音乐的伴奏，type beat 是指作曲人模仿某个知名歌手的音乐风格，制作一首 beat 并且分享在音乐平台。任何人都可以通过付出一定的代价，如在作品中署名作曲者，可以得到使用权或独家使用权。

以戏谑的风格为主，表现形式轻快、活泼，极富喜感、朗朗上口，被网民称为"洗脑魔音"。在鬼畜视频《你那叫说唱厂牌吗?》中，创作者将 1998 版《西游记》中师徒四人的声音通过技术手段提取出来，又经过调音、剪辑等技术手段将这些素材拼接成一首带有说唱性质的歌曲，歌词中表现出的人物叛逆乖张，与原著中的人物迥乎不同。针对类似的情况，在 2018 年国家广电总局发布《关于进一步规范网络视听节目传播秩序的通知》，坚决禁止非法抓取、剪拼改编视听节目的行为后，鬼畜视频创作和传播的热度逐渐褪去，鬼畜音乐也大为减少。

（三）Flash 民间音乐

Flash 是网页动画设计领域使用最广泛的软件之一，能将音乐、音效、动画和富有新意的界面融合在一起制作出高质量的网页动态效果。由于采用矢量图形技术和流式播放技术，Flash 可以实现图形任意缩放但不失真，以及边播边下载，功能强大、制作流程简单，成为无数网民创作和娱乐的必备软件。Flash 使动画制作不再是专业人士的特权，也降低了动画音乐创作的门槛，促使众多网民投入 Flash 音乐的自由创作中。Flash 音乐是一种"有声有色"的动画音乐形式，在完成剧本创作、场景和人物设计、音乐剪辑等准备工作的基础上，利用 Flash 制作动画并将音乐导入，再通过关键帧对齐等操作使歌词、音符、场景、交互方式相融合，达到音乐配合画面动作、色彩、意境的效果，实现创作者的思想植入和观念表达。Flash 音乐制作成本低，生成文件小，表现手法灵活多样，而且适用众多媒体平台，深受民众欢迎。曾经火爆互联网的歌曲《求佛》就被制作成了 Flash 音乐的形式，网民纷纷表示动画情节的设计感人至深、催人泪下，与朗朗上口的旋律相得益彰；2001 年 3 月 Flash 版本的 MTV《东北人都是活雷锋》打破了网络歌曲的沉寂，让网络歌曲这个概念得以广泛流传。

二、"再生型"网络民间美术

传统民间美术是相对于专业美术家创作的美术艺术，由广大民众自发创造、享用并传承，是反映社会生活，表达民众心声的一种艺术形式。传统民间美术的出现主要源于民众的物质生活需要和精神生活需求，多具有自作、自用、自娱的性质，并不过多地追求商品的价值。[1] 在历史变迁中，传统民间美术的创作观念、表现方式、艺术趣味、审美价值取向等也在不断地改变，尤其互联网科技对民间艺术创作的介入给创作活动带来了极大的便利，降低了创作门槛，提升了产出效率，也使民间艺术的传播和欣赏变得更加轻松便捷。

"再生型"网络民间美术是民众自发在互联网上创作或者为互联网创作，在广大网民群体中传播流行，表现社会生活、表达民众心理，在创作方式和表现形式上完全不同于传统民间美术的艺术形式。网络表情符号是"再生型"网络民间美术的典型代表。

网络表情符号"emoticon"是"emotion"（表情）和"icon"（小图案）的组合。[2] 网络表情符号是互联网中用以象形表意的符号和图案，一般表现为利用字符、图案、动画等元素模仿各类表情、动作和事物，以直观再现事物特征或人物的情绪、个性，在网络社交中被广泛使用。据2021年年底非营利机构统一码联盟公布的数据可知，全球有92%的网络用户使用表情符号，每天都有数十亿个表情被用于表达爱意、感谢和祝贺。[3]

从1987年我国第一个国际互联网电子邮件节点建成拉开我国使用互联网的序幕，到1994年我国全功能接入国际互联网开启我国的互联网时代，再到二十多年后的今天，互联网的核心技术和最热门的应用架构万维网（简称"Web"）经历了数个发展阶段，我国互联网的发展也不断地从比较简单、低级，向更为复杂、高级演化。这一更迭的过程是我国互联网应用不断革新的过程，也是网络表情符号在形式上从单一到多元，在表意上从抽象到具象，在功能上从隐性到显性的演变阶段，即互联网技术和计算机设备发展水平决定了各阶段网

---

[1] 钟敬文. 民俗学概论［M］. 上海：上海文艺出版社，1998：357-358.

[2] 赵爽英，尧望. 表情·情绪·情节：网络表情符号的发展与演变［J］. 新闻界，2013（20）：29-33.

[3] 2021年度最常用的表情符号，第一又是它！［EB/OL］.（2021-12-16）［2022-07-13］https：//baijiahao. baidu. com/s？id=1719258861420281947&wfr=spider&for=pc.

络表情符号的主流类型。

从1995年邮电部电信总局开始向民众提供互联网接入服务，拉开我国互联网商业化探索的帷幕，一直到今天，网络表情符号经历了简单的字符表情、简图表情，到动漫表情、真人表情等主流类型的转变。这里，特别说一下真人表情。2013年起真人表情的广泛应用，与论坛、微信、微博等社交平台和应用的盛行紧密相关，也与网络用户的创作息息相关。真人表情"小胖"的原型是一名普通的中学生，因为一次偶然的拍摄和论坛上传成为家喻户晓的网红，网民认为小胖圆滚滚的脸蛋、"王之蔑视"的眼神、不羁的嘴角，构成了一张极具戏剧性的画面。不过真正让小胖成为被疯传的表情符号、成为一种文化符号的是网民的二次加工。表情符号中的真人形象一般来源于影视片段、明星综艺，也有的是专为明星拍摄制作。作为一种移动端优先的社交应用，微信诞生后即闪电式扩张，并迅速影响和改变民众的日常交往习惯，因此在微信5.0新增表情商店功能后，难以计数的网络表情符号在微信聊天中出现。随后微信顺势推出了明星动态表情包，包括鹿晗、邓超、杨颖等，每个表情包内有24个表情，均由明星真人拍摄而成，很有一种如闻其声、如见其人的传播效果。如今的微信也鼓励网络用户在不违反相关规范的基础上创作自制微信表情。真人表情很难用一定的美术风格或艺术形式界定，甚至画风还有些简陋，但有拥趸无数，用户对其认同程度前所未有地高涨。现在真人表情的出现往往与热点事件相连，比如傅园慧表情、达康书记表情、葛优躺表情，事件中的特色人物往往会成为真人表情符号的制作素材。

第五节 "再生型"网络语言民俗

每一个社会都有自己独特的语言民俗：独特的发音系统、词汇系统和语言规则。语言系统的发展都与所处的社会文化有着密不可分的关系，皆是社会成员在长期的共同生活中创造出来的。[1] 任何与语

---

[1] 陈克. 中国语言民俗 [M]. 天津：天津人民出版社，1993: 1, 4.

言交织在一起的,具有公众性、民间性的社会活动都可以称为"语言民俗"。[1] 传统语言民俗与传统的自然、人文环境紧密相连,是口语约定俗成并通过集体传承的信息交流系统。互联网中有着自己独特的语言民俗(现象),即"再生型"网络语言民俗,这是一种更新换代的语言民俗,指网民基于互联网技术特征创造并被广泛传播的语言交流系统。

传统的语言民俗有广义和狭义之分,广义的语言民俗是指各民族各地区都有的民族语言和方言,包括民间语言与民间文学两个部分,是听得见的口传形式的民俗事象;狭义的语言民俗仅指民间语言,是在一个民族或地区中流行的具有特定含义并反复出现的套语,比如民间俗语、谚语、黑话、歇后语,不包括成篇的民间文学作品。[2] 依据网络语言民俗实践特征,"再生型"网络语言民俗需作为一个广义的范畴来理解,即包括"再生型"网络民间语言和"再生型"网络民间文学。

一、"再生型"网络民间语言

民间语言是相对于上层社会语言而言的,传统的民间语言指的是普通民众出于生活需要约定俗成并长期使用的口头习用语,也传达和反映了民众的思想、感情和习俗。我国幅员辽阔,各地区各民族的民间语言呈现出丰富多彩的面貌,但都通俗易懂、生动活泼,口语化或俚俗性是其区别于上层社会语言的重要特征。民间语言是民俗文化的重要载体,无论是正在流传的民俗,还是已经消亡的旧俗,都可在民间语言中觅得踪迹。传统民间语言的主要部分是民众集体传承的俗话套语,是普通民众长期习用、定型化的民间语汇,如俗语、谚语、歇后语、口彩语、禁忌语、詈骂语、称谓语、隐语行话,不包括特定作者的格言和部分书面语色彩很强的成语。[3]

互联网空间与现实世界有着极强的交互与黏合,传统民间语言会自然移植到网络传播中,但语言并非一成不变,计算机网络语言改变

---

[1] 李明洁. 网络传言是更新换代的语言民俗[N]. 社会科学报,2014-07-17.
[2] 钟敬文. 民俗学概论[M]. 上海:上海文艺出版社,1998:5-6,288.
[3] 钟敬文. 民俗学概论[M]. 上海:上海文艺出版社,1998:298-322.

了现实世界的语法规则和话语结构，重组话语意义，使词汇的变异与普及变得轻而易举，新的表达不断被创造，基于互联网的"再生型"民间语言俨然形成。"再生型"网络民间语言是不独立成句或成篇的短小定型的网络习用语，表现为短语或非短语形式的词汇，类似传统民间语言中的俗语、口彩语、禁忌语、詈骂语、称谓语、隐语行话等。"再生型"网络民间语言有广义和狭义之分。广义的"再生型"网络民间语言包括与网络有关的技术性专业用语以及各类网络传播平台中出现的、有别于传统民间语言的新的语言形式；狭义的"再生型"网络民间语言不包括与网络有关的技术性专业用语。

"再生型"网络民间语言诞生于20世纪90年代我国互联网步入商业化发展轨道、网络即时社交平台和各地方城市网络社区声誉日隆之时，经历了从被嗤之以鼻到被理性接受的过程，当下已被普遍应用于社会生活的各个领域。[1] 这类语言可以称作"网络社会方言"，它们是社会的影子，社会变动无不在其中留下痕迹，词汇是最明显的标志。[2]

"再生型"网络民间语言是互联网中自由平等的交流氛围所带来的个性化表达，也是输入法、节点间隔等制约因素所促成的网民语言的适网性改变。"再生型"网络民间语言既有传统民间语言的经验性、精练性、俗传性、趣味性等特点，并且同样反映社会时尚和习俗，但又卸下了传统民间语言的地域性，缺少了传统民间语言内敛含蓄的弦外之音、讽劝言行的训诫哲理，转而具有了互联网快餐式、碎片式的传播特点，体现出网络民俗的俗文化色彩。

（一）简约直白

鉴于互联网传播速度快、信息海量的特点，广大网民自发运用独特的构词方法，创造了既能快捷、高效、直白地传情表意，又能活跃氛围、融洽关系的简约化交流语言，众多冗长繁杂的话语内容被简约化处理成了形象化的符号。比如一个"囧"字传达了难以言表的无

---

[1] 刘瑾. 浅论网络热词的发展变化[J]. 中国广播电视学刊，2017(8)：59-61.
[2] 陈克. 中国语言民俗[M]. 天津：天津人民出版社，1993：1, 307.

奈、郁闷或悲伤；"楼脆脆"是借代构词法的产物，用于讽刺在各地频繁出现的商品房质量不过关现象。类似的网络新词还有"楼垮垮""楼歪歪""楼塌塌""桥糊糊""桥粘粘""范跑跑""躲猫猫"等，均是道理浅显直白，表达简约直接。早期的键盘化网络语言更是体现了这一特点。它们由网民运用键盘上的标点符号创造而成，许多表意符号只需输入几个键盘符号就可以完成，凝练含蓄、生动形象，比如用"（^^）"表示"对不起啦"，"（x＿x）"表示"昏倒"，"：-（"表示"难过"。在网络交流中网民们还可以根据需要使用音频、视频、图片等进行构词，或者用不同的字体、字号、颜色等抒情表意。随着网民敲击键盘的速度越来越快，各种谐音、缩略词、输入错误等频频出现，比如用单字"晕"表示"看不懂"，用"拍砖"表示"提意见"，用"新蚊连啵"表示"被无数蚊子咬了"。创造和使用简约化网络语言也是年轻网民追求时髦的产物，在网络工作、学习、聊天和游戏中溢出了众多短小时尚的网络新词，它们也成了网民身份识别的符号资本。这些简约化的语言取代了约定俗成的表达，构成了网络语汇新景象。

（二）自由随意

有别于传统的创作，网民们可以使用多种符号抒情表意，而文字只是其中的一种而已，音频、视频、图片，不同的字体、字号、颜色等，在任何需要的地方都可以自由地使用。即使是文字的使用，在网络语言的创造活动中亦是可以用简单随意的方式代替约定俗成的表达。

互联网信息的全网共享为各种新语汇的诞生创造了条件。从词源角度看，"再生型"网络民间语言来源多样，有些直接来源于英语，有些是外来语的汉译，有些就直接来源于汉语，但都经过了变异处理成为了新词新语。"再生型"网络民间语言往往结构灵活，构成自由随意，比如对旧有语汇的改造，活用词性和句式，通过语音手段造词，利用"叠字体"方法建构新词。[1] 一种结构形式的语汇一旦出

---

[1] 王英. 网络流行语现象解析[J]. 新闻前哨，2009（8）：87-89.

现，网民往往就会戏仿，将这种结构套用、类推于不同场合不同对象，产生更多的新鲜感，如上文提及的"ABB式"词语"楼脆脆""桥糊糊""范跑跑""躲猫猫"等。另外"淘宝体""校内体""甄嬛体"等各式新的语体风格也层出不穷。许多网络语言符号的来源都是对一个现存文本的片面化提取，或是从具体事件中抽象出片面化的符号，从而形成新的符号规约和意义嵌入，给之前的符号增加文化附加解码，产生陌生化与新奇感的时尚翻新效果。[1] 简略化、键盘化的书写，提高了网民创造语言的速度，丰富了创作的趣味性，为语言增添了活力，激发了大众运用语言的智慧。但同时，这些依赖网络技术拼贴化、戏谑化的随意创造，却往往忽视行为本身的价值考量。

（三）趋时流变

"再生型"网络民间语言的诞生与互联网交流工具的开放程度、社会公共事件的数量和影响，以及网民文明程度等有着密切关系，其中很大一部分与人们的社会生活以及普遍关注的问题、现象、事物高度关联，折射出政治、经济、科技、文化、思想等各领域的发展态势以及人们在一定时期的精神状态。比如上榜《咬文嚼字》年度流行语的"吃瓜群众"，与互联网时代"网络围观"成为新的社会互动形式并形成了强大舆论监督力的现状相关；"洪荒之力"一词跃入大众视野的契机是玄幻仙侠剧《花千骨》的热播，以及奥运选手傅园慧的走红；"直播带货"是现下我国以消费升级推动经济转向高质量发展过程中的产物；"飒"则与近两年新冠病毒的肆虐相关，被用来表达对奋战在抗疫一线的女性的崇敬，而后成为赞美奋战在各行各业的女性同胞的常用语。另外诸如上榜流行语"破防""打工人""我太南（难）了""凡尔赛文学""一言不合就××"，或是普通网民释放生活压力的心理表现，或是反映社会生活中重要的文化事件，均伴随现实社会焦点事件的发生迅速流行，折射了时代特征和社会心理。

网民总在不断地寻找兴奋点，"再生型"网络民间语言大都由这些网民首先发起，而后迅速全网蔓延成为广泛知悉和使用的流行语，

---

[1] 赖新芳. 网络流行语言的创新机制［J］. 当代传播，2011（3）：110-111.

因而具有鲜明的草根文化的"流变性"。[1] 近些年在网络语汇爆火的背后是网络流行语爆炸式的增长态势，互联网便捷的操作、迅捷的传播大大缩减了"再生型"网络民间语言从生成到扩散的生命周期，加快了其更新换代的速度。这些趋时求新的网络流行语大多以通俗、幽默和个性化见长。

网络话语重组后会获得强大的生命力，不但在网络空间中有着巨大的延展空间，还会被移植到其他社会表达领域，使用者从网民扩展到全民，意义也在传播过程中不断被增删，形成相对稳定的内涵。然而网络流行语是一把双刃剑，它既丰富了汉语词汇系统，展示了率性自然、真切爽快的鲜活生命力，也在井喷式的发展中隐藏了晦涩的表意和低俗的品位。

"再生型"网络民间语言种类繁多、包罗万象，从语汇生成的不同方式来看，"再生型"网络民间语言大体有六种类型。

第一，通过语音的模拟、变化创造谐音词、合音词、拟声词等，譬如"shopping"的谐音为"血拼"，"不要"可以合音为"表"，"呼呼"表示"睡觉"。

网络谐音词类型多样、表意丰富，具体来看主要有普通话谐音词、方言谐音词、英汉谐音词、数字谐音词和汉字合音式谐音词等。

普通话谐音词是用与普通话发音相同或相近的词代替原词来表情达意，譬如用"神马"代表"什么"，用"围脖"代表"微博"。还可以在成语或熟语的框架结构上，将个别字词用同音或近音的字词替换，如"将薪比薪"是对"将心比心"的谐音仿拟，表达的是有些人对低薪水的无奈和自我调侃；"'闲'妻良母"是对"贤妻良母"的谐音仿拟，用"赋闲"之意替代了"贤德"之意。[2]

方言谐音词是在日常交流中插入的方言发音词汇，如利用部分方言f、h不分，n、l不分，平翘舌不分的特点，用"我方了"代表"我慌了"，用"蓝瘦香菇"代表"难受想哭"，用"孩纸"代表

---

[1] 武菲. 流变与解构：青年网络流行语现象透析［EB/OL］.（2010-11-15）［2022-07-13］. http://zqb.cyol.com/content/2010-11/15/content_3444106.htm.

[2] 李晓萌. 汉语谐音现象探析［D］，天津：天津师范大学硕士论文，2017：18.

"孩子"。[1] 近些年这种方言回潮现象在网络造词运动中凸显。

英汉谐音词是用汉语词汇的发音表达英语单词，如用"伊妹儿"表达"e-mail"，用"爱老虎油"表达"I love you"。

数字谐音词则是利用数字的编排表达特定的汉语意义。如"1314920"表示"一生一世就爱你"，"51396"表示"我要睡觉啦"。数字在中国传统文化中具有神秘的象征意义，俗语中有很多带有数字的词汇，在网络流行语中数字谐音词所表达的意义更为宽泛、更为复杂。

汉字合音式谐音词是使用一个字来表示两个字的音，或将多音节和双音节词只用单音节词表示，譬如用"表"来表示"不要"，"酱紫"表示"这样子"。

另外还有类似"3232"的将音乐发声与英语发音组合的谐音方式，将音阶中的"mi"音与英语中的[tuː]音相结合，表示"me too me too"。

网络谐音词赋予原词以新的含义，使网络民间交流的方式更为多样，也使网络交流更加快捷直观、诙谐幽默、生动亲切，特殊的语音语调还能产生新奇、讽刺等出人意料的表达效果。但网络民间语言的快速变异、消失或被同化也容易形成网络交流的鸿沟，并且会冲击传统语言的规范性、准确性，产生语言内部的交锋。

第二，通过缩略的方式造词。缩略词主要包括英语缩略语汇、汉语拼音缩略语汇和英、汉、数字混合缩略语汇，以及数字与数字、数字与标点符号组合的缩略语汇。

英语缩略语汇中一是用英语单词或短语中的首字母或关键字母进行缩写，譬如用"cu"表达"see you"，用"btw"表达"by the way"。二是将单词缩写成同音的字母，譬如将"you"缩写成"u"，将"why"缩写成"y"。

汉语拼音缩略语汇是用每个字的汉语拼音首字母进行缩写，譬如将"哥哥""姐姐"缩写成"gg""jj"，"拍马屁"被缩写成"PMP"。

---

[1] 李晓萌.汉语谐音现象探析[D]，天津：天津师范大学硕士论文，2017：18.

英、汉、数字混合缩略语汇一是将英语字母与数字进行组合形成缩写词，譬如"3Q"表示"thank you"，"me2"表示"me too"。二是将英语字母与汉字进行组合形成缩写词，譬如"IP 地址"表示互联网上计算机主机的地址，"吃饭 ing"表示"吃饭中"。

数字与数字、数字与标点符号组合的缩略语汇一般不再表达数目，而是被用来表达特定的汉语意义，譬如："1798"表示"一起走吧"，"246"表示"饿死了"，"8-)"表示因为惊讶、生气等睁大眼睛。

第三，将多个有相同偏旁部首的词叠加在一起进行造词，或者将相同的音节重叠起来构成新的语汇。譬如"又双叒叕"（yòu shuāng ruò zhuó），四个原本毫不相干的汉字因为都有"又"字而被组合在一起，用以强调之前经常出现的某一事物或某一事件再次发生，表达事情出现频繁，"又"字的重复性给人留下无奈、诙谐和自嘲的印象。叠音词是汉语的一大特色，音节的重复叠加既可以读起来朗朗上口，也可以起到重复强化的作用，受到网民的追捧，如"楼脆脆""范跑跑""躲猫猫"。

第四，向社会各领域借词，赋予其新的内涵。譬如表示"与己无关，顺便围观"的"打酱油"以及由此衍生出的"酱油党""酱油男"；"踢"原指用脚触击，在网络中又有了新的注解，指在聊天室或 QQ 群被管理员或群主删除；"修罗场"本是佛教用语，指佛教传说中帝释天与阿修罗争斗的惨烈的战场，但作为网络流行语它表示人际关系错综复杂，在场的人互相之间拥有多重关联或身份认知不对等的场面。在借用既有语汇的过程中，网民甚至会故意曲解词义，譬如"可爱"在网络交流中被用来指"可怜没人爱"。

第五，突破常规语法限制活用词性和句式而产生的新语汇。譬如"很老虎""太 CNN"，用副词修饰名词组成"副词+名词"[1]的形式，"你山寨了吗"中"山寨"从名词性的"盗版或假冒的东西"变成了动词性的"盗版、假冒"。

第六，因为网民的输入错误而产生的新语汇。由于这些错误并不

---

[1] 王英. 网络流行语现象解析[J]. 新闻前哨，2009（8）：87-88.

影响意义的传达，反而能产生意想不到的传播效果，因此这些错误反倒逐渐形成为时尚，成为网民的刻意追求，譬如将"以讹传讹"误写为"以鹅传鹅"可以产生寓庄于谐、轻松有趣的传播效果。

传统民间语言中可供探讨的语料是极其丰富广泛的，其中主要部分是民间熟语。民间熟语是民众长期习用、熟悉定型的民间语汇，是在民众口头流传，具有民俗文化内涵的通俗性语句。[1] 创新是互联网与生俱来的基因，语言也是一个开放的系统，因此和传统语言民俗材料一样，可供探讨的"再生型"网络民间语言材料也极其丰富广泛，其中主要部分是呈现出爆炸式增长的网络流行语。作为互联网中的语言时尚，网络流行语是网络交流中约定俗成并被网民广泛使用的常用语，折射着一定时段的社会面貌和网络民意，携带着与时俱进的时代内涵。网络流行语来源于外来音译、日常生活、新闻报道、社会热点、明星网红、网络社交等渠道，尤其影视综艺和弹幕成为网络流行语的主要创作基地。从形式上看，网络流行语是对图标、图片、标点、拼音、数字、汉字、英语字母等多种符号形式的自由组合，从内容上看这些组合是互联网创新法则下的新颖产物，在特定的网络传播语境中表达着全新的含义。如英语字母组合"BRB"表示"马上回来"；数字组合"555"代表哭声"呜呜呜"，表示难过、伤心、悲哀，且"555"可以重复使用以表示程度之深；数字和文字的组合"如'7'而至"是宣传 iPhone7 的广告语；谐音词"筒子"代表"同志"，"稀饭"代表"喜欢"，"姜你军"表达了网民对于物价上涨的不满。

第六节 "再生型"网络新民俗：民俗新生或重构？

互联网技术加剧了科技与人文的结合，加速了传统民俗文化的变异。"再生型"网络新民俗在嬗变的过程中，传统民俗的部分特征被弱化，如民俗的集体性、稳定性，也有些特征得到了强化，如民俗的

---

[1] 钟敬文. 民俗学概论 [M]. 上海：上海文艺出版社，1998：309.

扩布性，还有些方面发生了完全的改变，如民间文学的创作者身份网民化，变口头传说为数字化超文本文学，传播方式更为迅捷，传承方式呈现点击化特征。[1] 相应的，民俗的社会功能也发生了改变，教化功能、规范功能被弱化，调剂民众社会生活和心理本能的调节功能得以强化。那么究竟该如何看待传统民俗的变异和"再生型"网络新民俗的新生？"再生型"网络新民俗有着怎样的价值潜能？它是一种全新的民俗，还是传统民俗的一脉相承或者是民俗泛化的表现，甚至根本只是伪民俗？网络空间结构在它的建构过程中发挥了怎样的作用？它对网络文化生态会产生怎样的影响？这些都是值得我们思考的问题。

一、催生民俗文化活态传承价值潜能

"价值"一词的内容所指有不同的情况，在政治经济学上指征产品内在社会本质，在日常生活和社会学科中表示功利效用，在哲学上指具有高度抽象意义的"价值一般"。[2] 此处对价值潜能的思考是对"再生型"网络新民俗的效用、效应的思考，旨在分析、判断"再生型"网络新民俗对传统民俗文化活态传承的效用、效应。不过这又不仅仅是一个价值论的问题，还是一个实践论的问题。

（一）活态传承是"再生型"网络新民俗的题中应有之义

民俗文化传承至今始终呈现活态特征。民俗文化是不断产生、不断演变的活态文化，活态传承应是继承发展民俗文化的核心。[3] 保护好、传承好、利用好传统民俗文化，深入挖掘、阐发优秀传统文化的时代价值，唤起民众的广泛关注和保护传承的热情，是历史与时代赋予的重要使命。为此民俗文化走"静活结合"的保护传承之路，在保护中传承、在传承中发展已经成为共识。"静"即静态保护，类似保护文物式的静态收藏和原样维护，主要是通过制定政策、刊行研

---

[1] 宁胜克. 网络传播与新民间文学 [J]. 当代传播, 2007（4）: 54-56.
[2] 李德顺. 价值学大词典 [M]. 北京: 中国人民大学出版社, 1995: 261.
[3] 杨秀芝. "互联网+"视野下的民俗文化活态化研究 [J]. 中南民族大学学报（人文社会科学版）, 2018（2）: 63-67.

究文献、建立专家工作站、鼓励和支持相关活动等方式展开。"活"即活态传承，其与静态收藏和原样维护有所不同，是要立足民俗文化生存发展的现实环境，在公众的生产生活中达到扩布、保护与传承的目的。活态传承是通过生产性活动让民俗文化走进千家万户，成为公众日常生活的一部分，通过扎根时代使传统民俗中蕴含的文化精髓在当今乃至未来得到传播。活态传承使传统民俗文化的开发利用与社会经济文化建设的契合度更为紧密，为赓续传统民俗文化营造良好的"活"的生存空间，让传统民俗"活"起来、年轻起来，让公众广泛参与进来，为传统民俗文化的可持续发展奠定基础。当前如何适应时代变化和互联网技术变迁，催生民俗文化活态传承的动力，不断挖掘传统民俗文化的价值潜能是亟待思考的问题。

活态传承亟须深度嫁接互联网媒介。仅靠文化本身是不能解决民俗文化的传承问题的，民俗文化的传承离不开对传承介质的依赖，在如今这个传播媒介无处不在的时代，传统民俗文化的活态传承更是需要顺应时代潮流与传播媒介有效嫁接、多方融合。有关传媒对民俗传承及再生产问题的探讨一直是民俗学研究的关注点。乌丙安教授说，民俗学从建立之初便十分关注的一个焦点问题就是"在没有现代大众传播媒介的传统习俗环境中，民众是如何自发地传送并自发地接受民俗信息的"；他认为现在"民俗信息的'传'的传统形式"正在和"现代大众传播的'传'的形式"形成全面的碰撞以及微妙的重整嫁接。[1] 传媒能丰富民俗文化的内涵，增强其传播活力，拓展其传播主体，改变其传承方式，释放"1+1>2"的互补叠加效应，这些在互联网传播实践中尤为突出。[2] 互联网冲破了思维枷锁，加速释放想象力和发展空间，既能在资源潜能、主体力量、现代形式等方面催生传统民俗文化活态传承的动力，又能在技术手段、传统路径、文化环境、生活方式等方面创新传统民俗文化活态传承的路径。[3]

"再生型"网络新民俗是有关网络俗民生活实践的活态民俗。作

---

[1] 乌丙安. 民俗学原理[M]. 沈阳：辽宁教育出版社，2001：279.
[2] 秦伟. 传媒视域下甘肃民俗文化的传承变迁分析[J]. 现代视听，2016 (9)：25-26.
[3] 杨秀芝. "互联网+"视野下的民俗文化活态化研究[J]. 中南民族大学学报（人文社会科学版），2018 (2)：63-67.

为对传统民俗进行改造后形成的新式在线民俗类型,"再生型"网络新民俗依托互联网思维方式和持续迭代的网络信息技术对传统民俗进行再利用和再创造,朝向当下建构民俗文化,从内到外都透着时代特征、网络特征,充分展现了民俗文化的活态特征。"再生型"网络新民俗使传统民俗有了参与现实生活的身份,它来自广大网民的社会实践、日常生活,又在网民中广为传习,直观表达了网络俗民的生活和情感,从中我们可以品味到古意盎然的传统民俗文化,了解古代社会生活的轮廓,抚摸古今文化的延续脉络,但更多能感受到的是不断演变、发展后的活态民俗文化。"再生型"网络新民俗丰富了民俗文化的内容、形式,提升了民俗文化的社会服务功能,带来了前所未有的民俗文化创造方式、存在方式和传承方式。

(二)"再生型"网络新民俗放大了民俗文化内价值

民俗文化的内价值在从以传统的膜拜为主转变为以"再生型"的改造为主的过程中得到了放大。民俗文化的价值可以从内价值和外价值两方面理解。民俗文化的"内价值"是民俗文化"在其存在的社会与历史时空中"所产生的作用,是生活在其中受其影响的民众"认可"和"使用"的价值;民俗文化的"外价值"则是这一民俗文化圈层以外的学者、社会活动家等附加给这一民俗文化的"观念、评论",以及对其进行商品化包装后获得的"经济效益"等。从实现民俗文化价值的角度来看,内价值是"本",外价值是"末",因为民俗文化萌生于邃古又存活于现实,其传承发展皆来于民间,是不断发展演变的民众生活实践。刘铁梁教授认为,最重要的任务应该是"关注民俗文化扎根于生活的内价值是不是得到了保持与新生"[1]。

"再生型"网络新民俗提供并丰富了民俗文化实践、体验和消费路径,使民俗文化真正处于一种"活动的状态",成为"人们在特定时空内的日复一日的生活之中经历和体验到的文化"[2]。"再生型"网络新民俗对民俗文化内价值的放大作用,可以从其参与人数之众、

---

[1] 刘铁梁. 民俗文化的内价值和外价值[J]. 民俗研究, 2011(4): 36-37.
[2] [英]约翰·斯道雷. 文化理论与大众文化导论[M]. 常江, 译. 北京: 北京大学出版社, 2010: 46.

影响范围之广窥见一斑。譬如段思思一首汉味十足的方言歌曲《信了你的邪》一经发出就在互联网中走红，随即百度搜索"段思思"就会出现数千条相关内容，不到一个月时间，湖北最大的网络社区、荆楚网旗下的"东湖社区"中有关段思思的话题点击量就接近两万人次。再如当年"梨花体"网络诗歌事件爆发之初不过三四天的时间就制造出了"万人齐写梨花体"的壮观景象。李子柒在互联网中发布的古风美食短视频曾经出现过十小时内点击量突破百万的火爆场面。最能体现"再生型"网络新民俗放大民俗文化内价值的莫过于网络文学的市场规模和社会影响力：据2021年第五届中国"网络文学+"大会上发布的《2020中国网络文学发展报告》显示，2020年中国网络文学市场规模达249.8亿元，网络文学作者累计超2130万人，网络文学用户规模达到了4.6亿人，日均活跃用户数约为757.75万人，2020年累计创作2905.9万部网络文学作品。[1] 在如此规模之上，前文所述的"再生型"网络民间文学的影响力、被网络俗民"认可"和"使用"的价值也便不言自明了。

在"再生型"网络新民俗被创造、传承和享用的过程中，传统民俗文化获得了作为日常生活的合理性，网民可以从中体悟到传统民俗文化的价值，拓展人与人的交往，传统民俗文化则可以社会生活方式、交往方式的身份不断被再建构，在内容、形式的改造中和意义的再阐释中不断演化流变。"再生型"网络新民俗提升了民俗文化的资源潜力、增强了民俗文化传承主体的动力、丰富了民俗文化的现代表现力，以创新思维挖掘并放大了传统民俗文化的内价值，营造出了新的文化氛围，从技术、传媒、文化等多维度催生民俗文化活态传承的动力。[2]

(三)"再生型"网络新民俗拓展了民俗文化实践

"再生型"网络新民俗通过重组和再构民俗事象使民俗文化的形

---

[1] 李俐. 第五届"网络文学+"大会上午开幕，我国网络文学用户达4.60亿人[N]. 北京晚报，2021-10-09.

[2] 杨秀芝."互联网+"视野下的民俗文化活态化研究[J]. 中南民族大学学报（人文社会科学版），2018（2）：63-67.

式和内容得以丰富，公众参与得以扩大，社会功能得以延伸，建构了朝向当下的新型文化生活和生活文化，拓展了民俗文化实践。

民俗文化是特定族群成员在一定的自然和人文环境中通过生产生活实践所形成的文化指令和行为方式。[1] 根植于信息技术的互联网营造和催生了更有活力的创新氛围，改变了人们的生活和思维方式，已经令民俗文化内容、表现形态、传承形式等大变样，除了转移至互联网的"转生型"网络民俗，还创生了"再生型"网络新民俗，单从这一角度来看已是民俗文化实践的扩容。不过"再生型"网络新民俗对民俗文化实践的拓展不止于此，其相对传统民俗的演变发展更能体现对民俗文化实践的拓展。以"再生型"网络民间信仰为例：传统民间信仰中的祭祀、巫术两种方式在互联网中再生出了新的表现方式和新的信仰观念。"再生型"的网络祭拜以线上虚拟平台为祭坛，网民为祭拜人，他们所崇拜的各行各业的偶像是祭拜对象，限时发帖或转发网帖、进行好运签到等是祭拜过程和祭拜法术，跟帖留言被视为祭拜求福。这种网络祭拜一改传统祭祀中严格的等级约束、繁复的仪式程序，转而呈现出便利、随意的特点；祭拜的目的与网民的日常生活直接相关，祭拜对象更为多样，传统祭祀观念被普泛化，信仰观念变得浅表、淡薄。"再生型"的网络巫术与传统巫术的显著不同表现在网络图腾和网络巫咒两个方面。"再生型"的网络巫术简化甚至忽略了传统图腾崇拜的严格仪式和准则，通过转发重塑的动植物图案、娱乐明星、业界翘楚、网络虚拟人物、生活幸运儿画像等方式求福禳灾，网络巫咒在去繁从简之后变得越来越同质化，并且缺少了传统巫咒的心理震慑力，民俗外衣下更多体现的是娱乐的内核。

"再生型"网络新民俗遗传了互联网颠覆传统的基因，开放、联通、共享且改变了传统民俗诸多固有的习俗惯制，再构众多新的民俗事象，譬如在神圣性与现世性之间穿行的"再生型"网络民间信仰，趋时流变简约直白的"再生型"网络民间语言，凸显娱乐倾诉情绪的"再生型"网络民间文学。"再生型"网络新民俗依靠互联网技术、互联网思维，以及互联网文化语境，通过"线上+线下""在线+

---

[1] 牟威."互联网+"促进民俗文化活态化[J].人民论坛，2018（7）：140-141.

在场""现实+虚拟""本地+异地"的文化实践,与数以亿计的网络俗民网络化的生活方式紧密相连,为他们改造民俗文化提供了条件和动力。[1] 以李子柒网络短视频对四川乡村生活习俗的改写为例,李子柒通过再现有着浓厚地域特色和传统气息的乡村生活习俗制造了席卷全球的"子柒现象",令我国传统文化在全世界大放异彩,但我们又不得不关注李子柒短视频中传统惯例规则被改写的现象。视频中时间的压缩会淡化现实的逻辑、重构现实的民俗事象和民俗实践,会影响观众对习俗固有惯例规则的认知。而且,电子媒介呈现出的是一种外向型的延伸结构,观众在感性画面的牵引下,也时常会跳出"当下"空间自由联想,不断地在零散的片状式的"短片"中穿梭。[2] 如此一来也就容易使不明就里的观众产生乡村生活轻松、无忧的错觉,简单、片面地将其想象中的诗情画意附着于乡村生活之上,混淆想象与现实之间的关系,沉浸在短视频所营造的情感化的虚拟空间中。诚如李普曼所说,我们对于所生活的环境的认识是"何等的间接",有关现实环境的新闻报道传递得"时快时慢",但是我们却把"自己认为是真实的东西当作现实环境本身来对待"。[3]

二、民俗模因视野下的网络新民俗思考

习俗环境的变革引发"再习俗化"实践。从人类传统习俗变革史的文化史现象来看,习俗环境变革必然引发"再习俗化"的文化移动现象。民众从原习俗到新习俗的转换是"再习俗化"的开始,必然引发两种民俗文化抉择的可能,既有可能是在原"习俗化"基础上的延伸或补充,也有可能是在原"习俗化"的基础上接受异质习俗。俗民的"再习俗化"是一种调适性实践,将革除不适应新环境的习俗惯制,改变原习俗的文化面貌。[4] 习俗环境变革和"再习

---

[1] 杨秀芝."互联网+"视野下的民俗文化活态化研究[J].中南民族大学学报(人文社会科学版),2018(2):63-67.

[2] 徐国源.典范转移:中国大众文化的出场视域[M].南京:江苏人民出版社,2010:109.

[3] [美]沃尔特·李普曼.公众舆论[M].阎克文,江红,译.上海:上海人民出版社,2002:4-5.

[4] 乌丙安.民俗学原理[M].沈阳:辽宁教育出版社,2001:109-111.

俗化"的问题突出了环境转换与传统习俗流变演化的内在关系,有助于对"再生型"网络新民俗的缘起和再生性特征的研究。民众移步互联网空间后,同样是面对异质文化的渗透和习俗环境的变革,他们的"再习俗化"实践会改变传统民俗文化的面貌,创造出"再生型"网络新民俗。"再生型"网络新民俗的发展不是把传统民俗原样地照搬到互联网平台上运行,也不是二者的简单叠加,更不是"再生型"网络新民俗对传统民俗的直接取代,而是民俗文化的迭代创新。这一民俗事象为传统民俗文化的扩布建构了全新的表现形式,赋予了民俗文化时代的内涵;与此同时,也不能无视其与传统民俗之间的承继关系,不能否认"再生型"网络新民俗的历史渊源、否定传统民俗的历史价值。那么,究竟"再生型"网络新民俗承继了哪些习俗传统,又做出了怎样的改变?

(一)"再生型"网络新民俗复制传统民俗模因

作为指代文化进化的词汇,"模因"是一个个微小的模仿单位,1976年理查德·道金斯在《自私的基因》中首次提出这个概念,用以描述通过复制和模仿在人与人之间传播的文化单位。模因将文化的传播描述为受到各种复制和模仿的驱动,这一过程经历着与环境相容度的博弈,只有适应各自社会文化环境的模因才能被成功传播。

1. 复制是数字文化的重要内核

在理查德·道金斯模因概念的基础上,美国学者利莫·士弗曼进一步研究了互联网模因,认为网络环境下"复制"和"模仿"已成为当代数字文化的"重要内核",互联网模因比以往传播得更广更快,并且演变成了一种"打破数字文化圈和非数字文化圈的新语言"。利莫·士弗曼将互联网模因看作"后现代的民俗文化",认为在这样的民俗文化里被软件处理的图片和都市传说等文化产物可以用来构建民众"共同的习俗和价值观"。[1] 利莫·士弗曼对互联网模因的探讨认可了互联网中复制和模仿的强大驱动力,这一语境下的

---

[1] [美]利莫·士弗曼. 米姆[M]. 余渭深,王旭,伍怡然,译. 重庆:重庆大学出版社,2016:2,11,14,23.

"再生型"网络新民俗也体现出了对传统民俗文化模因的复制与传播。

2. "再生型"网络新民俗复制民俗文化的传统精神内核

民俗的传承性决定了"再生型"网络新民俗对传统民俗文化基本特征的坚守。民俗的传承性指民俗在流播过程中自始至终有着相同或相似的内容或形式,因此民俗的传承有"性质"与"形态"两类:性质传承是信仰等内在因素的传承,形态传承是民俗活动方式等外在形态的传承。[1]"再生型"网络新民俗并未在形态方面表现出明显的传承性。"再生型"网络新民俗以互联网技术为载体体现民众新的学习、工作、生活等内容,创造了新的民俗文化形态。不过从"性质"角度来看,"再生型"网络新民俗传承了民俗文化的传统精神内核。

有人认为技术的发展会导致民俗的消亡,阿兰·邓迪斯认为这并不会必然地发生,相反,很多时候技术的发展推动了民俗的广域传播,提升了民俗的传播速度和传播活力,能刺激新生代民俗的产生,并且技术本身还能成为民俗的题材。除此之外,"再生型"网络新民俗与传统习俗有着同源模因,在前所未有的表现形式下有着相同的文化历史渊源,变化之中有着恒久的文化精神因素。法国著名社会学家杜尔干曾指出,任何社会中的社会现象都不可能全部是由该社会创造出来的,其中不少社会现象是由以往的社会部分地制作出来的,由该社会继承下来。[2]"再生型"网络新民俗或葆有民俗的精神传统,或保留构成民俗事象的最原始、最基本的质料即民俗质,是在坚守传统民俗文化基本精神内容之上的创新和创造。这一点在"再生型"网络民间信仰中尤为突出。互联网重组了传统民间信仰,但"再生型"网络民间信仰在本质上与传统的民间信仰大体相同,也是建立在万物有灵观念基础上的崇拜,认为天行有常,应敬天法祖,产生的根本动因仍旧离不开敬畏、依赖等心理,并且同样用以满足生产生活中实用性、功利性的需求,在"索"与"报"、"祈"与"谢"中希冀得到神灵的佑护。譬如"再生型"网络祭拜仍是网络俗民尊敬神灵、祈求福报、答谢神恩的活动,"再生型"网络巫术活动依旧是建立在万

---

[1] 郑传寅,张健.中国民俗辞典[M].武汉:湖北辞书出版社,1987:1.
[2] 孟慧英.中国原始信仰研究[M].北京:中国社会科学出版社,2010:541.

物有灵且可以相互感应的基础之上。"再生型"网络民间艺术也有着古老的传承渊源，同样反映民众的生活情景，表达民众的情绪心理。在"再生型"网络民间语言中，一方面可以看到语言民俗伴随社会发展、技术进步的演化变异；另一方面也能看到无论如何演变，"再生型"网络民间语言中始终蕴含着传统民间语言的本质因素，如来源于普通民众的生活需要，约定俗成的习用语，反映普通民众的思想感情和社会时尚与习俗，有着传统民间语言的经验性、精练性、俗传性、趣味性等特点，并且语料丰富。语言民俗不可能发生根本性改变，因为构成民间语言民俗的语言特色会不断被传承，就像无论如何倡导移风易俗，渗透到民族精神中的文化也很难被根除。当民众选择一个词来表达某种含义时，其中就包含着古今含义的比较和联系。[1]

民俗文化的传统精神内核发端于上古先民的原始宗教活动，是通过象征行为约定俗成的传统观念、思维模式、行为准则，是制约民俗文化传承的价值观念，形成和发展于民众无意识的自发效仿，依靠民众自觉自愿地遵习对社会产生自发、潜在的影响。"再生型"网络新民俗对民俗文化的传统精神内核的复制、传承体现了内隐式崇敬的延续，譬如网络拜"考神"与古老的星辰崇拜相关，网络民间音乐延续了传统民间音乐娱人娱己的功能。

民俗文化的传统精神内核非一时可改变，它建构和维护了不同层面的认同。民俗文化可上溯至原始宗教，与其关系密切，原始信仰也是民俗文化、网络文化形成和发展的重要文化基础，神话、传说、故事、歌谣等莫不与原始宗教息息相关，西方学界对于民间信仰的研究也是从原始文化的研究开始的。这种原始性必然产生与思想认识相适应的习俗。虽然社会不断发展，物质生产水平和生活方式不断改变，民俗事象的形式逐渐转变，但民众的思想认识不会产生突变，而是需要经历漫长的过程，一时间习俗的习惯势力也无法改变。[2] 社会变革如果不和观念的变革结合起来，民俗文化不会失去传承的精神内核。这一精神内核通过民俗形式构建、维系俗民群体及组织成员的认同，歌谣、故事、传说、习俗等是民俗认同的重要表达方式，是民俗

---

[1] 陈克. 中国语言民俗 [M]. 天津：天津人民出版社，1993：331-332.
[2] 陶立璠. 民俗学：修订版 [M]. 北京：学苑出版社，2018：2-3.

文化内聚性的结构模式。因此网络民间文学在主题类型、表现方式、语法习惯等方面都与传统民间文学高度相似。个体对"再生型"网络新民俗的运用呈现多样化的特点，不同场合可以使用不同形式内容的民俗事象，但与个体多样化相反，整个"再生型"网络新民俗却表现出趋同的倾向。

（二）"再生型"网络新民俗改变传统民俗模因

文化模因和生物基因一样，在其复制的过程中会出现竞争、选择、保留、变异的现象，在这一过程中每时每刻都有无数的模因在为目标人群的注意力而竞争，但只有适应所处社会文化环境的模因才能被传播，其余无法适应环境的会被淘汰。所以利莫·士弗曼在对互联网模因进行探讨时，一方面认可了复制和模仿的驱动力；另一方面也认为数字时代的确改变了模因的某些基本性质。[1]"再生型"网络新民俗是传统民俗文化模因做环境适应性改变后的产物，它是当下依托互联网思维，运用互联网技术，在充分具备民俗文化资源意识、认识民俗文化核心价值的基础上，对传统民俗进行再造后形成的新型民俗事象。[2]

哈罗德·伊尼斯说，一种新媒介的长处将导致一种新文明的产生。[3]传统民俗随着互联网的迅速发展衍生出新的形式与内容，"再生型"网络新民俗也在传统民俗的基础之上产生新的表现形式与特点，对现代人的生活产生了重要影响。

1. 内外因素共同引发改变

从民俗内部来看，民俗的传承性决定了其对传统民俗基本特征的坚守，活态性则决定了这种坚守不会是全盘地照搬照抄，而是一种发

---

[1] [美] 利莫·士弗曼. 米姆 [M]. 余渭深, 王旭, 伍怡然, 译. 重庆: 重庆大学出版社, 2016: 10, 23, 28, 39.

[2] 杨秀芝. "互联网+"视野下的民俗文化活态化研究 [J]. 中南民族大学学报（人文社会科学版），2018（2）：63-67.

[3] [加] 哈罗德·伊尼斯. 传播的偏向 [M]. 何道宽, 译. 北京: 中国人民大学出版社, 2003: 28.

展的、变化的继承。[1] 民俗文化的真正品格就在于其生机勃勃的活态传承,因此变异性是一切民俗的显著特征。从民俗外部来看,导致"再生型"网络新民俗改变传统民俗文化模因的因素相对要复杂。人类社会的不断进步、科学技术的不断发展、生产力的不断提高、物质生活的不断改善、民族间交往的不断扩大、异族文化的相互影响与渗透等,都会引发传统习俗整体或局部的改变。

更为直接的外部因素就是互联网技术和互联网文化。互联网开放的空间、简化的复制、便捷的传播、无限的超链接等技术优势,极大简化和变革了民俗文化的生产和再生产,使传统民俗文化从"遗产"一跃成了生产新民俗可使用的文化"资源",引起了民俗文化内容和形式的极大改变,也促成了"再生型"网络新民俗的出现。[2] 事实上,从旧事象变化出新内容的情况时有发生。另外,互联网文化的文化涵化作用也是引发"再生型"网络新民俗改变传统民俗文化模因的重要原因。互联网是一个充满创造力的多元文化的空间,接触互联网文化必然引起传统民俗文化模式样态的变化,这有可能是直接的互联网文化传播的结果,也可能是由互联网中非文化原因所引起,比如因为文化接触产生的生态变化,或者是随着外部特征和模式的接受而出现的传统民俗文化内部的调适。

"再生型"网络新民俗对传统民俗文化模因的改变是一个互惠互利的双赢实践。传统民俗文化要素得以再利用,对人们发挥作用,即为传统民俗文化注入了鲜活的生命力。费孝通认为传统不能没有创造,只有不断创造才能赋予传统以生命。他总结这类文化发展现象时说:"在文化界或在人文世界里,一件文物或一种制度的功能可以变化,从满足这种需要转去满足另一种需要,而且一时失去功能的文物、制度也可以在另一时期又起作用,重又复活。"[3] 因此传统民俗文化不仅要适合新的需要,还要能在新的条件下发展。与此同时,

---

[1] 高艳芳. 网络民间文学:民间文学的当代继承与发展 [J]. 云南社会科学, 2019 (4):172-177.

[2] 刘爱华,艾亚玮. 走出"围城":网络媒介下民俗文化资源观的形成 [J]. 青海民族研究, 2012 (4):164-168.

[3] 费孝通. 费孝通文化随笔 [M]. 北京:群言出版社, 2017:286-287.

"再生型"网络新民俗的创新创造也不能脱离传统,费孝通认为没有传统就没有了生命的基础。

2. 拓展民俗类型

民俗类型是民俗在内容和形式上的差异性而形成的类别。在"互联网+民俗"模式不断洗练和改造下,"再生型"网络新民俗创制出了新的民俗类型,拓展了民俗文化的表现形式和主题内容。从表现形式上看,"再生型"网络新民俗重构和再构了诸多类别的民俗事象,如网络鬼畜音乐、Flash音乐、键盘符号、表情图形、合音词、缩略词、网络庄语、网络谐语、网络韵语等。钟敬文在讲述民间口头文学时也曾说,各种体裁作品的特征常常在流传过程中发生变化,一些古老的文化成分在传说和幻想故事中也都有所表现。[1] 民俗事象的类型总是处于变化发展的过程中,有其发生、发展到消亡的规律,所谓新民俗事象只是一个相对的概念,就是在新的历史社会条件下出现的新民俗形态。所有新民俗事象其实都是由传统民俗事象发展而成的。阿兰·邓迪斯在《谁是民俗之"民"》一文中指出:"随着新群体的出现,新民俗也应运而生。"[2] 另外新社会关系、新生产力、新文化等也都是新民俗事象产生的原因。

"再生型"网络新民俗在创制新的民俗类型的同时也拓展了民俗文化的主题内容。虽与传统民俗之间有着血脉传承,但"再生型"网络新民俗成长于当今社会生活环境,其表现的是网络俗民的生活和情感,展现的是新时代新风貌。比如"拜马云"这一流行习俗,它成长于当下的经济社会环境,反映的是网络俗民的习俗活动,自然有着不同于以往的行为模式和文化内涵。再比如民间文学,传统的民间文学既具有历史的沉积,也有时代的印迹,并多与生产活动、民俗活动结合,主要是以民众立场真挚地表现民众的爱憎,表现他们的生活处境和理想追求。[3]"再生型"网络民间文学既以当下的生活现象为内容表达传统民间文化主题,也在互联网、商业资本和泛娱乐文化语

---

[1] 钟敬文.民俗学概论[M].上海:上海文艺出版社,1998:251.

[2] [美]邓迪斯.谁是民俗之"民"[M]//高丙中.民俗文化与民俗生活.北京:中国社会科学出版社,1994:217.

[3] 张紫晨.中外民俗学词典[M].杭州:浙江人民出版社,1991:165.

境的合围之下开创了新的文学主题，如以调侃谐谑的方式建构消遣娱乐的幻象，重视表现个体在日常生活中随性的个人情感，将隐秘的欲望更多地拖拽至前台区域。"再生型"网络新民俗通过拓展习俗类别，扩张了民俗文化活态传承的内在动力和多维路径。

另外，"再生型"网络新民俗中虽有沿用传统民俗类型的情况，比如沿用神话原型和玄幻想象，但其主题内容及表现形式与传统民俗大有不同。比如段子文化并非网络独创，作为一种民间文学它由来已久，春秋《诗经》十五国风以及汉代乐府民歌中的部分作品都具有如今网络段子的特点，但在内容表达上大相径庭：《诗经·风》大部分是对爱情、劳动等美好事物的吟唱，也有怀故土、思征人的忧伤和反压迫、反欺凌的怨叹、愤怒；汉乐府民歌"感于哀乐，缘事而发"，反映了汉代社会现实，表达了汉代民众心声；网络段子惯用夸张、反讽、戏仿等手段来娱乐生活、褒贬世风、表达爱憎，发人深省或自我解嘲，反映的是当下的社会热点和民众生活。又如网络玄幻小说在重述神话之际保留了诸多原型和想象。神话最主要的特质是对自然现象和社会文化现象起源的解释，其征服自然的理想和探求自然和社会的奥秘的精神是积极的，其想象的宏伟与超拔，也具有很大的魅力。神话创造的一些神与英雄的形象和丰富的神话意象，一直活在文学艺术和民俗生活之中。[1] 网络玄幻小说大多保留了传统神话中志怪和神魔玄幻元素，并在传统神话资源基础上进一步发挥想象力，将武侠、奇幻小说、仙侠小说、穿越小说等糅合了起来。

3. 创新扩布方式

互联网思维方式、网络信息技术，加之图、文、音、像等传播符号的多元组合运用，使"再生型"网络新民俗可以充分调动民众的视觉、听觉、触觉甚至嗅觉，并生成跨民族、跨地区、跨国家、跨文化的多样化民俗。俗话说"十里不同风，百里不同俗，千里不同情"，传统民俗文化发展中的地域区隔使各地的风俗习惯特色迥异，民俗文化的交流扩布受到了限制。譬如我国传统民间语言因为地理分布的不同大致分为七大方言区，每一个方言区内又有许多次方言。由

---

[1] 钟敬文. 民俗学概论[M]. 上海：上海文艺出版社，1998：241-242.

于民间语言的不稳定性和口头传播的需要，在具体讲述和演唱中常常因时间、地域和听众的不同而发生变异。[1]

"再生型"网络新民俗改变了民俗文化传播与接收的方式，也突破了民俗文化传播范围的限制。"再生型"网络新民俗不再只是特定区域的"我"俗文化，而是转变成了能为所有在线俗民所共享和传播的"'我'俗+'他'俗"文化，是所有人都可以在场体验的文化形态。[2] 譬如传统民间歌曲有着明确的地域性，主要产生和使用于集体劳动场合，也常见于城镇中的茶楼、酒肆、书场。相比之下，网络原创歌曲在创作、传播和欣赏方面都突破了时空、身份、经济条件的限制，创作成本大大降低，传播推广无远弗届，欣赏评价方便快捷。

"再生型"网络新民俗一般以便于讲述和流传为原则，使用易于记忆和接受的传播方式，体现民众的欣赏习惯和艺术趣味，朴实、率真、简练。[3] 但也需要看到，全域传播的"'我'俗+'他'俗"文化也会抹杀区域文化特色，"再生型"网络新民俗突破了传统民俗文化的"围城"，也会掩盖地方民俗文化逻辑。另外，对民众欣赏习惯和艺术趣味的追逐还有可能导致民俗文化的庸俗、低俗、媚俗，进而滑向污文化。譬如利用剪辑实现解构的鬼畜视频，擅自截取拼接经典文艺作品、广播影视节目或网络原创视听节目的片段，或重新配音、重配字幕，篡改原意、断章取义，歪曲、丑化原作，社会影响并不都是正面的。

4. 转变社会功能

民俗的社会功能是指民俗在社会生活与文化系统中的位置，民俗与其他社会文化因素之间的关系，以及民俗所发挥的客观效用。钟敬文将民俗的社会功能归纳为四个方面：教化功能、规范功能、维系功能、调节功能。教化功能即教育和模范作用，这一功能的提出是基于社会生活优先于个人的理念；规范功能是对群体成员的约束作用，目的在于设立群体的标准模式以使社会生活有规则地进行；维系功能是

---

[1] 张紫晨. 中外民俗学词典 [M]. 杭州：浙江人民出版社，1991：164.
[2] 杨秀芝. "互联网+"视野下的民俗文化活态化研究 [J]. 中南民族大学学报（人文社会科学版），2018（2）：63-67.
[3] 张紫晨. 中外民俗学词典 [M]. 杭州：浙江人民出版社，1991：165.

维持群体成员的向心力和凝聚力,以确保社会的连续性与稳定性;调节功能则是调剂群体成员的社会生活和心理本能,主要通过娱乐、宣泄、补偿等方式进行。[1]

作为产生最早、约束面最广的深层行为规范,传统民俗更多发挥的是正向引导、规范的社会功能,即便是显而易见的娱乐功能,其背后也可见以道德劝导为旨归的寓教于乐的功效。"再生型"网络新民俗改写了传统民俗的社会功能,教化、规范功能被遮蔽,传统民俗功能效用的综合性、严肃性和仪式感、神圣感被削弱,"再生型"网络新民俗更多发挥的是娱乐性、宣泄性的客观效用。如荒诞诙谐的网络谐语,在功能方面主要表现为消遣娱乐和宣泄情绪,以及用消极的修辞"针砭时弊",这实则也是自嘲或嘲人式的情绪宣泄;网络民间文学弱化了教化、规范等社会功能,作为创作主体的年轻人往往使用自白式的叙述和素描式的描写有感而发、自由联想,表现个体在日常生活中随性的个人情感。"再生型"网络精神民俗中对严肃的信仰、神圣的崇拜和神秘的巫术也进行了重构,民众往往以游戏的心态将生产生活中的偶像神格化,用轻点鼠标代替庄重肃穆的仪式程序,在一系列非理性的盲从跟风中助推娱乐成了"再生型"网络精神民俗的文化内核。其他如"再生型"网络民间艺术、民间美术、民间语言、民间文学也都表现出个体情绪倾泻和游戏娱乐的初衷。

互联网民俗已经成为当下日常生活的重要组成部分。不可否认,"再生型"网络新民俗各形式各内容中存在着鱼龙混杂、良莠不齐的现象,蹭流量抓热点的不和谐因素时常显现,这有悖于民俗文化发展的应有之义,不利于打造天朗气清、生态良好的网络空间。但是由于消极因素就采取强制性手段将其消灭的做法,不仅不切实际,而且难以奏效。不过,无视"再生型"网络新民俗中的消极因素,夸大其积极合理的一面,进而对其不加约束规范,任其自由发展,也是不可取的做法。[2] 总之,我们需要理性对待"再生型"网络新民俗,在民俗文化的传承创新中做好教育引导,摒除恶俗,使之在当代民众日常生活实践中发挥积极作用。

---

[1] 钟敬文. 民俗学概论 [M]. 上海:上海文艺出版社,1998:27-31.
[2] 郑传寅,张健. 中国民俗辞典 [M]. 武汉:湖北辞书出版社,1987:3.

第七章

互联网时代民俗文化活态传承与保护

第一节　民俗文化的价值确证

千百年来，绝大多数中国人祖祖辈辈生活在"乡土"的大地上，"乡土"决定了中国人的主体特性。与"乡土"联系的"民间"，从某个角度讲就是我们的"生命共同体"。最近三十年，由于中国社会发生的巨大变迁，这个"乡土"的"民间"虽然脉理犹在，却似乎成了"熟悉的陌生人"。

不管是乡村或是城市的"民间"，其实是我们每个人栖居的场所和日常生活形态，其间也包含着我们的故土记忆和对往昔的追怀。但不得不承认，由于历史的有意遮蔽和认知价值的影响，这个"活生生"的"民间"却被人们"陌生化"了。以至今天，当我们重返"民间"时，竟需要从历代文人的采风和影视作品中去感受"民间"气息，而这种带有"创作"性质的艺术想象，其实早已经僭越和疏离了真实的日常凡俗的"民间"，实际上是对"民间"的乌托邦式的审美重构。当"民间"成为知识分子的叙事或诗意的"文学"时，它就已经脱离了老百姓的日常生活形态，变成了一种知识、语言与怀旧心理，与我们生存、感知和经验的"民间"相去甚远了。

在经历了一百多年的"现代性"的社会进程之后，人们终于觉醒，传统民间乡俗深藏着中华文化之"根"，当代人需要留一点"原乡"意识和"乡愁"情怀。近年来，无论是学术研究和媒体中的乡村热，或是微信中"还乡体"的流行，抑或是乡村春晚和街头文化的勃兴，似乎都显示出一种民间意识的"回归"。当然这种"回归"，内中情形非常复杂，但至少反映出一种新的"乡土"价值得到了确证。首都经贸大学教授程虹在她的著作《寻归荒野》里这样解释："'寻归'并不是一般意义上的走向自然，更不是回到原始自然的状态，而是去寻求自然的造化，让心灵归属于一种像群山、大地、沙漠那般沉静而拥有定力的状态。"[1]"民间"的寻归大概同样道理：在浮躁不安的现代社会中，或许我们需要从民众的日常生活中去找回这种定力。

近年来，随着国民文化自信意识的增强，发掘和弘扬优秀传统文化已成为当代价值共识。人们发现，中华优秀传统文化的价值体系存在着两条传承脉络，一条是以文化典籍作为载体，由一代代的士绅阶层进行传承的"明线"（文人文化）；另一条则是以普通百姓生活为载体，依靠社会习俗力量传承的"暗线"（民俗文化）。它们都是我国优秀传统文化的组成部分。伴随日益兴盛的乡村游等民俗旅游活动的热潮，人们在传统村落驻足逗留后惊诧地发现，那些神话传说、民间故事、民间艺术、能工巧匠、竞技游艺、民俗风情、村落民居、祠堂庙宇、地方餐饮等，不仅保存着中国农耕文明的文化因子，也展现出民俗文化的恒久魅力和当代价值。虽然传统民俗文化滋生于渐渐逝去的农耕文明时代，但它留存了中华民族的强大遗传基因，展现了中国人的生命观、生活观和道德伦理观，也是一幅具有浓郁东方人情美的画卷；同时，它还构成了一种较为稳定的文化心理结构，在现代中国人和海外华人社会的生活中一代又一代地传承。

毋庸讳言，一百多年来我们一直存在着把"传统"与"现代"、"乡村"与"城市"等范畴对立化的简单思维和价值判断。今天，当我们校正了价值观念，就会发现它们并不构成对立关系，更不存在先进与落后、文明与愚昧的价值区分。现代化并不是要消灭传统，城市化也不是要吞并乡村，而是要用现代文明去重新焕发乡村的生机活力！中国乡村的现代化之路，无疑可以借鉴西方经验，但在一百多年来的"拿来"过程中，我们是不是抓错了药方？

---

[1] 程虹. 寻归荒野：增订版 [M]. 北京：生活·读书·新知三联书店，2011：序1.

"民间"的价值,很大程度上在于它让我们走进"故乡"。今天,从民俗传统的视角看,我们这些离开乡村的"现代人"真正需要反思的是:当人们远离了"天人合一"的人与自然的相处方式,丢失了"熟人社会"中人与人相交的人情礼俗,放弃了几千年中国传统社会仁义礼智信的价值观,其实我们离真正的原生的"民间"已经很远了;大规模的拆迁和城市化,还使由千百年来古村落所涵养的美丽的自然景观、自足的生产方式、和谐的邻里关系、奇妙的民风民俗所构成的田园牧歌般的瑰丽画卷,以及由此所展现出的"乡愁"愈益稀薄乃至消失殆尽!

第二节 民俗文化的传承保护与新生

一、读懂民俗文化的"原生"机理

乡愁,勾连着千百年来乡土中国的情感记忆,也贯通着人们对民俗文化的审美认知。在网格化生存的今天,乡村似乎成了人性的救赎。近年来,到山村去遥望星星,到乡野去返归童年,正在成为最新的时尚潮流。与农村相关的生产生活文化形态,如扎纸、打铁、钉碗、织布、染色、唱戏、社火、扎竹篾、编草席……几乎全部都被纳入非物质文化遗产序列,"非遗"传承保护已成为我们时代的主流话语。但同时人们又惊诧地发现,随着城市化的进展和乡土的变迁,部分民俗文化已失去了生存的土壤,逐步凋零;农村自然人文生态环境的改变,也使一些乡土民俗文化濒临消亡,失去了"再生"的能力;还有一些则"羽化登仙",成了大众消费文化和当代新民俗。

从历史角度看,人们建构历史,也活在历史所建构的世界当中。近年来,不少学者重返乡村,或从事乡村田野调查(如梁鸿的乡村社会研究,赵月枝、吕新雨的乡村传播研究等),或亲自参与到乡村规划、设计和村落的保护之中。他们试图依循费孝通先生的"乡村文化自觉",进而发展到现代意义上的"城市文化自觉",建构乡村的特色文化、地域精神,建构乡村的乡愁文化。总的来看,不管是主张守护乡村传统的"传承派"(历史主义),抑或是"活用"民俗传统的"改造派"（建构主义），其实都贯穿着文化自觉这个核心，分歧之处只是两种不同的思考维度和文化"面向"（历史或当下）。

就民俗文化而言，我们认为不仅要传承保护它的"原点"，即原住民、原民俗、原生态、原生活方式、原记忆，特别是原地点精神，还需要以当下（乃至未来）为基点，挖掘其"地域精神"[1]，在尊重原生态的基础上，带着朝圣的心去解读乡村，用"生命对话"的新哲学观，对当地典型的自然历史空间、生活方式、集体记忆和民俗文化等重新认识和诠释。[2]

与主要以文献典籍的"言说"方式而传授的文人文化不同，民俗文化主要表现为活态生活方式的代代相传，因此在民俗文化传承保护中，人是最重要的核心因素。所以有的专家提出：保护原住民，也就是保护民俗传统文化。传统古村落一定要有人的生活气息，而不能"空心化"，一旦村民都迁出去了，长期存在的生活方式、传统乡土习俗等便可能很快消亡。

民俗文化往往有其本土适应性，通常还有一整套礼俗规约机制（如乡规民约、伦理道德等）来维系其机能，所以今天保护民俗文化时，要因地制宜，尊重当地固有的乡风民俗，而不能采用过多的"外力"来改变这种千百年来自发形成的秩序。就民俗文化而言，它的生态观可以概括为：本土的就是适宜的，也就是最好的；它可以根据"民众自愿""生活便利""礼俗互动"原则来改良优化，但不可以推倒重来。所以对于民俗文化传承保护来说，更为重要的是要树立"原生态"而不是"进化论"的观念。

在老百姓的日常生活中，许多用文字难以表述的乡土民俗也具有较高的审美价值。这种民俗文化的根本价值在于它具有生活特征的"内价值"。例如，在传统村落旅游开发的过程中，就要注意梳理好当地文脉，保护千百年来积淀形成的农耕生活习俗、传统节庆和故事

---

[1] 地域精神，是一个地区思想文化的特质、风骨与灵魂。它既是在长期历史环境中形成、为公众广泛认同的客观存在，又需要不断总结、塑造和回归于公众的社会实践。见赵绍敏. 论地域精神的本质、特性及塑造[J]. 社会主义论坛，2012（6）：7-8.
[2] 张孝德. 乡村是修复生态多样性和文化多样性的起点[EB/OL].（2021-10-14）[2022-06-06]. https://finance.stockstar.com/IG2021101400009878.shtml.

传说，展现原生态的百姓日常生活；而不能单纯看中它的"外价值"，仅仅保持外貌上的古风、古香、古色，如古井、石碾、石磨、寺庙、祠堂、街巷等建筑设施的外貌，而要在真正读懂"乡村的美学"、梳理历史文脉的基础上，保留当地的古味旧韵，特别要保护原生态的百姓生活方式。

保护和传承传统民俗文化，当然也要兼顾现代人的生产和生活需求。因为原住民也希望过上现代的生活，所以要处理好保留民俗传统与居民生活方式更新的矛盾。民俗文化学者在参与乡村改造时，恐怕不能仅凭拯救乡村的热情，或借文化精英的权力去粗暴重构，而应在读懂乡土美学的基础上，真正把握住原生态文化的机理，用"润物细无声"的方式嵌入，包括依照历史的旧痕和人们的记忆，恢复村落的地脉、标识和故貌；为当地整理和挖掘佚失的历史知识、故事及历史口碑文化；等等。反之，过于大胆的现代化改造，可能是对传统民俗文化的破坏。

中国文化历来重视纵向传播，即代际的传承。因此，我们要重视借助传媒教育和现场体验等方式，在年轻一代的记忆中植入民俗文化的种子。民俗文化的传承和保护，必须重视人作为文化载体的独特作用。近几年，笔者带着所在高校的大学生长期深入乡村展开田野调查，本意是想通过这些年轻人对乡土民俗传统的体验、感知和品味，进行一项"都市时代：如何保护我们的传统"的社会实验。有位学生在观看了传统民歌演唱后写道："歌手们尽情演唱的原汁原味的老歌，似乎把我们带到了久远的年代。它们是历史与传统的回声，带着泥土的质朴，野草的芬芳，没有功利，没有表演，只有自说自唱，透着劳动人民的率真和情趣。民歌是文学艺术的根系，也给我们这些现代人以来自于另一个世界的奇异感！"通过田野调查，我们认识到一个问题：年轻一代对于民俗文化既是有隔膜的，也是可亲近的，关键是要找到返回历史现场、古今对话的代际传承通道。同时，对于在年轻人中的传承问题，还特别提醒人们要具备"沙里淘金，慧眼识宝"的鉴别力，把真正优秀的民俗文化发掘出来，传承下去。

二、重视民俗文化的活态传承

民俗文化盛行于风土人情尚未受到外来干扰的淳朴年代,勾连着千百年来中国民众的情感记忆和乡愁,也贯通着人们对乡土的审美认知。在社会文化的结构和功能发生深刻蜕变的今天,如何保存和传承乡土民俗文化的原生形态?又如何不断从"人民的资料库"——乡土民俗文化遗产中汲取资源,更好地传承、保护乡土民俗文化,并在与时代偕行的活态传播中使之新生?

民俗文化的传承保护须讲究有效性,实行"开放性保护"。所谓"开放性保护",也就是顺应时代潮流,深耕民俗文化资源,实现创新性转化,做到在传承中保护,在创新中传承,使之既承继"乡村的美学",留住"泥土味",又激活"时尚芯",成为人们喜闻乐见的时尚生活文化。基于上述观点,民俗文化的传承保护在技术操作层面上要注意以下几个问题。

一是要用影像等可能的手段,抢救性记录在世的民歌手、故事手和各种技艺性人才的表演活动,挖掘整理现存的各种抄本、刻本,保护好那些"非遗"的活态载体,尽量让年轻下一代看到、听到老一辈传承下来的民俗文化的精华,如传统村落中的民居、生产生活的老物件和传统民间文艺等。同时,在继承的基础上,鼓励传统乡土艺术的推陈出新,在原生态基础上进行适应时代的二度创作,其实也是一种传承。因为,一味固守传统,隔绝与时代的联系,放弃与年轻人的共鸣,这样更容易导致民歌、手艺等乡土艺术的失传。

二是要有当代传播意识,即根据当今时代的审美趣味,通过各种媒介作嵌入式传播,尽量把乡土民俗的精华传承到下一代。民俗文化遗产就像水流一样,具有生生不息的活态动力。鉴于这一认识,近年来苏州就通过推出具有地方特色的灯会、江南船拳、白洋湾山歌等"非遗"民俗活动,彰显了民俗文化与自然环境、社会现实、历史记忆的互动,在互动中不断生发、变异和创新。又如,苏州阳澄(湖)半岛生态休闲旅游度假区对江南稻作文化进行传承时,还借鉴了"原生态+美学"的思路,发展稻田艺术,种植彩稻,在田间用不同颜色的稻谷"绘"出大闸蟹、大黄鸭等图案,发掘稻作文化的观赏价值,起到了"用美学加持乡村"的效应。

三是要重视数字化时代网络传播的"新民俗文化"现象。随着互联网日益融入大众日常生活，无论在西方或中国，网上散播着各种新型民俗文化。2014年5月，特雷弗·布兰克的新书《民俗学和互联网研究的概念性框架》对互联网民俗研究进行理论化阐释，开拓了民俗学研究的新领域。布兰克在书中表示，互联网不再只是言论和观点的传播平台，而已发展成为民间文化、风俗习惯不断演变和创新的平台。他还举例说，在美国，在线文本及其叙事方式中有一种特定类型非常受欢迎，即都市传说。这种类型的故事由短篇故事组成，通过留言板、论坛或电子邮件进行传播和共享，阅读这些故事的人大部分是青少年或者年轻的成年人。这些故事或游戏为青少年成长以及成人应对社会问题提供了一些新的思考。[1]

网络中散播着各种新型民俗文化，比如近年来兴起的网上祭祖、视频拜年、微信红包，以及各种短视频平台推出了大量民间"才艺达人"，同时也出现了各种新奇的故事、传说、笑话等民间文学，这些都构成了一道道新民俗文化风景。这些网络中兴起的"新乡土民俗""新民俗"，都值得我们做出理论的探讨，且无疑具有广阔的研究前景。

第三节　互联网时代民俗文化的利用

作为约定俗成的社会风俗、思想观念及行为方式，民俗文化长期扎根于人们的社会生产实践活动，常见于口口相传的人际传播之中，却鲜于走进大众传播的视野。随着传播技术的发展，互联网与民俗文化的有机结合，构建了依托信息通信技术与新媒体平台的全新传播环境，这不仅赋予民俗文化互联网传播特质，同时也形成了基于互联网产业背景的民俗文化经济新生态，开掘了新时代民俗传播的价值潜能。

---

[1] 杨敏.民俗学研究"盯上"网络空间：访美国纽约州立大学波茨坦分校助理教授布兰克[EB/OL].(2014-07-02)[2022-06-06].http://www.cssn.cn/xk/xk_rxqy/201407/t20140702_1237792.shtml.

一、民俗文化的新媒体传播现状

农耕时代，受生产力水平、生产能力、传播技术等限制，民俗文化主要以口耳相传的方式，在相应族群内部传播。这种地域性、封闭性较为明显的文化特征，使得部分民俗文化遗憾地消失在历史长河之中。在如今 Web2.0 主导的新媒体时代和大众传媒时代，借助高速发展的传播技术，越来越多的民俗文化冲破地域界限，突破族群内部传播束缚，鲜活地呈现于大众视野。这种"互联网+民俗"的传播形态不仅拓展了传播途径，更重要的是营造了系统、强大的传播生态，民俗文化的传承与传播因此出现了"互联网式的曙光"。

（一）从鲜为人知走向大众视野

科技水平的进步、传播技术的发展，使得民俗文化越来越容易挣脱地域的封闭枷锁。现如今，生活在不同地域的人们，通过微博、微信、新闻客户端等形式，时刻分享自己所见所闻的民俗信息；借助大数据和算法推荐的推波助澜，民俗文化依托新媒体传播速度快、传播范围广、传播效果强等优势，迅速并广泛地呈现于各类信息载体，一些鲜为人知的地域风俗亦开始为人所知。

大众传媒的诞生弥补了民俗文化的传播短板。媒介技术欠发达时代，囿于人际交往频率、场所等限制，各类民俗很难做到南北通达、广为人知；而在当下，借助社交媒体，通过大众传播，一些习俗甚至走出国门、走向世界。例如春节期间，全球范围内越来越多的不同肤色的人们共同参与迎春节等活动，显示了中国民俗从一方水土迈向国际化舞台的文化效应。

（二）从"独木桥"到"条条大路"

口耳相传的人际传播，虽然直观和高效，但覆盖面小，"乃不知有汉"的现象较为明显；语言和文字，增强了传播的持续性特质，但对接收者有着明显的知识素养要求。民俗文化因其关联性、独特性、宗教性、族群性等特征，使其在相应群体内部进行"独木桥式"传播成为本能选择。即便是在信息高度发达的今天，非洲某些部落依然采用这种传播方式传承部落久远的历史文化。

新媒体时代，在日新月异的互联网通信技术影响下，信息量、媒介数量不仅异常庞大，更重要的是可供受众选择的媒介渠道更加多元。以苏绣为例，作为中国四大名绣之一的非物质文化遗产，苏绣蕴含着深深的民间信仰、文化祈福意蕴。传统媒体时代，苏绣的关注人群有限，宣传收效甚微；新媒体时代，抖音、微信、微博、新闻客户端等新媒体平台，形象直观地展现着苏绣的文化魅力，通俗易懂地彰显着苏绣的文化内涵，从而为民俗再传播提供了崭新的视角和宽广的平台。在中华人民共和国成立 70 年之际，一幅为祖国庆生的苏绣作品更是登上微博热搜。传播手段的增加和多样化，为苏绣传播营造了肥沃的土壤，民俗传播从"独木桥"走向"条条大路"，焕发出新的生机。

（三）从单一信息传播到内容再生产

农耕时代的民俗文化传播，主要表现为民俗故事的讲授、民俗活动的举办这两种主要形式，故事与活动具有从古至今一脉相承的特质，其内容表现出相对的固定性与一致性。譬如，过年时长辈给小孩子红包有给予祝福和驱邪避鬼之意，有放鞭炮以躲避"夕兽"和"年兽"的说法，北方一些地区冬至吃饺子以防"冻耳朵"等。民俗文化的寓意，固然因故事流传的不同地域而产生内涵的差异性，但整体而言，部分自古遵守至今、内容相对单一的民俗，一定程度上依然发挥着社会意识形态的作用，在规约个人日常行为举止的同时，潜移默化地发挥着引导人们人生观、价值观的功效。

如今"互联网+民俗"的传播样态，因互联网平台出于自身运营与发展的宣传需要，时刻以新的噱头创新各类活动，层出不穷地推出网络红包、视频祝福、网络祭拜等多种新的民俗表现形式，此现象在春节期间的电子红包传递与接收中表现得尤为明显。在此基础上，各大新媒体平台还为民俗内容再生产提供越来越便捷的生产工具，民俗的传统意义由此被赋予了互联网特征与现代内涵。这些新媒体行为实际上是现代生活方式、生活观念对传统民俗文化的重构，其本质上是原有文化与新时代元素和商业元素相结合，最终形成新的民俗文化元素。

与此同时，新媒体通过设置"把关人"和设置议题，对民俗文化和民俗活动进行的宣传报道，立体化地创新了民俗文化的传播形式。如东南网于2018年清明之际以创新形式推出"H5"专题《青团养成记》，以清明节代表食物——青团为切入点，借助图文、视频、线上小游戏等方式，介绍清明节民俗文化，以寓教于乐、生动活泼的新颖方式来表现传统民俗，将青团这一食品赋予了教育和娱乐内涵。民俗文化因传播形式创新而形成的新内涵，对互联网时代人们的民俗再生产和消费行为产生直接影响，这有助于人们更好地理解、接纳和认可传统民俗，也为民俗文化传承注入了新活力，使得民俗的文化价值得以更好延续。

二、民俗文化的新媒体传播

当前，基于互联网平台"线上线下紧密结合、开发与利用同步推进"的操作方式，一定程度上构建了民俗文化的新媒体狂欢景象，但表面上的繁荣掩饰不了民俗文化传播的内在困境。"互联网+民俗"不应满足于互联网对民俗文化的生搬硬套，而应积极创新传播形式，注重"内容为王"的深度融合。民俗文化的深度娱乐急需更有影响力、更为理性的媒介行为。

（一）依托大数据，精准传播民俗文化

传统媒体时代，传者与受者之间互动很少，一般通过问卷调查、电话采访等方式收集受众的反馈意见，这不仅效率低，而且时效性差，难以有效保证实时而精准地调整传播内容与方式，传播效果自然受到明显影响。大数据时代，受众在互联网使用过程中留下的痕迹，忠实地记录着心理需求、兴趣爱好、行为习惯等多方面的数据，通过这些数据的精准分析，可实现对受众的精准传播，并形成持续有效、黏性强的传播效果。

就融合传播时代的民俗文化而言，不同地区、社会阶层、年龄段、性别、教育程度的受众，对民俗文化有着差异化较为明显的需求。大数据分析，不仅有利于收集受众接收、接受、传播民俗文化而产生的数据资源，例如搜索民俗文化网站，购买民俗文创产品，转

发、评论和点赞民俗文化内容，观看民俗文化视频或图片等，而且可以有效分析受众对民俗文化的爱好程度、关注点、侧重点、购买点等，从而充分满足受众对民俗文化的特定需求。

在收集与整理受众互联网痕迹基础上，大数据技术与民俗文化传播相结合，还可以对民俗内容进行有效的议程设置。例如，"今日头条"平台根据用户阅读习惯贴上标签，并对其兴趣进行排序，每日为其推送相似标签下的内容。议程设置能为受众提供更精准的互联网服务，更具有针对性地定向推送内容，提升受众兴趣，激发受众对传播内容的共鸣与思考，从而提高民俗文化的传播效果。

（二）注重网上创业，突围技艺断层困境

在互联网为背景的融合传播环境中，各种各样的新鲜文化——影视剧、音乐剧、电竞游戏等——更易于为年轻人接受。相对而言，民俗文化因其疏离现代人生活、相对传统的传播形式等现状，导致年轻群体对其兴趣度不高，民俗认同感自然相对缺失。尤为重要的是，由于大部分传统民俗技艺需要长久练习才能够领悟技巧与方法，日积月累才能够获得足够经验，这种"时间成本高，收入回报少"的现实问题使得越来越多的年轻人不愿意学习传统民俗技艺，如蜡染、微雕、玉刻等，致使传统民俗的文化传承面临严峻挑战。

民俗文化的新媒体传播，则借助互联网平台将流量变现、产品变现，这一现象不仅催生了民俗文化的新型经济网络平台与实体平台，也为民俗文化技艺在青年一代中的传承提供了实实在在的经济保障。近年来，许多地区逐步建立和完善政策扶持，越来越多的青年人立足自身实际，借助"互联网+"的新媒体平台，以基于民俗文化的特色小吃、特色服务，实现实体创业和网上创业的有效结合，涌现出了一批创业典型。从目前实效来分析，只有开发更多民俗文化的网络资源，例如不同地区的民俗美食、民俗技艺、民俗旅游、民俗活动等，才能吸引更多的年轻群体投入其中。

付出与回报成正比。民俗文化的互联网经济效应，一方面在拓展民俗文化传播路径的过程中，为民俗文化发展提供商机，保障民俗艺人的生活来源，以经济激发民俗文化的活力；另一方面又能吸引更多

年轻群体的关注和加入,突围技艺断层困境,确保民俗文化的高质量发展。这种基于互联网平台的就业行为,有助于民俗文化产业化的逐步实现,也在根本上促进地方经济的可持续发展。

(三) 创新传播方式,强化情感内涵

电视的民俗文化传播方式,停留于表层信息的简单介绍,且同质化严重,具有一定的局限性;书刊的民俗文化传播,大多数运用书面语言表达进行,受众需要通过自身丰富的想象力,才能基本还原民俗内容。雷同的传播形式、相对枯燥的内容,很难吸引人们的注意力,民众的阅读与接受兴趣难以激活,民俗文化的核心价值、文化精髓自然就很难充分得以展现。

新媒体时代,互联网资源的合理开发,较为明显地解决了民俗文化传统传播的问题。民俗文化的新型传播途径、更多样式的传播方式、更低成本的传播内容、更具吸引力的传播模式等,不仅实现了民俗文化信息的立体传播,而且可以提供更加优质、全面、系统的民俗内容,有助于民俗文化被受众更深程度的理解、更广层面的接受。

除了传播方式的创新,新媒体时代民俗文化的有效传播,还需要充分激发传授双方的情感互动。互联网平台的民俗作品,以人性化的、富有情感的内涵,消融冷冰冰的、生硬的文字符号,将民俗文化中的情感发挥到极致。例如,Vivo 邀请年轻艺术家在国家非物质文化遗产凤翔木版年画的风格基础上,借助科技进行再创作,以 H5 的形式脱颖而出,将年画变成动画,在增加趣味性的同时,也更方便年轻的朋友们传播与分享。[1] 通过互联网技术,民俗文化与现代元素充分结合,可以使其传播内容呈现不再单调乏味,以"情感触摸"吸引更多受众。

三、民俗文化新媒体传播的经济效能

作为一种新的经济形态,"互联网+"是指依托信息技术实现互

---

[1] 这个 H5,让民俗不老,民俗不俗[EB/OL].(2018-02-26)[2022-06-06].http://www.sohu.com/a/224273382_100014571.

联网与传统产业的联合，以优化生产要素、更新业务体系、重构商业模式等途径来完成经济转型和升级，其目的在于充分发挥互联网优势，将互联网与传统产业深入融合，以产业升级提升经济生产力，最后实现社会财富的增加。[1] 在此背景下，"互联网+民俗"需要适时更新互联网思维，积极寻求民俗产业与互联网的结合点，为民俗产业发展创造新的增值空间。

（一）助力民俗旅游

旅游产业面临的首要问题是游客数量，游客数量最终决定旅游业收入。名胜古迹可以依托自古积累下来的品牌效应自动引流，而名气欠佳的旅游景点则需要通过广告宣传进行引流。相对而言，一些地方民俗旅游活动的知名度低，吸引力有限，本地游客居多，外地游客少，市场影响力自然就小。以互联网为代表的新媒体给民俗旅游提供了多元的宣传路径，微博、微信、网络直播平台可以实现文字、图像、视频直播的多种展现方式，不仅大大降低广告宣传投入成本，而且成效明显。

与此同时，O2O（Online To Offline）电子商务模式与民俗旅游相结合也是一种新型探索。O2O 电子商务模式是指将线下的商务机会与互联网结合，让互联网成为线下交易的平台，其核心是在线支付。作为旅游业未来发展的全新商业模式，其重要特点是充分发挥互联网优势，实现旅游的线上线下无缝对接。O2O 电子商务模式还可以将民俗旅游资源进行分级、整合、规模化管理，实现民俗旅游资源的在线展示和网上预订，通过与互联网旅游公司的合作打出自己的品牌，在诸如携程、途牛、去哪儿、小红书等旅游出行 APP 上投放旅游产品相关的售票、饮食、交通、住宿、攻略等内容，从而实现宣传与经营的一体化。

互联网思维下的民俗旅游，一方面需最大化地整合民俗资源，将原本的线下产业转型为线上产业；另一方面需要综合利用云计算，对

---

[1] 黄楚新，王丹."互联网+"意味着什么：对"互联网+"的深层认识[J]. 新闻与写作，2015（5）：5-9.

游客行为进行大数据分析，根据游客喜好，合理设计旅游路线，提高民俗旅游的服务质量，从而创造更多经济效益。

（二）推动民俗文化产业升级

互联网不但激发对民俗文化的消费需求，反过来也能推动民俗文化的供给。目前我国民俗文化资源侧重于工艺品、旅游项目的开发，其中文化产品是产业收入的主要构成。然而，大多源于民间技艺、工艺价值很高的文化产品因其关注度不高，缺乏市场影响力与竞争力。"互联网+"的引入则为这些文化产品的销售提供了新的商机，注入了新的活力。

依据消费者的新型消费习惯，过度迎合市场的、单一化的产品开发营销，已经不再满足人们的消费需求。因此，当下的民俗文化产业需密切关注互联网技术前沿，充分运用现代科学技术，积极打造网络宣传和推介平台，通过粉丝营销、口碑营销等实现更广泛、更主动、更精确的营销。据2022年第49次中国互联网络发展状况统计报告：截至2021年12月，我国网络视频（含短视频）用户规模达9.75亿，较2020年12月增长4 794万，占网民整体的94.5%。其中短视频用户规模为9.34亿，较2020年12月增长6 080万，占网民整体的90.5%。[1] 相比于文字、图片等传播方式，短视频内容更为丰富、视觉效果更好、代入感更强。在抖音、快手等短视频平台上，用户的草根性特点展示得淋漓尽致，观众的点赞与评论行为更易激发民俗文化传播者的满足感，因此应当充分发挥短视频对民俗文化传播的促进作用。

民俗文化产业还可以借助淘宝等电商平台，在塑造品牌影响力的基础上，不断扩大消费群体，实现产品销售，增加销售额。与此同时，还可以借助IP等手段，在品牌、分众、产业链三个方向的有效供给上，对民俗文化产业进行供给侧结构性改革，实现多领域、跨平台的商业拓展，从而打通民俗文化产业全产业链，实现"民俗文化+

---

[1] 中国互联网络信息中心．第49次中国互联网络发展状况统计报告[R/OL]．(2022-02-25)[2022-06-06]．http://www.cinic.org.cn/NMediaFiLe/old_attach/P020220721404263787858.pdf．

科技""民俗文化+旅游""民俗文化+地产"等新的业态和民俗文化产业盈利新模式,为民俗文化产业发展带来新的增长点。[1]

(三) 民俗创意产业的激活

文化创意产品注重文化与商品的有机结合、线上与线下的开发利用。民俗文化除了概念化、理论化的常规操作,还需把民俗文化转化为看得见、摸得着的实体,以惊喜感、满足感增强民俗文化的魅力,最终激发消费者的购买欲。

首先是文化创意产品的设计。利用大数据技术,收集受众对于民俗文化的兴趣偏好;在微信、微博等自媒体平台与受众密切互动,了解受众对于民俗文创产品的需求、建议、喜好等,设计出与民俗紧密贴合,又具有实用性的文化创意产品。例如,颐和园端午节期间推出的"粽形香囊"深受欢迎,"游龙御舟"冰粽礼盒、冰皮包裹的粽子与国风设计的包装让人耳目一新。[2]

其次是销售预热。在推出民俗文创产品时,运用自媒体平台进行产品销售预热:结合现代人信息消费心理特征,结合民俗文化对其进行适当宣传,令受众深入了解,明白产品与特定民俗结合点的用意。比如,2014年,故宫淘宝微信公众号刊登的文章《雍正:感觉自己萌萌哒》,迅速成为故宫淘宝微信公众号第一篇"10万+"爆文,雍正皇帝也借此成为当时的热门网红。[3]再比如,国产动画《哪吒之魔童降世》运用互联网技术将中国传统民俗故事以动画形式展现,以50.13亿元的票房打破中国动画电影的票房纪录。在《哪吒之魔童降世》上映前期,营销团队充分发挥微博"意见领袖"作用,借助包括《人民日报》在内的各大媒体大力宣传、当红明星转发等,营造前所未有的热度,使之成为公共话题,最终实现社会效益与经济效应双赢的传播效应。

最后是网购渠道。民俗文创产品不仅需要强化内容的互联网表

---

[1] 杨东.基于蓝海战略的"互联网+"民俗文化产业创新发展研究[J].改革与战略,2016(8):109-112.
[2] 鲁元珍.民俗节庆,如何在融合中传承文化根脉[N].光明日报,2019-06-24.
[3] 王萌.故宫文创这样造品牌[N].人民日报(海外版),2019-03-01.

达，还需创新宣传特色，因此需要努力打造属于民俗文创产品专有的销售网站：从配色、排版、字体等元素对网站内容进行特色设计；通过淘宝、京东等各大网络销售 APP 建立旗舰店，以平易近人的销售理念激发人们的购买欲望，把民俗文化带回家中，直接触摸民俗文化。

主要参考文献

1. Bowman, S.& Willis, C. *We Media*: *How Audiences Are Shaping the Future of News and Information*. Reston, VA: The Media Center at The American Press Institute, 2003.

2. Sumner, W. G. *Folkways*: *A Study of the Sociological Importance of Usages, Manners, Customs, Mores, and Morals*. Boston: The Athenaeum Press, 1906.

3. ［德］阿莱达·阿斯曼. 回忆空间：文化记忆的形式和变迁［M］. 潘璐，译. 北京：北京大学出版社，2016.

4. ［德］阿伦特. 启迪：本雅明文选［M］. 张旭东，王斑，译. 北京：生活·读书·新知三联书店，2014.

5. ［德］G·齐美尔. 桥与门：齐美尔随笔集［M］. 涯鸿，等译. 上海：生活·读书·新知三联书店上海分店，1991.

6. ［德］霍克海默. 批判理论［M］. 李小兵，等译. 重庆：重庆出版社，1993.

7. ［丹麦］施蒂格·夏瓦. 文化与社会的媒介化［M］. 刘君，李鑫，漆俊邑，译. 上海：复旦大学出版社，2018.

8. ［法］米歇尔·福柯. 权力的眼睛：福柯访谈录［M］. 严锋，译. 上海：上海人民出版社，1997.

9. ［法］皮埃尔·布迪厄，［美］华康德. 实践与反思：反思社会学导引［M］. 李猛，李康，译. 北京：中央编译出版社，1998.

10. ［加］哈罗德·伊尼斯. 变化中的时间观念［M］. 何道宽，译. 北京：中国传媒大学出版社，2008.

11. ［加］马歇尔·麦克卢汉. 理解媒介：论人的延伸［M］. 何道宽，译. 南京：译林出版社，2019.

12. ［美］马歇尔·萨林斯. 文化与实践理性［M］. 赵丙祥，译. 上海：上海人民出版社，2002.

13. ［美］尼尔·波兹曼. 技术垄断：文化向技术投降［M］. 何

道宽, 译. 北京: 北京大学出版社, 2007.

14. [美] 约瑟夫·塔洛. 分割美国: 广告与新媒介世界 [M]. 洪兵, 译. 北京: 华夏出版社, 2003.

15. [英] 弗里德利希·冯·哈耶克. 法律、立法与自由: 第一卷 [M]. 邓正来, 张守东, 李静冰, 译. 北京: 中国大百科全书出版社, 2000.

16. [英] 尼格尔·多德. 社会理论与现代性 [M]. 陶传进, 译. 北京: 社会科学文献出版社, 2002.

17. [美] 爱德华·希尔斯. 论传统 [M]. 傅铿, 吕乐, 译. 上海: 上海人民出版社, 2009.

18. [英] E. 霍布斯鲍姆, T. 兰杰. 传统的发明 [M]. 顾杭, 庞冠群, 译. 南京: 译林出版社, 2008.

19. [美] 托马斯·科洛波洛斯, 丹·克尔德森. 圈层效应: 理解消费主力95后的商业逻辑 [M]. 闫晓珊, 译. 北京: 中信出版社, 2019.

20. [美] 詹姆斯·W. 凯瑞. 作为文化的传播 [M]. 丁未, 译. 北京: 华夏出版社, 2005.

21. [英] 迈克·费瑟斯通. 消费文化与后现代主义 [M]. 刘精明, 译. 南京: 译林出版社, 2000.

22. [德] 赫尔曼·鲍辛格. 技术世界中的民间文化 [M]. 户晓辉, 译. 桂林: 广西师范大学出版社, 2014.

23. 钟敬文. 民俗学概论 [M]. 上海: 上海文艺出版社, 1998.

24. 乌丙安. 中国民俗学 [M]. 沈阳: 辽宁大学出版社, 1985.

25. 乌丙安. 民俗学原理 [M]. 沈阳: 辽宁教育出版社, 2001.

26. 高丙中. 民俗文化与民俗生活 [M]. 北京: 中国社会科学出版社, 1994.

27. 陈勤建. 中国民俗 [M]. 北京: 中国民间文艺出版社, 1989.

28. 丁阿芳. 快速城镇化进程中的社区工作和建设研究 [M]. 北京: 中国纺织出版社, 2019.

29. 郝朴宁, 曾传虎. 传播文化论 [M]. 昆明: 云南科学技术出版社，2001.

30. 蓝爱国，何学威. 网络文学的民间视野［M］. 北京：中国文联出版社，2004.

31. 李锡元. 管理沟通［M］. 武汉：武汉大学出版社，2006.

32. 孙启祥. 文化汉中［M］. 西安：三秦出版社，2014.

33. 萧放，朱霞. 民俗学前沿研究［C］. 北京：商务印书馆，2018.

34. 徐国源. 美在民间：中国民间审美文化论纲［M］. 上海：上海人民出版社，2018.

35. 徐国源. 典范转移：中国大众文化的出场视域［M］. 南京：江苏人民出版社，2010.

36. 吴新叶，葛传红. 上海青年政治学年度报告：2014［R］. 上海：上海人民出版社，2014.

37. 郑崇选. 媒介转型与当代中国文化形态的变迁［M］. 上海：东方出版中心，2018.

后 记

民俗是中华文化的瑰宝，它以最淳朴的生活形态承载着民众的道德追求、精神信仰和审美情趣。随着数字化传播时代的到来，有着深厚的历史文化积淀、自成体系的民俗，也面临着时代更替和传播语境转化带来的新问题。互联网中勃勃新生的大量新型民俗事象，反映出民俗的生产传播正在发生变化。

人媒融合的生活空间新变化呼唤着当代民俗研究方向、范式的调整和改变。2020年春，由本人牵头、10多位青年学者参与，组建了苏州大学人文社会科学"网络民俗研究"跨学科学术团队。2021年6月4—6日在苏州大学举办的"数字化传播与网络民俗"研讨会上，来自华东师范大学、苏州大学、浙江工业大学、常州大学、闽南师范大学、广东医科大学、南京财经大学、盐城工学院、浙江科技学院等高校的20多位中青年学者提出：互联网改变了当代中国社会民俗传播传承的轨迹，这种变化既包括民俗地理空间界域的突破，也包括民俗活动场所从"在场性"到"虚拟性"的转变。此外，作为新事物的网络不仅革新了俗民社群的生活方式，更重构了俗民之间的组织关系，使民俗生产活动在保持内核和突破民俗边界的基础上实现了自我更新。

在当今数字化传播时代，民俗研究理应关注社会正经历的"再习俗化"过程，以跨学科的综合视角聚焦数字化时代民俗研究的新课题；新时代的"互联网+民俗"在活态传承传播民俗文化的同时，也拓展了互联网时代民俗生产实践的场域。基于网络时代民俗文化传承、生产和传播出现的新变化，民俗学需要调整民俗研究的范式和方向，关注互联网时代民俗学产生的新议题，推动民俗研究理论范式创新和现代民俗学学科建设。

自"网络民俗研究"团队成立以来，我们围绕数字传播时代的"再习俗化"、民俗文化的传承、传播和再生等议题进行了跨学科研究，并在《江苏社会科学》《东吴学术》《中国社会科学报》《光明日报》等期刊、报纸先后发表了一系列文章，在国内学界产生了一定影响。在此基础上，团队进一步凝练研究方向，深化理论研究，终于在2022年年初完成了《生活数字化与网络民俗》一书。

这里，把本书写作的分工情况做一说明：徐国源，拟定了全书框架体例，撰写了导言及第七章第一、二节，并审读、校定了全书；邹欣星，撰写了第一章；曹志伟，撰写了第二、三章；谷鹏，撰写了第四章、第七章第三节；冯芹，撰写了第五章；荀洁，撰写了第六章。

到目前为止，专门讨论网络民俗的专著在国内尚不多见。这里，我们要特别感谢苏州大学文学院和苏州大学出版社，尤其是为本书出版付出心血的责任编辑欧阳雪芹等，他们的辛勤劳动和一丝不苟的敬业精神是本书出版质量的最大保障。希望本书出版后，能得到专家学者和读者的批评、指教，以使将来有机会修订时不断完善、提高！

徐国源

2022年7月8日于独墅湖畔